Die Zusammenhänge zwischen Steuerrecht und Handelsrecht und ihre Entwicklung

untersucht an dem Gewinn und an der Bewertung

Eine bilanzrechtliche und bilanzkritische Darstellung mit praktischen Beispielen

von

Dr. jur. Johannes Hein
Syndikus und Steuersachverständiger
Berlin

Berlin und Leipzig 1928

Walter de Gruyter & Co.

vormals G. J. Göschensche Verlagshandlung — J. Guttentag, Verlagsbuchhandlung
Georg Reimer — Karl J. Trübner — Veit & Comp.

Druck von Oscar Brandstetter in Leipzig

Vorwort.

Die Grenzgebiete zwischen Steuerrecht und Handelsrecht, die zahlreichen gemeinsamen Berührungspunkte der beiden Rechtssysteme und die aus ihnen sich ergebenden Streitfragen darzulegen, sowie ihre gegenseitige Wechselwirkung in knappen Umrissen aufzuzeigen, ist der Zweck dieser Schrift. Wenn bei den nachfolgenden Erörterungen der Gewinn als steuerliches Objekt und die Bewertung als Gradmesser des Gewinnes Gegenstand der Untersuchung sind, so liegt der Grund hierfür in der Tatsache, daß der Gewinn, die Gewinnermittlung und die Bewertung für Wissenschaft und Wirtschaft von gleicher Bedeutung sind. Die Probleme sind aber auch schwierig und lebhaft umstritten und waren es von jeher. Dieser Umstand war weiterhin Grund und Anreiz, sich mit ihnen eingehend zu befassen.

Die vorliegende Arbeit erhebt nicht den Anspruch darauf, eine grundlegende Darstellung nach den Regeln streng wissenschaftlicher Methodik zu sein. Sie macht nur den Versuch einer knapp gefaßten, praktischen Gewinn- und Bewertungslehre nach steuerrechtlichen und handelsrechtlichen (bilanzrechtlichen) Gesichtspunkten. Es war daher zunächst notwendig, die bisherigen Ergebnisse der Gewinn- und Bewertungslehre im Steuer- und Bilanzwesen und ihre Zusammenhänge mit benachbarten Rechts- und Wirtschaftsdisziplinen zusammenzufassen, kritisch auszuwerten und nach einheitlichen methodischen Gesichtspunkten zu vertiefen.

An einer derartigen systematischen und gleichzeitig zum praktischen Gebrauch geeigneten, kurzen Darstellung von Gewinn und Bewertung auf der Grundlage der Steuergesetzgebung vom 10. August 1925 hat es bisher gefehlt, ein Übelstand, auf den u. a. Reichsfinanzrat Mirre schon hingewiesen hat. (Vgl. Zeitgemäße Steuer- und Finanzfragen, Jahrg. 1927, Heft 4, S. 73ff. u. D. St. Z. XVI Jahrg. 1927, Heft 4, S. 296.) Diese Lücke auszufüllen ist ferner Zweck dieses Buches.

Daneben war eine Erörterung der künftigen Aufgaben von Rechtsprechung und Gesetzgebung in der Gewinn- und Bewertungslehre, sowie eine Prüfung der Frage geboten, ob und nach welcher Richtung ein Ausbau und eine Fortentwicklung dieser Aufgaben zu erfolgen hat. Daß gerade gegenwärtig die mit Gewinn, Gewinnermittlung und mit Bewertung zusammenhängenden Probleme im Vordergrund des Interesses der deutschen Wirtschaft stehen und noch für lange Zeit stehen werden, ist unzweifelhaft. Wird doch die deutsche Wirtschaft noch auf viele Jahre von den Auswirkungen des Dawesplanes beherrscht sein. Der hierdurch zwangsläufig bedingte Rationalisierungsprozeß ist erst unlängst und in großen Zügen durchgeführt, während die Kleinarbeit noch aussteht. Nebenher sind Tragbarkeit der steuerlichen Gesamtbelastung und eine evtl. Senkung der Steuern nach wie vor Gegenstand ernster Prüfung der Beteiligten.

Endlich bedarf der Betonung, daß die Arbeit eine juristische, also weder eine betriebswirtschaftliche (wirtschaftswissenschaftliche), noch eine auf rein kaufmännische Gesichtspunkte eingestellte Abhandlung ist. Steuerrecht und Handelsrecht (Bilanz- und Aktienrecht) sind Ausgangspunkt und Grundlage gewesen. Die Ergebnisse der betriebswirtschaftlichen Forschung und Praxis und die kaufmännische Buchhaltung in ihren mannigfachen Erscheinungsformen, sowie die in jahrzehntelanger Praxis entwickelten und geübten Handelsbräuche waren unter den obwaltenden Umständen nur Hilfsmaterial.

Zur Erreichung möglichster praktischer Brauchbarkeit verzichte ich daher darauf, die gerade in der Gewinn- und Bewertungslehre vorhandenen zahlreichen Theorien und Kontroversen um eine weitere zu vermehren, lediglich mit dem ebenso unbeabsichtigten, wie unerwünschten Resultat einer weiteren Verwirrung des schon an sich außerordentlich vielgestaltigen und schwierigen Fragenkomplexes. Ich war lediglich bestrebt, Klarheit zu schaffen, wo dies nur irgend möglich war. Die Schrift ist daher auch keine rein theoretische oder dogmatische Studie. Sie ist als Niederschlag der Erfahrungen aus der Praxis ein praktischer Leitfaden und in erster Linie für die Zwecke der Praxis bestimmt. Sie versucht daher, an Hand der Rechtsprechung des Reichsgerichts und des Reichsfinanzhofs, sowie der Erlasse der Reichsfinanzverwaltung dem Kaufmann, dem Industriellen, dem Bankdirektor, dem Wirtschaftsjuristen und Steuerberater, dem Betriebswirt, dem Buch- und Betriebsprüfer, ferner den Steuerbehörden bei der Berechnung des Gewinnes und bei der Bewertung der Vermögensgegenstände Fingerzeige und Anregungen zu geben. Ist ihr dies gelungen, so hat sie ihren Zweck erreicht. Schrifttum und Praxis sind bis Anfang April 1928 berücksichtigt. Besonders die Rechtsprechung des RFH. ist in weitgehendem Umfange und in sorgfältiger systematischer Gliederung herangezogen und kritisch durchgearbeitet. Sollte daher, abgesehen von dem erwähnten praktischen Endzweck, sich diese Arbeit auch als Lehrbuch für den Hochschulunterricht eignen, so würde mir dies eine besondere Freude sein.

Ein sehr in die Einzelheiten ausgearbeitetes Sachregister ist dazu bestimmt, die Benutzung des Buches, namentlich auch zum raschen Nachschlagen für den praktischen Handgebrauch zu erleichtern.

Berlin W 15, April 1928.
Fasanenstraße 59. **Hein.**

Inhaltsverzeichnis.

A. Grundlegung.

B. Allgemeiner Teil.

Die verschiedenen Arten und die Bedeutung des Gewinnbegriffes.

I. Abschnitt.

II. Abschnitt.

C. Besonderer Teil.

Der Gewinnbegriff und das Bewertungsproblem im Steuerrecht und Handelsrecht.

I. Abschnitt. Allgemeines.

II. Abschnitt.

Kurzer Abriß der Gewinnlehre bis zur Steuerreform vom 10. 8. 1925

1. Unterabschnitt.

Die Rechtsentwicklung bis einschließlich 1920

Abkürzungen.

A.G.	= Aktien-Gesellschaft
DB.	= Durchführungsbestimmungen
DJZ.	= Deutsche Juristen-Zeitung
D.St.Ztg.	= Deutsche Steuer-Zeitung
ESt.	= Einkommensteuer
EStG.	= Einkommensteuergesetz vom 10. 8. 1925
JW.	= Juristische Wochenschrift
KSt.	= Körperschaftsteuer
KStG.	= Körperschaftsteuergesetz vom 10. 8. 1925
KVStG.	= Kapitalverkehrsteuergesetz
OVG.	= Oberverwaltungsgericht.
OVG. i. St....	= Entscheidungen des Oberverwaltungsgerichts in Staatssteuersachen
Pr.EStG.	= Preußisches Einkommensteuergesetz
Pr.Ges.S.	= Preuß. Gesetzsammlung
RAO.	= Reichsabgabenordnung
RBewG.	= Reichsbewertungsgesetz vom 10. 8. 1925
RFH.	= Reichsfinanzhof
RFH. Bd.	= Sammlung der Entscheidungen und Gutachten des Reichsfinanzhofs, Band
RFM.	= Reichsfinanzministerium
RG.	= Reichsgericht
RGZ.	= Sammlung der Entscheidungen des Reichsgerichts in Zivilsachen
RGSt.	= Sammlung der Entscheidungen des Reichsgerichts in Strafsachen
ROHG.	= Entscheidungen des Reichsoberhandelsgerichts
RStBl.	= Reichssteuerblatt
St. u. W.	= Steuer und Wirtschaft
UStDB.	= Durchführungsbestimmungen zum Umsatzsteuergesetz
VStG.	= Vermögensteuergesetz.

A. Grundlegung.

§ 1. Einleitung. Die Fragestellung.

Das Gewinnproblem und die Bewertung auf knapp gefaßter theoretischer Grundlage einer Erörterung zu unterziehen, den gegenwärtigen Stand der hiermit zusammenhängenden Probleme an der Hand des neuesten Schrifttums und der Rechtsprechung kurz zusammenfassend darzulegen und die Ergebnisse dieser Prüfung in praktisch brauchbarer Weise bei den einzelnen Konten der Bilanz für die Bedürfnisse der Praxis zugleich referierend und kritisch auszuwerten, mag auf den ersten Blick ein kühnes Unterfangen sein. Weiß doch der Kenner der Gewinn- und Bewertungslehre, daß gerade auf diesen Gebieten Theorien und Anschauungen in geradezu verwirrender Fülle vorhanden sind, ohne daß bei der außerordentlichen Schwierigkeit sowie der großen praktischen Bedeutung der Fragen eine von allen Beteiligten endgültig angenommene Lösung oder auch nur Klärung erfolgt wäre. Wenn gleichwohl in den nachstehenden Ausführungen der Versuch gemacht wird, das Gewinn- und Bewertungsproblem an Hand der einzelnen Bilanzkonten in einer den Interessen der Praxis entsprechenden Weise gewissermaßen auf eine kurze Formel zu bringen, so geschieht dies, weil es bisher an einer kurz zusammenfassenden und klar orientierenden Darstellung von Gewinn und Bewertung gefehlt hat. Die Bedeutung des Gewinn- und Bewertungsproblems ist nicht etwa verkannt worden; das Gegenteil ist der Fall. In einer selbst für den Fachmann nicht mehr zu übersehenden Menge von Einzeldarstellungen, in Kommentaren, Handausgaben und Monographien waren Kenner der Materie bemüht, Klarheit in die vielfältigen und schwierigen Fragen zu bringen. Die ohnehin schon vorhandenen Schwierigkeiten sind weiter dadurch geradezu ins Ungemessene gestiegen, daß die Lehre von der Bewertung und damit auch von dem Gewinn von den verschiedensten Gesichtspunkten aus dargestellt wurde. Nicht nur der Betriebswirt und der Kaufmann, sondern auch der Jurist und der Steuerfachmann waren gleichzeitig nebeneinander damit beschäftigt, in systematischer Gliederung und nach den Regeln wissenschaftlicher Methodik Klarheit oder doch mindestens Übersicht zu gewinnen. Daß das Gegenteil des Gewollten erreicht ist, kann ernstlich nicht geleugnet werden. Aussicht auf eine Meisterung der Schwierigkeiten, die sicherlich im Interesse aller Beteiligten liegt, besteht nur dann, wenn man sich von vornherein über das Ziel der Untersuchung und über die Untersuchungsmethode klar ist. Die vorliegende Arbeit ist demnach keine betriebswissenschaftliche Studie oder eine auf rein kaufmännische Gesichtspunkte abgestellte Darlegung. Sie ist vielmehr eine juristische Erörterung, und zwar eine bilanzrechtliche Darstellung. Dies schließt nicht aus, sondern setzt voraus, daß die Ergebnisse von Forschung und Praxis der Betriebswirtschaftslehre, die kaufmännischen Handelsbräuche und außerdem als allgemeine theoretische Grundlage die Ergebnisse der Volkswirtschaftslehre und der Finanzwissenschaft herangezogen werden. Die letztgenannten drei Gebiete sind die notwendigen Hilfsdisziplinen. Sie sind deshalb notwendig, weil in dem handelsrechtlichen Bilanzrecht und in dem Bilanzrecht des Steuerwesens zahlreiche betriebswirtschaftliche und kaufmännische, sowie allgemeine volkswirtschaftliche Fragen erörtert werden, die zum Teil von grundlegender Bedeutung sind.

Ich hatte bereits in dem Vorwort zu diesem Buche betont, daß es darauf verzichtet, eine sogenannte grundlegende Darstellung zu sein. An dieser Stelle sei noch hervorgehoben, daß die Beschränktheit des Raumes es gebietet, die Argumente, die zu diesem oder jenem Problem vorgebracht sind, gedrängt darzustellen und mit wenigen Worten lediglich den eigenen Standpunkt zu präzisieren. Die Arbeit ist eine wissenschaftliche Studie, weil sie die bisherigen Ergebnisse der Theorie restlos zu verwerten bestrebt ist; aber sie hat einen praktischen Endzweck. Sie will, wie bereits in dem Vorwort angedeutet, dem Kaufmann, dem Industriellen und dem Bankmann sowie dem Gewerbetreibenden in gleicher Weise wie dem Buch- und Betriebsprüfer zeigen, was bei der Einkommensteuer und Körperschaftssteuer unter Gewinn zu verstehen, wie er zu berechnen ist und welches die Richtlinien für die Bewertung (Einsetzen der Werte in die Bilanz) als Grundlage und Maßstab der Gewinnermittlung im Einzelfall sind.

Das Motiv für dieses Buch ist aber noch ein anderes; Steuertheoretiker und Steuerpraktiker von Ruf wie Hensel und Mirre haben mit Recht es als einen Mangel bezeichnet, daß das Bewertungsproblem bis in die neueste Zeit hinein stiefmütterlich behandelt worden ist. Sie bemängeln insbesondere zutreffend, daß es bis heute an einer zusammenfassenden, wenn auch gedrängten Darstellung der Bewertungslehre fehlt. Ohne auf Einzelheiten einzugehen, mag betont werden, daß das Wertproblem jedenfalls nicht in seiner vollen Bedeutung gewürdigt wurde, und daß man ihm infolgedessen auch nicht das Gewicht beimaß, welches ihm unzweifelhaft zukommt. Es sind wohl in zahlreichen einzelnen Beiträgen, wie auch in den großen Kommentaren zur Einkommensteuer, Körperschaftssteuer, zur Vermögensteuer und neuerdings auch zum Reichsbewertungsgesetz einzelne Fragen der Gewinnlehre und der Bewertung geprüft worden. Man hat es aber bisher versäumt, die Ergebnisse dieser Prüfung derart knapp und übersichtlich zusammenzufassen, daß sie dem Kaufmann bei der Bilanzierung geeignete Richtlinien geben.

Der ungeheuren Schwierigkeit der Aufgabe bin ich mir wohl bewußt. Es darf an die stille Resignation erinnert werden, welche Lion in seinem meisterhaften Werk über das Bilanzsteuerrecht deutlich durchblicken läßt, wenn er das Bilanzwesen und in ihm namentlich das Wesen der Steuerbilanz als ein Gebiet bezeichnet, in dem man sich durch Gestrüpp und verworrenes Dickicht hindurcharbeiten muß, um zu einer auch nur bescheidenen Lichtung zu kommen. Zweifellos hat Lion recht, wenn er weiter sagt, daß gerade an einer so alltäglichen und an sich recht einfachen Erscheinung, die seit Jahrhunderten dem Kaufmann vom ersten Lehrlingstage an bekannt und vertraut ist, am mühsamsten und fast vergeblich der Witz der Gelehrten vieler Wissenschaften arbeitet. Dieser aus der ganzen Situation ohne weiteres begreifliche Zustand des Sichselbstbescheidens ist überwindbar und muß überwunden werden. Schwerwiegende Gründe zwingen geradezu, dem Kaufmann einen kurzen Leitfaden für die Berechnung des Gewinnes und für die Bewertung an die Hand zu geben. Steht doch die deutsche Wirtschaft schon seit dem Jahre 1924 unter der Herrschaft des Dawesplanes und beträgt bereits im kommenden Jahre (1929), in dem ersten Normalwirtschaftsjahr des Sachverständigengutachtens, die Belastung des deutschen Reichshaushalts 2,5 Milliarden Goldmark. Nachdem die Wirtschaft in den Jahren 1925 und 1926 die Deflationskrisis überwunden und den Rationalisierungsprozeß durchgeführt hat, befindet sie sich augenblicklich in einem Zustande, welcher von den Spitzenverbänden treffend mit dem Ausdruck „Selbstkostenkrisis" bezeichnet wird[1]). Die Steigerung der Selbstkosten hat nach der Erklärung der Verbände vom 17. Dezember 1927 in der Produktion und in der Verteilung der Waren während der letzten Monate einen Grad erreicht, der nach einem etwaigen Abflauen der Inflationskonjunktur zweifellos befürchten läßt, daß der dann um so notwendigere Anschluß an den Weltmarkt gefährdet

[1]) Vgl. auch das Referat Serings in der Vollsitzung des Landwirtschaftsausschusses der Internationalen Wirtschaftskonferenz des Völkerbundes zu Genf vom 10. Mai 1927 über die internationale Preisbewegung und die hiermit zusammenhängende Kapitalbildung in Deutschland.

wird, und daß sich die Konkurrenz ausländischer Waren auf dem inländischen Markt verstärkt. Es kommt daher, so wird in der Erklärung weiter ausgeführt, vor allem darauf an, daß sich unser Preisstand nicht erhöht. Nebenher muß, will die Wirtschaft Aussicht auf Gesundung in absehbarer Zeit haben, die Rationalisierung des Produktionsprozesses selbst erfolgen. Steuerlich angebahnt und erleichtert ist diese Rationalisierung bereits durch das Schachtelprivileg des § 11 KStG. und durch das Steuermilderungsgesetz, welches die aus wirtschaftlichen Gründen gebotenen Betriebszusammenschlüsse fördern und steuerlich erleichtern soll. (Gesetz über Steuermilderungen zur Erleichterung der Wirtschaftslage vom 31. März 1926 [RGBl. I, S. 185] nebst Novelle vom 28. Juli 1927 [RGBl. I, S. 242]. Daher sind auch, neben einer Senkung der Steuern, einfach gegliederte und klare Begriffe im Steuerwesen notwendig. Wir kranken an einer zu großen Fülle von Steuerarten und an einer zu großen Kompliziertheit der materiellen Steuergesetzgebung. Selbst ohne Berücksichtigung der Landes -und Gemeindesteuern haben wir allein an Reichssteuern 14 selbständige Steuerarten, mit einigen 20 dieselben regelnden Gesetzen. Dazu kommt noch eine unübersehbare Zahl von Ausführungs-, Durchführungsbestimmungen und Ministerialerlassen. Mögen diese gesetzespolitischen und verwaltungsrechtlichen Verhältnisse auch teilweise in der eigenartigen staatsrechtlichen Struktur des Reiches und der Länder begründet sein, so ist doch unverkennbar, daß hierdurch eine starke und in ihren Erscheinungsformen mannigfaltige Mechanisierung und Bureaukratisierung der Wirtschaft eingetreten ist.

Das Ziel jeglicher Steuerreform wird künftig neben einer Senkung der Steuersätze die Vereinfachung und Vereinheitlichung der ganzen Steuergesetzgebung und damit des Steuersystems selbst sein müssen. Ansätze zu einer solchen Tendenz liegen bereits in dem Entwurf eines Steuervereinheitlichungsgesetzes vor. Darüber wird man sich jedoch klar sein müssen, daß die große Steuerreform des Jahres 1925 nur der Anfang und nicht das Ende, ja nicht einmal der Höhepunkt der gesetzgeberischen Entwicklung ist. Mit dieser Maßgabe wird man von der von Popitz betonten relativen Ewigkeit des neuen Reichssteuerrechts in Zukunft nicht mehr sprechen können. Man wird sich vielmehr wohl oder übel der von Strutz gelegentlich eines erst unlängst vor dem Hansabunde über den bevorstehenden Neuaufbau des Steuersystems gehaltenen Vortrages geäußerten Ansicht anschließen müssen, daß Steuergesetze keine Ewigkeitswerte sind. Bei der Übersetzung der Wirtschaft mit Steuergesetzen und bei ihrer Überbürdung mit steuerlichen Lasten neben den hohen sozialen Lasten und lohnsteigernden Tendenzen muß der Kaufmann besonders vorsichtig bilanzieren und besonders gewissenhaft seinen Geschäftsgewinn berechnen, ein Ziel, das nur bei sorgfältigster Kalkulation und genauester Bewertung erreichbar ist. Nur wenn die Steuerbilanz als berichtigte Handelsbilanz auch wirklich den Gewinnberechnungsvorschriften und den Bewertungsmethoden im Steuerwesen genau entspricht, ist der Kaufmann gewiß, daß die von ihm gefertigte Steuerbilanz von den Steuerbehörden als maßgebende Grundlage der steuerlichen Veranlagung angesehen wird und ihm ebenso unbequeme, wie zeitraubende Rückfragen und Ermittlungen erspart bleiben, Vorteile, welche bei der übergroßen Zahl von Steuern und bei den großen Steuerlasten nicht zu unterschätzen sind. Man wolle doch nicht verkennen, daß die Bilanzierung und die Bearbeitung der Steuersachen eines Betriebes zwar mit das wichtigste Arbeitsfeld innenbetrieblicher kaufmännischer Betätigung sind, aber doch nur ein Teil davon. Die Organisation des Innen- und Außengeschäfts, der Einkauf und Verkauf, die Kalkulation und die Selbstkostenberechnung treten als nicht minder wichtige Faktoren hinzu. Erst in ihrer Gesamtheit ermöglichen und bezwecken sie den wirtschaftlichen Erfolg der kaufmännischen Arbeitsweise, d. h. die Erzielung des Unternehmergewinns. Erst diese Komponenten in Verbindung mit peinlichst korrekter Bilanzierung ermöglichen und sichern dem Geschäftsmann den von ihm angestrebten Erfolg seiner Arbeit. Es wird endlich nicht übersehen, daß Gewinn und damit auch Bewertung zu den weitaus schwierigsten und am meisten umstrittenen Fragen des Steuerwesens gehören, namentlich soweit es sich um die Einkommensteuer handelt. Dies darf nicht ein Hinderungsgrund dafür sein, wie nicht oft genug wiederholt werden mag, daß die ganze Lehre von Gewinn und Bewertung auf eine möglichst klare und einfache Grundlage gebracht wird, die auch in ihren Ergebnissen auf die Bedürfnisse der Praxis zugeschnitten ist. Abschließend ist zu betonen, daß die Ausführungen dieser Abhandlung überwiegend rechtliche Erörterungen sind. Das Bilanzrecht ist als Teil des Handelsrechts ausschließlich rechtswissenschaftlichen Charakters; ebenso gehört das Steuerrecht als Teil des öffentlichen Rechts (des Verwaltungsrechts) in seinem ganzen Umfange der Jurisprudenz an. Infolgedessen ist auch das Bilanzrecht des Einkommensteuerrechts und des Körperschaftsteuerrechts ausschließlich juristischer Natur, und wir werden im Laufe der vorliegenden Darlegungen feststellen, daß Volkswirtschafts- und Betriebswirtschaftslehre sowie der kaufmännische Handelsbrauch, der an sich auf jahrzehntelanger Praxis des deutschen Kaufmanns beruht, ausschließlich Hilfsmaterial sind. Das Steuerrecht ist als Teil des Verwaltungsrechts öffentliches Recht. Dies ist jedoch nur sein formaler Charakter. Seiner Wirkung nach weist es Anklänge an das Privatrecht auf. Dies tritt besonders charakteristisch bei der wirtschaftlichen Betrachtungsweise des § 4 RAO., von der noch die Rede sein wird, in die Erscheinung.

Die Fragestellung.

Die Fragestellung ist mit erheblichen Schwierigkeiten verknüpft. Dies liegt nicht etwa nur an dem Gegenstand dieser Erörterung, sondern ist in dem ganzen Problem und der Struktur des Steuerwesens begründet. Zahlreiche Studien von Betriebswirten, Kaufleuten und Juristen haben deshalb nur leider einen problematischen Wert, weil sie eine genaue Analyse der Grundelemente und Grundbegriffe, mittels deren sie von ihrer Untersuchung ausgehen, vermissen lassen. Die Schwierigkeiten, aber auch der Reiz der Beschäftigung mit dem Gewinnproblem und mit der Bewertung liegen gerade darin, daß in das Steuerrecht nicht nur handelsrechtliche Konstruktionen, sondern auch betriebswirtschaftliche Theorien und der kaufmännische Handelsbrauch fortgesetzt hineinspielen. Dies ist in dem bisherigen Schrifttum und bei den hier entstandenen Kontroversen nicht immer mit der wünschenswerten Schärfe betont worden. Die hauptsächlichsten Begriffe und Ausdrücke der Betriebswirtschaftslehre, des Handelsrechts, der kaufmännischen Praxis und des Steuerrechts kranken daran, daß sie schon von sich aus vieldeutig und schwammig sind. Diese mißliche Tatsache hätte um so mehr Anlaß geben müssen, scharf zu analysieren und Übersicht anzustreben. Man vergegenwärtige sich nur, daß es allein in der Gewinnlehre des Steuerrechts, des Handelsrechts und der Betriebswissenschaft eine ganze Reihe von Konstruktionen gibt, die zum Teil dasselbe bedeuten, zum Teil sich stark gegenseitig überschneiden. Wir sprechen in den angeführten Disziplinen von Rohgewinn, Reingewinn, Rohertrag, Reinertrag, Betriebsgewinn, Geschäftsgewinn, Bilanzgewinn, sowie von Gewinn, Erfolg und Ertrag schlechtweg. In gleicher Weise ist von Gewinnermittlungsbilanzen, Erfolgsermittlungsbilanzen und endlich von Ertragsermittlungsbilanzen ständig die Rede. Dieser Rechtszustand bedarf deshalb der Überprüfung, wenn nicht gar einer Abänderung oder Beseitigung, weil er in der Fülle seiner Erscheinungsformen verwirrend wirkt. Hinzu kommt noch, daß sogar bezüglich der einzelnen Begriffe wieder zahlreiche Theorien entstanden sind, die noch bis heute keineswegs ihre Bedeutung verloren haben. Wenn z. B. Lion in seinem Bilanzsteuerrecht aus ähnlicher Einstellung heraus zu nicht weniger als vier verschiedenen Bilanzarten gelangt, so ist diese Methodik gleichfalls geeignet, die bereits vorhandene Verwirrung eher zu steigern, als sie zu beseitigen. Dies ist um so bedauerlicher, als nach der übereinstimmenden Ansicht im Schrifttum und in der Praxis die von Lion angestellten Untersuchungen grundlegenden Charakter haben. Lion entwickelt folgende Bilanztypen:

1. Die handelsrechtliche Vermögensbilanz.
2. Die handelsrechtliche Ertragsbilanz.
3. Die Ertragsteuerbilanz.
4. Die Vermögensteuerbilanz.

Die von mir vertretene Ansicht im Sinne einer Vereinfachung der steuerrechtlichen Begriffe und der Vereinfachung und Vereinheitlichung der Bilanzen wird u. a. von Becher und Haußmann geteilt[1]). Mit etwa den gleichen Erwägungen, jedoch in ausführlicherer Darstellung erklären beide Schriftsteller, und zwar Haußmann in seinem Vortrag auf der Bonner Tagung der Beamten der Reichsfinanzverwaltung (Abt. für Buch- und Betriebsprüfung) über das Thema „Steuerbilanz und Handelsbilanz" und Becher in seinem Werk über das Steuerrecht der Aktien-Gesellschaften und der Gesellschaften mit beschränkter Haftung, daß eine Vereinfachung und Vereinheitlichung der Handels- und der Steuerbilanzen möglichst anzustreben ist. Die Fragestellung hat davon auszugehen, daß grundlegende Begriffe des Steuerrechts, wie Einkommen, Einkünfte, Ertrag, Erfolg, Gewinn (Unternehmergewinn) usw. wirtschaftliche Begriffe sind. Bezüglich des Einkommens heben dies beispielsweise die Motive zum EStG. von 1925 mit Recht hervor (S. 19, 20). Allein schon aus diesem Grunde hat der in der Volkswirtschaftslehre entwickelte Einkommensbegriff für das Steuerrecht zweifellos eine große Bedeutung. Gewissermaßen mit einem leisen Bedauern stellen aber die Motive an derselben Stelle fest, daß die bisherigen zum Einkommensbegriff aufgestellten beiden wichtigsten Theorien, die Quellentheorie und die Schanzsche Theorie, bei konsequenter Durchführung versagen. Hieraus folgt, daß erhebliche Zweifel und Schwierigkeiten niemals auszumerzen sein werden. Darin ist jedenfalls Blümich beizupflichten, wenn er in seinem gemeinsam mit Schachian herausgegebenen Kommentar zum Einkommensteuergesetz, sowie anläßlich eines von der Industrie- und Handelskammer veranstalteten Vortragszyklus in

[1]) In betriebswirtschaftlicher Hinsicht sind die neuerdings von Sewering unternommenen Versuche beachtlich, eine sogenannte Einheitsbilanz zu konstruieren. Abgesehen von der Berücksichtigung der Vermögenslage bei der Bilanzierung erstrebt die Einheitsbilanz von Sewering die Kombination von Statik und Dynamik, also eine Verschmelzung der Schmalenbachschen dynamischen Bilanz und der organischen Bilanztheorie von Schmidt. (Vgl. Sewering, Die Auswertung der Bilanzen in der Zeitschrift für Betriebswirtschaft, Jahrg. 1927, Heft 4, S. 259ff.)

einem Referat über Gewinn und Gewinnermittlung nach dem neuen EStG. davon spricht, daß die Nationalökonomie einen wahren Tummelplatz volkswirtschaftlicher Theorien und Lehrmeinungen zum Einkommenbegriff geschaffen habe. Diese Tatsache ist ebenso feststehend wie bedauerlich. Sie darf jedoch kein Grund dafür sein, einen für das Recht der Einkommen-, Körperschaft- und Vermögensteuer in gleicher Weise zutreffenden und praktisch brauchbaren, also möglichst einfach konstruierten Einkommens- und Gewinnbegriff aufzustellen. Neben den oben bezeichneten Theorien sind die von Strutz in seinem grundlegenden Kommentar zum Einkommensteuergesetz (siehe Einleitung daselbst) und in seinem Handbuch des Reichssteuerrechts auf S. 226ff. erwähnten beiden anderen Lehrmeinungen, die Opfertheorie und die Äquivalenztheorie von geringerer Bedeutung, wobei ich keineswegs verkenne, daß sie für die allgemeine Einführung in das Steuerwesen und für ein besseres Verständnis der grundlegenden Steuerrechtsbegriffe an sich durchaus von Belang sind. Diesem Zustande gegenüber ist es zu begrüßen, daß das neue EStR. bewußt auf eine Legaldefinition des Einkommenbegriffes verzichtet und lediglich mittels summarischer Aufzählung genau anführt, welche Einkünfte der Besteuerung des Einkommens unterliegen. Nach § 6 Ziff. 1 a. a. O. unterliegen der Besteuerung des Einkommens nur die unter Ziff. 1—8 daselbst aufgeführten Einkünfte, andere wiederkehrende Bezüge und sonstige Leistungsgewinne nach Maßgabe der §§ 41 und 42 a. a. O. Dieser Fortschritt ist sehr bedeutsam. Denn Strutz, der berufene Kenner des EStR., sagt in der Einführung zu seinem Kommentar mit Recht, daß die grundlegendsten, in ihrer Tragweite bedeutendsten, schwierigsten und die umfangreichsten Erörterungen erheischenden Probleme sich an die ersten 20 Paragraphen des Einkommensteuergesetzes knüpfen. (Vgl. Strutz, Vorwort zum Kommentar, S. 7.) Zu diesen schwierigen Problemen gehören aber, wie wir bereits feststellten, in erster Linie die Begriffe von Einkommen und Gewinn.

Bevor ich zu der eigentlichen Fragestellung übergehe, ist noch zu erwähnen, daß sorgfältigste Bilanzierung und korrekte Gewinnberechnung auch vom Standpunkt der steuerlichen Buchprüfung dringend notwendig ist. In dieser Hinsicht schreibt bekanntlich das eine Novelle zur Reichsabgabenordnung darstellende Gesetz vom 10. August 1925 (RGBl. I, S. 243) zur Änderung des Verfahrens (Steuerermittlungsverfahren) durch Anfügung eines 10. Absatzes zum § 162 RAO. folgendes vor:

„Großbetriebe sind mindestens alle drei Jahre einmal einer ordentlichen Buch- und Betriebsprüfung durch entsprechend vorgebildete Beamte oder Sachverständige der Reichsfinanzverwaltung zu unterwerfen. Die Prüfung hat sich auf alle Verhältnisse zu erstrecken, die für die Besteuerung von Bedeutung sein können. Die Prüfung hat jeweils den Zeitraum bis zu der zuletzt erfolgten Prüfung zu umfassen . . ."

Gewissenhafte und nach den Grundsätzen ordnungsmäßiger kaufmännischer Buchführung vorgenommene Bilanzierung, einschließlich der hiermit verbundenen Nebenarbeiten ist daher ein Akt der Selbsterhaltung des Kaufmannes. Ist seine Bilanzierungsmethode oder seine Buchführung ungenau, unvollständig oder unzuverlässig, so erfolgt eine Remedur durch die finanzamtliche Buch- und Betriebsprüfung im Sinne obiger Vorschrift. Abgesehen hiervon hat aber der Gewerbetreibende auch deshalb ein Interesse an der Aufstellung einer brauchbaren Steuerbilanz und an der Durchführung der Buchprüfung, weil letztere die Möglichkeit schafft, die steuerunehrlichen Elemente festzustellen. Auf diese Weise erhält er sich seine eigene Konkurrenzkraft. Zum Schlusse komme ich zu der eigentlichen Fragestellung: Ich verzichte auf ausführlichere Darlegungen, knüpfe an die oben gewonnenen Ergebnisse an und begnüge mich mit der Feststellung, daß die Forschungsergebnisse von Lion und Geiler bei der Frage, wie am besten und für die Praxis zweckmäßigsten die wirtschaftlichen Begriffe von Einkommen, Gewinn und ähnliche Konstruktionen aufzustellen sind, eine geeignete Grundlage für eine Fortentwicklung dieser Begriffe darstellen. Die von Lion in seinem Eröffnungsaufsatz in der Vierteljahresschrift für Steuer- und Finanzrecht, Jahrg. 1927, Heft 1 (S. 132ff.) gebildete Konstruktion eines steuerrechtlichen Wirtschaftsbegriffes[1]) akzeptiere ich im Ergebnis. Hinsichtlich ihrer praktischen Anwendung möchte ich aber empfehlen, nochmals zu prüfen, ob diesem Ausdruck nicht eine etwas andere Fassung mit Rücksicht darauf gegeben werden kann, daß er bei nicht ganz in die Spezialfragen Eingeweihten zu Irrtümern Veranlassung geben kann. Ich halte es für zweckmäßiger, Wirtschaftsrecht und Steuerrecht, damit auch wirtschaftsrechtliche und steuerrechtliche Konstruktionen streng zu trennen, sie jedenfalls so lange auseinander zu halten, als dies irgend möglich ist. Wir haben bekanntlich nach den Arbeiten von Nußbaum, Goldschmidt und Kaskel Ansätze zu dem System eines selbständigen deutschen Wirtschaftsrechts. Auf der anderen Seite kann es im Interesse tunlichster Klarheit nur dienlich sein, wenn das Steuerrecht, unbeschadet des wirtschaftlichen Charakters seiner wichtigsten Begriffe, sowie unbeschadet der wirtschaftlichen Betrachtungsweise des § 4 RAO., eigene Wege geht. Vielleicht einen Schritt weiter wie Lion geht Geiler in seinem in der Zeitschrift Steuer

[1]) Vgl. St. u. W. 1927, Heft 4, S. 498ff.

und Wirtschaft, Jahrg. 1927, Heft 4, S. 498, veröffentlichten Aufsatz über Steuerrecht und Privatrecht. Geiler gelangt in seiner Studie zu der auf den ersten Augenblick in seiner Fassung etwas ungewöhnlichen und nicht gerade einfachen Konstruktion der „steuerrechtlichen Eigenbegriffsbildung“. Er hebt zutreffend hervor, daß das Steuerrecht bisher schon deutliche Ansätze einer Verselbständigung gezeigt, daß aber in dieser Hinsicht noch viel zu geschehen hat, wenn man das Ziel, die Schaffung eines ebenso theoretisch bis ins kleinste durchgebildeten, wie nach allen Richtungen hin praktisch brauchbaren, selbständigen Systems eines deutschen Reichssteuerrechts erreichen will. Indem er zum Teil auf den Ballschen Gedankengängen in dessen interessanter Studie über Steuerrecht und Privatrecht aufbaut, stellt er in dem erwähnten Artikel vier Leitsätze auf, denen durchweg beizupflichten ist, und welche darin gipfeln, daß die Steuerrechtwissenschaft und die steuerliche Rechtsprechung planmäßig zu einer selbständigen Begriffsbildung auf positiv-rechtlichem Wege schreiten muß. Hierunter versteht Geiler ein selbständiges System, welches den besonders gearteten wirtschaftlichen Zweckbestimmungen des Steuerwesens am meisten entgegenkommt. Hierzu ist aber erforderlich, daß folgende Bedingungen erfüllt werden:

1. Soweit Steuergesetze ausdrücklich auf Bestimmungen der Systeme anderer Rechtsgebiete Bezug nehmen, gelten letztere ausschließlich. Sie gelten unverändert und ohne Einschränkung mit ihrem durch die spezielle Gesetzgebung festgelegten privatrechtlichen, handelsrechtlichen, verwaltungsrechtlichen Inhalt.

2. Ist dagegen das allgemeine Steuerrechtssystem oder das einzelne Steuergesetz in der Weise formuliert, daß es die Rechtsnormen der verwandten Rechtsgebiete abändert, erweitert oder auch einschränkt, so gelten insoweit diese, im übrigen aber die handelsrechtlichen, privatrechtlichen und sonstigen Normierungen.

Vorstehende beide Leitsätze stellen in der Tat einen nicht unerheblichen Fortschritt in der selbständigen Begriffsbildung des Steuerwesens dar. Ich habe daher auch keine Bedenken, sie als Ausgangspunkt für die vorliegende Arbeit zu benutzen. Die praktische Nutzanwendung hierbei ist, soweit es sich zunächst um das Einkommen handelt, die folgende: Das Einkommen ist zwar seinem Ursprunge nach ein wirtschaftlicher Begriff. Er ist späterhin ohne Definition oder Legalinterpretation in das Steuerrecht aufgenommen, wird hier als bekannt vorausgesetzt und ist auf dem Umwege über die Nationalökonomie und die Betriebswirtschaftslehre zu einem selbständigen Rechtsbegriff des Steuerrechts geworden. Dieser Auffassung muß man auch deshalb sein, weil das EStG. wie das KStG. hinsichtlich des Begriffes Einkommen an keiner Stelle auf Bestimmungen anderer einschlägiger oder verwandter Rechtssysteme Bezug nehmen. (Vgl. Nr. 1 der Geilerschen Leitsätze.) Verschieden hiervon ist die Rechtslage beim Gewinnbegriff, bei den Begriffen „Grundsätze ordnungsmäßiger Buchführung", „Anschaffungs- oder Herstellungspreis" u. a. Hier wird der in den speziellen Gesetzen des EStR. und KStR. mehrfach vorkommende Gewinnbegriff vom Gesetzgeber in der Weise formuliert und praktisch verwendet, daß er im bürgerlichen Recht und anderen Disziplinen gebrauchte, gleichlautende oder ähnliche Begriffe heranzieht. Unter Hinweis auf den von Geiler unter Ziff. 3 aufgestellten Leitsatz erfordern es in solchen Fällen Rechtssicherheit und Verkehrsinteresse, daß regelmäßig, also von besonderen Ausnahmen abgesehen, solche Begriffsbildungen und Fachausdrücke auch mit dem entsprechenden privatrechtlichen usw. Inhalt ausgestattet werden. Der Einkommensbegriff ist somit ein selbständiger steuerrechtlicher Rechtsbegriff in langer Entwicklung geworden. Jede andere Art der Methodik scheint mir zu schiefen Ergebnissen zu führen. Die Fragestellung lautet sonach: Was versteht das Steuerrecht unter Einkommen? Welches ist der Inhalt dieses Begriffes? Was ist im Steuerrecht der Einkommen- und Körperschaftsteuer Gewinn? Welches sind demnach Inhalt und Grenzen dieses selbständigen steuerrechtlichen Gewinnbegriffes der §§ 12, 13, in Verbindung mit den §§ 19—21 EStG. einerseits und der §§ 10, 11 und 13 KStG. andererseits? Es ist noch zu erwähnen, daß auch Becker in seinen eingehenden Erörterungen zu den Grundfragen aus den neuen Steuergesetzen, ähnlich wie Geiler, praktisch zu einem bestimmten, selbständigen Steuerrechtsbegriff kommt. Es ist dies meines Wissens der erste, im Ergebnis bedeutsamste Fall der Geilerschen steuerrechtlichen Eigenbegriffsbildung. Becker gelangt in außerordentlich scharfsinnigen Darlegungen zu dem Ergebnis, daß der § 13 EStG. einen „kaufmännisch-steuerrechtlichen Gewinnbegriff" geschaffen habe. (Vgl. Becker in St. u. W. Jahrg. 1926, Heft 5, S. 667ff., Heft 11, S. 1767ff. und Heft 12, S. 1918ff.) Auf diese Untersuchungen wird bei der Darstellung des Gewinnbegriffes noch einzugehen sein.

§ 2. Wirtschaft und Recht. Steuerrecht und Handelsrecht.

Die Schwierigkeiten der Behandlung von Steuerfragen liegen darin, daß gerade im Steuerwesen sich Rechtsfragen und Wirtschaftsprobleme ständig begegnen und daher auch fortgesetzt eine gegenseitige Wechselwirkung ausüben. Hierüber muß man sich von vornherein klar sein, wenn man zu halbwegs brauchbaren Ergebnissen gelangen will. Es ist das große Verdienst des führenden Theoretikers in der Nationalökonomie, Diehl, daß er in Anlehnung an Stammlersche Theorien hervorgehoben hat, daß zwischen Rechts- und Wirtschaftsleben dauernd enge Zusammenhänge bestehen, die in sich so fein gegliedert sind, daß eine wirklich erschöpfende Analyse undurchführbar ist. Die Stoffgebiete, welche den Volkswirt und den Juristen interessieren, sind genau genommen die gleichen. Unterschiede treten in Recht und Wirtschaft nur bei der Betrachtungsweise der in Frage kommenden Wissenschaftler auf. Der Jurist erfaßt nach der Diehlschen These in den sozialen und gesellschaftlichen Vorgängen und bei den sich hieraus ergebenden wirtschaftlichen Erscheinungsformen in erster Linie das formale Element. Er will die Rechts- und Kulturnormen aufzeichnen und zergliedern, unter welchen die menschlichen Gemeinschaften leben. Daher sind die Gesetze und die Rechtsverordnungen, damit aber auch die aus diesen Grundlagen herzuleitenden einzelnen Rechtssätze das wissenschaftliche Rüstzeug des Juristen. (Vgl. Stammler, Wirtschaft und Recht, S. 186ff. und Diehl, Theoretische Nationalökonomie, Bd. 1, S. 99ff.) Der Volkswirt wird dagegen, und dies gilt naturgemäß für den Betriebswirt in gleicher Weise, weniger von den Rechtsnormen und ihrer formalen Ausgestaltung beeinflußt, ihn beschäftigt vielmehr hauptsächlich das wirkliche Leben und die in ihm täglich in unübersehbarer Zahl entstehenden Bilder. Sind diese auf die Untersuchungen von Stammler und Diehl zurückgehenden Grundsätze zutreffend, so ergibt sich folgerichtig, daß eine scharfe Unterscheidung zwischen Rechtsbegriffen und volkswirtschaftlichen beziehungsweise betriebswirtschaftlichen Konstruktionen nicht angängig, genauer gesagt, gar nicht möglich ist. An diesem Ergebnis wird auch nichts durch die Tatsache geändert, daß, wenn Begriffe volkswirtschaftlichen Charakters in einzelnen Gesetzen oder auch in Spezialgesetzen, z. B. im Steuerrecht, auftauchen, diese ihrer Natur nach selbständigen steuerrechtlichen Begriffe ausschließlich innerhalb des allgemeinen Rahmens der Steuerrechtsnormen und ihrem Inhalt nach ausschließlich nach Maßgabe dieser Spezialvorschriften auszulegen sind. Es ist somit festzustellen, daß auch auf diesen Umwegen der Beweisführung, unter Anwendung der allgemeinen Theorien in der Nationalökonomie, die oben kurz erläuterten Geilerschen Leitsätze[1]) über steuerrechtliche Eigenbegriffsbildung zutreffend sind. Wenn man die vorstehenden Ausführungen auf das deutsche Steuerrecht praktisch anwendet, so ergibt sich folgendes Bild der Zusammenhänge zwischen Recht und Wirtschaft und zwischen Steuerrecht und Handelsrecht. Wie ich bereits in meinem Aufsatz: Die

---

[1]) Vgl. St. u. W. 1927, Heft 4, S. 498ff.

deutsche Steuerreform, der Finanzausgleich zwischen Reich, Ländern und Gemeinden und ihre Bedeutung für den Dawesplan (D. St. Ztg. Jahrg. 1925, Heft 4, S. 308ff.) ausführte, ist das deutsche Steuerrecht und der Verlauf seiner Entwicklung etwa seit 1919/20 das getreue Spiegelbild der Verhältnisse der deutschen Wirtschaft. Zahl und Arten der Reichssteuern wie deren Ausbau, insbesondere auch die Durchführung des sogenannten Finanzausgleichs zwischen dem Reich einerseits und den deutschen Ländern und Kommunen andererseits sind Folgen und Erscheinungsformen der Gestaltung der deutschen Wirtschaft in den Nachkriegsjahren. Hierzu kommt noch als weiterer Faktor die Erfüllung der außenpolitischen Verpflichtungen der Wirtschaft nach Maßgabe des Sachverständigengutachtens und der Industriebelastungs-(Industrieaufbringungs-)Gesetzgebung. Als weiterer ausschlaggebender Gesichtspunkt ist die Deflationskrise und der Rationalisierungsprozeß der deutschen Wirtschaft hervorzuheben. In der ersten Hälfte der Inflationsperiode, etwa in den Jahren 1919 bis 1922 entwickelten sich Ansätze eines deutschen Konzernrechtes. In dieser Zeit ballten sich große Konzerne zusammen, die bald darauf, insbesondere bei der Stabilisierung der deutschen Währung und der Umstellung der Wirtschaft auf Goldmark, sich als unnatürliche Gebilde herausstellten. Nach Zustandekommen des Dawesplanes und in seiner Durchführung der deutschen Gesetzgebung vom 30. 8. 1924 (Bankgesetz, Münzgesetz, Industriebelastungsgesetz)[1]) setzte mit Naturnotwendigkeit die Deflationskrise ein, die wiederum ihrerseits die sogenannte Rationalisierung der Wirtschaft zur Folge hatte. Es ist nun die Feststellung sehr interessant, daß sich dieser Entwicklungsgang der Wirtschaft auch im Recht auswirkte, und zwar im Konzern-, Kartell- und Steuerrecht. Es ist keine Zufallserscheinung, sondern rein natürlicher Tatsachenverlauf, wenn wir etwa seit Sommer 1922 nicht nur ein abgeschlossenes Steuerrechtssystem haben, sondern auch beachtliche Entwicklungstendenzen eines selbständigen deutschen Konzern- und Kartellrechts. Die kartellrechtliche Verordnung vom 2. 11. 1923 gegen Mißbrauch wirtschaftlicher Machtstellungen (RGBl. I, S. 1067) übergehend, weil von dem Gegenstand dieser Abhandlung zu entfernt liegend, ist darauf hinzuweisen, daß Haußmann, Friedländer, Rosendorff und Geiler es waren, die in ihren, zum Teil mit überaus reichem Material versehenen Untersuchungen die rechtliche Struktur der Konzerngesellschaften, ihre Bedeutung für die Wirtschaft und ihre Beziehungen zum Wirtschafts- und Kartellrecht, sodann aber auch zum Steuer-

[1]) RGBl. II, 1924, S. 235ff.

recht eingehend prüften und wertvolle Ergebnisse zeitigten. Dabei kam zustatten, daß schon vorher Nußbaum, Goldschmidt, späterhin auch Kaskel den als gelungen zu bezeichnenden Versuch gemacht haben, ein selbständiges System eines neuen deutschen Wirtschaftsrechts zu entwickeln. An Schrifttum ist zu nennen die Abhandlung von Haußmann über die Tochtergesellschaft als Beitrag zur modernen Konzernbildung und zum Effektenkapitalismus (1923), von Friedländer die Monographie über die Interessengemeinschaft als Rechtsform der Konzernbildung (1921) und die Studie von Geiler über die gesellschaftlichen Organisationsformen des neueren Wirtschaftsrechts (1919)[1]. Auf diesen Forschungen bauten dann Friedländer und Rosendorff weiter auf; der erstere mit einem ersten grundlegenden System über Konzernrecht, das er mit dem Untertitel als das Recht der Betriebs- und Unternehmenszusammenfassungen bezeichnet, letzterer mit seiner Schrift über die rechtliche Organisation der Konzerne. Beide Werke heben sich in ihrem Niveau über ähnliche Schriften erheblich hinaus. Die Rosendorffsche Abhandlung ist dadurch besonders wertvoll, daß sie an Hand eines umfangreichen praktischen Materials von Gesellschaftsverträgen, Fusions- und Sanierungsverträgen, Geschäftsberichten, Bilanzen usw. die Zusammenhänge zwischen Konzernrecht und Steuerrecht in systematisch gegliederten Ausführungen aufzeigt, wobei ihm seine Erfahrungen als Steuerpraktiker, wie die von ihm in früheren steuerrechtlichen Schriften gewonnenen Forschungsergebnisse zu Hilfe kommen. Friedländer ist, ähnlich etwa wie Hensel im Steuerwesen, als der erste Theoretiker des deutschen Konzernrechts anzusehen. Die Bedeutung der Friedländerschen Untersuchungen für Wirtschaft und Recht liegt besonders darin, daß er die Zusammenhänge zwischen dem Konzernrecht auf der einen Seite und dem Kartellrecht und Steuerrecht auf der anderen Seite in weit ausholenden Darlegungen sorgfältig analysiert. Friedländer erörtert in seinem Konzernrecht nicht nur das Organisationsrecht, sondern auch die durch die zwangsläufige Konzernbildung aufgeworfenen Fragen des Aktienrechts, des Konzernrechts und des Steuerrechts. Hier interessiert hauptsächlich der letzte (4.) Abschnitt des Friedländerschen Lehrbuches. Friedländer gibt an dieser Stelle eine eingehende Erörterung der zahlreichen steuerrechtlichen Probleme aller Konzernformen, die er unter genauer Darstellung und Kritik der Organtheorie, also der Lehre von der steuerrechtlichen Bedeutung der sogenannten wirtschaftlichen Einheit, darstellt. Hiermit ist aber zugleich der schlüssige Beweis geliefert, daß das moderne

[1]) Vgl. auch Bauer, Die rechtliche Struktur der Trusts und Statthalters Studie über Interessengemeinschaften.

Konzernrecht, das Handels- und Industrierecht, sowie das Kartellrecht nicht nur der Schauplatz theoretischer Lehrmeinungen sind, sondern in den Ergebnissen der Forschung auch große praktische Bedeutung haben. Zwei Beispiele: Die sogenannte Organtheorie und die wissenschaftlich-praktische steuerliche Durchbildung des Zwischenhandelsprivilegs des § 7 des Umsatzsteuergesetzes, endlich das Schachtelprivileg des § 11 des Körperschaftsteuergesetzes sind ohne die oben erwähnten wissenschaftlichen Abhandlungen nicht denkbar. Es ist vielmehr unzweifelhaft, daß sich bei diesen Problemen Theorie und Praxis in vorbildlicher Weise und gegenseitiger Wechselwirkung befruchtet haben. Ich verweise bezüglich der Organtheorie auf die Entscheidungen des RFH. in Bd. 3, S. 291, Bd. 5, S. 318, Bd. 13, S. 329, Bd. 19, S. 139 und 267 ff., vor allem aber auf die in Bd. 20, S. 46, 85, 303 und 315 veröffentlichen Erkenntnisse. Eine nähere Erörterung und eine Kritik muß an dieser Stelle aus begreiflichen Gründen unterbleiben. Schon dieser Hinweis genügt jedoch zum Beweise dafür, daß zahlreiche enge Zusammenhänge und untrennbare Verflechtungen zwischen Wirtschaftsrecht, Aktien- und Konzernrecht, sowie Kartellrecht und zwischen diesen Rechtsgebieten und dem Steuerrecht bestehen. Im Zusammenhange hiermit ist noch hervorzuheben, daß sich schon in den ersten Jahren seiner Rechtsprechung der RFH. mit dem Begriff der Holdinggesellschaft, also der Dach- oder Verwaltungsgesellschaft der Konzerne befaßt hat. Auch nach dieser Richtung hat der RFH. die Rechtsbildung des Steuerrechts und Konzernrechts, insbesondere auch unter Zugrundelegung der §§ 4, 5 und 6 der RAO. folgerichtig weiter entwickelt und das Ergebnis dieser Judikatur in den in Bd. 17, S. 85 u. 265 veröffentlichten Erkenntnissen festgelegt. Die Zusammenhänge zwischen Steuerrecht und Handelsrecht (Aktienrecht) bzw. Konzernrecht existieren selbstverständlich auch in der Gesetzgebung, und zwar sind sie das oben erwähnte Ergebnis des planmäßigen Zusammenarbeitens von Schrifttum und Rechtsprechung. Ich meine das bekannte Schachtelprivileg des § 11, Ziff. 3 des KStG.[1]). Nach § 11, Ziff. 3 bleiben bei Ermittlung des Einkommens im Falle der unbeschränkten Körperschaftssteuerpflicht (§ 2 a.a.O.) bei den im § 4, Abs. 1, 3 erwähnten Erwerbsgesellschaften usw., welche nachweislich seit Beginn des Steuerabschnittes (§ 12 a. a. O.) auf Grund ihres Besitzes an Aktien, Kuxen usw. einer anderen Erwerbsgesellschaft mindestens zu 25% an dem Grund- oder Stammkapital, beziehungsweise an dem Vermögen dieser Erwerbsgesellschaft beteiligt sind, die auf den bezeichneten Besitz entfallenden Gewinnanteile jeder Art neben den im § 8 EStG. be-

[1]) Vgl. auch das Schachtelprivileg des § 27 RBewG.

zeichneten Einkünften außer Ansatz. Erhebliche praktische Bedeutung, die weit über den Rahmen des einzelnen Falles hinausgeht, hat das oben als Beispiel an dritter Stelle angeführte Zwischenhandelsprivileg des § 7 UStG. § 7, Abs. 1 a. a. O. lautet:

„Bei Abwicklung mehrerer, von verschiedenen Unternehmern über dieselben Gegenstände oder über Gegenstände gleicher Art abgeschlossenen Umsatzgeschäfte sind nur die Lieferungen derjenigen Unternehmer steuerpflichtig, die den unmittelbaren Besitz übertragen. Der Übertragung des unmittelbaren Besitzes durch einen Unternehmer steht die Übertragung durch denjenigen gleich, der die Gegenstände auf Grund eines besonderen, mit dem Unternehmer abgeschlossenen Vertrages für diesen besitzt, es sei denn, daß er lediglich die Beförderung der Gegenstände übernommen hat[1])." — Hierzu hat der große Senat des RFH. unter dem 17. 12. 1927 eine in der amtlichen Sammlung noch nicht, aber in der J. W. 1928, S. 257 veröffentlichte Entscheidung verkündet, die für den Zwischenhandel in zahlreichen Fällen einschneidende Bedeutung hat. Unter Zugrundelegung der Urteile in Bd. 8, S. 197; Bd. 14, S. 86; Bd. 16, S. 64 und des zur demnächstigen amtlichen Veröffentlichung bestimmten Urteiles vom 3. 11. 1927 VI A 354/27 führt der große Senat etwa folgendes aus:

„Die bisherige Rechtsprechung setzt überall voraus, daß eine Befreiung des freien Handels nach § 7 UStG. nicht gegeben sei, wenn der Zwischenhändler sich nicht auf bloße Schlüsse beschränkt, sondern darüber hinaus die Ware seinen Kunden selbst, oder, was umsatzsteuerrechtlich auf dasselbe hinausläuft, mit eigenen Angestellten zuführt. Im Gegensatz zu dieser Anschauung vertritt der V. Senat nunmehr folgenden neuen Standpunkt: Bei der Abwicklung mehrerer Umsatzgeschäfte, welche von verschiedenen Unternehmern über dieselben Gegenstände oder Gegenstände gleicher Art abgeschlossen sind, werden die Lieferungen eines Unternehmers nicht schon dadurch umsatzsteuerpflichtig, daß er ausschließlich zum Zwecke der Beförderung den unmittelbaren Besitz an den Gegenständen erwirbt und überträgt. Diesem Satz stimmt der Reichsminister der Finanzen zu, der sich auf Ersuchen des Senats an dem Verfahren beteiligt hat[2])."

Nachdem dann in dieser Entscheidung die Tendenzen der Wirtschaft mit dem Endziel restloser Rationalisierung eingehend und von hoher wirtschaftlicher Warte aus gewertet sind, gelangt der große Senat zu folgendem Ergebnis: Unter diesen Umständen ist in der endgültigen Fassung der Vorschrift infolge der Zufälligkeiten ihrer Entstehungsgeschichte kein vollkommener Ausdruck der in ihr enthaltenen Rechtsgedanken zu erblicken. Mit dieser Erkenntnis ergibt sich für die Rechtsprechung die Pflicht, jenem Gedanken durch eine

[1]) Vgl. die neueste Entscheidung des RFH. vom 28. Februar 1928 V A 798/27.
[2]) Vgl. auch die Urteile vom 24. 6., 12. 8. und 1. 12. 1927 (RStBl. Nr. 19, S. 183/84, Nr. 22, S. 212 und RStBl. 1928, Nr. 2, S. 18.

sinngemäße Auslegung des Gesetzes auch entgegen seinem Wortlaut unter Berücksichtigung seines Zweckes und seiner wirtschaftlichen Bedeutung Geltung zu verschaffen. Der § 7, Abs. 1 UStG. ist darum in Übereinstimmung mit der neuen Rechtsansicht des V. Senats so zu lesen, als ob die Klausel, die die Beförderung befreit, nicht dem zweiten Satz hinzugefügt wäre, sondern dem ersten.

Ergebnis: Alle Betriebe, welche ihre Waren zwar nicht einlagern, dieselben jedoch unter Inanspruchnahme der eigenen Angestellten und der eigenen Transportmittel jeweils zu den Kunden befördern, haben somit die Möglichkeit, auf Grund des § 7 a. a. O. endgültig steuerfrei zu bleiben. Der RFH. hebt als besonderes Moment die wirtschaftliche Bedeutung und den Zweck des Gesetzes hervor. Dieser von ihm formulierte Rechtssatz charakterisiert sich damit deutlich als Ausdruck der wirtschaftlichen Betrachtungsweise des § 4 RAO. Wegen der außerordentlichen Tragweite dieser Art der Gesetzesauslegung und der Gesetzesanwendung wird ihr in den folgenden Ausführungen ein kurzer besonderer Abschnitt gewidmet.

§ 3. Die wirtschaftliche Betrachtungsweise des § 4 der Reichsabgabenordnung. Rechtsprechung und Schrifttum. Kritik.

Es bedarf keiner weiteren Ausführungen, daß die vom Gesetzgeber in dem § 4 RAO. vorgesehene wirtschaftliche Betrachtungsweise der wirtschaftlich erheblichen Tatsachen und ihre nach diesen Gesichtspunkten vorgenommene Unterordnung unter die einzelnen Steuergesetze die in den vorangegangenen Ausführungen geschilderte Bildung enger Zusammenhänge zwischen Wirtschafts-, Aktien- usw. Recht und Steuerrecht stark beeinflußt hat. Ebenso hat umgekehrt die Rechtsprechung des RFH. zu § 4 RAO. die Entwicklung und systematische Durchbildung dieser Rechtsgebiete entscheidend und fortgesetzt beeinflußt. Nach § 4 a. a. O. ist stets der wirkliche Sinn der Gesetze maßgebend, nicht ihr Wortlaut und ihre äußere Fassung. Sinn und Tragweite einer jeden Gesetzesvorschrift ist nur aus ihrem ganzen inneren Wesen heraus festzustellen. Hierzu tragen der Wert und der Zweck der Gesetzesvorschrift bei, der natürliche innere Zusammenhang ihrer einzelnen Teile und ihre Eigenschaft als Glied in einem von bestimmten Grundgedanken geleiteten Gesetze. (Vgl. hierzu des näheren Becker, Reichsabgabenordnung und das zu den §§ 4 und 5 RAO. angeführte umfangreiche Material an Schrifttum und Rechtsprechung.) In der bekannten und bedeutsamen Entscheidung in Bd. 12, S. 343ff. führt der RFH. etwa aus: Erst die neuere Steuergesetzgebung hat den Grundsatz voll ausreifen lassen, daß in Steuersachen im allgemeinen nicht sowohl eine streng-juristische, rein bürgerlich-rechtliche, sondern wirtschaftliche Betrachtungsweise geboten ist. Von diesem Grundsatz läßt sich besonders auch die Abgabenordnung leiten. (Vgl. z. B. §§ 4, 5, 80 und 166 RAO.) Der RFH. hat daher auch in seiner Rechtsprechung diesen Grundsatz als maßgeblich anerkannt. Namentlich hat auch der erkennende Senat — was besonders für das EStR. und den Einkommensbegriff bedeutsam ist — schon früher wiederholt sich dahin ausgelassen, daß der Begriff des Einkommens (und des Vermögens) in erster Linie wirtschaftlich zu erfassen ist. Es besteht daher nach dem EStG. die Möglichkeit, einem Tatbestand eine andersartige Beurteilung angedeihen zu lassen, als diejenige, die einer rein bürgerlich-rechtlichen Anschauungsweise entspricht. Aus diesen Gründen haben daher im Steuerwesen unter Umständen gewisse Bedenken in den Hintergrund zu treten, welche sich sonst bei bloßer Zugrundelegung privatrechtlicher Richtlinien ergeben könnten.

Dieses Urteil ist der Abschluß einer vorläufigen Entwicklung der Rechtsprechung zu § 4 und basiert u. a. auf den Entscheidungen vom 16. 9. 1919 in Bd. 1, S. 203, in Bd. 12, S. 326, vom 19. 9. 1923 Bd. 9, S. 167 und Bd. 1, S. 40. Letztere Entscheidung ist wichtig, weil hier der RFH. auf dem Gebiete des Umsatzsteuerrechts einen eigenen Lieferungsbegriff bildet, abweichend von den Vorschriften des BGB. und des HGB. (Vgl. auch RFH. Bd. 9, S. 90/91 und Bd. 11, S. 171.) Die auf diese Weise gewonnenen Ergebnisse hat der RFH. durch folgende Modifikation eingeschränkt: In denjenigen Fällen, bei denen das in Frage kommende Steuergesetz an Begriffe des bürgerlichen Rechts anknüpft und auf ihnen als maßgebenden fußt, bleiben gerade auch nach § 4 RAO. und der ständigen Rechtsprechung des RFH. die Regeln des bürgerlichen Rechts bindend. (Vgl. u. a. RFH. Bd. 9, S. 167ff., S. 171.) Ergebnis: Es gibt hiernach zahlreiche Fälle, in welchen Erscheinungen des wirtschaftlichen Lebens für das Steuerrecht allgemein, oder doch für gewisse steuerrechtliche Gebiete, eine von der zivilrechtlichen abweichende Beurteilung erfahren müssen. (Vgl. §§ 4 und 5 in Verbindung mit § 80 RAO.) In der bereits zitierten Entscheidung vom 28. 9. 1923 (Bd. 12, S. 351) führt der RFH. aus, daß das Steuerrecht ein Teil des öffentlichen Rechtes ist. (Siehe auch die in anderem Zusammenhange bereits oben vorgetragene Auffassung.) Das Steuerrecht ist daher auch an sich, genau wie das öffentliche Recht, vom bürgerlichen Recht losgelöst, mithin auch vom Handels- und Bilanzrecht. Diese unverkennbare Loslösung des Steuerrechts von privatrechtlichen Begriffen hatte der RFH. bereits vorher in seinen Entscheidungen vom 21. 7.

und 29. 9. 1920 eindeutig festgelegt. (Vgl. Koppe, Jahrb. des StR. Jahrg. 1921, S. 35.) An dieser Rechtsprechung hat dann der RFH. bis in die neueste Zeit festgehalten. Ich erwähne nur die Erkenntnisse vom 5. 1. 1926 (Bd. 18, S. 90) und vom 20. 4. 1926 (Bd. 19, S. 21ff.) In der Entscheidung in Bd. 18, S. 323 erklärt der RFH. ausdrücklich, daß die Begriffe des bürgerlichen Rechts nur in denjenigen Fällen übernommen werden, in welchen es auch nach dem Steuerrecht auf sie ankommt, besonders also beim Kapitalverkehrsteuergesetz. Endlich ist in diesem Zusammenhange neben dem Urteil vom 7. 1. 1921 in Bd. 4, S. 212 auf das Gutachten vom 8. 6. 1926 (Bd. 19, S. 126) hinzuweisen. In dem erstgenannten Erkenntnis betont der RFH., daß unbeschadet der Anwendbarkeit des § 5 RAO. die von den Beteiligten gewählte bürgerlich-rechtliche Form nicht ausschließlich entscheidend ist, sondern der wirtschaftliche Erfolg, der von den Beteiligten angestrebt wird, und die Zweckbestimmung des Steuergesetzes den Ausschlag geben. In dem Gutachten kommt der RFH. zu der wichtigen und interessanten Feststellung, daß ein durch Sicherungsübereignung gesicherter Gläubiger an den ihm übereigneten Waren steuerlich kein die Veräußerung hinderndes Recht gemäß § 771 ZPO., sondern nur ein Recht auf vorzugsweise Befriedigung aus dem Erlös der versteigerten Waren nach § 805 a. a. O. hat. Ich möchte dieses Gutachten als das typische Beispiel des Überganges von der zivilrechtlichen zur wirtschaftlichen Betrachtungsweise bezeichnen[1]). Als weitere Zeichen dafür, wie sehr Schrifttum und Praxis sich vornehmlich im Konzernrecht, Aktien- und Steuerrecht gegenseitig beeinflußt haben, so daß zahlreiche und mannigfache Zusammenhänge mit feinsten Verästelungen zwischen den genannten Rechtsgebieten und dem Steuerrecht deutlich erkennbar sind, ist noch in Ergänzung der Ausführungen in § 2 an dieser Stelle das Steuermilderungsgesetz nachzutragen. (Gesetz über Steuermilderungen zur Erleichterung der Wirtschaftslage bei wirtschaftlich gebotenen Zusammenschlüssen vom 31. 3. 1926 [RGBl. I, S. 185] nebst Novelle vom 28. 7. 1927 [RGBl. I, S. 242]). Dieses Gesetz begünstigt und erleichtert die Durchführung der Rationalisierung durch das Mittel wirtschaftlich gebotener Zusammenschlüsse in der Weise, daß bei Verschmelzungen (Fusionen) und bei Sanierungen von Kapitalgesellschaften die daselbst vorgesehene Ermäßigung der Kapitalverkehrsteuer einzutreten hat. (Ermäßigung der Gesellschaftsteuer auf 1 vom Hundert.)

Im Hinblick auf den beschränkten Raum muß ich auf eine ausführliche Kritik der Lehrmeinungen und der Rechtsprechung zum

[1]) Vgl. auch RFH. Bd. 4, S. 212, Urteil vom 7. 1. 1921.

§ 4 verzichten. Es sei nur folgendes gesagt. Die mehrerwähnte Rationalisierung des Produktionsprozesses der deutschen Wirtschaft ist bis in ihre äußersten Ausstrahlungen nur durchführbar, wenn neben einer Senkung der Steuern ihr auch alle sonstigen steuerlich zulässigen und für sie irgend erreichbaren Erleichterungen gewährt werden. Dies kann unter anderem dadurch geschehen, daß die Finanzgerichte und der RFH. in ihrer Judikatur wie in ihrer begutachtenden Tätigkeit der wirtschaftlichen Betrachtungsweise des § 4 auch weiterhin nicht nur entscheidenden Einfluß auf Entwicklung und Beurteilung der wirtschaftlichen Verhältnisse einräumen, sondern wenn sie außerdem die bisher bereits in der Rechtsprechung gewonnenen Ergebnisse planmäßig fortbilden. Es ist daher zu fordern, daß auch künftig bei der Auslegung der Steuerrechtsnormen die wirtschaftliche, den wahren Tatbestand scharf und erschöpfend erfassende Betrachtungsweise in fortgesetzt steigendem Umfange angewendet wird. Die erwünschte Folge hiervon ist, daß diese Art der Interpretation auch das Handelsrecht und darüber hinaus auch die sonstigen einschlägigen privatrechtlichen Rechtsnormen günstig beeinflußt. Denn auf der anderen Seite zeigen sich enge Berührungspunkte mit derjenigen Arbeitsmethode, welche die Ergebnisse des Wirtschaftsrechts und dessen Arbeitsweise für das Privatrecht dienstbar macht. Zahlreiche privatrechtliche, demnach auch handelsrechtliche Konstruktionen erhalten ihre äußere Form, wie ihren vollen und den tatsächlichen Verhältnissen wirklich entsprechenden Gehalt erst dann und nur unter der Bedingung, daß sie gleichzeitig nach Maßgabe steuerrechtlicher Erwägungen theoretisch behandelt und praktisch angewendet werden. Ich erwähne hier nur neben sonstigen zahlreichen Fragen das Problem der Bildung der stillen Reserven, wie überhaupt die ganze Gewinnlehre, die neben der Bewertung der Hauptgegenstand dieser Darstellung ist. Daß bei diesem Fragenkomplex die Dinge noch dauernd im Flusse sind, wird nicht verkannt. Hat doch insbesondere Nußbaum in einem von der Vereinigung für Aktienrecht im vergangenen Jahre veranstalteten Vortrage, wie anläßlich der kritischen Besprechung der beiden wichtigen Urteile des Reichsgerichts vom 17. 12. 1926, 103/26 II und vom 17. 12. 1926, 104/26 II zu §§ 260, 261, 272 HGB. sowie zu § 13, Abs. 1 der Goldbilanzverordnung (JW. 1927, S. 2986ff.) auf die Bedeutung der Problemstellung und auf ihre praktischen Folgen hingewiesen. Schließlich ist noch bemerkenswert, daß nicht nur durch die Rechtsprechung des Reichsgerichts, sondern in erster Linie durch diejenige des RFH. Probleme des Bilanz- und Aktienrechts, des HGB. und des Gesellschaftsrechts des BGB. in erheblichem Ausmaß weiter entwickelt worden sind.

B. Allgemeiner Teil.

Die verschiedenen Arten und die Bedeutung des Gewinnbegriffes.

I. Abschnitt.

§ 4. Einleitung. Der Gewinn als Objekt und die Bewertung als Maßstab der Besteuerung.

Die in der Gewinnlehre ohnehin bereits bestehenden erheblichen Schwierigkeiten und Zweifelsfragen wären vielleicht nicht bis zur Unübersichtlichkeit und Verwirrung gesteigert worden, wenn nicht bisher zahlreiche Untersuchungen, zum Teil grundlegenden Charakters und mit großer Sorgfalt herausgearbeitet, den Gewinnbegriff und die Bewertung gleichzeitig nebeneinanderher nach den verschiedensten Gesichtspunkten erörtert hätten. Infolgedessen ist eine erhebliche Klärung dieser schwierigen Probleme wohl auch deshalb nicht erfolgt, weil Betriebswirte Gewinn und Bewertung auch nach kaufmännischen, handelsrechtlichen und sogar steuerrechtlichen Ordnungsprinzipien behandelten. In gleicher Weise haben umgekehrt Juristen und Kaufleute versucht, einen scharf präzisierten und für die Praxis brauchbaren Gewinnbegriff durch Eingliederung betriebswirtschaftlicher Gesichtspunkte aufzustellen. Bei aller Anerkennung des außerordentlichen Aufwandes an Energie, Gelehrtenfleiß und wirtschaftlicher Erfahrung darf wohl doch gesagt werden, daß die erwähnten Arbeiten in der Hauptsache nur einen theoretischen Nutzen gehabt haben, vielleicht aber auch von sich aus nur den Zweck hatten, selbständige Theorien aufzustellen und zu begründen. Wenn man einen auch nur ungefähren Überblick über die wichtigsten Einkommen-, Gewinn- und Bewertungstheorien hat, so ist deren große Zahl mit ihren mannigfachen Schattierungen und Abzweigungen geradezu staunenswert, richtiger gesagt beängstigend. Ich kann mir nicht gut denken, daß ein stark beschäftigter Generaldirektor einer Industriegesellschaft, der Direktor einer Großbank oder der verantwortungsbewußte und verantwortungsreiche Syndikus und Steuerberater, endlich auch der Dezernent und das gewaltige Heer der Buch- und Betriebsprüfer in der Reichsfinanzverwaltung wie in der Wirtschaft sich Zeit und Mühe nehmen, durch dieses Dickicht volks- und betriebswirtschaftlicher wie juristischer Lehrmeinungen hindurchzudringen. Nur ganz klare Begriffe und möglichst einfache Problemstellung können hier bei der starken Belastung der Wirtschaft mit sonstiger unproduktiver Arbeit einige Aussicht auf Erfolg bieten. Wenn man einen kurzen und möglichst klaren, gleichzeitig aber auch zu den bisherigen Ergebnissen von Rechtsprechung und kaufmännischer Praxis kritisch Stellung nehmenden Abriß geben will, wird dies zweckmäßig durch Leitsätze zu geschehen haben. Der Kaufmann will letzten Endes doch nur wissen, was er als Gewinn unter allen Umständen versteuern muß, mit anderen Worten, was er mindestens in seiner berichtigten Handelsbilanz (Steuerbilanz) als Gewinn angeben muß, ohne sich dem Verdacht der Steuerumgehung oder gar der Steuerhinterziehung auszusetzen. Alles andere, insbesondere die einzelnen Bewertungstheorien und die verschiedenen Lehrmeinungen der Bilanzierung, der Gewinnberechnung usw. interessieren ihn erst in zweiter Linie. Ich wende daher die negative Auslegungsmethode an, d. h. ich will in diesen einleitenden Ausführungen kurz darlegen, was alles nach steuerlichen Gesichtspunkten jedenfalls nicht Gewinn ist, Die Praxis geht davon aus, daß je nach der Einstellung desjenigen· der bilanziert, die Bilanzierungsmethode, insbesondere die Art der Gewinnberechnung, verschieden ist. Aus den gleichen Gründen sind auch die Bewertungsmaßstäbe je nach dem Standpunkt des Bewertenden verschieden geartet. Denn alles das, was oben hinsichtlich des Gewinnes gesagt ist, gilt auch für die Bewertung. Es mag dies daran liegen, daß die mit der Bewertung zusammenhängenden Fragen nicht nur überhaupt durchweg von großem Belang sind, sondern daß auch die Art und Weise, wie bewertet wird, auf die Feststellung des Gewinnes von ausschlaggebender Bedeutung ist. Die Bewertung ist gerade der Maßstab für die Ermittlung des Gewinnes und damit auch der Maßstab für seine steuerliche Erfassung. Dies sind wohl die Gründe, die zur Folge hatten, daß auch beim Wertproblem sich zahlreiche im Ergebnis zum Teil voneinander erheblich abweichende Anschauungen gebildet haben. Hierzu tritt, wenn auch nicht ganz genau so, aber doch ähnlich wie bei der Lehre und dem Recht vom Gewinne, als erschwerendes Moment hinzu, daß wir nicht nur eine Bewertungspraxis des Kaufmanns und eine Bewertungslehre der Betriebswirtschaft, sondern auch ein in sich abgeschlossenes Bewertungsrecht haben. Dieses Bewertungsrecht hat nicht nur das Handelsgesetzbuch zur Rechtsquelle (ich denke hierbei besonders an das aktienrechtliche Bewertungsrecht), sondern wir haben auch ein steuerliches Bewertungsrecht. Dieses steuerliche Bewertungsrecht ist, was besonders betont sein mag, in mehreren Gesetzen niedergelegt. Wir haben in den §§ 137ff. der RAO. ein formelles Bewertungsrecht steuerlicher Wertermittlung. Wir haben ferner als großen Fortschritt, welchen die Augustgesetzgebung von 1925 uns gebracht hat, in dem Reichsbewertungsgesetz den ersten Versuch einer systematischen Gliederung und Zusammenfassung des materiellen Bewertungsrechts im Steuerwesen. Endlich ist noch hervorzuheben, daß beide Arten von Rechtsnormen, sowohl das Bewertungsrecht der RAO. wie das materielle Bewertungsrecht des Reichsbewertungsgesetzes nur subsidiär gelten, d. h. erst dann, wenn die besonderen, im Einzelfalle anzuwendenden materiellen Steuergesetze positives Bewertungsrecht nicht enthalten. Es enthält aber das Recht der Einkommen- wie der Körperschaftsteuer an verschiedenen Stellen wichtige Vorschriften über Bewertung, auf die noch ausführlich zurückzukommen sein wird. Daß eine derartige Fülle von Material erst recht einfachste Gliederung bei knapper Darstellung erfordert, ist selbstverständlich. Unter den angegebenen Voraussetzungen und mit der geschilderten Arbeitsweise werden in dem folgenden Abschnitt die Gewinnbegriffe der verschiedenen Wirtschafts- und Rechtsgebiete kurz referierend behandelt.

II. Abschnitt.

§ 5. Gewinn und Gewinnermittlung.

1. Der Gewinn in der Betriebswirtschaft.

Der Begriff des Gewinnes ist in der Betriebswirtschaftslehre bisher verhältnismäßig wenig untersucht worden. Neben Leitner, Passow und Gerstner, von denen die beiden ersteren mehr vom Standpunkt des Bilanztechnikers und Bilanzkritikers aus den Gewinnbegriff untersuchen und der letztgenannte als Wirtschaftswissenschaftler seine Gewinnlehre, wenn auch nicht ausschließlich, so doch überwiegend nach Maßgabe des Bilanzrechts des HGB. aufzieht, sind hauptsächlich die Kölner und die Frankfurter Schule zu erwähnen. Erstere steht unter Führung von Schmalenbach und hat ihre Anschauungen in den von diesem herausgegebenen Grundlagen dynamischer Bilanzlehre niedergelegt, während Schmidt der Begründer der Lehre von der organischen Bilanz ist und sein hierauf sich beziehendes Lehrsystem in einer weit ausholenden Untersuchung gleichen Namens herausgegeben hat. Ich beschränke mich in den folgenden Ausführungen auf das Wichtigste. Die Arbeitsmethode und die ganze Einstellung des Betriebswirtes gegenüber derjenigen der rein kaufmännischen und der steuerlichen Praxis beruht darin, daß nicht so sehr in der Auffassung des Begriffes selbst, als in Eigentümlichkeiten der Gewinnberechnung sich Verschiedenheiten notwendig ergeben. Sie liegen darin, daß Aufwand und Ertrag als die Quellen des Gewinnes sich nach betriebswirtschaftlicher Auffassung über einen zunächst unbestimmten und unbestimmbaren Zeitabschnitt erstrecken. Der Betriebsverlauf, wie Schmalenbach sich ausdrückt, ist zunächst noch nicht zu übersehen, und es ist daher anzunehmen, daß das Unternehmen, um dessen Gewinnberechnung es sich handelt, in seiner Lebensdauer — mindestens theoretisch — unbeschränkt ist. Im Zusammenhang hiermit unterscheidet daher Schmalenbach in seiner Bilanzdynamik periodischen Gewinn und Totalgewinn. (Vgl. Schmalenbach, Grundlagen dynamischer Bilanzlehre, S. 70ff.) Anders die kaufmännische Praxis und letzten Endes auch die Praxis des Steuerwesens. Der Kaufmann disponiert und kalkuliert nach kurzen Wirtschaftsperioden, das Steuerwesen kennt Steuerabschnitte. (Vgl. § 10 EStG. und § 12 KStG.) Für den Betriebswirt ist daher der wirklich erzielte und nach betriebswirtschaftlichen Grundsätzen präzis zu ermittelnde Gewinn der Totalgewinn der Schmalenbachschen Theorie. Der periodische Gewinn des Kaufmanns und demgemäß des Steuerrechts ist dagegen ein berechneter Gewinn für Zwecke der Gewinnausschüttung. Diese Berechnung des periodischen Gewinnes ist eine Eigentümlichkeit der kaufmännischen Gewinnberechnung. Der Gewinnbegriff des Betriebswirts ist demnach auch vornehmlich auf Rentabilität gerichtet. Nur der effektiv erzielte Gewinn ist entscheidend. Den Betriebswirt interessiert daher nicht der verteilbare Gewinn. Wenn man diese Anschauung auf die Spitze treibt, kommt man zu dem Ergebnis, daß eine Bilanz selbst dann stets zu denselben Resultaten führen muß, wenn sie von mehreren Buchsachverständigen unabhängig voneinander und vielleicht sogar zu einem verschiedenen Zeitpunkt aufgestellt wird. Bekannt ist das von Schmalenbach im Hinblick auf diese Gedankengänge vor nicht zu langer Zeit geprägte, späterhin berühmt gewordene Schlagwort der Aktienbilanz als „einer unzulänglichen Einrichtung". Er wollte damit zum Ausdruck bringen, daß bei der gegenwärtig namentlich von den Aktiengesellschaften angewendeten Bilanzierungsmethode nicht nur die künftige, sondern auch die bisherige Rentabilität eines Unternehmens nicht festzustellen und daher völlig unsicher sei. Er begründet seine Ansicht an dem Problem der Kursbildung der Aktien. Bei der Bilanzierung und bei der Bewertung der Aktien nach der von ihm propagierten betriebswirtschaftlichen Arbeitsmethode wäre, so meint er, die Kursbildung der Aktien automatisch und von Grund auf zu ändern. Er meint hier hauptsächlich den inneren Wert der Aktien. Die Bestimmbarkeit dieses inneren Wertes hängt nach betriebswirtschaftlicher Ansicht von der voraussichtlichen Rentabilität des Unternehmens und von dem voraussichtlichen Zinssatz ab. Auf

Grund der derzeitigen Rentabilität und des bestehenden Zinssatzes erfolgt eine schätzungsweise Wertfeststellung der Aktienkurse.

Hinsichtlich der organischen Bilanz von Schmidt, auf die hier nicht näher eingegangen werden kann, ist zu erwähnen, daß ihr Kern die Schaffung eines für jede Bilanzierung ohne Ausnahme anwendbaren gemeinsamen Nenners ist. Es ist dies der Wiederbeschaffungspreis vom Umsatztag. Ferner stellt Schmidt das Erfordernis der Relativität auf. Er verlangt, daß jedes Unternehmen in seinem Verhältnis zur Gesamtwirtschaft zu beurteilen und zu behandeln ist. Zur Erreichung dieses Zweckes verlangt er weiter die Wertgleichheit in der Bilanz, d. h. er fordert das Gleichgewicht der Geld- und Sachwerte, der Vermögens- und Schuldenseite der Bilanz, sowie ferner den sogenannten Gleichlauf der Wirtschaft. Unter diesem Gleichlauf der Wirtschaft versteht Schmidt den Verlauf von Erzeugnis und Verbrauch (Kosten und Einkauf). Gewinn kann nach der Schmidtschen Lehre demnach nur aus Umsatz entstehen. Umsatz ist aber nur das, was man bei Umsatz der Ware über den Wiederbeschaffungspreis hinaus an Gegenwerten erhält. Schmidt ist der Ansicht, daß der alte falsche Gewinnbegriff, nämlich der Unterschied zwischen Anfangs- und Endwert, nur zu den unheilvollen Scheingewinnen mit ihren unerwünschten Konsequenzen geführt hat. Nur am Wiederbeschaffungspreis ist eine Beurteilung des Erfolges möglich, ob die Abnutzung der Anlagen im Preis hereinkommt und Unternehmergewinn bringt. Im übrigen ist bemerkenswert, daß Schmidt, im Gegensatz zu der neuerdings von namhafter Seite, so von Lion, Haußmann und Sewering vertretenen Bilanzvereinheitlichungsanschauung nach wie vor eine Trennung der Vermögensrechnung von der Erfolgsrechnung nicht nur für wünschenswert, sondern für geboten hält.

2. Der kaufmännische (privatrechtliche) Gewinn. Handelsbrauch und Handelsgewohnheitsrecht.

Einen ganz anderen Charakter hat der kaufmännische Gewinn, den man auch hie und da als privatwirtschaftlichen Gewinn im Gegensatz zum gemeinwirtschaftlichen Gewinn bezeichnet. Bei dem rein kaufmännischen Gewinn nach landläufiger Ansicht ist Gewinn alles das, aber auch nur das, was der Kaufmann als Gewinn ausweist. Es ist hierbei dem Ermessen des Kaufmanns vollkommen überlassen, so vorsichtig zu bilanzieren, also so sorgfältig zu verfahren, wie ihm beliebt, oder wie ihm dieses durch privatrechtliche Vereinbarungen mit Teilhabern, Gesellschaftern, Kommanditisten oder durch sonstige rechtsverbindliche Abmachungen vorgeschrieben ist. Aus diesen

Gründen ist daher der kaufmännische Gewinn auch von vornherein verschieden:

a) einmal von dem oben kurz skizzierten betriebswirtschaftlichen Gewinn, sodann

b) von dem Reinvermögenszuwachs der Schanzschen Theorie (siehe hierzu die Ausführungen weiter unten und zum alten Einkommensteuerrecht von 1920); denn in diesem Falle bleiben bloße Wertsteigerungen unberücksichtigt.

3. Der privatrechtliche Gewinn des Handelsgesetzbuches, des Bürgerlichen Gesetzbuches und der einschlägigen Reichsnebengesetze. (GmbH.-Ges. und Gen.-Ges.)

Dem privatrechtlichen Gewinnbegriff des HGB. und des BGB. ist gemeinsam, daß er zwar an den verschiedensten Stellen vorkommt und in ihnen geregelt zu sein scheint. In Wirklichkeit ist dies jedoch nicht der Fall. Handelsgesetzbuch wie Bürgerliches Gesetzbuch verwenden zwar den Begriff Gewinn, auch Reingewinn und Jahresgewinn, ebenso in analoger Weise auch das Gesetz betreffend die Gesellschaften mit beschränkter Haftung. Der Gewinnbegriff selbst wird aber an keiner Stelle im Gesetz erläutert. sondern als bekannt vorausgesetzt, es sei denn, daß man in den Vorschriften der §§ 38ff. HGB. über die ordnungsmäßige Buchführung des Kaufmanns eine mittelbare Regelung erblickt. Von dem privatrechtlichen Gewinn hebt sich derjenige des Aktienrechts wegen der besonderen Bilanzierungs- und Bewertungsvorschriften, namentlich des § 261 HGB. ab. Nach § 260 HGB. beschließt die Generalversammlung über die Gewinnverteilung auf Grund der vom Vorstand vorgelegten und von der Generalversammlung festgestellten Jahresbilanz[1]. Nach § 213 HGB. haben die Aktionäre, so lange die Gesellschaft besteht, nur Anspruch auf den Reingewinn, soweit dieser nicht nach dem Gesetz (vgl. hierzu die Vorschrift des § 262 a. a. O. Reservefonds) oder dem Gesellschaftsvertrage von der Verteilung ausgeschlossen ist[2]. Hinsichtlich der Terminologie sei erwähnt, daß im Aktienbilanzrecht und im Bilanzrecht des GmbH-Gesetzes (vgl. § 29 a. a. O.) vom Reingewinn gesprochen wird, während bei der offenen Handelsgesellschaft und der stillen Gesellschaft nur vom Gewinn schlechtweg die Rede ist. Analog ist die Rechtslage bei dem Gesetz betreffend die Gesellschaften mit beschränkter Haftung und bei dem Gesetz betreffend die Erwerbs- und Wirtschaftsgenossen-

---

[1] Vgl. auch § 261, Ziff. 6 HBG., §§ 46, Ziff. 1 und 42, Ziff. 5 GmbHGes.

[2] Nicht nur „genehmigten" vgl. RGZ. Bd. 49, S. 144 und Bd. 83. S. 377, sowie DJZ. 1924. S. 317.

schaften. Nach § 29 GmbHGesetz haben die Gesellschafter Anspruch auf den nach der jährlichen Bilanz sich ergebenden Reingewinn, soweit nicht im Gesellschaftsvertrage ein anderes bestimmt ist. Die Verteilung erfolgt nach dem Verhältnis der Geschäftsanteile. Im Gesellschaftsvertrage kann nach § 46, Ziff. 1 a. a. O. ein anderer Maßstab der Verteilung festgesetzt werden. Das Reichsgericht vertritt zu diesen Vorschriften den Standpunkt, daß vor Deckung der Verwaltungskosten und der notwendigen Abschreibungen kein Reingewinn vorhanden ist. Die Entstehung des Anspruches der Gesellschafter auf Verteilung des Jahresreingewinnes setzt eine richtige Bilanz voraus. (RGZ. Bd. 32, S. 52ff., 92ff.; Bd. 40, S. 35.) Die Versammlung der Gesellschafter kann beschließen, wegen zweifelhafter Werte Spezialreserven zu bilden. (Vgl. RGZ. Bd. 4, S. 102.)

Nach § 19 des Genossenschaftsgesetzes ist der bei Genehmigung der Bilanz für die Genossen sich ergebende Gewinn und Verlust des Geschäftsjahrs auf diese zu verteilen. Nach § 19, Abs. 2 a. a. O. kann das Statut der Genossenschaft einen anderen Maßstab für die Verteilung von Gewinn und Verlust aufstellen, sowie Bestimmung darüber treffen, inwieweit der Gewinn vor Erreichung des Geschäftsanteils an die Genossen auszuzahlen ist. Nach der Fassung dieser Vorschrift, sowie nach den hierzu gehörenden Ausführungen in der amtlichen Begründung ist es zulässig, einen größeren oder geringeren Teil des Gewinnes zu anderen Zwecken zu verwenden. (Dotierung des Reservefonds, Tantieme, Bildung einer besonderen Gewinnreserve; vgl. hierzu die Begründung des Entwurfes II, S. 71.) Nach § 20 des GenG. kann durch das Statut der Genossenschaft festgesetzt werden, daß der Gewinn nicht verteilt, sondern dem Reservefonds zugeschrieben wird. Diese Bestimmung ist seinerzeit von der Reichstagskommission vorgeschlagen worden und ist eine Erweiterung der übrigen Gewinnverteilungsbestimmungen im Interesse der Raiffeisenschen Darlehnskassenvereine. Nach § 120 HGB. wird bei den offenen Handelsgesellschaften am Schlusse jedes Geschäftsjahrs auf Grund der Bilanz der Gewinn oder der Verlust des Jahres ermittelt und für jeden Gesellschafter sein Anteil daran berechnet. Der einem Gesellschafter zukommende Gewinn wird dem Kapitalanteile des Gesellschafters zugeschrieben; der auf einen Gesellschafter entfallende Verlust, sowie das während des Geschäftsjahres auf den Kapitalanteil entnommene Geld wird davon abgeschrieben. Der § 121 a. a. O. enthält die Vorschriften über die Verteilung des Jahresgewinnes an die Gesellschafter und interessiert hier nicht in den Einzelheiten. Es genügt der Hinweis, daß gemäß § 109 HGB. durch den Gesellschaftsvertrag die Beteiligung der Gesellschafter am Gewinn und am Verlust regelmäßig anders geordnet werden kann. (Vgl. ROHG. Bd. 16, S. 427.)

Bei Kommanditgesellschaften ist nach § 166, Abs. 1 HGB. der Kommanditist berechtigt, die abschriftliche Mitteilung der jährlichen Bilanz zu verlangen und ihre Richtigkeit unter Einsicht der Bücher und Papiere (vgl. § 38 und §§ 40ff. HGB.) zu prüfen. Nach § 166, Abs. 3 a. a. O. kann auf Antrag eines Kommanditisten das Gericht (das Registergericht als Gericht der freiwilligen Gerichtsbarkeit gemäß §§ 145 und 146 FGG.), wenn wichtige Gründe vorliegen, die Mitteilung einer Bilanz oder sonstiger Aufklärungen, sowie die Vorlegung der Bücher und Papiere jederzeit anordnen. Die Praxis vertritt hierzu die Anschauung, daß das Gericht nicht nur die Mitteilung einer Zwischenbilanz, sondern auch der Jahresbilanzen, sowie die Vorlegung der Bücher und Papiere an den Kommanditisten zu jedem Zwecke anordnen kann, welcher nach richterlichem Ermessen für zulässig erachtet wird. Ebenso kann in diesen Fällen gerichtsseitig die Zuziehung eines Buchsachverständigen angeordnet werden. Im übrigen gelten die Gewinn- und Verlustberechnungsvorschriften des § 120 HGB. auch für den Kommanditisten, mit der einzigen Einschränkung, daß der einem Kommanditisten zustehende Gewinn seinem Kapitalanteile nur so lange zugeschrieben wird, als dieser den Betrag der bedungenen Einlage nicht erreicht. Hat der Kapitalanteil den Betrag der vereinbarten Einlage erreicht, so sind die weiteren Gewinnanteile, falls sie nicht eingefordert werden, lediglich wie eine gewöhnliche Buchforderung des Kommanditisten zu behandeln. Sie bleiben daher auch bei der Berechnung des auf ihn entfallenden Anteils am Gewinn und Verlust außer Ansatz.

Bei der stillen Gesellschaft wird nach § 337 HGB. am Schlusse jedes Geschäftsjahrs der Gewinn und Verlust berechnet und der auf den stillen Gesellschafter fallende Gewinn ihm ausbezahlt. Nach § 338 a. a. O. hat der stille Gesellschafter die gleichen Kontrollrechte wie der Kommanditist. Auch er ist berechtigt, die abschriftliche Mitteilung der jährlichen Bilanz zu verlangen und ihre Richtigkeit unter Einsicht der Bücher und Papiere zu prüfen. In gleicher Weise kann ferner, wie bei der Kommanditgesellschaft, das zuständige Registergericht als ordentliches Aufsichtsorgan helfend eingreifen, wenn die Ausübung dieser Kontrollrechte des stillen Gesellschafters seinem Geschäftspartner gegenüber versagt oder auf sonstige Schwierigkeiten stößt. Endlich finden wir Vorschriften über Gewinn, Gewinnberechnung und Gewinnverteilung bei der Gesellschaft des bürgerlichen Rechts. Beim Ausscheiden eines Gesellschafters aus der Gesellschaft (§§ 738—740 BGB.) bildet die sogenannte Auseinandersetzungsbilanz regelmäßig die Grundlage für die Abfindung des Ausscheidenden. Hierbei gelten im Interesse des aus der Gesellschaft scheidenden Partners hinsichtlich der Bewertung der Gegenstände des Betriebsvermögens andere Gesichtspunkte als für die gewöhnliche Jahresbilanz (Abschlußbilanz). Denn es ist einleuchtend, daß der ausscheidende Gesellschafter mit Recht auf die wahren Werte Anspruch erhebt. Er will nicht nur den ausgewiesenen, sondern auch den wirklichen Gewinn wissen, also insbesondere auch die etwa gebildeten stillen Reserven.

Als Ergebnis ist nach obigen Ausführungen und nach dem gegenwärtigen Stande des Gesetzesrechtes festzustellen, daß das HGB. und das BGB., wie die einschlägigen speziellen Reichsgesetze (GmbHgesetz und Genossenschaftsgesetz) zwar Bestimmungen über Gewinnermittelung und Gewinnverteilung enthalten, die teilweise sogar ins Detail gehen, daß sie aber davon absehen, einen handelsrechtlichen Gewinnbegriff aufzustellen und fest zu umgrenzen. Hier haben das Handelsgewohnheitsrecht, der kaufmännische Handelsbrauch (die sogenannten kaufmännischen Usancen) und die Rechtsprechung des RG. und vor ihm des ROHG. ergänzend eingegriffen. Hinsichtlich des Schrifttums ist auf die Kommentare von Staub, Dühringer-Hachenburg, Lehmann-Ring, sowie auf die grundlegenden Monographien von Simon und Rehm über die Bilanzen der Aktiengesellschaften zu verweisen. Wirtschaftswissenschaftlich sind zu dem handelsrechtlichen Gewinnbegriff die Werke von Passow über die Bilanzen der Aktiengesellschaften und vom Standpunkte der Buchführung die Schriften von Beigel über das allgemeine deutsche Buchführungsrecht sowie über das besondere Buchführungsrecht der Aktiengesellschaften von Bedeutung.

4. Der Gewinnbegriff im Steuerwesen.

Das Steuerrecht sieht als steuerpflichtigen Gewinn denjenigen Gewinn an, der unter Beachtung der durch das Steuerrecht vorgeschriebenen Bewertungsgrundsätze bilanzmäßig, also nach den Regeln ordnungsmäßiger kaufmännischer Buchführung, ermittelt wird. Der auf diese Weise festgestellte Gesamtgewinn ist steuerpflichtig. Welche Verwendung der Gewinn ganz oder in seinen Teilen findet, ist vom steuerpflichtigen Standpunkte aus unerheblich. Gleichgültig ist hiernach insbesondere, ob der bilanzmäßig errechnete Gewinn verteilt oder auf neue Rechnung vorgetragen wird. Unterschiede bestehen nur hinsichtlich der Steuersätze, und zwar zwischen den Personalunternehmungen (Einzelkaufleuten und offenen Handelsgesellschaften) und den Erwerbsgesellschaften mit juristischer Rechtspersönlichkeit. Auf Einzelheiten werde ich in den Abschnitten über das Recht des Gewinnes im deutschen Steuerrecht bis zur großen Reform vom August 1925 und in dem Abschnitt über die Gewinnbegriffe der §§ 12, 13 EStG. und des § 13 KStG. eingehen. Der steuerrechtliche Gewinnbegriff hat in seiner Entwicklung und praktischen Anwendung verschiedenartige Stadien durchlaufen. Der Gewinn im Preußischen Einkommensteuerrecht nach dem Preußischen Einkommensteuergesetz vom 24. 6. 1891 in der Fassung der Novelle vom 19. 6. 1906[1]) und nach der Ausführungsanweisung des preußischen Finanzministers vom 25. 7. 1906 basiert auf der sogenannten Quellentheorie. Nach der Quellentheorie werden nur solche Einnahmen steuerlich erfaßt, welche aus bestimmten und an einem bestimmten Tage fließenden Quellen herrühren. Die Quellentheorie ist daher in der Praxis dann nicht nur zweckmäßig, sondern unentbehrlich, wenn grundsätzlich das mutmaßliche Einkommen des Steuerjahres zu versteuern und dieses steuerbare Einkommen durch eine dem Steuerjahre vorausgehende Veranlagung zu ermitteln ist. Das Einkommensteuerrecht des Reichseinkommensteuergesetzes vom 29. 3. 1920 in der Fassung der Novellen vom 24. 3. und 11. 7. 1921 (RGBl. 1920, S. 359, RGBl. 1921, S. 313 und 845) geht im Gegensatz hierzu bei der Festlegung des Einkommensbegriffes und damit auch bei dem Gewinn von der nach ihrem Begründer sogenannten Schanzschen Theorie aus. Nach der Schanzschen Theorie[2]) ist Einkommen (Gewinn) = Reinvermögenszugang eines bestimmten Zeitabschnittes einschließlich der Nutzungen und geldwerten Leistungen Dritter. Der Gesetzgeber hat jedoch diesen Einkommensbegriff auf der Grundlage der Schanzschen These nicht konsequent und restlos durchgeführt. Dies ergeben die §§ 11 und 12, sowie der § 33a EStG. Die letztgenannte Vorschrift wurde durch die Novelle vom 24. 3. 1921 dem Gesetz hinzugefügt. Die ersteren Vorschriften enthalten zahlreiche Durchbrechungen des Schanzschen Einkommens- und Gewinnbegriffes, beispielsweise bei der Versteuerung der einmaligen Veräußerungsgewinne. Ebenso enthält der § 33a[3]) eine solche Abweichung von der Schanzschen Theorie

[1]) PrGesS. S. 260 und S. 241.

[2]) Vgl. von Schanz im Finanzarchiv 1896, S. 1ff.

[3]) Soweit für Gegenstände des Betriebsvermögens ein Anschaffungs- oder Herstellungspreis gegeben ist, gilt bei der Berechnung des Betriebsgewinns und des Geschäftsgewinns im Sinne der §§ 32, 33 als Wert dieser Gegenstände der Anschaffungs- oder Herstellungspreis nach Abzug der zulässigen Absetzungen für Abnutzung. Übersteigt für einen Gegenstand der Anschaffungs- oder Herstellungspreis den gemeinen Wert, so ist der Steuerpflichtige berechtigt, diesen Wert an Stelle des Anschaffungs- oder Herstellungspreises anzusetzen. In diesem Falle ist der für den Schluß eines Wirtschaftsjahrs angesetzte Wert der Gegenstände am Beginne des folgenden Wirtschaftsjahrs in Ansatz zu bringen.

die in der Praxis des Steuerwesens auch unter der Bezeichnung Reinvermögenszugangstheorie bekannt ist. Nach § 33a a. a. O. erfolgte bei Gewerbetreibenden und bei Landwirten die Ansetzung der Gegenstände des Betriebsvermögens in der Bilanz nicht allgemein zum gemeinen Wert, sondern zum Anschaffungspreis oder zum niedrigeren gemeinen Wert. Unrealisierte Gewinne, die nach der Reinvermögenszugangstheorie an sich zweifellos zum Einkommen gehören, blieben mithin steuerfrei.

5. Der kaufmännisch-steuerrechtliche Gewinnbegriff der §§ 13 EStG. und 13 KStG.

Die in den vorangegangenen Ausführungen gegebene kurze historische Darlegung des steuerrechtlichen Gewinnes ist erforderlich gewesen, weil sie allein geeignet ist, den steuerrechtlichen Gewinnbegriff des neuen Steuerrechts von 1925 zu verstehen und in seinen mannigfachen Auswirkungen zutreffend zu würdigen. Ich hatte in den einleitenden Erörterungen gezeigt, daß der Einkommensbegriff bis heute eine feste Umgrenzung nicht erfahren und lediglich den Gegenstand zahlreicher volks- und betriebswirtschaftlicher Lehrmeinungen gebildet hat. Diese Tatsache stellen auch die Motive zum Einkommensteuergesetz von 1925 ausdrücklich fest. (Vgl. S. 21ff. daselbst.) Es wird dort etwa folgendes ausgeführt. In dem bisherigen Recht der Einkommensteuer, also in den Gesetzen von 1891 und 1920, ist der Aufbau des Einkommensbegriffes und seine Terminologie nicht immer scharf umrissen gewesen. Diese unerfreuliche Erscheinung hatte zur Folge, daß sich an die Begriffe Einkommen und Gewinn zahlreiche Streitfragen knüpften und bezüglich ihrer Anwendung in der Praxis ebensoviele Rechtsstreitigkeiten entstanden. Die Motive erklären dann weiter, daß mit der wünschenswerten und allgemein gültigen Genauigkeit der Einkommensbegriff und der Gewinnbegriff sich niemals werden umgrenzen lassen. Der Gesetzgeber hat hieraus die unausbleiblichen Schlußfolgerungen gezogen, und zwar durch die summarische Aufzählung des § 6 EStG., wonach der Besteuerung des Einkommens nach dem Gesetz nur die daselbst unter Ziff. 1—6 angeführten Kategorien von Einkünften, andere wiederkehrende Bezüge (§ 6, Ziff. 7 a. a. O.) und sonstige Leistungsgewinne (§ 6, Ziff. 8 a. a. O.) nach Maßgabe der §§ 41 und 42 a. a. O. unterliegen. Im § 6, Ziff. 3 ist in negativer Form präzis gesagt, was Einkommen im Sinne des Einkommensteuergesetzes nicht ist. Außerdem wird im § 6, Abs. 2 die Verkehrsauffassung dafür als maßgebend gezeichnet, welche Einkünfte den oben angeführten Einkommensarten des § 6, Abs. 1, Ziff. 1—8 zuzurechnen sind. Der Gesetzgeber geht aber zur Erzielung möglichster Klarheit einen wichtigen Schritt weiter. Der summarischen Aufzählung des § 6, Abs. 1, Ziff. 1—8 fügt er im § 7, Abs. 2, Ziff. 1 u. 2 eine Fiktion hinzu. Diese Fiktion besteht darin, daß als Einkommen bei Einkünften der im § 6, Abs. 1, Ziff. 1—3 bezeichneten Art der Gewinn im Sinne der Vorschriften der §§ 12 und 13 a. a. O. gilt und ferner bei Einkünften der anderen Kategorien, nämlich der im § 6, Abs. 1, Ziff. 4—8 bezeichneten Art, der Überschuß der Einnahmen über die Ausgaben. (Vgl. hierzu bezüglich der Einnahmen § 14 und bezüglich der Ausgaben die §§ 15—17 a. a. O.) Zu diesen grundlegenden Vorschriften des Gesetzes über Inhalt und Grenzen des steuerbaren Einkommens eine Bemerkung. Die summarische Aufzählung der Einkommensarten des § 6, Abs. 1—8 EStG. hat gegenüber dem früheren Rechtszustand des Einkommensteuerrechts zweifellos ihre großen Vorteile. Denn der § 6 in der vorliegenden Fassung ist, wie man zugeben muß, geeignet, Streitfragen und Unstimmigkeiten, die sich aus der früheren Rechtslage zwangsläufig ergaben, aus der Welt zu schaffen. Diesem großen Vorteil stehen aber auch Nachteile gegenüber. Es besteht die Möglichkeit, daß der Steuerpflichtige die aus irgendwelchen Einkommensquellen ihm zufließenden Einkünfte (Einkommen nicht im Rechtssinne des EStG., sondern im tatsächlich-wirtschaftlichen Sinne) in der Weise verbucht und in seinem Geschäfts- oder auch Privatvermögen derart erscheinen läßt und späterhin verbraucht, daß diese Einkünfte nicht unter die im § 6, Abs. 1, Ziff. 1—8 a. a. O. aufgeführten Kategorien von Einkünften, Bezügen usw. einzugruppieren sind. In diesen Fällen bestünde keine Möglichkeit, die so erzielten Einkünfte usw. steuerlich zu erfassen, jedenfalls nicht als steuerpflichtiges Einkommen nach dem gegenwärtigen Einkommensteuerrecht. Unter diesen Umständen bleibt zur Verhütung einer Steuerumgehung oder Steuerhinterziehung nichts anderes übrig, als durch weitgehende Anwendung der §§ 4 und 5 der RAO. seitens des RFH. im Wege der Rechtsprechung vorbeugend einzugreifen.

Ich komme jetzt zur Erläuterung des eigentlichen kaufmännisch-steuerrechtlichen Gewinnbegriffes der §§ 12 und 13 EStG. Zur Vermeidung von Mißverständnissen bemerke ich, daß nicht die Absicht besteht, an dieser Stelle eine erschöpfende Darlegung des einkommensteuerpflichtigen Gewinnes der §§ 12 und 13 in Verbindung mit § 19 des Gesetzes zu geben. Es wird lediglich bezweckt, die hauptsächlichsten Vorschriften des § 13 in inrer Auswirkung auf die Praxis ohne nähere Ausführungen und auch ohne eigene Stellungnahme wiederzugeben, um auf diese Weise Inhalt und Wesen des steuerlichen Gewinnbegriffes gegenüber den in den vorangegangenen Erörterungen erläuterten Gewinnbegriffen der Betriebswirtschaftslehre, des Handelsrechts und des kaufmännischen Handelsbrauchs scharf gegenüberzustellen.

Ein wesentlicher Unterschied gegenüber dem steuerlichen Einkommen und Gewinn des alten Rechts besteht insofern, als nach dem EStG. von 1920 grundsätzlich alle Einnahmen (Einkünfte, Bezüge u. a.) als Einkommen galten, von bestimmten Ausnahmen abgesehen. Das Einkommensteuerrecht von 1925 bestimmt dagegen, wie ich eingangs dieses Abschnittes anführte, daß nur die im § 6 namentlich angeführten Einnahmen nach Absetzung der abzugsfähigen Ausgaben als steuerbares Einkommen anzusehen sind. Hinsichtlich des § 13 ist grundsätzlich hervorzuheben, daß er nach heute herrschender Ansicht nicht nur formale Berechnungsregeln enthält, sondern daß er auch in sachlicher, also in materiell-rechtlicher Hinsicht Wesen und Umfang des steuerpflichtigen Geschäftsgewinnes buchführender Steuerpflichtiger bestimmt. Demgegenüber ordneten der § 9, Ziff. 3 des PrEStG. und der § 33, Abs. 2 des alten REStG. übereinstimmend an, daß der Gewinn nach denjenigen Grundsätzen zu berechnen ist, wie sie für Inventur und Bilanz durch das HBG., also gemäß §§ 38ff. daselbst vorgeschrieben sind. (Vgl. auch erster Teil, Art. 5 III der ministeriellen Ausführungsanweisung zum PrEStG. vom 25. 7. 1906.) Diese handelsrechtlichen Grundsätze der §§ 38—40 HGB. bezwecken einmal die Ermittlung des Geschäftserfolges im Sinne der dynamischen Bilanzlehre Schmalenbachs und zweitens eine Nachweisung des vorhandenen Geschäftsvermögens, also eine Vermögensermittlung als statischer Zweck im Sinne der organischen Bilanzlehre von Schmidt. Eine derartige Vermögensnachweisung erstrebt in erster Linie den Schutz der Gläubiger des bilanzierenden Unternehmens im Falle eines Konkurses.

Anders Gewinn und Gewinnberechung nach dem neuen EStR. des § 13. Hier waltet das Prinzip des sogenannten Vermögensvergleichs ob. Der Vermögensvergleich ist als solcher ausschließlich auf die Ermittlung des Ertrages gerichtet. Hieraus folgt, daß die Einkommensteuerbilanz des § 13 EStG. keine Bestands-, sondern eine Ertragsbilanz ist (Erfolgsbilanz). Daher verzichtet auch der § 13 darauf, die insbesondere durch statische Gesichtspunkte beeinflußten Vorschriften des HGB. über Buchführung und Bilanz heranzuziehen. Er begnügt sich vielmehr mit der Anordnung, daß die Ermittlung des Gewinnes künftig auf Grund eines Vermögensvergleichs erfolgt, jedoch ausschließlich nach den Grundsätzen ordnungsmäßiger kaufmännischer Buchführung stattzufinden hat. Diese Regeln kaufmännischer Buchführung sind indessen nur anzuwenden, soweit nicht der § 13 ausdrücklich etwas anderes vorschreibt. Dies ist dadurch geschehen, daß er Bezug nimmt auf die §§ 15—18 über die abzugsfähigen Ausgaben und auf die §§ 19—21 über die Bewertung. Ich werde in einem der späteren Kapitel des Näheren auf das Verhältnis des § 13, insbesondere seines ersten Satzes, zu den §§ 19—21 ausführlich eingehen, weil sie für das steuerliche Wertproblem von einschneidender Bedeutung sind. Insbesondere haben zur Klärung der hiermit zusammenhängenden schwierigen Fragen Becker und Lion, sowie die Rechtsprechung des Reichsfinanzhofs beigetragen.

Das Einkommensteuergesetz kennt, streng genommen aber zwei Gewinnbegriffe, nicht nur denjenigen des § 13 auf der Grundlage des Vermögensvergleichs verschiedener Steuerabschnitte des buchführungspflichtigen Steuerpflichtigen und des tatsächlich buchführenden Steuerpflichtigen, sondern auch denjenigen des § 12. Der Gesetzgeber bezeichnet das Einkommen nach § 12 (in Verbindung mit den §§ 6 und 7) auch den Überschuß der Einnahmen über die abzugsfähigen Ausgaben. Er bildet das Einkommen in solchen Fällen, in denen es gleichgültig ist, ob daneben noch Vermögen vorhanden ist. Beispiele hierfür sind das Einkommen aus Arbeitslohn, das Kapitaleinkommen des Rentners oder auch aus Pacht- oder Mietszinsen. Der Gewinn des § 13 stellt dagegen diejenigen steuerbaren Einkommensarten dar, bei denen außer dem (im § 12) angeführten Überschuß der Einnahmen über die Ausgaben noch periodische Vermögensveränderungen zu berücksichtigen sind. Solche Veränderungen des steuerpflichtigen Vermögens kommen besonders bei dem Einkommen aus Gewerbebetrieben vor. Der volkswirtschaftliche und gesetzgeberische Grund für diese Art der Regelung leuchtet ein. Das kaufmännische, in einem Betriebe angelegte Vermögen arbeitet und ist daher allen Konjunkturschwankungen der Wirtschaft unterworfen. Einkommen des buchführenden Kaufmanns ist deshalb der Überschuß der Einnahmen über die Ausgaben, vermehrt oder vermindert um denjenigen Unterschied des Standes des gesamten Geschäftsvermögens, wie er sich aus einem Vergleich bei Beginn sowohl wie bei Ende des Steuerabschnitts ergibt. Dies ist der periodische Vermögensvergleich. Ein praktisches Beispiel: Die Effekten eines Kaufmanns haben im Verlaufe eines Steuerabschnittes M. 8000,— Gewinn (Dividende) gebracht. Ihr Wert ist M. 80000,—. Kurz vor Ablauf des Steuerabschnittes werden diese Effekten dadurch wertlos, daß das betreffende Unternehmen in Konkurs gerät. In diesem Falle kann der Kaufmann den Verlust von seinem sonstigen Einkommen aus gewerblicher Betätigung in Abzug bringen. Der Verlust beträgt M. 72000,—. Anders dagegen bei dem Kapitalrentner. Obwohl er nachweislich einen Vermögensverlust von M. 80000,—, also in voller Höhe des Gesamtwertes der Effekten erlitten hat, ist er verpflichtet, das aus der Dividendenverteilung des Unternehmens ihm zufließende Einkommen von M. 8000,— in vollem Umfange zu versteuern.

Die oben erwähnte Erfolgsbilanz des § 13 ist nun, wenigstens nach allgemeiner kaufmännischer Auffassung, gleichzeitig auch eine Vermögensaufstellung. Diese geschieht jedoch ausschließlich zum Zwecke der Gewinnermittlung. Das Handelsgewohnheitsrecht, genauer gesagt, der kaufmännische Handelsbrauch, hat demgemäß etwa die nachstehenden Richtlinien herausgearbeitet:

1. Bei der Erfolgsbilanz kommt es nicht auf die Feststellung des objektiven Gesamtwertes eines Betriebsvermögens an, sondern nur auf die Bewertung einzelner Teile des kaufmännischen Vermögens.

2. Die Bewertung hat, von besonderen Ausnahmefällen abgesehen, zu den Einstandspreisen zu erfolgen.

3. Die Bewertung ist nach dem Grundsatz der Kontinuität (Bilanzkontinuität) vorzunehmen. Aus dieser Bilanzkontinuität entsteht für den Bereich des Steuerwesens automatisch die Bewertungskontinuität. (Näheres zu diesen wichtigen Leitsätzen unten bei der Darstellung des handelsrechtlichen und steuerrechtlichen Bewertungsrechtes.)

4. Sonst wird noch die Bewertung nach dem Prinzip der Vergleichbarkeit der Jahresgewinne bewirkt. Dies entspricht wiederum dem gleichen Grundgedanken des schon erwähnten periodischen Vermögensvergleichs. Hieraus ist aber zweierlei zu entnehmen: Die Anwendung des Grundsatzes der Vergleichbarkeit der Jahresgewinne bringt es einmal notwendig mit sich, daß das Anlagevermögen unter dem Gesichtspunkt der Verteilung des in den Einstandspreisen ausgedrückten Aufwandes auf den großen Zeitraum der Lebensdauer des zu bewertenden Gegenstandes bewertet wird. Infolgedessen kommt beispielsweise bei Maschinen im allgemeinen ein gemeiner Wert überhaupt nicht in Frage. Sodann sind zeitlich prozentual übergroße Ausgaben auch dann zu aktivieren und allmählich abzuschreiben, wenn kein Gegenstand damit beschafft wird. Es sind dies vornehmlich die transitorischen Aktiven, z. B. wenn für mehrere Jahre im voraus Gebühren, Gerichtskosten oder sonstige Pauschalbeträge gezahlt worden sind. Dieselben Grundsätze gelten für die zeitlich prozentual übergroßen Einnahmen. Diese übergroßen Einnahmen haben die Einsetzung eines transitorischen Passivums zur Folge. Endlich wirkt sich die Bewertung nach den Regeln der Vergleichbarkeit der Jahresgewinne auch bei den künftigen Einnahmen und Ausgaben aus. Künftige Einnahmen und Ausgaben werden nämlich in demjenigen Jahre durch Einsetzung eines Aktiv- oder Passivpostens in die Bilanz berücksichtigt, zu dem sie nach wirtschaftlicher Einstellung gehören.

Auch hier wieder ist die wirtschaftliche Betrachtungsweise des Steuerrechts nach § 4 RAO. feststellbar. Diese Art der Bilanzierung der künftigen Einnahmen und Ausgaben ist ferner vorzunehmen ohne Rücksicht darauf, ob eine Forderung oder Schuld im Rechtssinne vorliegt. Es ist hiernach eine Diskrepanz zwischen Buchführung und Recht oder auch zwischen Handelsbrauch und Recht festzustellen. In näheren Darlegungen komme ich unter Anlehnung an die prinzipiellen Untersuchungen von Simon und Leitner[1]) in dem Unterabschnitt Buchführung und Recht des Abschnittes Steuerbilanz und Handelsbilanz auf diese Fragen noch zurück. Hinsichtlich des steuerlichen Gewinnbegriffes des § 13 ist ferner beachtenswert, daß, unbeschadet des Grundsatzes der Anwendung der transitorischen Aktiven alle Ausgaben zu den Geschäftsunkosten gehören, welche von dem Eigentümer des gewerblichen Betriebsvermögens gemacht und von ihm für geeignet angesehen werden, der Erzielung eines betrieblichen Gewinnes zu dienen.

Ich hatte diesen Erörterungen den Satz vorangestellt, daß nach § 13 die Sondervorschriften der §§ 15—21 über die abzugsfähigen Ausgaben und über die Bewertung vor den Grundsätzen ordnungsmäßiger Buchführung den Vorrang haben. Der mit diesem Grundgedanken zusammenhängende Fragenkomplex kann nunmehr, nach etwa zweieinhalbjähriger Geltung des Einkommensteuer- und des Körperschaftsteuergesetzes, als geklärt angesehen werden, nachdem außer den Kommentatoren Strutz, Blümich-Schachian, Evers, Mirre, Kennerknecht und Rosendorff auch Becker und Lion[2]), ersterer in seinen detaillierten Untersuchungen im Jahrg. 1926 der Zeitschrift St. u. W., sowie der Reichsfinanzhof in einem noch zu kritisierenden Urteil sich mit den Problemen beschäftigt haben. Hier werfe ich zunächst nur folgende Frage auf:

Inwieweit werden die vorstehend entwickelten Richtlinien und angeführten Rechtssätze durch die §§ 15—21 EStG. eingeschränkt oder gar aufgehoben? Ich beginne mit der Abzugsfähigkeit der Geschäftsunkosten. Der Gesetzgeber engt die Regeln ordentlicher kaufmännischer Buchführung dadurch zweckbewußt ein, daß er neben den Schuldzinsen und sogenannten Sonderleistungen (§ 15, Abs. 1, Nr. 2 und 3) als abzugsfähige Ausgaben nur die Werbungskosten im Sinne des Gesetzes ausdrücklich zugelassen hat. Was Werbungskosten sind, wird in dem § 16 durch eingehende Legaldefinition festgelegt. Ohne

---

[1]) Vgl. Simon, S. 150ff. und Leitner, Bd. I, S. 169ff.

[2]) Vgl. Becker außerdem in St. u. W. 1927, S. 959ff. und S. 1007ff., sowie in Beilage zu Nr. 15 der Mitteilungen der Industrie- u. Handelskammer Berlin vom 10. 8. 1927. — Lion in der Beilage zu Nr. 13 der Mitteilungen der Industrie- u. Handelskammer Berlin vom 10. 7. 1927 und St. u. W. 1927, S. 763ff.

diese gesetzgeberische Regelung der Abzugsfähigkeit der Geschäftsunkosten einer näheren Kritik zu unterziehen, kann ich mir die Bemerkung nicht versagen, daß es mir zweifelhaft erscheint, ob Unzuträglichkeiten in der Praxis vermeidbar sein werden. Ich kann mich des Eindrucks nicht erwehren, daß mit der Möglichkeit von Beschränkungen der steuerlich an sich anerkannten Geschäftsunkosten zu rechnen ist, die nach den wirtschaftlichen Grund- und Zweckgedanken im Steuerwesen nicht gerechtfertigt sind. Ich denke hierbei unter anderem an Aufwendungen für Stiftungen, Pensionsfonds, Wohlfahrtsfonds und sonstige charitative Verwendungszwecke irgendwelcher Art.

Einige kurze Ausführungen zum Wertbegriff des gemeinen Wertes zum § 19. Man kann nicht der Anschauung sein, daß die vom Steuergesetzgeber vorgenommene Regelung der Bewertung der einem steuerpflichtigen Betriebe gewidmeten Gegenstände nach dem gemeinen Wert den vom Kaufmann entwickelten und in feststehender Praxis angewendeten Bilanzierungsgrundsätzen entspricht. Eine Ausnahme hiervon ist lediglich bei denjenigen Gütern gegeben, die für den Umsatz vorgesehen sind, wie z. B. Waren und Wertpapiere. Nach der ausdrücklichen Gesetzesbestimmung im § 19, Abs. 1 ist bei der Ermittlung des gemeinen Wertes von Gegenständen des Anlagekapitals nicht von dem Verkaufswert, also von der Annahme auszugehen, daß eine Veräußerung des Betriebes oder einzelner Teile des Betriebsvermögens erfolgen wird, sondern umgekehrt von der Vermutung, daß der Gegenstand auch fernerhin der Fortführung des Betriebes dienen wird. Es besteht daher mindestens theoretisch künftig die Möglichkeit, eine Gesamtabschreibung vorzunehmen, eine Bilanzierungstechnik, die in dem Schrifttum und in der Rechtsprechung des RFH. bereits seit Jahren wiederholt Gegenstand eingehender Erörterung gewesen ist. Ich verweise auf das Urteil vom 15. 10. 1924 VI e A 174/24 zu den §§ 33 und 33a EStG. von 1920, veröffentlicht in RFH. Bd. 15, S. 5. Über die Zulässigkeit von Gesamtabschreibungen im Einkommensteuerrecht werde ich mich in dem Abschnitt über steuerliches Bewertungsrecht beim Kapitel Abschreibungen noch auslassen. Der RFH. hat bisher, soweit mir bekannt, Gesamtabschreibungen für unzulässig erachtet und nur ein Wertberichtigungskonto zugelassen. Gleichwohl neige ich, mit Rücksicht auf die Fassung des § 19, Abs. 1 am Ende der Ansicht zu, daß nach wie vor eine Gesamtabschreibung möglich, also steuerrechtlich zulässig, aber auch in kaufmännischer Hinsicht geboten ist. Es ist dies eine, nach meinem Standpunkt, zumal unter den gegenwärtigen undurchsichtigen wirtschaftlichen Verhältnissen, nicht zu umgehende Konzession an die kaufmännische Mentalität und Bilanzierungsmethode. Außerordentliche und unvorhergesehene Ereignisse, sowie hierdurch hervorgerufene geschäftliche Dispositionen können einen Gewerbetreibenden sehr wohl zur Vornahme von Gesamtabschreibungen nötigen. Ein solches Zugeständnis an die kaufmännische Anschauungsweise und die sich aus ihr ergebenden Bilanzierungsgrundsätze ist aber auch das Wahlrecht des Steuerpflichtigen, welches im § 19, Abs. 2 ihm gewährt wird. An Stelle des gemeinen Wertes kann auch eine Bewertung nach dem Anschaffungs- oder Herstellungspreis vorgenommen werden, und zwar nach Abzug der Absetzungen für Abnutzung. (Über diesen Begriff, der im großen und ganzen identisch ist mit Abschreibungen — vgl. § 16, Abs. 3 — werde ich die erforderlichen näheren Erläuterungen weiter unten geben.) An dieser Stelle genügt der Hinweis, daß diese Absetzungen für Abnutzung sich nach der Nutzungsdauer des zu bewertenden Vermögensobjektes richten. Sie werden ferner auf die Gesamtdauer der Nutzung (wirtschaftlichen Verwendung) verteilt. Der Gesetzgeber spricht hier von der gemeingewöhnlichen Nutzungsdauer des Gegenstandes, wobei vergleichsweise der analoge Begriff der „gemeingewöhnlichen Verhältnisse" des § 19, Abs. 2 heranzuziehen ist. Die Absetzungen für Abnutzung erfolgen regelmäßig nach dem Anschaffungs- und Herstellungspreis. Ich halte es jedoch im allgemeinen auch für unbedenklich, wenn die Abschreibungen vom Buchwert vorgenommen werden, da erfahrungsmäßig die Buchwerte auf den Anschaffungspreis zurückgreifen. Im übrigen ist eine prozentuale Verteilung der Abnutzungsabsetzungen auf die Jahre der Nutzungsdauer nicht unbedingt vorgeschrieben. Es ist daher statthaft, auch das Maß der Inanspruchnahme des zu bewertenden Gegenstandes in Betracht zu ziehen. Zum Schlusse noch eine Bemerkung über die Bilanzkontinuität. Dieses Prinzip wird durch den § 20 verankert. Es besagt, daß alle diejenigen Werte, welche in der zeitlich vorangegangenen Bilanz ausgewiesen sind, d. h. nach den Grundsätzen ordnungsmäßiger Buchführung ausgewiesen sind, auch in die nächstfolgende Bilanz wieder einzusetzen sind. Dieser Grundgedanke steht im Widerspruch zu der kaufmännischen Bewertungspraxis und ist auch mit dem handelsrechtlichen Bewertungsrecht nicht in Einklang zu bringen. Nach den beiden letztgenannten Bewertungsmaßstäben ist dem Gewerbetreibenden zweifellos eine gewisse Freiheit in der Bewertung der Ansätze der Bilanz gegeben. Dieser Bewegungsspielraum existiert jedoch im Steuerrecht nicht. Es ist vielmehr bei dem steuerlichen Einkommens- und Gewinnbegriff daran festzuhalten, daß der gleiche Gegenstand in einem folgenden Jahresabschluß niemals höher bewertet werden darf, als in einem vorangegangenen. Dies gilt selbst dann, wenn sein Wert während eines Steuerabschnitts erheblich gestiegen ist. Der in dieser Wertsteigerung liegende Gewinn wird nicht ausgewiesen, sondern bildet eine stille Reserve. Solche Reserven werden auch von der Steuerbehörde nach Maßgabe des Grundsatzes anerkannt, daß nicht realisierte Gewinne nicht zum steuerbaren Gewinn gehören. Ich lasse an dieser Stelle die Streitfrage ununtersucht, ob nach Handelsrecht die Bilanz des Einzelkaufmanns und der offenen Handelsgesellschaft eine Vermögensbilanz ist, ob sie also das Vermögen an einem bestimmten Stichtage aufzeigen soll, oder ob sie eine Gewinnermittlungsbilanz (Ertragsbilanz) ist, d. h. ob sie den Gewinn einer bestimmten Periode ausweisen soll. Man kann jedenfalls als feststehend annehmen, daß der sorgfältig bilanzierende Kaufmann in seinem Gewerbebetriebe die Bilanz nach denjenigen Grundsätzen aufmacht, wie sie vom HGB. nach den Grundsätzen der Ertragsbilanz aufgestellt worden sind. Danach gilt nicht nur der Grundsatz, daß nicht realisierte Gewinne nicht auszuweisen sind, sondern auch der fernere, daß nicht realisierte Verluste berücksichtigt werden können. Mit diesen Leitsätzen ist das Bilanzierungs- und Bewertungsrecht des den kaufmännisch-steuerrechtlichen Gewinnbegriff in die Praxis einführenden § 13 im großen und ganzen kongruent. Wie sich dies im einzelnen auswirkt, werde ich weiter unten bei der eigentlichen Darstellung der Gewinnlehre und des Bewertungsrechts zeigen. Zum Schlusse sei mir der Hinweis darauf gestattet, daß die von Becker in seinen Studien zu den Grundfragen des neuen Steuerrechts gewählte Fassung des Begriffes „kaufmännisch-steuerrechtlicher Gewinn" meines Erachtens recht glücklich ist. Denn sie bringt klar zum Ausdruck, daß wir bei dem steuerrechtlichen Gewinn des § 13 es nicht mit einer reinen steuerrechtlichen Konstruktion zu tun haben, sondern daß dieser Gewinnbegriff durch Gedankengänge des Handelsrechts und des Handelsgewohnheitsrechts (des kaufmännischen Handelsbrauches) modifiziert wird und seine eigentliche, für die Praxis vorgesehene und für sie erst brauchbare Fassung erhalten hat. An diesem kaufmännisch-steuerrechtlichen Gewinnbegriff sind die Zusammenhänge zwischen Steuerrecht und Handelsrecht deutlich erkennbar. Ich werde noch bei der ausführlicheren Darstellung des steuerrechtlichen Gewinnes im Sinne des § 13 und bei der Darlegung des Bewertungsrechts der §§ 19—21 Gelegenheit nehmen, auf diese Fragen ausführlich einzugehen. Außerdem ist zu bemerken, daß der von Becker konstruierte kaufmännisch-steuerliche Gewinnbegriff ein typisches und nach meiner Ansicht das klarste Beispiel der steuerrechtlichen Eigenbegriffsbildung ist, wie sie Geiler in seinem Aufsatz über Steuerrecht und Privatrecht in St. u. W. entwickelt hat.

C. Besonderer Teil.

Der Gewinnbegriff und das Bewertungsproblem im Steuerrecht und Handelsrecht.

I. Abschnitt.

Allgemeines.

§ 6. Die Beziehungen des steuerrechtlichen Gewinnbegriffes zum bürgerlichen Recht, Handelsrecht und zu den benachbarten Rechtsgebieten. Übereinstimmungen und Abweichungen.

Nachdem ich bereits im § 5, Ziff. 3 den privatrechtlichen Gewinn des HBG. und der dazu gehörenden Reichsnebengesetze kurz skizziert habe, bleibt hier nur noch übrig, den privatrechtlichen Gewinnbegriff des BGB. mit wenigen Ausführungen zu berühren. Auch das BGB. verzichtet darauf, ebenso wie das HBG., den Begriff Gewinn selbst zu erläutern, überläßt die Auslegung vielmehr der Rechtsprechung. Nach §252 BGB. umfaßt der auf Grund eines schuldhaften Verhaltens (schädigenden Ereignisses) zu ersetzende Schaden auch den entgangenen Gewinn. Gemäß § 252, Satz 2 a. a. O. gilt als entgangen der Gewinn, welcher nach dem gewöhnlichen Lauf der Dinge oder nach den besonderen Umständen, insbesondere nach den getroffenen Anstalten und Vorkehrungen mit Wahrscheinlichkeit erwartet werden konnte.

Die Rechtsprechung hat dann versucht, bei Regelung der Schadensersatzansprüche wegen der Nichterfüllung von Kaufverträgen, die den Kauf einer Handelsware betreffen, den privatrechtlichen Gewinnbegriff schärfer zu umgrenzen, und zwar hierbei in erster Linie den entgangenen Gewinn im Sinne der angezogenen Bestimmung. Hierbei ist das Reichsgericht von der sogenannten abstrakten Schadensberechnung ausgegangen und hat diese Methode der Gewinnberechnung gemäß § 252, S. 2, in Verbindung mit den §§ 325 und 326 BGB. zugrunde gelegt. Das Reichsgericht hat in konstanter Praxis an dem Grundsatz festgehalten, daß der Schaden in der Form des entgangenen Gewinnes in diesen Fällen gleichbedeutend ist mit dem Unterschiede zwischen Marktpreis und Vertragspreis. Schwierigkeiten sind bei dieser Art der Gewinnberechnung dann regelmäßig eingetreten, wenn die den Gegenstand des Handelskaufes bildenden Waren keinen Marktpreis hatten. (Vgl. § 453 BGB. und § 261, Ziff. 1 HGB.). Hier wurde die Lücke dadurch geschlossen, daß das Reichsgericht schon den

Umstand für die Schadensberechnung als ausreichend ansah, daß die zu bewertenden Waren überhaupt einen Gegenstand des Handelsverkehrs bilden. In logischer Fortführung dieses Gedankens hat dann das Reichsgericht an die Stelle des Marktpreises den Verkäuflichkeitswert gesetzt und unter diesem Wert denjenigen Preis verstanden, zu welchem die Ware nach dem gewöhnlichen Lauf der Dinge mit Wahrscheinlichkeit hätte verkauft werden können. (Vgl. hierzu RG., Bd. 68, S. 165; Bd. 90, S. 425; Bd. 99, S. 46; Bd. 101, S. 217 und 240; Bd. 105, S. 286 und S. 293.) Es gehört zwar zu den vom BGB. angewendeten Gewinnbegriffen auch derjenige des Gesellschaftsrechts der §§ 721 a.a.O. es erübrigt sich jedoch hier eine Erörterung, da ich aus Zweckmäßigkeitsgründen denselben bereits bei Darstellung des handelsrechtlichen Gewinnes geschildert habe. (Vgl. § 5, Ziff. 3.) Beziehungen des steuerrechtlichen Gewinnbegriffes zum Recht des BGB., des HGB. und zu den benachbarten Rechtsgebieten bestehen sonach nicht, wohl aber in anderer Hinsicht Zusammenhänge zwischen Steuerrecht und Handelsrecht. Die wichtigsten Erscheinungsformen dieser Art sind folgende Konstruktionen:

a) Der Anschaffungs- oder Herstellungspreis des § 19 EStG.
b) Die handelsrechtlichen Grundsätze ordnungsmäßiger Buchführung des § 13 EStG.
c) Die Handelsbücher nach den Vorschriften des HGB. gemäß § 13 a. a. O.
d) Die handelsrechtliche Bilanz der §§ 105 und 108 a. a. O.

Es wird später zu untersuchen sein, ob diese unter a—d aufgeführten Begriffe in der Weise ohne weiteres aus den verschiedenen Rechtsgebieten in das Steuerrecht der Einkommensteuer und der Körperschaftssteuer übernommen worden sind, daß sie hier genau gleichen Inhalt und gleiche Bedeutung haben, oder ob sie durch allgemeine oder besondere steuerrechtliche Vorschriften eine Erweiterung oder Einschränkung oder irgendeine sonstige Abänderung erfahren haben.

II. Abschnitt.

Kurzer Abriß der Gewinnlehre bis zur Steuerreform vom 10. 8. 1925.

1. Unterabschnitt.

Die Rechtsentwicklung bis einschließlich 1920.

§ 7. Die Theorien.

Die Etappen der Rechtsentwicklung im Einkommensteuerrecht und Körperschaftsteuerrecht bis zum Jahre 1920 sind durch das PrEStG. vom 24. 6. 1891 in der Fassung der Bekanntmachung vom

19. 6. 1906 und durch das deutsche EStG. vom 29. 3. 1920 (RGBl. S. 359ff.) in der Fassung der Novelle vom 24. 3. 1921 (S. 313ff.) gekennzeichnet. Hierzu tritt noch das KStG. vom 30. 3. 1920 in der Fassung der Novelle vom 2. 5. 1922 (RGBl. I, S. 472ff.). Bevor ich eine gedrängte Darstellung der hauptsächlichsten Bestimmungen, soweit sie für den Gewinn und die Bewertung von Bedeutung sind, gebe, will ich auf die wichtigsten Einkommenstheorien eingehen. Aus der Untersuchung haben, um die Übersicht möglichst nicht zu beeinträchtigen, diejenigen Einkommenstheorien auszuscheiden, welche von den Nationalökonomen Roscher, Schmoller und Wagner entwickelt worden sind. Es sind dies die Ertragskategorietheorie, die Konsumtionsfondstheorie und Periodizitätstheorie. Von mittelbarer Bedeutung, also nicht entscheidend für Gewinn und Bewertung im Sinne dieser Abhandlung ist die sogenannte Äquivalenztheorie (auch Genußtheorie oder Interessenprinzip bezeichnet) und die sogenannte Opfertheorie. Der Äquivalenztheorie liegt die Auffassung zugrunde, daß der Staat auf einem Vertrage zwischen Obrigkeit und Untertanen beruht. In diesen Vertrag sind die Untertanen wegen derjenigen Vorteile eingetreten, die ihnen aus dieser Vereinigung zu einer Gemeinschaft und als Glieder dieser Gemeinschaft erwachsen. Dieser staatsrechtlichen Rechtslage entsprechend muß als Ausgleich für die gebotenen Vorteile ein Äquivalent geboten werden, und diesem Äquivalent entsprechend hat eine Verteilung der Steuerlasten je nach dem Verhältnis dieser Vorteile zu erfolgen. Anders die Opfertheorie. Die Opfertheorie beruht auf der Ansicht (die wohl heute als die herrschende zu bezeichnen ist), daß der Staat nicht eine willkürliche, auf dem freien Willen der Untertanen beruhende rechtliche Vertragsbildung sei (man wird hierbei unwillkürlich an den contrat social von Rousseau erinnert), sondern, daß der Staat eine für die gegenwärtige Kulturwelt naturnotwendige staatsrechtliche Konstruktion sei. Der staats- und gesetzespolitische Rechtsgrund der Steuer liegt daher in der Reichs- oder Staatsangehörigkeit der Steuerpflichtigen. Daher verlangt es die Gerechtigkeit und Billigkeit, daß dem einen Staatsangehörigen unter den gleichen Umständen nicht finanziell schwerer tragbare Lasten aufgebürdet werden, als dem anderen Volksgenossen. Der Grundgedanke der steuerlichen Gesetzespolitik ist daher der, daß die steuerliche Gesamtbelastung dasjenige Maß regelmäßig nicht überschreiten soll, welches der Steuerpflichtige zu tragen in der Lage ist, oder daß ihm finanziell erheblichere Opfer als anderen auferlegt werden. Ich erörtere nicht die Frage, ob das PrEStG. und die deutschen Steuergesetze von 1920 (Einkommensteuer und Körperschaftsteuer) eine der beiden Theorien klar verwirklicht haben oder Kombinationen

beider Theorien aufzeigen. Diese rein akademischen Erörterungen würden über den Rahmen dieses Buches hinausgehen. Vorliegend interessiert nur die Tatsache, daß das PrEStR. den Einkommensbegriff auf der Grundlage der Quellentheorie, dagegen das Einkommensteuerrecht und Körperschaftsteuerrecht von 1920 den Einkommensbegriff der Schanzschen Theorie anwenden, letztere jedoch nur mit einigen Schattierungen und Durchbrechungen. Über beide Theorien einige Bemerkungen. Bei der Quellentheorie gehen Volkswirt und Gesetzgeber von der Voraussetzung aus, daß die zu erfassende Steuerquelle die Eigenschaft der Regelmäßigkeit hat. Mißt man dieser Regelmäßigkeit entscheidenden Wert bei, so gelangt man automatisch zu dem Quellenbegriff selbst. Die Quellentheorie gesetzgeberisch, also praktisch angewendet, bedeutet, daß unter Einkommen jede Vermögensvermehrung zu verstehen ist, die aus einer Quelle wiederkehrt, entspringt, also mit einer gewissen Regelmäßigkeit auftritt. Beide Symptome, die Regelmäßigkeit und die Quelle, sind für den Einkommensbegriff der Quellentheorie typisch und werden demgemäß gesetzespolitisch verwendet. So einfach die Konstruktion der Quellentheorie im ersten Augenblick erscheint, so weist sie doch auch Mängel auf. Ihr hauptsächlichster Mangel ist darin zu erblicken, daß Steuerpflicht und Einkommen, also Steuerkraft, weder qualitativ noch quantitativ in jedem Jahre, also in den einzelnen Steuerabschnitten gleiche Größen darstellen. Eine derartige Gleichheit der Steuerquellen auf der Basis periodischer Wiederkehr der steuerlich zu erfassenden Beträge ist selbst dann nicht gegeben, wenn erstere der Reinertrag einer festen Erwerbsquelle ist. Ich weise in diesem Zusammenhang auf die ziffernmäßig stets schwankenden Größen hin, wie sie nicht nur bei den Einkommen aus gewerblicher Betätigung, sondern auch bei zahlreichen Kapitalrenten nachweislich vorhanden sind.

Von ganz anderen Gedankengängen geht die Schanzsche Theorie aus. Nach ihrem Begründer von Schanz so benannt (vgl. Finanzarchiv, Jahrg. 1896, S. 1ff.) ist Einkommen der Reinvermögenszugang eines bestimmten Zeitabschnittes einschließlich der Nutzungen und geldwerten Leistungen Dritter. Auch gegen die Schanzsche Theorie sind, ebenso wie gegen die Quellentheorie, Einwendungen von teilweise einschneidender Bedeutung erhoben worden. Ich beziehe mich auf die ausführlichen Darlegungen, welche Glaser in seinem durch die späteren Inflations- und gesetzgeberischen Verhältnisse leider bald überholten Kommentar zum EStG. von 1920 bei der Schilderung der Entstehungsgeschichte dieses Gesetzes auf S. 62ff. (Band 1) gegeben hat. Glaser ist der Ansicht, daß die gegen den Schanzschen Einkommensbegriff erhobenen Bedenken ihre Berechtigung haben mögen, aber nicht grundsätzlicher Natur sind und führt hierauf den Umstand zurück, daß der Gesetzgeber bei Schaffung der Steuergesetze von 1920 sich auf den Boden der Schanzschen Auffassung gestellt hat (vgl. Glaser, S. 69 a. a. O.).

Ich habe früher schon gezeigt, daß diese Theorien heute praktischen Wert nicht mehr haben, weil die Regierung bei Durchführung der Steuerreform von 1925, anläßlich des Zustandekommens des Einkommens- und des Körperschaftsteuergesetzes sich an keine der beiden Theorien angelehnt hat, sondern erstmalig eigene Wege gegangen ist.

§ 8. Die Gesetzgebung. Das Preuß. Einkommensteuergesetz von 1891 nebst Ausführungsbestimmungen.

Eine gedrängte Darstellung des Steuerrechts des Pr. EStG. von 1891 und des deutschen Einkommen- und Körperschaftssteuerrechts von 1920 ist nicht nur aus allgemeinen Gründen geboten, sondern auch deshalb ratsam, weil gerade ihre vergleichsweise Gegenüberstellung mit dem Einkommensteuer- und Körperschaftsteuerrecht von 1925 Klarheit zu schaffen geeignet ist. Auch hier nur die wichtigsten Bestimmungen. Nach § 13 PrEStG. gilt als Einkommen aus Handel, Gewerbe und Bergbau der Geschäftsgewinn. Bei Steuerpflichtigen, welche Handelsbücher nach Vorschrift der §§ 38ff. des HGB. führen, ist der Gewinn unter Beachtung der Vorschriften in § 7 und § 8 nach den Grundsätzen zu berechnen, wie solche für die Inventur und Bilanz durch das allgemeine deutsche HGB. vorgeschrieben sind und sonst dem Gebrauch eines ordentlichen Kaufmanns entsprechen. Insbesondere gilt dieses einerseits von dem Zuwachs des Anlagekapitals und andrerseits von den regelmäßigen jährlichen Abschreibungen, welche einer angemessenen Berücksichtigung der Wertverminderung entsprechen. Die im § 13, Abs. 2, Nr. 1—4 aufgeführten speziellen Vorschriften für die Berechnung und Schätzung des Einkommens aus Gewerbe und Handel interessieren hier nicht. Hierzu ist zu bemerken: Das steuerbare Einkommen geht in der Regel der Fälle aus den Einnahmen und Ausgaben hervor, welche den Vermögensstand des Steuerpflichtigen im Laufe eines Steuerabschnittes verändert haben. Diese an sich korrekte Berechnungsmethode ist jedoch bei Handel- und Gewerbetreibenden nicht ohne weiteres durchführbar. Denn bei ihrer Anwendung würden lediglich die bereits realisierten Geschäfte steuerlich erfaßt werden, wogegen die laufenden Kreditgeschäfte, gleichgültig ob es Aktiv- oder Passivgeschäfte sind, steuerlich ohne Einwirkung bleiben würden. Dieses Ergebnis ist unbefriedigend, weil derartige Geschäfte zweifellos auf die endgültige Ertragsziffer einen erheblichen Einfluß ausüben. Einen Ausweg aus diesem Dilemma bietet nur die ordnungsmäßige kaufmännische Buchführung; daher die Bestimmung nach preußischem Steuerrecht, daß ein Kaufmann sein Einkommen nach dem durch das HGB. für Inventur und Bilanz vorgeschriebenen Grundsätzen festzustellen hat. In Ergänzung des Gesetzes hat dann der preußische Finanzminister unter dem 26. 7. 1906 eine ausführliche Ausführungsanweisung erlassen, hinsichtlich deren der Artikel 5 besonders bemerkenswert ist, weil er detaillierte Vorschriften über die Berechnungsart des steuerpflichtigen Einkommens gibt. Ich greife die wichtigste Bestimmung heraus. Nach den Bestimmungen des HGB. ist, so führt der Erlaß aus, jeder Kaufmann verpflichtet, Handelsbücher zu führen, in diesen seine Handelsgeschäfte und die Lage seines Vermögens nach den Grundsätzen ordnungsmäßiger Buchführung ersichtlich zu machen, auch alljährlich eine Bilanz vereinbarungsgemäß und alle Jahre, oder unter Umständen alle zwei Jahre, ein Inventar aufzustellen. Liegen derartige, den Vorschriften der §§ 38ff. des HGB. entsprechende Handelsbücher bei einem Steuerpflichtigen, mag derselbe nun Kaufmann im Sinne des HGB. sein oder nicht, vor, so erfolgt die Veranlagung des Geschäftsgewinns aus Handel, Gewerbe und Bergbau nicht nach dem Ergebnisse des dem Steuerjahre vorangegangenen Jahres, sondern nach dem Durchschnitt der drei dem Steuerjahr unmittelbar vorangegangenen Wirtschafts- (Betriebs)-jahre, oder, wenn der Betrieb noch nicht so lange, oder nicht ohne wesentliche Änderung so lange besteht, oder die Bücher nicht so lange geführt werden, nach dem Durchschnitt der kürzeren Zeit, für welche Jahresabschlüsse vorliegen und, wenn ein Jahresabschluß überhaupt noch nicht vorliegt, nach dem mutmaßlichen Jahresertrage. Im Gegensatz zum EStG. von 1925, welches nur die Veranlagung nach Steuerabschnitten, also nach Wirtschafts- (Geschäfts-)jahren kennt (vgl. §§ 10 bis 13 EStG.), haben wir hier die Ermittlung des steuerbaren Einkommens nach dem Jahresdurchschnitt der letzten drei Wirtschaftsjahre, beziehungsweise nach dem mutmaßlichen Jahresertrage dieser Zeitspanne. Von einschneidender Bedeutung ist noch derjenige Teil des Ministerialerlasses, welcher die Bewertung behandelt. Danach gilt folgendes: Für die Bewertung der Vermögensstücke und Forderungen bei der Inventur und für das Maß der überhaupt zulässigen Abschreibungen ist die Vorschrift im § 40 des HGB., der kaufmännische Gebrauch und innerhalb der durch denselben gezogenen Grenzen das Ermessen des Steuerpflichtigen selbst bestimmend. Die von ihm in dieser Hinsicht bei seiner Buchführung angenommenen Grundsätze bleiben daher auch für die Berechnung des steuerpflichtigen Einkommens maßgebend, sofern nicht die ungebührliche Höhe der Abschreibung im einzelnen Falle das nach allgemeinem Gebrauch übliche oder durch die besonderen tatsächlichen Verhältnisse gerechtfertigte Maß offenbar übersteigt, oder sogar die Absicht einer künstlichen Herabdrückung des wirklichen Reingewinns erkennen läßt. Nach gleichen Grundsätzen ist inbetreff der Abschreibungen auf unsichere Forderungen, sowie der Rücklagen zur Ausgleichung möglicher Verluste an denselben (Delkredere-Konto) zu verfahren. Ich führe diesen Abschnitt des Ministerialerlasses deshalb ausführlich an, weil er deutlich die drei Rechtsquellen aufzeigt, aus denen das steuerliche Bilanz- und Buchführungsrecht des PrEStG. sich entwickelt hat. Es ist dies das Handelsrecht (Gesetzesrecht) des § 40 HGB., das Handelsgewohnheitsrecht (der kaufmännische Gebrauch (die kaufmännische Usance) und die kaufmännische Bewertungspraxis, die in dem Erlaß durch die Fassung „das Ermessen des Steuerpflichtigen" bezeichnet wird. Wir finden hier bereits charakteristische Anklänge an das Buchführungs- und Bilanzrecht des § 13 des neuen EStG. Hinsichtlich der Berechnung des Reingewinnes sieht der Erlaß vor, daß er nach denjenigen Grundsätzen zu berechnen ist, wie sie für die Inventur und Bilanz durch das HGB. vorgeschrieben sind und sonst dem Gebrauche eines ordentlichen Kaufmanns entsprechen. Insbesondere gilt dies einerseits von dem Zuwachs des Anlagekapitals und andrerseits von den regelmäßigen jährlichen Abschreibungen, welche einer angemessenen Berücksichtigung der Wertverminderung entsprechen, sowie von den regelmäßigen jährlichen Absetzungen für Abnutzung von Gebäuden, Maschinen, Betriebsgerätschaften usw. Auch dieser Abschnitt der ministeriellen Ausführungsbestimmungen ist für die Entwicklung der steuerlichen Gewinnlehre bedeutungsvoll. Er zeigt, daß bereits dem preußischen EStR. der Unterschied zwischen Abschreibungen einerseits und Absetzungen für Abnutzung andrerseits bekannt gewesen sein muß. Dies geht aus der ganzen Fassung der oben zitierten Stelle, insbesondere aus dem Wörtchen „sowie" klar hervor. Die gleiche Rechtslage finden wir in dem EStG. von 1925 vor und damit auch in dem KStG. Beide Gesetze gebrauchen zwar nicht ausdrücklich den Begriff Abschreibungen. Sie kennen ihn aber und stellen ihn demjenigen der Absetzung für Abnutzung (§ 16, Ziff. 3 EStG.) scharf gegenüber. Auch die Rechtsprechung und das Schrifttum hat von Anfang an seit Inkrafttreten der beiden genannten Gesetze niemals Zweifel darüber aufkommen lassen, daß Abschreibungen und Absetzungen für Abnutzung zwei ganz verschiedene Konstruktionen sind, die eine völlig verschiedene Bedeutung mit voneinander abweichenden Auswirkungen haben. Hierüber werde ich mich in den §§ 44 bis 46 des näheren auslassen.

§ 9. Das Einkommensteuergesetz und das Körperschaftsteuergesetz von 1920 nebst Novellen und Ausführungsbestimmungen.

Bevor ich das preußische Einkommensteuerrecht an der Hand von Schrifttum und Spruchpraxis kurz darlege, wende ich mich den gesetzlichen Bestimmungen der Steuergesetzgebung von 1920 zu, soweit sie uns vorliegend interessiert, also dem EStG. und dem KStG. von 1920 nebst Novellen und Ausführungsbestimmungen. Ich begnüge mich mit der Wiedergabe der wichtigsten materiellen Vorschriften, um dann im Zusammenhange die Ergebnisse der Rechtsprechung und der Literatur wiederzugeben und sie denjenigen der Praxis und des Schrifttums zum EStG. von 1891 vergleichend gegenüberzustellen. Ich schicke eine allgemeine Bemerkung grundsätzlicher Art voraus. Wichtig im Steuerwesen und gleichzeitig typisch ist die Terminologie des Gewinnbegriffes. Es ist interessant festzustellen, daß die in den verschiedenen Steuergesetzen gebrauchte sprachliche Technik keineswegs gleichlautende Begriffe hervorgerufen hat. Ich erinnere daran, daß nach § 13 PrEStG. als Einkommen aus Gewerbe der Geschäftsgewinn gilt. Demgegenüber gebraucht das EStG. von 1920 einen anderen Ausdruck, indem es nach § 32 a. a. O. anordnet, daß als steuerbares Einkommen aus selbstbewirtschaftetem Grundbesitz der Betriebsgewinn in Ansatz kommt. Im § 33 a. a. O. wieder bestimmt es, daß als steuerbares Einkommen aus dem Betrieb eines Gewerbes oder des Bergbaues der Geschäftsgewinn in Ansatz kommt. Beide Ausdrücke Betriebsgewinn und Geschäftsgewinn kommen nebeneinander im § 33a a. a. O. vor. Das gegenwärtig geltende EStG. spricht im Gegensatz zu den beiden vorgenannten Gesetzen in den §§ 7, 12 und 13 schlechtweg von Gewinn. Ob diese verschiedenartige Terminologie der Gewinnbegriffe auch praktische Bedeutung hat, und ob die Rechtsprechung dies klar zum Ausdruck gebracht hat, wird zu untersuchen sein. Nach § 4 unterliegt der Steuer (Einkommensteuer von 1920) der Gesamtbetrag der in Geld oder Geldeswert bestehenden Einkünfte, und zwar nach Abzug der in dem § 13 genannten Beträge (steuerbares Einkommen). Nach § 5 gehören zum steuerbaren Einkommen Einkünfte aus Gewerbebetrieb, aus Kapitalvermögen und aus Arbeit, sowie sonstige Einnahmen, ohne Rücksicht darauf, ob es sich um einmalige oder wiederkehrende Einkünfte handelt, oder aus welchem rechtlichen oder tatsächlichen Grunde sie dem Steuerpflichtigen zugeflossen sind. Nach § 33 kommt als steuerbares Einkommen aus dem Betrieb eines Gewerbes oder des Bergbaues der Geschäftsgewinn in Ansatz. Der Geschäftsgewinn ist durch Vergleich der Betriebseinnahmen und der Betriebsausgaben unter Berücksichtigung des Unterschieds in dem Stande und Werte der Erzeugnisse, Waren und

Vorräte des Betriebes, der dem Betriebe dienenden Gebäude nebst Zubehör, sowie des beweglichen Anlagekapitals am Schlusse des Geschäftsjahres gegenüber deren Stande und Werte am Anfang desselben festzustellen . . .

Bei Steuerpflichtigen, welche Handelsbücher nach den Vorschriften des Handelsgesetzbuches führen, ist der Geschäftsgewinn unter Beachtung der Vorschriften des § 15 nach den Grundsätzen zu berechnen, wie sie für die Inventur und Bilanz durch das HGB. vorgeschrieben sind. (§ 15 EStG. führt unter Ziff. 1—4 diejenigen Kategorien an Aufwendungen, Zinsen, Steuern und sonstigen Beträgen auf, welche vom Gesamtbetrage der Einkünfte nicht in Abzug gebracht werden dürfen.) Durch die Novelle vom 24. 3. 1921 (RGBl. 1921, S. 313ff.) fügte der Gesetzgeber dem § 33 einen weiteren § 33a an, welcher vorschreibt:

Soweit für Gegenstände des Betriebsvermögens ein Anschaffungs- oder Herstellungspreis gegeben ist, gilt bei Berechnung des Betriebsgewinns und des Geschäftsgewinns im Sinne der §§ 32, 33 als Wert dieser Gegenstände der Anschaffungs- oder Herstellungspreis nach Abzug der zulässigen Absetzungen für Abnutzung. Übersteigt für einen Gegenstand der Anschaffungs- oder Herstellungspreis den gemeinen Wert, so ist der Steuerpflichtige berechtigt, diesen Wert an Stelle des Anschaffungs- oder Herstellungspreises anzusetzen. In diesem Falle ist der für den Schluß eines Wirtschaftsjahres angesetzte Wert als Wert der Gegenstände am Beginne des folgenden Wirtschaftsjahres in Ansatz zu bringen.

Endlich ist noch zu bemerken, daß durch die Novelle von 1921 auf Antrag des Reichstagsausschusses dem § 59 über die Abzugsfähigkeit gewisser Beträge bei Ermittlung des steuerbaren Einkommens ein § 59a hinzugefügt wurde. Dieser lautet in seinem ersten Absatz folgendermaßen:

Bei Ermittlung des Betriebsgewinns und des Geschäftsgewinns im Sinne der §§ 32, 33 zum Zwecke der Veranlagung für die Rechnungsjahre 1920 bis 1926 können den Verhältnissen entsprechende Rücklagen zur Bestreitung der Kosten steuerfrei abgesetzt werden, die zur Ersatzbeschaffung der zum land- oder forstwirtschaftlichen oder gewerblichen oder bergbaulichen Anlagekapital gehörigen Gegenstände über den gemeinen Wert der Ersatzgegenstände hinaus voraussichtlich aufgewendet werden müssen (Mehrkosten). Die Mehrkosten sind zu Lasten dieser Rücklagen zu verrechnen; stehen zur Bestreitung der Mehrkosten zu diesem Zwecke gebildete Rücklagen nicht zur Verfügung, so können die Mehrkosten als Werbungskosten in Abzug gebracht werden. Bei Feststellung des Anschaffungs- oder Herstellungspreises im Sinne des § 33a bleiben die Mehrkosten außer Betracht, soweit sie für Ersatzbeschaffungen als Werbungskosten in Abzug gebracht oder aus steuerfreien Rücklagen gedeckt worden sind.

Die besondere Bedeutung dieser Vorschrift besteht darin, daß sie bei Ermittlung des steuerpflichtigen Einkommens von Handel- und Gewerbetreibenden die Bilanzierung einer Werkerhaltungsrücklage auch vom steuerrechtlichen Standpunkt aus ermöglicht. Auf Grund der Gewinnberechnungsvorschriften des alten EStG. wurde nämlich in vielen Unternehmungen bei Neuanschaffungen der sogenannte Überteuerungsbetrag im Jahre der Anschaffung über Betriebsunkosten abgebucht. Hierbei war häufig als Überteuerungsabschreibung generell der gleiche Satz von 40% vorgesehen, welcher späterhin als Abschreibung für Ersatzbeschaffungen auf Grund der Vorschriften des § 59a zugelassen worden ist, wenn eine Werkerhaltungsrücklage nicht besteht.

§ 10. Rechtsprechung und Schrifttum.

a) Die Rechtsprechung.

1. Das Oberverwaltungsgericht.

Das Oberverwaltungsgericht hat in konstanter Rechtsprechung die Bestimmungen des PrEStR. über Gewinn, Gewinnberechnung und Bewertung, sowie über steuerrechtliche Bilanzierung vertieft und weiter ausgebaut. Dies ist um so beachtlicher, als der RFH. in seiner Spruchpraxis bereits seit Bestehen, also seit 1919 an die Ergebnisse der Judikatur des PrOVG. in Staatssteuersachen angeknüpft hat und diese Tendenz auch bei seinen Entscheidungen zu dem Einkommensteuer- und Körperschaftsteuergesetz von 1925 weiter fortgesetzt hat. Wegen der Fülle des Materials werden nur besonders bedeutsame Entscheidungen und auch nur in ihren praktischen Ergebnissen angeführt. Der Gewinn, den die Bilanz zeigt (die Bilanz des Kaufmanns gemäß § 38ff. HGB.), ist nicht identisch mit dem nach dem § 13 in Verbindung mit den §§ 7 und 8 PrEStG. steuerpflichtigen Geschäftsgewinn. Die Bilanz ist vielmehr immer nur Anhaltspunkt für die Berechnung des Geschäftsertrages. Als solche hat sie jedoch in der Regel der Fälle die tatsächliche Vermutung der Richtigkeit für sich (vgl. OVG. Bd. 6, S. 45; Bd. 7, S. 362; Bd. 8, S. 80; Bd. 14, S. 142). Nach dem Urteil des OVG. in Bd. 6, S. 120ff. wird der wichtige Rechtssatz des § 344 HGB. nochmals ausdrücklich festgelegt und auch steuerrechtlich für bedeutsam erklärt. Es ist dies die handelsrechtliche Vermutung, nach welcher die von einem Kaufmann vorgenommenen Rechtsgeschäfte im Zweifel als zum Betriebe seines Handelsgewerbes gehörig gelten (vgl. § 344, Abs. 1 a. a. O.). Hier ist bereits hervorzuheben, daß sowohl die Anwendung der Grundsätze der handelsrechtlichen Vermutung des § 344 HGB., wie die Vermutung der Richtigkeit der Bilanzen von der Rechtsprechung des RFH. übernommen worden sind. Schon im dritten Bande seiner Entscheidungen stellt der RFH. den Satz auf, daß die Bilanzen des Kaufmannes die Vermutung der Richtigkeit für sich haben (vgl. § 208 RAO., OVG. i. St., Bd. 10, S. 301ff., S. 308 und RFH. Bd. 3, S. 76). In der letzteren Entscheidung weist der RFH.

darauf hin, daß seine Rechtsprechung über die Vermutung der Richtigkeit der Bilanzen eine feststehende ist und auch mit der Praxis des PrOVG. übereinstimmt. Danach haben die Bilanzen die Vermutung der Richtigkeit für sich, und es liegt deshalb der Steuerbehörde, ebenso wie dem Steuerpflichtigen, wenn sie hiervon abweichen wollen, die Verpflichtung ob, nachzuweisen, daß sie nicht dem Handelsgesetzbuch und dem Gebrauch eines ordentlichen Kaufmanns entsprechend aufgestellt sind. Der Abgabepflichtige hat aber der Steuerbehörde die dazu erforderlichen, ohne seine Mitwirkung von dieser nicht zu beschaffenden tatsächlichen Unterlagen zu liefern, namentlich auf Befragen die unter den einzelnen Konten der Betriebsanlagen zusammengefaßten Gegenstände, die Anschaffungs- und Herstellungspreise, die Dauer und Art ihrer Benutzung und sonstige für die Bewertung wesentliche Umstände anzugeben. Zwischen der Rechtsprechung des RFH. und derjenigen des OVG. besteht zu der Frage der Vermutung der Richtigkeit der Bilanzen völlige Übereinstimmung. Um eine materiell-rechtlich zutreffende und technisch einwandfreie Besteuerung des Gewinnes aus gewerblicher Betätigung zu erzielen, hat das OVG. in mehreren Entscheidungen versucht, den Begriff Gewerbe zu definieren. Es versteht unter Gewerbe eine mit der Absicht auf Gewinnerzielung unternommene, selbständige, berufsmäßige und erlaubte Arbeitstätigkeit, welche sich als Beteiligung am allgemeinen wirtschaftlichen Verkehr darstellt. Zu der gleichen Begriffsbestimmung ist das OVG. im Gewerbesteuerrecht gelangt (vgl. hierzu die näheren Darlegungen im § 13 bei Erörterung des Begriffes „Betriebsvermögen“ im Sinne des § 13 EStG.).

Das OVG. hat dann Gelegenheit genommen, den Geschäftsgewinn des § 13 in seiner Rechtsprechung zu erläutern. Zum Geschäftsgewinn gehören danach nur solche Einnahmen, die entweder unmittelbar durch den Betrieb des Unternehmens dem Inhaber zugeflossen oder von ihm geschaffen sind, oder sich unmittelbar als Früchte des in dem Unternehmen werbenden Anlage- und Betriebskapitals darstellen. Zum Geschäftsgewinn gehören ferner nur solche Beträge, die der Unternehmer für sich behalten darf, nicht auch solche, die er mit der Verpflichtung, sie einem Dritten auszuhändigen, von einem anderen erhalten oder nur zu diesem Zwecke von letzterem zu beanspruchen hat. Derartige Beträge bilden vielmehr in der Betriebsrechnung des Unternehmers nur durchlaufende Posten, welche das Ergebnis seines Betriebes an sich nicht berühren. Neu eingelegte Sachwerte, wie z. B. Patente, gehören nach der Anschauung des OVG. nicht zum Geschäftsgewinn (OVG. i. St. Bd. 10, S. 263ff., S. 266ff.; Bd. 11, S. 215; Bd. 15, S. 328). Für die Anwendung des § 13, S. 2 PrEStG., wonach der Gewinn nach den für Aufstellung von Inventur und Bilanz vorgeschriebenen und sonst dem Handelsbrauch eines ordentlichen Kaufmanns entsprechenden Grundsätzen zu berechnen ist, genügt es, daß tatsächlich Handelsbücher den Vorschriften der §§ 38ff. HGB. entsprechend geführt werden. Es kommt nicht darauf an, ob ein Gewerbetreibender zur Führung von Handelsbüchern verpflichtet ist oder nicht, sondern nur auf die Tatsache, ob er Handelsbücher nach Vorschrift der §§ 38ff. a. a. O. führt oder nicht (OVG. i. St. Bd. 14, S. 271). Im Gegensatz hierzu macht der § 13 einen Unterschied zwischen buchführungspflichtigen Steuerpflichtigen und solchen Steuerpflichtigen, welche ohne Rechtspflicht zur Buchführung Handelsbücher nach den Vorschriften des HGB. tatsächlich führen. Die Heranziehung des HGB. im § 13, Abs. 1, S. 2 ohne Anführung einzelner bestimmter Paragraphen bedeutet, daß für Aktiengesellschaften und Aktienkommanditgesellschaften die §§ 261 und 325, Nr. 3 HGB. und für Personalgesellschaften, sowie Einzelkaufleute der § 40 a. a. O. anzuwenden sind (OVG. i. St. Bd. 10, S. 236ff.; Bd. 13, S. 268, S. 301, S. 302 u. a.). In einer wichtigen Entscheidung hat sich das OVG. über die Bedeutung und Geeignetheit der kaufmännischen Bücherabschlüsse und Bilanzen für steuerliche Zwecke ausgelassen. Grundlage für die Gewinnfeststellung nach § 13 Abs. 1 PrEStG. sind demnach die Bilanzen des Kaufmanns nur dann, wenn sie auf Grund der Bücherabschlüsse vorschriftsmäßig angefertigt sind. Diese Vorschriftsmäßigkeit ist nach den handelsrechtlichen Bestimmungen über Inventar und Bilanz (§§ 39—41 HGB.) und nach dem Handelsbrauch eines ordentlichen Kaufmanns zu beurteilen. Auch das PrEStG. kennt in der Praxis Recht und Pflicht des Steuerpflichtigen zur Berichtigung der Bilanz. Sind Bilanzen im Sinne vorstehender Ausführungen nicht aufgestellt, so sind sie im Einklang mit den steuerrechtlichen Vorschriften zu berichtigen. Unter diesen Umständen hat das OVG. es auch für unbedenklich gehalten, bei Erfassung des steuerbaren Einkommens eine, neben der rein kaufmännischen Buchführung herlaufende steuerliche Buchhaltung zu führen und zu berücksichtigen. Wenn bei an sich ordnungsmäßig geführten Geschäftsbüchern Inventuren und Bilanzen fehlen, so darf ihnen gleichwohl die Berücksichtigung vom steuerlichen Gesichtspunkt nicht versagt werden (OVG. i. St. Bd. 6, S. 171ff. und Bd. 8, S. 252). Auch nach PrEStR. wird, wie das OVG. entschieden hat, bei nichtbuchführungspflichtigen oder tatsächlich nicht Handelsbücher führenden Gewerbetreibenden der gewerbliche Geschäftsgewinn durch Gegenüberstellung der jährlichen Betriebseinnahmen und Betriebsausgaben ermittelt. Im Zusammenhang hiermit stellt das OVG. den bemerkenswerten Satz auf, daß in analoger Weise wie bei den buchführungspflichtigen Kaufleuten die für Inventar und Bilanz erlassenen Gesetzesvorschriften Anwendung zu finden haben. Eine derartige Anwendung ist dann um so unbedenklicher, als sie sich im Einzelfalle als die Befolgung allgemein gültiger wirtschaftlicher Grundsätze darstellt. Ich bin der Ansicht, daß diese vom OVG. aufgestellten Leitsätze bereits ein Symptom für den vorherrschenden Einfluß der wirtschaftlichen Betrachtungsweise auch im preußischen Einkommensteuerrecht gewesen sind, wie sie später analog im Reichssteuerrecht des § 4 RAO. festgelegt worden ist (OVG. i. St. Bd. 9, S. 101 ff.). Aus diesen Gründen ist in die Steuerbilanz der Wert der bei Beginn und bei Schluß der maßgebenden Periode vorhandenen Warenbestände stets in Ausgabe beziehungsweise Einnahme zu stellen. Dieser Wert ist nicht der Herstellungswert des § 261, Nr. 2 HGB., sondern der Verkaufswert, den das Warenlager unter der Voraussetzung des Fortbestandes des Betriebes hat. In Übereinstimmung mit dieser Anschauung stellt das OVG. weiter fest, daß bei Berücksichtigung von Wertminderungen der Vermögensgegenstände in der Bilanz der gemeine Wert, d. h. der objektive Verkaufswert des betreffenden Gegenstandes maßgebend ist. Die Bewertung in den Bilanzen ist nicht entscheidend. Hierbei ist grundsätzlich von der Voraussetzung des Fortbestehens des Unternehmens auszugehen. Unter gemeinem Wert ist daher derjenige Tauschwert zu verstehen, welcher nach der in der fraglichen Interessengemeinschaft anerkannten Meinung für das betreffende Gut erlangt werden kann (OVG. i. St. Bd. 6, S. 44; Bd. 8, S. 86 ff.; Bd. 9, S. 97 ff.; Bd. 14, S. 233; Bd. 15, S. 270). Ich bin auf diesen Teil der Judikatur des OVG. absichtlich ausführlicher eingegangen, weil er für das Verständnis des § 19, Abs. 1 des neuen EStG. von großer Bedeutung ist. Der § 19 a. a. O. enthält die grundlegenden Bewertungsvorschriften des neuen Bewertungsrechts der Einkommensteuer und Körperschaftsteuer. Er schreibt in seinem Absatz 1, S. 1 vor, daß für die einzelnen dem Betriebe gewidmeten Gegenstände für den Schluß des Steuerabschnitts (§ 12, Abs. 1; § 13) der gemeine Wert zugrunde zu legen ist (vgl. § 138 RAO., sowie die §§ 430 und 457 HGB.). Nun kommt eine wichtige Bestimmung. Sie enthält fast wörtlich denselben Grundgedanken, wie er in der oben angeführten Rechtsprechung des OVG., insbesondere in den Entscheidungen im 8., 14. und 15. Bande ausgesprochen ist. Auch nach § 19, Abs. 1, Satz 2 EStG. ist bei der Ermittlung des gemeinen Wertes von Gegenständen, die nicht zum Verkauf bestimmt sind, nicht der bei der Veräußerung jedes Gegenstandes im einzelnen erzielbare Preis zu ermitteln, vielmehr ist davon auszugehen, daß der Gegenstand auch fernerhin der Fortführung des Betriebs dient, dem er zur Zeit der Bewertung angehört. Es hat sich hiernach der Gesetzgeber die Ergebnisse der Rechtsprechung des OVG. für die steuerliche Wertermittlung nach dem gemeinen Wert zu nutze gemacht. Auch ein von dem gemeinen Wert abweichender sogenannter Betriebswert kommt nach Ansicht des OVG. für die Bewertung zu Steuerzwecken nicht in Betracht (OVG. i. St. Bd. 14, S. 233). Nun ein kurzes Wort noch zu der Rechtsprechung des OVG. bezüglich der Abschreibungen. Die Abschreibungen sind dasjenige Teilgebiet kaufmännischer Bilanzierung und Bewertung, welches die schwierigsten und am meisten umstrittenen Fragen enthält, und auf dem sich daher auch zahlreiche Lehrmeinungen und ebenso viele praktische Anwendungsmethoden im Laufe der Jahre gebildet haben. Diese Methoden sind nach Zahl, Art und Bedeutung für die steuerliche Erfassung der kaufmännischen Gewinne noch dadurch besonders undurchsichtig geworden, daß die Geldentwertung während der Inflationsperiode von 1921 bis Anfang 1924 die bisherigen Anschauungen über Bewertung völlig umstieß. Das OVG. verwirft übermäßige (außerordentliche) Abschreibungen genau so wie solche Abschreibungen, welche dem wahren verbleibenden Werte der Forderungen nicht entsprechen. Es sind daher alle Abschreibungen steuerrechtlich insoweit unstatthaft, als sie über die angemessene Berücksichtigung der im Laufe eines Geschäftsjahres eingetretenen Verminderung hinausgehen, oder was dasselbe bedeutet, soweit durch diese Abschreibungen der Bilanzwert unter den objektiven Verkaufswert heruntergedrückt wird (OVG. i. St., Bd. 3, S. 85; Bd. 10, S. 306; Bd. 9, S. 92ff.; Bd. 14, S. 302f.; Bd. 15, S. 267; Bd. 10, S. 306 und Bd. 15, S. 118ff.). Abschreibungen wegen völliger Wertlosigkeit sind ebenso zu behandeln, wie diejenigen wegen Wertverminderung.

2. Der Reichsfinanzhof.

Ich komme jetzt zur Rechtsprechung des RFH. Der RFH. knüpft zunächst an die Ergebnisse seiner früheren Rechtsprechung an, wie sie im ersten, zweiten und dritten Bande von ihm niedergelegt worden sind. Hier ist zuerst der Versuch gemacht worden, grundlegende Fragen des Bilanzwesens, der Gewinnermittlung und der Bewertung zu klären (Behandlung des Gewinnvortrages in der Bilanz, Bd. 2, S. 77, Bewertung verkaufter, aber noch nicht gelieferter Waren bei Aktiengesellschaften, Bd. 3, S. 16 und die Vermutung der Richtigkeit der Handelsbilanzen, Bd. 3, S. 76). Unter Beschränkung auf die Fragen der Gewinnberechnung und Bewertung gemäß § 33 und 33a des EStG. von 1920 ist folgendes zu sagen. Der § 33, Abs. 2 a. a. O. will den Grundsatz der Bilanzwahrheit verwirklichen. Er entspricht im übrigen hinsichtlich seiner Tragweite der Schanzschen Einkommenstheorie, wenngleich diese mehrfach, so durch die Novelle vom 24. 3. 1921 (Einfügung des § 33a), durchbrochen worden ist. Nach dieser Theorie ist Einkommen identisch mit Vermögenszugang. Weil nun die handelsrechtliche Bilanz auf die Darstellung des Vermögens abzielt, der Bilanzgewinn also den Vermögenszuwachs darstellt, so liegt in § 33, Abs. 2 zwar eine Sonderbehandlung des buchführenden Kaufmanns, welche bald zu seinem Vorteil, bald zu seinem Nachteil ausschlägt. Der § 33, Abs. 2 enthält jedoch keine Unstimmigkeit gegenüber dem Einkommensbegriff des EStG. Aus diesen Gründen verwirft der RFH. die im Schrifttum vertretene Auffassung, daß der § 33, Abs. 2 nur eine Berechnungsvorschrift darstellt. Er ist vielmehr der Ansicht, daß der § 33, Abs. 2 eine den Umfang des steuerbaren Einkommens bestimmende materielle Vorschrift ist. (Vgl. RFH. Bd. 11, S. 249, Motive zum EStG. von 1925, S. 42 und Hensel, S. 99 Anm. 1.) Auf den gleichen Anschauungen beruhen die Urteile des RFH. vom 10. 10. 1924 (Bd. 14, S. 303ff., 306) und vom 15. 5. 1925 (RFH. Bd. 14, S. 306ff.). Diese Entscheidungen sind zwar in erster Linie auf das Körperschaftsteuerrecht abgestellt. Da aber nach § 3 KStG. (von 1920) auf die Ermittlung des steuerbaren Einkommens die Vorschriften der §§ 31—38 EStG. sinngemäße Anwendung finden, hat die erwähnte Entscheidung für den Gewinnbegriff des § 33 unmittelbare Bedeutung. In dieser Hinsicht führt der RFH. aus, daß nach den §§ 38 und 40 HGB. der Bilanzgewinn sich aus der Vergleichung des Vermögens zu Beginn und zu Ende des Geschäftsjahres ergibt. Der steuerpflichtige Bilanzgewinn stellt mithin den Unterschied dieser beiden Bewertungen dar, d. h. nichts anderes, als im letzten Geschäftsjahr neu hinzugewachsenes Vermögen. In Anlehnung an die bereits in Bd. 9, S. 210 veröffentlichte Entscheidung vom 26. 4. 1922 I A 27/22 führt der RFH. weiter aus, daß der Bilanzgewinn materielle Vermögenseigenschaft hat wie die übrigen Posten der Bilanz, insbesondere auch wie die übrigen Passiva, auf deren Seite sich der Reingewinn als ein den positiven Unterschied zwischen Aktiva und Passiva darstellender Bilanzposten befindet (§ 261 HGB.), so auch das Aktienkapitalkonto und die verschiedenartigen Reservefondskonten). Der RFH. kommt unter Zugrundelegung dieser Ausführungen zu dem wichtigen Ergebnis, daß mit dieser handelsrechtlichen Auffassung vom Bilanzgewinn des buchführenden Kaufmanns sich auch der allgemeine Einkommensbegriff des EStG. deckt und hebt nochmals hervor, daß letzteres sich grundsätzlich auf den Boden des Schanzschen Einkommensbegriffes stellt, nach welchem der Reinvermögenszugang eines bestimmten Zeitabschnittes (einschließlich der Nutzungen und geldwerten Leistungen Dritter) das Einkommen bildet.

(Vgl. Strutz, Handausgabe des EStG. von 1920, 3. Aufl., Anm. 1 zu § 4, S. 37ff.) Zum Schlusse sind noch die Entscheidungen des RFH. in Bd. 12, S. 139 vom 27. 4. 1923 und Bd. 12, S. 242 vom 30. 6. 1923 erwähnenswert. Hier gelangt der RFH. zu weiteren wichtigen Ergebnissen. Er ist der Ansicht, daß zu der gewerblichen Tätigkeit eines Kaufmanns auch jede Tätigkeit gehört, welche die Haupttätigkeit mit sich bringt, sobald sie nur dazu dient, das Gesamtunternehmen aufrechtzuerhalten und fortzuführen. Dieses Erfordernis der Zugehörigkeit des Betriebes ist nicht dahin aufzufassen, daß hierunter nur diejenigen Geschäfte, die für das in Betracht kommende Handelsgewerbe kennzeichnend sind, verstanden werden können. Vielmehr soll hierunter jedes Geschäft fallen, das der Kaufmann im Betriebe seines Handelsgewerbes vornimmt, und mit dem er die Zwecke seines Handelsbetriedes ermöglichen oder fördern will. Wenn demgemäß die gewerbsmäßige Tätigkeit eines Kaufmanns auf einen bestimmten Geschäftszweig gerichtet ist, so folgt daraus noch nicht, daß Geschäfte, welche außerhalb dieses Geschäftszweiges liegen, als zu seinem Handelsgewerbe gehörig nicht angesehen werden können. Solange ein, wenn auch nur entfernter Zusammenhang mit dem Gewerbebetriebe besteht, solange namentlich die Absicht vorliegt, dem Gewerbebetriebe förderlich zu sein, liegt auch die Zugehörigkeit zu diesem vor. (Vgl. Staub, Kommentar zum HGB., 12. u. 13. Aufl., Bd. 3, S. 8ff.) Die handelsrechtliche Vermutung, daß die von einem Kaufmann abgeschlossenen Geschäfte zu seinem Gewerbebetriebe gehören (§ 344 HGB.) ist ... auch steuerrechtlich bedeutsam. (Vgl. Strutz, a. a. O., Anm. 9 zu § 5, S. 44.) In dem Urteil vom 30. 6. 1923 vertritt der RFH. den Standpunkt, daß, wenn im § 33 EStG. vorgeschrieben ist, es sei als steuerbares Einkommen aus dem Betriebe eines Gewerbes der Geschäftsgewinn in Ansatz zu bringen, dies nicht bedeutet, daß vor dem Ende eines Geschäftsjahres ein steuerbares Einkommen überhaupt nicht anzunehmen ist. Die Zugrundelegung des Geschäftsgewinnes für ein Geschäftsjahr ist vielmehr im wesentlichen nur ein Verfahren, die Summe der einzelnen im Betriebe vorkommenden Gewinne und Verluste auf einfache Weise festzustellen, so daß es geboten ist, falls ein Betrieb vor dem Ablauf eines Geschäftsjahres beendet wird, die Summe der bis zur Beendigung des Betriebs erzielten Gewinne und Verluste in entsprechender Anwendung der Vorschriften über die Ansetzung des Einkommens in einem Geschäftsjahr anzunehmen ...

3. Das Reichsgericht.

Die Rechtsprechung des RG. zum Gewinnbegriff hat nur einen geringen Umfang. Ich habe sie außerdem bereits im § 6 im wesentlichen angeführt. Hier ist nur noch das Ergebnis der Entscheidung in Bd. 68, S. 165 nachzutragen. Das RG. hatte hier die Frage zu prüfen gehabt, wie Waren zu bewerten sind, die keinen Marktpreis haben (§ 261, 1 HGB.). Für Waren, die keinen Marktpreis haben, wird, so erklärt das RG., als genügend angesehen, daß sie einen Gegenstand des Handelsverkehrs bilden, und daß sonach bis zum Beweis des Gegenteils anzunehmen ist, daß sie jederzeit verkäuflich sind. An die Stelle des Marktpreises tritt hier der Verkäuflichkeitswert. Es ist dies der Preis, zu dem die Ware nach dem gewöhnlichen Lauf der Dinge mit Wahrscheinlichkeit hätte verkauft werden können. Die Verkäuflichkeit wird nicht dadurch ausgeschlossen, daß die Ware noch keinen Markt besitzt, sondern einen solchen erst erobern will. Auf Grund dieser Rechtsprechung hat das RG. noch den Begriff des sogenannten Verkehrswertes konstruiert. (Vgl. RG. Bd. 68, S. 166 und RG. in JW. 1909, S. 275.)

b) Das Schrifttum.

Weil das Schrifttum zum PrEStG. und zu dem Einkommen- und Körperschaftsteuerrecht von 1920 nur noch historische Bedeutung hat, genügt es, die hauptsächlichsten literarischen Erscheinungen anzuführen. Das PrEStG. wurde zuerst von Fuisting, dem damaligen Senatspräsidenten beim OVG. erläutert, späterhin, insbesondere in sechster, vermehrter Auflage, von dem Senatspräsidenten Strutz. An Einzelschriften zum PrEStR. verdienen Thiele, Bilanz- und Steuerpflicht 1911 und Rosendorff, Die Bilanz als Grundlage der Besteuerung, erwähnt zu werden (Berlin 1920, Industrieverlag Spaeth & Linde). Das Schrifttum zum Einkommen- und Körperschaftsteuerrecht von 1920 weist mehrere Erläuterungsbücher und sonstige Werke auf, die zum Teil namhaften Charakter haben, teilweise aber nur von informatorischem Werte sind. Bei dem Einkommensteuerkommentar von Glaser (Verlag Hermann Sack, Berlin 1922) ist es besonders zu bedauern, wie dies auch Strutz in seinem Kommentar zum EStG. bereits hervorgehoben hat, daß es sehr bald nach Erscheinen, insbesondere des zweiten Bandes, durch die Inflation überholt war. Aus diesem Grunde sah sich Strutz veranlaßt, seine bekannte Handausgabe zum EStG. auf eine knappe Basis zu beschränken, zumal er sich bereits vorher in seinen Grundlehren des Steuerrechts mit verschiedenen wichtigen Fragen des allgemeinen Steuerwesens näher befaßt hatte. Gleichwohl ist nach meiner Ansicht die Strutzsche Handausgabe der beste Führer durch das alte EStR., welchen wir besitzen. An sonstigen Kommentaren sind noch diejenigen von Rosendorff, Zimmermann, Klaus und Geiler zu erwähnen, außerdem das Buch von Le Coutre-Altenloh. Dieses Werk ist deshalb interessant und namentlich auch für den Praktiker lesenswert, weil es einen bedeutsamen Versuch darstellt, vom Standpunkte des Betriebswirtschaftlers aus alle wesentlichen Fragen des Bilanzwesens und Steuerrechts in sorgfältiger Analyse zu klären und durch Anführung praktischer Beispiele und an Hand der einzelnen Konten der Bilanz zu erläutern. Das Buch hat den Titel Bilanzpolitik und Steuerpflicht (Berlin 1923, Industrieverlag Spaeth & Linde) Endlich sind an allgemeinen übersichtlich gefaßten Systemen des alten Reichssteuerrechts, welche in einzelnen Abschnitten auch die ESt. und KSt. behandeln, noch zwei Bücher zu erwähnen. Es ist dies die Einführung in das Steuerrecht von Ball, welche gegenwärtig in 4. Auflage vorliegt und auch das neue Recht von 1925 bereits berücksichtigt; ferner die Schrift von Marcuse, Das neue Reichssteuerrecht, 2. Auflage, Berlin.

2. Unterabschnitt.

Der Gewinn nach der Steuergesetzgebung vom 10. 8. 1925.

§ 11. Allgemeines. Die Leitsätze des 33. Deutschen Juristentages. Gewinn und Gewinnberechnung. Gewinnberechnungsmethoden.

Ich hatte früher darauf hingewiesen, daß diese Abhandlung nicht bezweckt, zu den Grundfragen und umstrittenen Problemen der steuerlichen Gewinn- und Bewertungslehre im Einkommensteuer- und Körperschaftssteuerrecht in der Weise Stellung zu nehmen, daß die bereits vorhandenen verschiedenen Anschauungen der Steuertheoretiker und der Praxis um eine weitere Ansicht vermehrt werden. Es ist mir zweifelhaft, ob diese Methode geeignet ist, dem Praktiker in der Wirtschaft wie im Steuerwesen Klarheit zu verschaffen. Ich versuche daher lediglich, in ganz allgemeinen und knapp gehaltenen Umrissen darzulegen, was nach dem EStG. und KStG. unter Gewinn zu verstehen ist, und wie seine Berechnung erfolgt. Dabei wird es für die praktischen Zwecke nützlich sein, den Gewinnbegriff des § 12 deutlich von dem kaufmännischen Gewinnbegriff des § 13 abzuheben und das Verhältnis der beiden Vorschriften zueinander scharf her auszustellen. Zum besseren Verständnis beider Gewinnbegriffe gehe ich in gedrängter Darstellung auf die Vorgeschichte und den allgemeinen Ausgangspunkt der steuerlichen Gewinnbegriffe ein; hierzu ist eine Schilderung der hauptsächlichsten Gewinnberechnungsmethoden unerläßlich. Wir hatten gesehen, daß der Gesetzgeber es für zweckmäßig hielt, bei der Schaffung des Einkommenbegriffes sich weder der Quellentheorie anzuschließen, noch der Schanzschen Theorie zu folgen. Er schlug vielmehr einen ganz neuen Weg ein, indem er mittels summarischer Aufzählung eine Reihe von in sich fest umgrenzten Kategorien von Einkünften positiv rechtlich durch die Vorschrift des § 6 als steuerbares Einkommen bezeichnete. Daß gleichwohl bei der praktischen Anwendung der beiden wichtigsten Bestimmungen über den steuerlichen Gewinn, der §§ 12 und 13 in Verbindung mit § 11, erhebliche Schwierigkeiten auftauchten, liegt nicht so sehr an der Formulierung des Einkommenbegriffes, sondern an der ganzen gesetzgeberischen Struktur der beiden genannten Gewinnbegriffe in den §§ 12 und 13 selbst. Gewissermaßen eine verbindende Brücke zwischen dem Steuerrecht von 1920—1922 (gemeint ist natürlich immer nur die Einkommensteuer und Körperschaftsteuer) und der Gesetzgebun gzu diesen beiden Steuerarten von 1925 bilden die Verhandlungen des 33. Deutschen Juristentages am 11. und 12. 9. 1924 in Heidelberg. Auf dieser Tagung standen mehrere steuer- und wirtschaftsrechtliche Fragen zur Erörterung, hauptsächlich auch solche der Besteuerung des Einkommens. Senatspräsident Becker hielt in der zweiten Sitzung der dritten Abteilung für Steuer und Wirtschaftsrecht einen Vortrag zu dem Thema, ob es erwünscht ist, das Einkommen aus Gewerbebetrieb nach gleichmäßigen Grundsätzen zu besteuern ohne Rücksicht auf die Rechtsform, in der das Gewerbe betrieben wird, und welche Wege rechtlicher Ausgestaltung sich für eine solche Besteuerung bieten. Zu dem ersten Teil dieses Themas hatte Lion als Mitberichterstatter folgenden gemeinsamen Leitsatz vorgelegt: Als Einkommen aus Gewerbe ist bei Gewerbetreibenden, die Bücher nach den Vorschriften des HGB. zu führen haben, oder deren Buchführung diesen Vorschriften entspricht, der vorsichtig ermittelte realisierte Geschäftsgewinn zu versteuern, wie ihn § 33, Abs. 2; § 33a, Abs. 1 des EStG. zu bestimmen sucht. —

Ich glaube nicht, daß die Fassung des Leitsatzes „zu bestimmen sucht" eine zufällige ist. Ich bin vielmehr der Ansicht, daß die Berichterstatter mit dieser von ihnen gewählten Ausdrucksweise auf die Schwierigkeiten hindeuten wollten, welche eine genaue und alle praktisch denkbaren Fälle umfassende Begrenzung des steuerlichen Gewinnbegriffes nach wie vor bietet. Dieser Schwierigkeit ist weder die Steuerwissenschaft noch die Steuerpraxis bis heute Herr geworden. Hat doch der RFH. in seinem Urteil vom 16. 2. 1927 VI A 547/26 (RFH. Bd. 20, S. 244ff.) ausgesprochen, daß er keine Bedenken trage, das Gesetz in der daselbst näher geschilderten Beziehung zu ergänzen und § 12, Abs. 2, Satz 1 (EStG.) als Ausfluß eines allgemeinen Gedankens anzusehen, wonach nicht fällige Forderungen und Schulden zum Bestandsvergleiche gehören, wenn die Gegenleistung in einem beim Bestandsvergleiche zu berücksichtigenden Gegenstand bestanden hat und der Erwerb, beziehungsweise diese Hingabe des Gegenstandes den Endbestand bereits beeinflußt. Der RFH. zeigt hierdurch deutlich, daß die Ergänzung des § 12 durch die Rechtsprechung erforderlich ist, wenn praktisch befriedigende Ergebnisse erzielt werden sollen.

Zur Gewinnung eines klaren Bildes muß man sich vergegenwärtigen, daß der steuerlichen Erfassung des Gewinnes die Gewinnberechnung (das Gesetz spricht von Ermittlung des Gewinns) vorauszugehen hat. Für die Gewinnberechnung haben sich daher in der Praxis hauptsächlich drei Methoden herausgebildet. Die erste Art der Gewinnberechnung ist die Bilanzrechnung auf Grund kaufmännischer Buchführung. Ihr wirtschaftlicher und Rechtsgrund besteht darin, daß durch Aufstellung periodischer Bilanzen der Stand des reinen Geschäftsvermögens festgestellt und durch Vergleich des Vermögensstandes am Anfange der Bilanzperiode mit demjenigen am Ende der Bilanzperiode der Vermögenszugang oder der Vermögensabgang (Vermögensvermehrung — Vermögensverminderung) ermittelt wird. Dies ist das Prinzip des Vermögensvergleichs. Soweit hierbei der gemeine Wert der zum Geschäftsvermögen gehörenden Gegenstände eingestellt wird, werden auch außergewöhnliche Wertminderungen, die außerhalb des Rahmens der durch den bestimmungsmäßigen Gebrauch eintretenden Abnutzung sich ergeben, berücksichtigt; in gleicher Weise werden alle Vermögensvermehrungen berücksichtigt, ohne Rücksicht darauf, ob die Verluste oder Gewinne realisiert sind oder nicht.

Die zweite Form der Gewinnberechnung besteht in der Gegenüberstellung der tatsächlichen baren Einnahmen und Ausgaben, wobei gleichzeitig die Bestände zu Beginn und am Ende der in Frage kommenden Rechnungsperiode berücksichtigt werden. Bei dieser Berechnungsart sind die Veränderungen in Warenbeständen sowie die ständigen Verschiebungen in dem Bestande der Kreditoren und Debitoren zu berücksichtigen, Veränderungen der Kasse sind dagegen nicht zu berücksichtigen, weil die bücherlichen Aufzeichnungen über die baren Einnahmen und Ausgaben selbst nichts anderes ausdrücken, als die im Laufe des Geschäftsjahres eingetretenen Veränderungen im Kassenbestande.

Die Praxis kennt endlich noch eine dritte Berechnungsform bei der Ermittlung des kaufmännischen Gewinnes. Bei ihr werden nicht nur die tatsächlichen Einnahmen in Ansatz gebracht, sondern daneben noch die entsprechenden, im Laufe des Rechnungsjahres entstandenen, wenn auch rückständigen Forderungen. Andrerseits werden bei dieser Rechnungsmethode nicht nur die tatsächlich verausgabten Werbungskosten, sondern außerdem noch alle diejenigen Schulden abgezogen, welche in dem für die Bilanzierung bzw. für die Ermittlung des steuerbaren Einkommens maßgebenden Rechnungsjahr entstanden, aber rückständig geblieben sind. Auch in diesem Falle sind die Unterschiede in den Sachbeständen am Anfang und am Ende des Jahres zu berücksichtigen. Eine Zunahme des Bestandswertes erhöht den Gewinn, Abgänge an Beständen, richtiger gesagt, Abnahmen der Bestandswerte vermindern den Gewinn. Hier ist noch ein Vorbehalt zu machen. Die Veränderungen im Kassenbestande, sowie die Veränderungen im Bestande der Debitoren und Kreditoren sind nicht mehr zu berücksichtigen, weil sie ja schon bei Feststellung der Einnahmen berücksichtigt worden sind. Ein nicht unwesentlicher Teil der Unklarheiten ist meines Erachtens darauf zurückzuführen, daß zwischen Einkommen und Gewinn nicht scharf unterschieden wird, und daß ferner versucht worden ist, die verschiedensten Einkommenstheorien aufzustellen. Es ist wohl der Versuch gemacht worden, den Einkommensbegriff zu umgrenzen. Es ist aber bei diesen Versuchen geblieben, und sie haben jedenfalls für die praktische Anwendung der einkommensteuerrechtlichen Vorschriften über Gewinn keine besondere Bedeutung. Das hier Gesagte gilt in gleicher Weise für den körperschaftsteuerlichen Gewinn, weil nach § 13 KStG. auf die Ermittlung des Einkommens, auf den Maßstab der Besteuerung und den Zeitpunkt der Veranlagung, sowie auf die einzelnen Einkommensarten die §§ 12—17 und 19—21 EStG. sinngemäße Anwendung finden. So hat der RFH. in seinem Gutachten vom 9. 6. 1921 I D 2/21 (RFH. Bd. 6, S. 21) das Wesen des Einkommens als einen Inbegriff, eine Gesamtheit, eine Summe wirtschaftlicher Güter bezeichnet, die innerhalb eines bestimmten längeren Zeitraums einer Person zufließen. In demselben Gutachten betont der RFH. aber sogleich die Schwierigkeiten der Definition des Einkommensbegriffs, indem er sagt: Wie auch immer das Einkommen definiert wird, darin stimmen alle Definitionen überein, daß eine Zusammenfassung von Einkünften in der Hand eines Wirtschaftssubjekts, einer natürlichen oder juristischen Person, die Beziehungen von Erträgen oder sonstigen Einnahmen auf eine bestimmte Person vorliegt. Kürzer und für die Praxis daher brauchbarer erscheint mir die Definition von Blümich, wenn er als Einkommen im Sinne des Steuerrechts eine Zusammenfassung von Einkünften in der Hand einer natürlichen oder juristischen Person bezeichnet.

§ 12. Der Gewinn des § 12 EStG.

Das Einkommensteuerrecht kennt einen steuerpflichtigen Gewinn bei solchen Steuerpflichtigen, welche Handelsbücher nach den Vorschriften des HGB. führen. Hierbei macht es keinen Unterschied aus, ob diese Handelsbücher in Erfüllung einer Rechtspflicht (z. B. von den Vollkaufleuten, Handelsgesellschaften usw.) geführt werden, oder ob ohne eine solche Rechtspflicht die Handelsbücher nur tatsächlich geführt werden. Dies ist der von Becker in seinen grundlegenden Untersuchungen zum neuen Einkommensteuerrecht konstruierte kaufmännisch-steuerrechtliche Gewinnbegriff des § 13 EStG. Die hiermit zusammenhängenden Abhandlungen von Becker, veröffentlicht in St. u. W., V. Jahrg., S. 667 ff., 1770 ff. u. 1918 ff., sind für die Praxis deshalb besonders bedeutungsvoll, weil Becker Präsident des Einkommensteuersenats am RFH. ist, und schon aus diesem Grunde einen entscheidenden Einfluß auf die weitere Entwicklung des Einkommensteuerrechts auszuüben berufen ist. Demgegenüber umgrenzt der § 12 den Gewinn derjenigen Steuerpflichtigen, welche Handelsbücher nicht führen. Bei beiden Arten von Gewinn, nach § 12 wie nach § 13 wird der Grundsatz des periodischen Vermögensvergleiches angewendet. Während nach PrEStR. der Gewinnberechnung der Geschäftsgewinn der letzten drei Jahre als steuerlich zu erfassender Ertrag zugrunde gelegt worden ist, wird der steuerbare Gewinn des § 12 wie des § 13, also bei sämtlichen Steuerpflichtigen, Einzelpersonen und Handelsgesellschaften, nach Steuerabschnitten berechnet. Was Steuerabschnitt ist, bestimmt der § 10. Danach ist bei buchführungspflichtigen und tatsächlich buchführenden Gewerbetreibenden Steuerabschnitt das Wirtschaftsjahr, für das sie regelmäßige Abschlüsse machen. Es entscheidet hier die Struktur ihrer Bilanz, nach der von ihnen die Jahresabschlüsse aufgestellt werden. Bei den übrigen Steuerpflichtigen, also bei allen denjenigen, die Handelsbücher überhaupt nicht führen, ist Steuerabschnitt das Kalenderjahr.

Der Gewinn nach § 12 (vgl. auch § 7, Abs. 2, Nr. 1 EStG.) besteht aus zwei Faktoren:

a) Aus dem Überschuß der Einnahmen über die Ausgaben.

b) Aus dem Mehrwert oder Minderwert der Erzeugnisse, Waren und Vorräte des Betriebs, der dem Betriebe dienenden Gebäude nebst Zubehör, sowie des gewerblichen Anlagekapitals. Dieser Mehr- oder Minderwert wird im Wege des periodischen Vermögensvergleichs ermittelt; es ist der Mehr- oder Minderwert der angeführten Vermögensgegenstände bzw. Wert am Schlusse des Steuerabschnitts, gegenüber dem Stande am Schlusse des vorangegangenen Steuerabschnitts. Unter Betrieb ist eine fortgesetzte, dauernde Tätigkeit zu verstehen, welche auf die Erzielung von Einnahmen gerichtet ist. (Vgl. RFH. Bd. 15, S. 293.) Unter Gewerbebetrieb ist nach der Entscheidung des RFH. vom 15. 7. 1924 (Bd. 14, S. 144) eine berufsmäßige, fortgesetzte Tätigkeit zu verstehen, welche nach einer gewissen Technik sich vollzieht und zum Zwecke der Gewinnerzielung ausgeübt wird. Dagegen wird, nach der neueren Rechtsprechung des RFH. im Gegensatz zu der früheren des PrOVG. nicht mehr für notwendig gehalten, daß die so ausgeübte Tätigkeit auch eine erlaubte ist. Der Vermögensvergleich nach § 12 erstreckt sich jedoch nicht auf das gesamte Vermögen; das Vermögen aus Grund und Boden kommt für Gewinn und Gewinnberechnung nach § 12 nicht in Betracht (§ 12, Abs. 1, S. 2). Der Vermögensvergleich umfaßt sonach einmal die gesamten Sachwerte des Betriebskapitals, also die Erzeugnisse, Waren und Vorräte des Betriebes, sowie das gesamte Anlagekapital mit Ausnahme des Grundvermögens. Dagegen unterliegen die dem Betriebe dienenden Gebäude nebst Zubehör als Teil des unbeweglichen Anlagekapitals gleichfalls dem Vermögensvergleich und damit der Besteuerung nach § 12. Wichtig für die Anwendung des § 12 in der Praxis, also für die Frage, was als steuerpflichtiger Gewinn bei Durchführung des periodischen Vermögensvergleiches ist, sind die Begriffe Einnahmen und Ausgaben des Betriebes. Hier haben Gesetzgebung und Rechtsprechung auf den bereits vom OVG. für Preußen gewonnenen Ergebnissen aufgebaut. Betriebseinnahmen sind alle Einnahmen, die entweder unmittelbar durch den Betrieb dem Inhaber zugeflossen sind oder von ihm unmittelbar geschaffen sind oder die sich mittelbar als Früchte des Anlage- und Betriebskapitals darstellen. (OVG. Bd. 10, S. 261; Bd. 11, S. 215; Bd. 14, S. 331.) Zu den Einnahmen des Betriebes gehören somit nur solche Beträge, die dem Inhaber des steuerpflichtigen Betriebes auch tatsächlich verbleiben. Es gehören daher zu den Betriebseinnahmen nicht die sogenannten durchlaufenden Posten. Auch für die steuerliche Erfassung des Gewinnes der nicht buchführenden Betriebe gilt die handelsrechtliche Vermutung des § 344 HGB., wonach eine Vermutung dafür besteht, daß die von einem Kaufmann (Voll- oder Minderkaufmann) tatsächlich vorgenommenen Rechtsgeschäfte zum Betriebe des von ihm ausgeübten Handelsgewerbes gehören. Wir hatten bereits an anderer Stelle gesehen, daß nach der Entscheidung des RFH. vom 27. 4. 1923 (RFH. Bd. 12, S. 139, 142) diese handelsrechtliche Vermutung auch steuerrechtlich bedeutsam ist. Ersparnisse, welche der Betriebsinhaber macht, sind keine steuerpflichtiges Einkommen. Es entsteht zwar durch Ersparnisse Vermögen, eine Vermögensvermehrung, aber kein Einkommen, genauer gesagt keine Einkünfte im steuerrechtlichen Sinne der §§ 7 und 12. Diesen Standpunkt hat schon im Geltungsbereich des PrEStR. die Rechtsprechung vertreten (OVG. Bd. 10, S. 82). Was Art und

Umfang der Betriebsausgaben des näheren betrifft, so hat der RFH. in dem Beschluß vom 18. 2. 1925 VI B 44/25 (Bd. 15, S. 291 ff.) die Ansicht vertreten, daß Ausgaben, die ein Steuerpflichtiger lediglich zur Befriedigung von persönlichen Bedürfnissen gemacht hat, z. B. aus Liebhaberei, nicht Betriebsausgaben sind. Sie sind nicht als Werbungskosten anzusehen und daher nicht abzugsfähig. Hieraus ist zu folgern, daß es unerheblich ist, ob die von dem Gewerbetreibenden aufgewendeten Ausgaben für den Betrieb auch objektiv erforderlich waren, und ob sie ferner den beabsichtigten Erfolg für den Betrieb gehabt haben. Es genügt das subjektive, pflichtmäßige Ermessen des Betriebsinhabers in der Weise, daß er sie für seine Person als erforderlich ansah und sie ernstlich zur Erzielung, Sicherung oder Erhaltung von Einnahmen gemacht hat. (Vgl. RFH. Bd. 15, S. 293.)

Werden nun die im Einzelfalle in Frage kommenden Einnahmen und Ausgaben einander gegenübergestellt, so ist daneben noch eine besondere Aufnahme des Kassenbestandes, sowie der Kreditoren und Debitoren in dem Bestande am Ende des Steuerabschnittes (Wirtschaftsjahres) nicht mehr erforderlich. Denn sie sind ja bereits in dem Unterschiede zwischen Einnahmen und Ausgaben enthalten.

Wir haben es bei jedem gewerblichen Betriebe ohne Rücksicht darauf, ob nur tatsächlich Handelsbücher geführt werden, oder ob eine rechtliche Verpflichtung zur Führung von Büchern besteht, nicht mit stabilen Verhältnissen zu tun, sondern mit labilen Verhältnissen. Es findet ein fortgesetztes Fluktuieren der Werte, der Forderungen und Schulden, ein ständiges Geben und Nehmen statt. Waren und Vorräte werden in Geld umgesetzt und beschafft. Waren und Vorräte werden auch wieder in Gegenstände des Anlagekapitals, diese ihrerseits in Geld umgesetzt. Aus diesen Gründen kann eine nach betriebswirtschaftlichen und kaufmännischen Gesichtspunkten einwandsfreie und gleichzeitig steuerrechtlich korrekte Ermittlung des Geschäftsgewinnes (Jahresreingewinnes) nur durch einen Vermögensvergleich erfolgen. Es muß mit anderen Worten zu dem zu ermittelnden Überschuß der Einnahmen über die Ausgaben noch ein Vergleich des Wertes des gesamten Betriebsvermögens am Ende des Wirtschaftsjahres mit dem Wert zu Beginn des Wirtschaftsjahres hinzukommen. Als Anfangswert ist der Wert am Ende des vorangegangenen Steuerabschnitts einzusetzen. Der Vergleich besteht demnach in einer Gegenüberstellung des Endwertes des maßgebenden Steuerabschnitts und des Endwertes des vorangegangenen Steuerabschnitts. Im Zusammenhange hiermit hat der RFH. in dem Gutachten vom 15. 2. 1927 I D 5/26 (RFH. Bd. 20, S. 325 ff.) die Ausdrücke Steueranfangsvermögen und Steuerendvermögen geprägt. Gleichzeitig wird mit der Durchführung des Vermögensvergleiches in der geschilderten Weise die Kontinuität der Bewertung bei der Veranlagung zur Einkommensteuer und Körperschaftsteuer gewährleistet. Man spricht in diesen Fällen von der Bilanzkontinuität. Unter Bilanzkontinuität ist diejenige Art steuerlicher Bilanzierung zu verstehen, bei der verhindert wird, daß für den Beginn des jeweiligen Steuerabschnittes eine besondere Anfangsbilanz aufgemacht wird, und daß hierbei die Anfangswerte gegenüber denjenigen der Schlußbilanz des vorangegangenen Jahres erhöht werden. Die Folge hiervon ist, daß beispielsweise ein Steuerpflichtiger die Endbilanz von 1927 (Jahresschlußbilanz) der Endbilanz von 1926 gegenüberstellen muß. Er darf nicht etwa für den 1. Januar 1927 oder 1. Januar 1928 eine besondere Anfangsbilanz anfertigen. Dieses Verfahren entspricht allgemeiner kaufmännischer Übung. Dieser Grundsatz der Bilanzkontinuität (Bewertungskontinuität) wird für den Wirkungsbereich des § 13 noch weiter ausgedehnt, und zwar durch eine entsprechende Vorschrift des § 20 EStG. Die Bewertung am Anfang und am Ende des Steuerabschnittes umfaßt nach vorstehenden Ausführungen drei Gruppen:

1. Erzeugnisse, Waren und Vorräte des Betriebes. Aus ihnen setzt sich, zusammen mit dem Kassenbestand und den Forderungen, das Betriebs- oder Umlaufskapital zusammen.

2. Gebäude nebst Zubehör, aber ohne Grund und Boden und dessen wesentliche Bestandteile (§ 97 BGB.).

3. Das bewegliche Anlagevermögen.

Mit dieser Einteilung folgt das Steuerrecht der Privatwirtschaftslehre, welche gleichfalls Anlagekapital und Betriebskapital unterscheidet.

Der Besteuerung des Einkommens nach § 12 wird zeitlich der sogenannte Steuerabschnitt zugrundegelegt. Dieser Begriff ist im doppelten Sinne aufzufassen und praktisch anzuwenden. Einmal ist darunter der Ermittlungszeitraum zu verstehen, d. h. diejenige zeitliche Spanne, für welche gemäß § 12 das Einkommen zu ermitteln ist (§ 10—13 EStG.). Ferner bedeutet aber auch Steuerabschnitt so viel wie Veranlagungs- oder Erhebungszeitraum; d. h. Steuerabschnitt ist in diesem Fall derjenige Zeitraum, für welchen die zu entrichtende Steuer erhoben wird (§§ 25, 93 ff. EStG.). Schwierigkeiten können sich ergeben, wenn der Steuerabschnitt kein volles Jahr darstellt. Über diese und andere Zweifelsfragen, die sich bei der Festlegung des Begriffes Steuerabschnitt und bei der Gewinnberechnung nach den §§ 10 und 12 ergeben haben, hat sich Becker in Heft 4 der Zeitschrift St. u. W. (VI. Jahrg.), S. 541 ff. und Heft 7/8, S. 787 ff. ausgelassen. Auf diese ebenso gründlichen wie im Ergebnis meines

Erachtens zutreffenden Untersuchungen weise ich auch deshalb hin, weil Becker an dieser Stelle wie auch später bei seinen Erörterungen zu den Grundfragen aus dem neuen Einkommensteuergesetz wiederholt auf die erheblichen praktischen Schwierigkeiten hingedeutet hat, welche die Anwendung des § 12 in der von dem Gesetzgeber gewählten Fassung während der kurzen Zeit der Geltung des EStG. geboten hat und auch künftig mit Sicherheit leider bieten wird. Interessant ist, daß der Reichstag gelegentlich der Beratung der Novelle zum EStG. vom Dezember 1927 eine Entschließung angenommen hat, die sich auf die zeitliche Art und den zeitlichen Umfang der Erhebung der Einkommensteuer und Körperschaftssteuer bezieht. In dieser Entschließung ersucht der Reichstag die Reichsregierung, die Frage zu prüfen, ob und in welcher Weise und von welchem Zeitpunkt ab bei der Einkommensteuer und Körperschaftssteuer zum System der Besteuerung nach dem dreijährigen Durchschnitt übergegangen werden kann. Zu diesem Zwecke soll ein Ausschuß aus Vertretern des Reichsrats, des Reichstags, der Wissenschaft und der Praxis eingesetzt werden. Diese Kommission trat am 15. 1. 1928 unter dem Vorsitz des Staatssekretärs Dr. Popitz im Reichsfinanzministerium zusammen. In der Eröffnungssitzung äußerten Mitglieder der Kommission den Wunsch nach Vorlegung von weiterem Material über die deutsche Vorkriegsgesetzgebung und über das Ausland, sowie ferner darüber, welches die wirtschaftlichen und finanziellen Auswirkungen einer solchen dreijährigen Durchschnittsbesteuerung sein würden. Es ist in diesen Vorarbeiten ein Versuch zu erblicken, zu dem alten Besteuerungssystem des PrEStR., welches bekanntlich gleichfalls eine Besteuerung nach den letzten drei Geschäftsjahren vorgesehen hat, zurückzukehren. (Vgl. Art. 5 und Art. 19 der Ausführungsanweisungen des Pr. Finanzministers vom 25. 7. 1906/1. 7. 1909 zu § 13 PrEStG. [1]). In jedem Falle wäre es zu begrüßen, wenn eine gesetzgeberische Aktion nach dieser Richtung den Erfolg hätte, daß die Gewinnberechnung, die Besteuerung des Gewinnes, insbesondere auch seine steuerliche Erfassung nach Zeitabschnitten möglichst vereinfacht würde. Sind doch noch sonstige Unstimmigkeiten gerade bei dem § 12 genug vorhanden. Es herrscht schon heute allseitige Übereinstimmung dahin, daß die Beseitigung dieser Schwierigkeiten nur im Wege sehr freier Gesetz-

[1]) Vgl. auch § 17 des Kriegssteuergesetzes vom 21. 6. 1916, (RGBl., S. 561 ff.), welcher die Ermittlung eines Durchschnittsgewinnes nach den Ergebnissen der fünf den Kriegsgeschäftsjahren vorangegangenen Geschäftsjahren vorsah. Vgl. ferner § 22 des Kriegsabgabegesetzes vom 26. 7. 1918, RGBl., S. 964 ff., der gleichfalls von dem Friedensgewinn als durchschnittlichen früheren Geschäftsgewinn ausging.

auslegung möglich sein wird. Der Grund dafür, daß diese Schwierigkeiten von Anfang an aufgetaucht sind, liegt in der, jedenfalls vom betriebswirtschaftlichen und kaufmännischen Standpunkt aus nicht zutreffenden Anschauung des Gesetzgebers, daß Vermögensbestand, Ergebnis des Vermögensnachweises und Kassenführung (Einnahmenüberschuß) zwei ganz getrennte Angelegenheiten sind. Dieser Standpunkt ist abwegig. In Wirklichkeit liegt zweifellos ein einziges untrennbares wirtschaftliches Ganzes vor, wobei betont wird, daß die Reichsregierung bei Fertigstellung des Entwurfes zu § 13 diese Trennung nicht vorgenommen hat. Hier haben wir es mit einer solchen Trennung nicht zu tun. Gewinnermittlung und Gewinnbesteuerung erfolgt vielmehr nach § 13 in einem Zuge auf Grund eines einzigen wirtschaftlichen Vorganges, nämlich des einheitlichen Buchabschlusses nach den Grundsätzen ordnungsmäßiger kaufmännischer Buchführung. Theorie und Praxis haben aus dieser ebenso unerwünschten wie feststehenden Tatsache des Bestehens zahlreicher Zweifel bei Anwendung des § 12 die Schlußfolgerung gezogen, daß bei der Auslegung des § 12 wie der Vorschriften über Einnahmen und Ausgaben sich die Vorschriften des § 13 über Berechnung und steuerliche Erfassung des kaufmännischen Geschäftsgewinnes über den formalen Wortlaut der gesetzlichen Bestimmungen hinaus werden durchsetzen müssen. Die Rechtsprechung ist bereits diese Wege gegangen, wobei die oben erwähnten Schwierigkeiten deutlich aufgetreten sind. Nach meiner Ansicht übertreibt Becker keineswegs, wenn er in seinem Aufsatz in St. u. W., V. Jahrg. 1926, Heft 11 auf S. 1778 ff. und Heft 12, S. 1919 erklärt, die Regelung durch das Gesetz (nämlich die im § 12 erfolgte Regelung) sei unzureichend, und er müsse sich gestehen, daß er sich von der praktischen Auswirkung der §§ 11 und 12 kein rechtes Bild machen könne, wenn mit der buchstäblichen Verwirklichung der dort gegebenen Vorschriften ernst gemacht werden sollte. Als Grund für diese Erscheinung führt Becker mit Recht an, daß es sich bei der Gewinnberechnung des § 12 und den hierbei auftretenden Zweifelsfragen sich um steuerrechtlich noch unerschlossene Gebiete des Wirtschaftslebens handle, welche rechtlich durch einige wenige, kurz formulierte Gesetzesvorschriften zu beherrschen nicht möglich ist.

Ich habe absichtlich die Beckerschen Gedankengänge mit seinen eigenen Worten angeführt, weil sie so klar und prägnant sind, daß es unzweckmäßig wäre, seinen Ausführungen eine andere Fassung zu geben. Er gelangt zu demselben Ergebnis, wie oben von einem anderen Gesichtspunkt aus schon angeführt, daß der Hauptgrund der entstandenen Unsicherheiten in der ganzen Art und Weise zu suchen sei, wie die Bestandsvergleichung, also der periodische Vermögensvergleich gemäß § 12 erfolgt. Wie die Begründung zum Gesetz ergibt und aus der Fassung des § 12 selbst unzweifelhaft hervorgeht, wird bei der Bestandsvergleichung auf Schulden, Forderungen und Kassenbestände nicht Rücksicht genommen, weil alles, was hiermit zusammenhängt, bereits durch die Gegenüberstellung der Einnahmen und Ausgaben erledigt ist.

Die Rechtsprechung hat aus dem vorstehend geschilderten Rechtszustand die Folgerung gezogen und ist bemüht, die aus der Anwendung des § 12 entstandenen Unstimmigkeiten durch ausdehnende Auslegung mit dem Ergebnis zu beseitigen, daß tatsächlich jetzt schon von einer völligen Ergänzung des § 12 des Gesetzes gesprochen werden kann. Zum Schlusse seien noch einige kurze Bemerkungen zu den sogenannten Privatentnahmen gestattet. Der § 12 bestimmt im Absatz 2, Satz 2, daß bei Berechnung des Gewinnes auch der Wert der Gegenstände, Ausbeuten, Nutzungen oder Dienstleistungen anzusetzen ist, die der Steuerpflichtige aus seinem Betriebe für sich und seinen Haushalt oder für andere Zwecke, die außerhalb des Betriebes liegen, entnommen hat. Es kommen bei diesen Privatentnahmen nicht nur Geld, sondern auch andere Gegenstände des Betriebsvermögens, sowie ferner Leistungen des Betriebes für den Unternehmer selbst in Betracht. In der kaufmännischen Buchführung führt in solchen Fällen das Privatkonto die Rechnung über die Entnahmen. Dies wirkt sich weiter dahin aus, daß eine Kapitalsminderung eintritt, weshalb das Privatkonto auch gewöhnlich über Kapitalkonto abgeschlossen wird. Die Praxis verfährt jedoch keineswegs gleichmäßig. Mir sind Fälle aus der Praxis bekannt, in denen das Privatkonto über Gewinn- und Verlustkonto abgeschlossen worden ist. Vom Standpunkt des Betriebswirts aus ist dieses Buchungsverfahren jedenfalls zu beanstanden. Wenn man nämlich so vorgeht, wird das Gewinn- und Verlustkonto effektiv zu Unrecht mit einem Aufwand belastet. Der Aufwand ist für betriebsfremde Zwecke erfolgt, nicht für solche, die dem Betriebe eigentümlich und daher mit ihm untrennbar verbunden sind. Die notwendige Folge dieses unrichtigen Buchungsverfahrens ist eine unrichtige Berechnung des Gewinnes. Richtig ist dagegen, das Privatkonto über Bilanzkonto abzuschließen. Bei dieser Buchungsmethode erscheinen die Privatentnahmen in der Bilanz als Debitoren. Dieses Verfahren geht dann jedenfalls in Ordnung, wenn es sich um Abschlüsse von offenen Handelsgesellschaften oder auch Kommanditgesellschaften handelt. Sie ist dagegen nicht richtig bei dem Einzelkaufmann. Ich will versuchen, dies mit einigen Worten zu erläutern. Ein Kaufmann ist nach dem EStG. berechtigt, alle betrieblichen Ausgaben, welche objektiv mit seinem Geschäft zusammenhängen, bei der Gewinnermittlung in Abzug zu bringen. Ein solcher Abzug ist jedoch nicht zulässig, wenn die Ausgaben für Zwecke gemacht worden sind, die mit dem Betriebe nicht zusammenhängen, oder wenn das Gesetz die Abzugsfähigkeit ausdrücklich verneint. Solche nicht abzugsfähigen Beträge sind die zur Bestreitung des Haushalts des Steuerpflichtigen und zum Unterhalt seiner Familienangehörigen aufgewendeten Summen. Der Kaufmann und der Betriebswirt bezeichnen solche Ausgaben übereinstimmend als Privatentnahmen. Nach § 18 Abs. 1, Ziff. 2 EStG. werden Ausgaben der erwähnten Art als nicht abzugsfähig erklärt. Es leuchtet ein, daß die hiermit zusammenhängenden Fragen sich auch bei der Aufstellung der Einkommensteuerbilanz entsprechend auswirken. Es gibt zwei Möglichkeiten. Man aktiviert entweder die Privatentnahme der Steuerbilanz oder man setzt sie der Vermögensvermehrung hinzu, welche außerhalb der Steuerbilanz durch Vergleich des Reinvermögens zweier Steuerbilanzen miteinander ermittelt worden ist. Ich denke hierbei natürlich in erster Linie nur an solche Bilanzen, bei denen die Aufstellung einer besonderen Steuerbilanz geboten ist, weil es sich als notwendig herausgestellt hat, eine Berichtigung der Bewertung nach steuerlichen Gesichtspunkten vorzunehmen. Wie gestaltet sich nun die Steuerbilanz in der Wirklichkeit bei einem Einzelkaufmann? Weder in der Steuerbilanz, noch in der Handelsbilanz darf der Einzelkaufmann die Privatentnahmen aktivieren, und zwar deshalb nicht, weil die Privatentnahmen keinen Vermögensgegenstand, weder im Sinne des Steuerrechts, noch in demjenigen der Betriebswirtschaftslehre darstellen. Aus diesen Gründen dürfen sie auch nicht in das Vermögen hineingezogen werden, deren Ausweis doch gerade Wesen und Zweck der Steuerbilanz ist. Was ist hiervon die Folge? Es bleibt nichts anderes übrig, als die Privatentnahmen der Vermögensvermehrung (nach der Steuerbilanz) außerhalb derselben zuzusetzen. Zu den gleichen Leitsätzen ist auch der RFH. in seinem Gutachten vom 15. 2. 1927 (RFH. Bd. 20, S. 325 I D 5/26) gelangt. Er hat dort den Satz aufgestellt, daß Zusetzungen, welche das Vermögen und den Gewinn berühren, grundsätzlich in der Steuerbilanz zu erfolgen haben. Zusetzungen dagegen, die lediglich den Gewinn berühren, sind außerhalb der Steuerbilanz vorzunehmen. Andererseits sollte man es als selbstverständlich bezeichnen, daß die von einem Einzelkaufmann privat entnommenen Beträge nicht mehr zum Betriebsvermögen, wohl aber zum Gewinn gehören. Aus diesem Grunde darf der Wert der Privatentnahmen nicht aktiviert, sondern muß außerhalb der Steuerbilanz der reinen Vermögensvermehrung hinzugesetzt werden. Was die sonstigen Buchungsmethoden für die Privatentnahmen und die Darstellung des Ertrages in der Bilanz des Einzelkaufmanns betrifft, so ist bis heute dann meist nicht richtig bilanziert worden, wenn es sich um kleinere Betriebe handelte, bei denen der bilanzierende Kaufmann persönlich seinen Betrieb leitet, also keinen fremden besoldeten Geschäftsführer hat. Man hat nämlich die Entnahme, welche zunächst an sich richtig auf Privatkonto verbucht worden ist, vor der Feststellung des Jahresgewinnes von dem Kapitalkonto abgeschrieben. Dies hat bei Betrieben der soeben geschilderten Art deshalb schiefe Bilanzbilder gezeitigt, weil das Gewinn- und Verlustkonto mit einem Gehalt für die Geschäftsführung seitens des Geschäftsinhabers zu Unrecht nicht belastet war. Diese Art zu buchen, ist deshalb nicht richtig, weil auch bei Geschäftsleitungen durch den Inhaber persönlich dieser für seine Dienstleistung und sonstige Mühewaltung eine angemessene Entlohnung zu verlangen berechtigt ist. Richtiger ist, in solchen Fällen folgendermaßen zu bilanzieren. Alle Privatentnahmen im Sinne vorstehender Ausführungen, also gemäß § 12, Abs. 2, S. 2, sind vor Ermittlung des Jahresgewinnes dem Gewinn- und Verlustkonto zu belasten. Diese Belastung hat bis zu derjenigen Höhe zu erfolgen, bis zu der diese als ein Äquivalent für die Dienstleistungen seitens des die Geschäftsleitung tatsächlich und allein ausübenden Geschäftsinhabers anzusehen ist. Kommen etwa überschießende Beträge in Frage, gemeint sind natürlich nur überschießende Beträge an Privatentnahmen, so müssen diese vor Feststellung des Jahresertrages vom Kapitalkonto abgeschrieben werden.

§ 13. Der Gewinn des § 13 EStG.

1. Allgemeine Grundsätze.

Ich habe bereits versucht, eine Erläuterung des kaufmännisch-steuerrechtlichen Gewinnes zu geben. Es ist daher auf diese Darlegungen zu verweisen und es erscheint geboten, hier im Zusammenhange die Unterschiede zwischen den beiden Gewinnbegriffen der §§ 12 und 13 herauszustellen. Der kaufmännisch-steuerliche Gewinn des § 13 hat seinen Ausgangspunkt in dem kaufmännischen Begriff des realisierten Gewinnes. Der Kaufmann versteht unter Gewinn nur solche Vermögensvermehrungen, welche sich nicht nur in der Bilanz als solchen ausweisen, sondern auch deren Quelle ein tatsächlich realisierter Gewinn ist. Er ist in diesem Falle identisch mit dem Bilanzgewinn, einem Begriffe, an den der RFH. schon in den ersten Jahren seiner Rechtsprechung anknüpft, und zu dem er zahlreiche Urteile erlassen hat. Bei der Ermittlung dieses Bilanzgewinnes werden bloße Wertsteigerungen, gleichgültig ob diese formaler (buchmäßiger) Natur sind, oder in effektiven Erhöhungen der Werte ihren Grund haben, nicht berücksichtigt. Wertminderungen und Verluste dürfen dagegen nach dem Stande am Stichtage, also nach Maßgabe der Lage zur Zeit der Erstellung der Bilanz unbedenklich berücksichtigt werden. In dieses System des Gewinnes greifen nun die steuerrechtlichen Vorschriften ein. Ihr Zweck ist es, entweder den wirklich erzielten Gewinn gegenüber zwar abweichenden aber vom kaufmännischen Standpunkte aus zulässigen Buchungsmethoden (übermäßige Abschreibung!) steuerlich zu erfassen, oder den rein kaufmännischen Gewinnbegriff nach bestimmten Richtungen hin auf Grund besonderer Einzelbestimmungen abzuändern. Eine solche Einzelbestimmung ist beispielsweise das Verbot, die Körperschaftsteuer abzuziehen. Im übrigen beruht der Gewinn nach § 13 ebenso wie derjenige des § 12 auf dem schon oben erwähnten periodischen Vermögensvergleich. Es ergeben sich jedoch grundsätzliche Unterschiede zwischen den beiden Gewinnarten. Bei dem Gewinn nach § 13 handelt es sich ausschließlich um solche steuerpflichtigen Betriebe, welche Handelsbücher nach den Vorschriften des HGB. führen, deren Buchhaltung also nach den Grundsätzen ordnungsmäßiger Buchführung aufgezogen ist. Wie die Fassung des Gesetzes deutlich erkennen läßt, ist es unerheblich, ob diese Führung der Handelsbücher auf einer Rechtspflicht beruht, also kraft Gesetzes bewirkt wird, oder ob die Führung der Bücher nur tatsächlich erfolgt, also ohne Rechtsgrund und ohne Rechtspflicht. Werden aber Handelsbücher von einem Betriebe geführt, so müssen sie in jedem Falle ordnungsmäßig im Sinne des Handelsrechts und des Steuerrechts geführt sein. Das angewendete System ist gleichgültig. Die doppelte Buchführung hat keineswegs den Vorrang; amerikanische Buchführung und einfache Buchführung sind in jeder Hinsicht vollwertig. Sogar das Lose-Blatt-System, bei welchem die einzelnen Buchungen auf losen Blättern, also nicht in gebundenen oder gehefteten Büchern vorgenommen werden, ist statthaft. Reichsfinanzministerium und Handelskammer Berlin, ersteres in seinem Erlaß vom 7. 7. 1927 III bb 2000 haben sich übereinstimmend auf den Standpunkt gestellt, daß die Anwendung des Lose-Blatt-Systems an sich noch keinen Anlaß gäbe, Formen und Ergebnisse der Buchungen zu beanstanden. Der Grundgedanke des § 13 ist hiernach, daß der nach den Regeln ordnungsmäßiger Buchführung ermittelte Überschuß des Betriebsvermögens maßgebend für die steuerliche Gewinnermittlung sein soll. Ich möchte dieses Prinzip auf die Spitze treiben und sagen: Der nach den Grundsätzen ordnungsmäßiger Buchführung ermittelte Betriebsvermögensüberschuß ist der Gewinn. Die Vermögensvergleichung erfolgt in der Weise, daß festgestellt wird, welches das Betriebsvermögen, genauer gesagt, der Überschuß des Betriebsvermögens am Schlusse des vorangegangenen Steuerabschnitts gewesen ist. Alsdann wird derjenige Überschuß des Betriebsvermögens herangezogen, welcher sich im laufenden Jahre ergeben hat. Unter dem laufenden Geschäftsjahre ist in diesem Falle die Wirtschaftsperiode zu verstehen, deren Erträgnis zu besteuern ist. Beide Ziffern werden miteinander verglichen.

2. Inhalt und Grenzen des kaufmännisch-steuerrechtlichen Gewinnbegriffes.

Aus Vorstehendem lassen sich Inhalt und Grenzen des kaufmännisch-steuerrechtlichen Gewinnbegriffes in ungefähren Umrissen erkennen. Der § 13 in Verbindung mit § 19 ist das anschaulichste Beispiel dafür, wie eng im Steuerrecht die Zusammenhänge mit dem Handelsrecht sind. Es ist daher sicherlich auch kein Zufall, daß diese Zusammenhänge, ihre Ausstrahlungen und Auswirkungen die Veranlassung von mehreren grundlegenden Untersuchungen gebildet und auch den RFH. bereits mehrfach beschäftigt haben.

Zur handelsrechtlichen Buchführung im Sinne des § 13 sind gemäß § 6 und § 38 HGB. außer den Kaufleuten alle Handelsgesellschaften verpflichtet. Es sind dies die Fälle der Rechtspflicht zur Buchführung. Zu den Handelsgesellschaften im Sinne dieser Bestimmungen rechnen die offene Handelsgesellschaft, die Kommanditgesellschaft, die Aktiengesellschaften und Aktienkommanditgesellschaften sowie die Gesellschaften mit beschränkter Haftung, welche nach § 13, Abs. 3 des GmbH.-Gesetzes als Handelsgesellschaften anzusehen sind und rechtlich entsprechend behandelt werden. Nach § 13 des KStG. erfolgt die Gewinnermittlung bei Erwerbsgesellschaften (Kapitalgesellschaften), zu denen in erster Linie Aktiengesellschaften und Gesellschaften mbH. gehören, nach den gleichen Grundsätzen wie bei den einkommensteuerpflichtigen physischen Personen (Einzelkaufleuten usw.). Wir haben gesehen, daß die Berechnung der Einkommen- und Körperschaftsteuer den kaufmännischen Grundsätzen der Gewinnberechnung folgt. Die Grundlage für diese Gewinnberechnung ist die Handelsbilanz. Auf der anderen Seite kann die Handelsbilanz jedoch nicht ohne Einschränkung oder Vorbehalte der Besteuerung zugrundegelegt werden. Denn der Kaufmann hat bei der Anfertigung der Handelsbilanz, unbeschadet der Vorschriften der §§ 40ff. HGB., hinsichtlich der Bewertung der Werte seines Geschäftsvermögens weiten Spielraum. Kaufmännischem Handelsbrauch entspricht es, die Aktiven vorsichtig, d. h. möglichst niedrig zu bewerten, um zur Deckung unvorhergesehener Konjunkturverluste und sonstiger Ausfälle versteckte Reserven zu schaffen. Nach kaufmännischer Anschauung ist es unstatthaft, daß der Inhaber eines Betriebes sich durch zu hohe Bewertung nach außen den Anschein einer stärkeren finanziellen Position gibt, als sie ihm auf Grund der tatsächlichen Verhältnisse, d. h. bei vorsichtiger, alle wirtschaftlichen Momente sorgfältig abwägender Bewertung zukommt. Diese Leitsätze hat auch der RFH. in dem Urteil vom 8. 7. 1922 I a 17/22 zu den §§ 38 und 40 und § 42 GmbH.-Gesetz anerkannt, wenn er ausführt, daß es vom Standpunkte des Kaufmannes aus nicht unzulässig ist, umgekehrt zu verfahren, d. h. die gesamte Vermögenslage ungünstiger darzustellen (vgl. RFH. Bd. 10, S. 114). Der Erreichung dieses Zweckes dient, abgesehen von der Bildung stiller Reserven durch niedrige (zu niedrige) Bewertung der Aktiven (übermäßige Abschreibungen), die Überbewertung der Passiven. Außerdem werden nach kaufmännischen Gepflogenheiten nicht realisierte Verluste berücksichtigt, unrealisierte Gewinne dagegen außer Betracht gelassen. Es bedarf keiner weiteren Worte, daß diese Art des Bilanzierens den sonst im Buchführungs- und Bilanzwesen gemäß § 40 HGB. allgemein geltenden Grundsatz der Bilanzwahrheit durchbricht. Wollte man auch vom steuerrechtlichen Standpunkte aus diese Bilanzierungsmethoden gutheißen und die Handelsbilanzen ohne irgendwelche Einschränkungen als Steuerbilanzen akzeptieren, so wäre eine völlig verschiedene steuerliche Belastung die unausbleibliche Folge. Hier greift der § 13, S. 2 EStG. ein. Er bestimmt, daß bei der Gewinnermittlung neben sonstigen Spezialvorschriften die Bewertungsbestimmungen der §§ 19—21 „zu beachten" sind. Dieser Leitsatz ist nicht nur der Kernpunkt des steuerlichen Bewertungsrechts, sondern auch die wichtigste Vorschrift für die Wertermittlung des Einkommensteuer- und Körperschaftsteuerrechts. Der § 13 schlägt durch die Heranziehung der §§ 19—21 die verbindende Brücke einmal zu dem formellen steuerlichen Bewertungsrecht der RAO., indem er die Bewertung nach dem gemeinen Wert des § 138 RAO. in das materielle Steuerrecht eingliedert und sodann zu dem handelsrechtlichen Bewertungsrecht der §§ 40ff. HGB. in Verbindung mit § 261 Ziff. 2 a.a.O. durch He anziehung des kaufmännisch-handelsrechtlichen Wertbegriffes des Anschaffungs- oder Herstellungspreises. Wir sehen hier in systematischer Gliederung die Zusammenhänge zwischen den positiven Vorschriften des Steuerrechts und des Handelsrechts.

3. Zur Auslegung der Worte „zu beachten" im § 13, Satz 2 EStG.

Von ausschlaggebender Bedeutung für die Bestimmung von Inhalt und Grenzen des Gewinnbegriffes im Einkommensteuer- und Körperschaftsteuerrecht ist die Stellungnahme zu den beiden Worten „zu beachten" in § 13, Satz 2. Hierüber sind schon bald nach Inkrafttreten des Gesetzes Kontroversen entstanden, die nunmehr als einstweilen erledigt angesehen werden können, nachdem der RFH. in seinem Urteil vom 30. 3. 1927 VI A 180/27 (RFH., Bd. 21, S. 62ff) seinen eigenen Standpunkt dargelegt hat. Die Entstehung der Streitfrage ist darauf zurückzuführen, daß die Anschauungen des Kaufmannes und des Steuerfiskus sowie des Steuergesetzgebers bezüglich Wesen, Bedeutung und steuerlicher Geeignetheit der Handelsbilanz nicht nur voneinander erheblich abwichen, sondern im Ergebnis unvereinbar waren. In nachstehenden Ausführungen folge ich der Arbeitsmethode Beckers in seinen in der Zeitschrift St. u. W. veröffentlichten Studien zu den Grundfragen des neuen Einkommensteuerrechts. Die Untersuchungsmethode Beckers kann man deshalb als historische bezeichnen, weil er schrittweise in der Weise vorgeht, daß er an der Hand der gesetzgeberischen Vorarbeiten zum alten und neuen EStG., sowie unter Zurückgreifen auf das Gewinnermittlungsrecht des PrEStG. festzulegen sucht, aus welchen Gründen der Gesetzgeber sich veranlaßt sah, den Bestimmungen der §§ 13 und 19 über Gewinn und Gewinnberechnung (Bewertung) die vorliegende Fassung zu geben. Abgesehen davon, daß diesen Erörterungen schon deshalb entscheidender äußerer Wert beizulegen ist, weil Becker der Vorsitzende des Einkommensteuersenates am RFH. ist, erscheint mir auch aus materiellen Gründen die Analyse des kaufmännisch-steuerlichen Gewinnbegriffes und der steuerrechtlichen Bewertungsvorschriften mittels der historischen Methodik als die einzig richtige. Jedenfalls ist wohl unbestreitbar, daß diese Art der Untersuchung mindestens relativ am meisten geeignet ist, Klarheit zu schaffen. Diese Ansicht vertrete ich einmal bezüglich der Auslegung des § 13, des einkommensteuerrechtlichen Bewertungsrechts der §§ 19—21, in Verbindung mit § 13, sowie vor allen Dingen bezüglich der Auslegung der beiden Worte „zu beachten" in § 13, Satz 2. Wegen der prinzipiellen Tragweite des Problems muß ich etwas ausführlicher auf die ganzen Fragen und ihre Zusammenhänge eingehen. Neben Becker hat Lion, nach meinem Empfinden wiederum aus einer gewissen Resignation heraus gelegentlich einer Studie über die Bewertung der Waren und Vorräte in der Bilanz unter Berücksichtigung des Erlasses des Reichsfinanzministers vom 29. 12. 1926, darauf mit Recht hingewiesen, daß im Hinblick auf die Rechtsprechung des RFH., sowie wegen der vielen Streitfragen, die sich aus den steuerrechtlichen und handelsrechtlichen Bewertungsvorschriften der §§ 19ff. in Verbindung mit den §§ 40 und 261 HGB. ergeben, das Schicksal des Bilanzsteuerrechts als ein ziemlich ungewisses angesehen werden muß. Im Zusammenhange mit diesem Zugeständnis führt Lion Ausführungen von Becker aus seinem Kommentar zum EStG. (S. 266) wörtlich an, welche lauten: Schon der kaufmännisch-steuerrechtliche Gewinnbegriff, den der § 13 anbahnt, steht selbst in den Umrissen in keiner Weise fest und muß in unzähligen Einzelheiten ausgebaut werden. Die Hauptschwierigkeit wird darin bestehen, vorab erst einmal festzustellen, was die Grundsätze ordnungsmäßiger Buchführung, die in § 13 für maßgebend erklärt sind, eigentlich verlangen. (Vgl. Beilage zu Nr. 13 der Mitteilungen der Industrie- und Handelskammer zu Berlin vom 10. 7. 1927, S. 11ff., S. 13 und RFH., Bd. 20, S. 87ff.). Diese Auslassungen Lions sind deshalb so wichtig, weil die bisherigen Ergebnisse der Rechtsprechung des RFH. zu den §§ 13 und 19, soweit sie steuerliche Bewertungsfragen betreffen, darauf hinauslaufen, die Grundlinien des von Lion zuerst aufgestellten Systems eines neuen selbständigen Bilanzsteuerrechts in wesentlichen Teilen abzuändern.

Der Vorschrift in § 13, S. 2 „zu beachten" wird Genüge geleistet, wenn und insoweit steuerrechtliche Vorschriften, deren Beachtung verlangt wird, nicht verletzt werden. Dagegen hat der Gewerbetreibende nach § 13 niemals das Recht, eine steuerrechtlich zwar nicht gebotene, aber zugelassene, handelsrechtlich oder kaufmännisch jedoch unzulässige Buchung vorzunehmen. Die kaufmännische Bilanz soll vielmehr regelmäßig die Richtschnur für die steuerliche Gewinnermittlung abgeben. Dieser Leitsatz erfährt nur eine Einschränkung. Die Handelsbilanz ist zu berichtigen, und den sonstigen Einschränkungen zu unterwerfen, welche für eine erschöpfende Erfassung der realisierten Gewinne notwendig sind. Ich verweise zur weiteren Erläuterung dieser Anschauung auf das Urteil vom 29. 10. 1924 VIe A 186/24 (RFH. Bd. 15, S. 47ff.) und die bereits früher angeführten Leitsätze des 33. Deutschen Juristentages, die ähnliche Gedankengänge aufzeigen. (Vgl. S. 57ff.) Mit Becker möchte ich daher der Ansicht sein, daß der Gesetzgeber mit der bewußt gewählten Fassung im § 13 „zu beachten" dem Kaufmann keinen Freibrief dafür ausstellen wollte, die in jahrzehntelanger Praxis bewährten handelsrechtlichen Vorschriften, welche zwingendes Recht sind, künftig unbeachtet zu lassen, wenn steuerrechtlich im allgemeinen z. B. für Landwirte usw. andere Bewertungs- oder Gewinnermittlungsmethoden neben den handelsrechtlichen Gewinnberechnungsvorschriften zugelassen sind. Als Ergebnis stellt dann Becker fest, daß eine gegenteilige Auffassung, die sich nicht einmal auf den Wortlaut des Gesetzes stützen könne, „zu einer heillosen Verwirrung führen müsse". Es ist in der Tat keine Übertreibung, wenn man der Ansicht Ausdruck gibt, daß ein von vorstehenden Ausführungen abweichender Standpunkt auf die bisherigen Grundlagen kaufmännischer Buchhaltungstechnik schlechthin revolutionierend wirkt. Diese auch vom wirtschaftlichen Standpunkte aus mißliebigen Folgen kann der Gesetzgeber nicht gewollt haben. Mit der überwiegend im Schrifttum vertretenen Meinung, die von Strutz, Becker, Mirre und Kennerknecht, sowie Lion geteilt wird, sind die Worte „zu beachten" dahin aufzufassen, daß grundsätzlich die Handelsbilanz auch für die Einkommensteuer und Körperschaftsteuer maßgebend sein soll, und daß von ihr nur abgewichen werden darf, soweit die im § 13, Satz 2 ausdrücklich angezogenen Vorschriften hierzu nötigen. Der RFH. hat diese Ansicht durch das Urteil vom 30. 3. 1927 VI A 108/27 (RFH. Bd. 21, S. 62ff.) sanktioniert und folgenden Leitsatz aufgestellt: Entspricht eine nach § 19 des Einkommensteuergesetzes mögliche Bewertung nicht den Regeln ordnungsmäßiger Buchführung, so ist sie auch für die Steuerbilanz unzulässig. (Vgl. hierzu Becker in der Beilage zu Nr. 15 der Mitteilungen der Industrie- und Handelskammer zu Berlin vom 10. 8. 1927, S. 1 ff.: „Wie verhält sich § 13 des EStG. zu § 19, Abs. 1, 2 des EStG.?", Mirre, Kommentar zum Körperschaftsteuergesetz S. 51; Strutz, Kommentar zum Einkommensteuergesetz, S. 727; Kennerknecht, Anm. 41 zu § 13 EStG. und die oben angezogenen Ausführungen von Lion.) Eine andere Ansicht vertritt Evers. Er hat sich für eine schwächere Bedeutung der Fassung „zu beachten" entschieden, und ist der Meinung, daß sie nur soviel bedeutet, wie „berücksichtigen, daran denken, nicht außer Acht lassen usw." Ich verweise auf den Aufsatz von Evers in Heft 11 des V. Jahrg. von Steuer und Wirtschaft, S. 1734ff.: Zur Auslegung der Worte „zu beachten" in § 13, Satz 2 EStG. 1925, in Verbindung mit Anmerkung 15 zu § 13 KStG. in dem Evers'schen Kommentar. Die Ausführungen in der erstgenannten Studie decken sich fast wörtlich mit den Auslassungen an der zitierten Stelle des Körperschaftsteuerkommentars. Wie man zu diesem Streit der Meinungen auch stehen mag, so muß man nunmehr aus der vom RFH. dargelegten Auffassung die Folgerungen ziehen und das Urteil vom 30. 3. 1927 mindestens als einen vorläufigen Abschluß der Entwicklung des steuerrechtlichen Bewertungsrechts der §§ 13 und 19 ansehen müssen. Welchen Weg diese Entwicklung in der nächsten Zeit nehmen wird, läßt sich im Augenblick auch nicht annähernd absehen; dazu sind die ganzen Dinge noch viel zu sehr im dauernden Fluß begriffen.

4. Der Begriff Betriebsvermögen und die handelsrechtliche Vermutung des § 344 HGB.

Neben den eigentlichen Gewinnberechnungs- und Bewertungsvorschriften spielt in § 13 der Begriff des Betriebsvermögens eine wichtige Rolle, daneben die handelsrechtliche Vermutung des § 344 HGB. Das EStG. wendet im § 13 und späterhin den Begriff Betriebsvermögen zwar an, gibt aber keine Bestimmung dieses Begriffes. Dagegen hat die Rechtsprechung durch eine Reihe von Entscheidungen des RFH. den Begriff umgrenzt. Außerdem gibt der § 26 Abs. 1, S. 1 u. 2 RBewG. eine Beschreibung dessen, was nach Anschauung des Gesetzgebers zum Betriebsvermögen im Sinne des RBewG. gehört. Aber auch der § 26 RBewG. enthält keine Legaldefinition, sondern nur eine summarische Umschreibung aller derjenigen Vermögensgegenstände, Werte usw, welche das Betriebsvermögen auf der Aktivseite bilden. Er läßt sich demnach nur über das Brutto-Betriebsvermögen aus[1]). Nach § 26, Abs. 1, S. 1 a. a. O. gehören zum Betriebsvermögen alle Teile einer wirtschaftlichen Einheit, die dem Betrieb eines Gewerbes oder der Ausübung eines nicht der reinen Kunst oder der reinen Wissenschaft gewidmeten freien Berufs als Hauptzweck dienen, soweit die Gegenstände dem Betriebsinhaber oder demjenigen gehören, der den freien Beruf ausübt (gewerblicher Betrieb).

Der § 13 EStG. hat wiederum bei Anwendung des Begriffes Betriebsvermögen nur das reine Betriebsvermögen im Auge, also den Überschuß des Wertes des Brutto-Betriebsvermögens über die Betriebsschulden. Von dem Betriebsvermögen untrennbar ist der Gewerbebegriff. Dieser ist in konstanter Rechtsprechung, zuerst vom OVG., sodann vom RFH. entwickelt worden und nunmehr als feststehend anzusehen. (Vgl. RFH., Bd. 4 S. 178, Bd. 5, S. 228, Bd. 8, S. 140.) Danach ist gewerbliche Betätigung in einem Betriebe diejenige Tätigkeit des Kaufmanns, welche ihrem Charakter nach ständig und außerdem auf die Erzielung von Gewinnen gerichtet ist. Das weitere Tatbestandsmerkmal des Erlaubtseins der gewerblichen Betätigung ist nach anfänglicher Beibehaltung späterhin fallen gelassen worden. Der RFH. hat sich in bemerkenswerten Entscheidungen darüber ausgelassen, welche Werte als zum Betriebsvermögen des Kaufmanns gehörig anzusehen sind, so z. B. in dem Urteil vom 17. 12. 1924 VI e A 157/24 in Bd. 15, S. 152 ff. Danach entscheidet über die Zugehörigkeit eines Gegenstandes zum Betriebs- oder sonstigen Vermögen eines Unternehmers die aus den gesamten Umständen des Einzelfalls zu entnehmende tatsächliche Widmung. Ausschlaggebend ist der aus der Wirklichkeit sich ergebende Bestimmungszweck. Dieses Urteil ist zwar noch unter dem alten EStG. (§§ 33, 33 a) ergangen, seine Anwendung auf das geltende Recht ist jedoch unbedenklich. (Vgl. auch RFH.

---

[1]) Vgl. Evers, Kommentar zum KStG. 2. Aufl. 1927, Anm. 8 zu § 10, S. 390 ff.

in Koppes Jahrbuch, VI. Jahrg., S. 191ff. und S. 266.) In dem im 22. Bande auf S. 105ff. veröffentlichten Urteile vom 11. 10. 1927 IA 327/27 prüft der RFH. die Frage, unter welchen Umständen und wie lange eine Forderung als zum Betriebsvermögen gehörig anzusehen ist. Ein Gegenstand, der im Betrieb erzeugt wird, also auch eine Forderung, die im Betriebe erworben wird, entsteht als Teil des Betriebsvermögens. Will man auf den Wortlaut des § 26 des RBewG. ausschlaggebenden Wert legen, so könnte man sagen, daß ein solcher im Betrieb erzeugter Gegenstand, auch wenn er vielleicht monate- oder jahrelang nicht verwertet oder sonst benutzt wird, doch dem Betriebe dient, weil er ständig zur Verfügung des Betriebsinhabers steht. Vom Untergang oder der Entwendung des Gegenstandes abgesehen, kann die Ausscheidung aus dem Betriebsvermögen nur durch einen Entschluß des Inhabers erfolgen. Eine Forderung bleibt demnach so lange Teil des Betriebsvermögens, bis der Betriebsinhaber über sie verfügt, sie also z. B. seinem Kapitalvermögen zuführt. (Vgl. OVG. i. St. Bd. 6, S. 120.) Ob der Betriebsinhaber eine Forderung aus dem Betriebsvermögen herausnehmen will, ist regelmäßig seinem freien Ermessen überlassen. Er besitzt nicht etwa die Verpflichtung, Dinge, die vermutlich für den Betrieb nicht mehr gebraucht werden, abzustoßen oder seinem anderen Vermögen zuzuführen.

5. Die handelsrechtliche Vermutung des § 344 HGB.

Der Begriff des Betriebsvermögens erhält in wesentlichen Punkten seine Ergänzung durch die handelsrechtliche Vermutung des § 344, Abs. 1 HGB. Danach gelten die von einem Kaufmanne vorgenommenen Rechtsgeschäfte im Zweifel, d. h. wenn nicht besondere Gründe eine andere Vermutung rechtfertigen, als zum Betriebe seines Handelsgewerbes gehörig. (Vgl. Staub, Kommentar zum HGB. 12. und 13. Aufl. 1927, Bd. 3, S. 8ff. und die daselbst angezogene Rechtsprechung des RG. und ROHG. Vgl. ROHG., Bd. 18, 226; Bd. 22, 62; RGZ. Bd. 28, 315; Bd. 29, 13. RG. in J. W. 1901, 261 und 1912, 188.

Der Zusammenhang der handelsrechtlichen Vermutung des § 344 HGB. mit dem steuerrechtlichen Begriffe des Betriebsvermögens besteht darin, daß auch nach steuerrechtlichen Rechtsgrundsätzen die von einem Kaufmann vorgenommenen Rechtsgeschäfte und die ihm gehörenden Gegenstände im Zweifel als zum Betriebe seines Handelsgewerbes gehörig anzusehen sind. Das Steuerrecht hat die Vermutung des § 344, Abs. 1 a. a. O. ohne weiteres übernommen. In dem Urteil vom 27. 4. 1923 IA 17/23 gibt der RFH. diesem Leitsatz die authentische Auslegung dahin, daß die handelsrechtliche Vermutung, gemäß deren die von einem Kaufmann abgeschlossenen

Geschäfte zu seinem Gewerbebetriebe gehören, auch steuerrechtlich bedeutsam ist (RFH. Bd. 12, S. 139ff., S. 142 und Strutz, Handausgabe zum EStG., 3. Aufl. 1921, Anm. 9 zu § 5, S. 44). Ferner ist noch die Entscheidung des RFH. vom 8. 10. 1924, veröffentlicht in Koppes Jahrbuch, 5. Jahrg., S. 140, bemerkenswert. Auch sie läßt sich in gleichem Sinne aus. Außerdem hat sich bereits das PrOVG. mit der gleichen Frage beschäftigt und ist dabei zu demselben Ergebnis gelangt. (OVG. i. St., Bd. 6, S. 120ff., Bd. 12, S. 114.) In der Folgezeit hat die Judikatur des RFH. die gleiche Tendenz gezeigt und zwar sowohl in der Beurteilung der Frage, welche Werte und Gegenstände als zum Betriebsvermögen eines Unternehmers gehörig anzusehen sind, als auch bei der Bestimmung von Inhalt und Grenzen der handelsrechtlichen Vermutung des § 344 HGB. Nach dem Urteil vom 17. 12. 1924 VIe A 157/24 zu den §§ 33 und 33a des alten EStG. entscheidet über die Zugehörigkeit eines Gegenstandes zum Betriebs- oder sonstigen Vermögen eines Unternehmers die aus den gesamten Umständen des Einzelfalls zu entnehmende tatsächliche Widmung. (Vgl. RFH. Bd. 15, S. 152.) Eine weitere, in der amtlichen Sammlung nicht veröffentlichte Entscheidung über diesen Fragenkomplex ist die vom RFH. unter dem 27. 5. 1925 bekannt gegebene, abgedruckt in St. u. W. Jahrg. 1925, S. 2099 Akt. Z. VI A 216/25. Unter Betriebsvermögen ist danach die Gesamtheit der dem Betriebe unmittelbar oder mittelbar gewidmeten Vermögensgegenstände zu verstehen, soweit sie dem Steuerpflichtigen gehören. Dabei ist die aus den gesamten Umständen des Einzelfalls zu entnehmende tatsächliche Widmung entscheidend (RFH., Bd. 15, S. 152). Der Grundsatz des § 344, Abs. 1 HGB, welcher die erwähnte handelsrechtliche Vermutung begründet, daß die von einem Kaufmann vorgenommenen Rechtsgeschäfte im Zweifel als zum Betriebe seines Handelsgewerbes gehörig gelten, ist aber nur insoweit maßgebend, als er der Ausfluß einer Lebenserfahrung ist, wonach im Zweifel ein Kaufmann die von ihm erworbenen Gegenstände zu seinem Betriebsvermögen zählt und sie infolgedessen in seiner kaufmännischen Bilanz erscheinen läßt. Die Aufnahme in die Bilanz genügt aber jedenfalls dann nicht, wenn auch das ganze Privatvermögen in dieser erscheint. Die Rechtsprechung wird durch das Urteil vom 14. 7. 1925 IA 14/25 (RFH., Bd. 17, S. 83) in Verbindung mit dem Urteil vom 12. 11. 1924 IA 32/24) (RFH., Bd. 15, S. 200ff., S. 207) abgeschlossen. Hier kommt der RFH. zu folgendem Grundsatz: Einzelkaufleute können neben gewerblichem Betriebsvermögen auch anderes Vermögen besitzen. Gewerbetreibende Erwerbsgesellschaften hingegen können grundsätzlich nur Betriebsvermögen besitzen. Solche Erwerbsgesellschaften haben lediglich den

Zweck, dem Erwerbe zu dienen. Alles, was sie besitzen, ist diesem Zwecke gewidmet, also Betriebsvermögen.

Es bestehen keine Bedenken, die Ergebnisse dieser Rechtsprechung auch für den Betriebsvermögensbegriff des gegenwärtig geltenden Einkommen- und Körperschaftsteuerrechts zu verwerten.

6. Unterschied der Gewinnbegriffe der §§ 12 und 13 EStG.

Die früheren Ausführungen haben gezeigt, daß zwischen dem Gewinn des § 13 und des § 12 ein durchgreifender Unterschied besteht. Der Unterschied in der Besteuerung des Einkommens nach § 12 und nach § 13 (§ 13 KStG.) ist darin begründet, daß grundsätzlich, von weitgehenden Ausnahmen abgesehen, für die Gewinnermittlung nach § 13 der Bilanzgewinn zu verwenden ist. Der Bilanzgewinn ergibt sich in diesem Falle aus den beiden ordnungsmäßig auf Grund ordentlicher kaufmännischer Buchführung aufgestellten Bilanzen für den Schluß des letzten und vorletzten Steuerabschnittes. Buchführung und Bilanzen umfassen das ganze Betriebsvermögen, insbesondere also auch die Schulden und das unbewegliche Vermögen (Grundbesitz). Es ist dies die natürliche Folge der Anwendung des § 39 HGB. bei der Bilanzierung, wonach in den durch Aufstellung der Bilanz vorzunehmenden reinen Vermögensvergleich sämtliche Gegenstände des Betriebsvermögens hineinzubeziehen sind. Die Steuerbilanz des § 13 und die Gewinnermittlung auf Grund dieser Steuerbilanz kennt sonach keine Zerlegung des Gewinnes auf Grund gesonderter Ermittlung des Wertunterschiedes beim Bestandsvergleich und bei der Gegenüberstellung der Einnahmen und Ausgaben. Es sind dies zwei verschiedene Komponenten, die dem Gewinnbegriff des § 12 geläufig, demjenigen des § 13 dagegen wesensfremd sind. Diese beiden, in sich verschieden gearteten Komponenten sind

1. der Überschuß der Betriebseinnahmen über die Betriebsausgaben,

2. der Vermögensvergleich, in welchen jedoch nicht alle Vermögensgegenstände hineingenommen werden, sondern nur, soweit es sich um Erzeugnisse, Waren und Vorräte, um Gebäude nebst Zubehör (also ohne Grund und Boden) und endlich um das bewegliche Anlagekapital handelt. Bei der Gewinnberechnungsvorschrift des § 13 handelt es sich nicht bloß um verschiedenartige Berechnungsmethoden, sondern es liegt eine materielle Vorschrift vor, welche den Umfang des Einkommens und damit den Gewinn bewußt abweichend von § 12 positiv bestimmt. Dieser Rechtszustand ist gegenüber dem bisherigen Recht nicht neu; er war schon nach § 33, Abs. 2 des EStG. von 1920 gegeben. In gleichem Sinne äußern sich Motive und Recht-

sprechung; vgl. Begründung zum Entwurf des neuen EStG., S. 42 und Urteil vom 16. 1. 1923 IA 236/22, veröffentlicht in RFH., Bd. 11, S. 249ff.

7. Der Gewinn des § 13 KStG.

Der Gewinnbegriff des § 13 KStG. in Verbindung mit § 10 daselbst, bietet keine Besonderheiten gegenüber dem Untersuchungsergebnis des einkommensteuerrechtlichen Gewinnbegriffes. Denn nach § 13 KStG. finden auf die Ermittlung des Einkommens, auf den Maßstab der Besteuerung und den Zeitpunkt der Veranlagung, sowie auf die einzelnen Einkommensarten die §§ 12—17, 19—21, 25 und 26—48 EStG. sinngemäß Anwendung, soweit nicht in den §§ 14—19 KStG. etwas anderes vorgeschrieben wird. Alles das, was über den einkommensteuerrechtlichen Gewinn und seine Ermittlung, sowie über Art und Umfang seiner Besteuerung gesagt ist, gilt daher auch für den körperschaftsteuerrechtlichen Gewinn.

§ 14. Einige Sonderfragen zu § 13 EStG. und § 13 KStG.

1. Die kaufmännische, handelsrechtliche und steuerrechtliche Behandlung des Gewinnvortrages (Gewinnergebnisses).

Um den einkommensteuerrechtlichen (körperschaftsteuerrechtlichen) Gewinn wenigstens in seinen gröbsten Umrissen festzulegen, ist es notwendig, einige Sonderfragen, welche sich auf den Gewinn, die Gewinnermittlung und die hiermit zusammenhängende Bewertung beziehen, zusammenfassend darzustellen. Es sind dies die handelsrechtliche und steuerrechtliche Behandlung des Gewinnvortrages, das Verhältnis des § 13 zu § 19 hinsichtlich der Bewertung der Waren und Vorräte und besondere Kategorien von Gewinnen im Steuerrecht und Handelsrecht. Namentlich bei diesen besonderen Gewinnarten zeigen sich Zusammenhänge zwischen Steuerrecht und Handelsrecht. Ich habe hierbei die sonstigen Leistungsgewinne der §§ 41—43 (Spekulationsgewinne und Veräußerungsgewinne), die Agiogewinne, die Sanierungs- und Fusionsgewinne, die bloßen Buchgewinne, endlich die Scheingewinne und verschleierten Gewinne (verschleierte, versteckte Gewinnausschüttungen) im Auge. Ich be ginnemit einer kurzen Darstellung der Bedeutung des Gewinnvortrages für das Steuerrecht. In zahlreichen Fällen wird von einer Aktiengesellschaft der bilanzmäßig ausgewiesene Gewinn nicht in der durch Gesetz und Gesellschaftsvertrag vorgesehenen Weise verteilt, sondern auf neue Rechnung vorgetragen. Es ist dies der Gewinnvortrag, dem auf der anderen Seite ein Verlustvortrag entspricht. Es fragt sich nun, welche Natur dieser

Gewinnvortrag nach den handelsrechtlichen Bestimmungen hat, und welche steuerrechtliche Bedeutung ihm zukommt, in welcher Weise also er in bezug auf die Besteuerung mit der Körperschaftsteuer zu behandeln ist. Ich greife von den verschiedenen Typen der Handelsgesellschaften die Aktiengesellschaften als Beispiel heraus, weil bei ihnen die Erörterung der Fragen am anschaulichsten ist, und weil die gewonnenen Prüfungsergebnisse im allgemeinen auch für die Aktienkommanditgesellschaften und GmbH. gelten. Der Gewinnvortrag wird hie und da als eine stille Reserve angesehen. Dies ist jedoch meines Erachtens nicht richtig. Er ist vielmehr eine offene Reserve, eine ausgesprochene Gewinnreserve, welche nur das besondere Merkmal aufweist, daß sie nicht kapitalisiert, sondern lediglich für das nächste Geschäftsjahr vorgetragen wird. Sie wird dann späterhin, also nach Ablauf des nächsten Geschäftsjahres, mit als Gewinn durch die Dividende verteilt. Der Gewinnvortrag ist gewissermaßen ein transitorischer Gewinnposten. Man kann sogar der Ansicht sein, daß er eine rechnerische Verpflichtung gegenüber den Aktionären ist, weil sie auf den Gewinnvortrag als solchen als nicht verteilte Dividende einen rechtlich begründeten Anspruch haben. Das Steuerrecht hat hinsichtlich des Gewinn- und Verlustvortrages und seiner Einstellung in die Bilanz von jeher den Standpunkt eingenommen, daß nicht der bilanzmäßig ausgewiesene, also verteilungsfähige Gewinn für die Berechnung der zu entrichtenden Steuern maßgebend ist, sondern ausschließlich der ordnungsmäßig berechnete „ermittelte" Gewinn. Diesen Grundsatz hat der RFH. schon in seinem Urteil vom 17. 10. 1919 IA 127/19 veröffentlicht in Bd. 2, S. 80ff., ausgesprochen. Es heißt da:

... Der Gewinnvortrag aus dem Vorjahre ist, wie schon sein Name sagt, kein im laufenden Geschäftsjahr erzielter Gewinn, sondern Gewinn aus dem Vorjahr oder aus den Vorjahren. Der Gewinnvortrag darf daher bei Ermittlung des Geschäftsgewinns eines Jahres nicht berücksichtigt werden, er ist aus dem Bilanzgewinn auszuscheiden, soweit er nicht etwa in der Bilanz (das Wort "Bilanz" im Gegensatze zur Gewinn- und Verlustrechnung genommen) besonders ersichtlich ist. Wenn das nicht geschieht, der Jahresgewinn jedes Rechnungsjahrs vielmehr aus dem laufenden Betriebsgewinn und dem aus dem Vorjahr übernommenen, nicht verteilten Gewinn ermittelt würde, so wäre jeder Gewinnvortrag im Reingewinn mindestens zweimal enthalten, einmal zunächst im Reingewinn des Geschäftsjahres, in dem er verdient ist, dann aber nochmals in dem Gewinn des Jahres oder der Jahre, für die er vorgetragen wird. Das würde eine mindestens zweifache Besteuerung des Gewinnvortrags zur Folge haben, die vom Gesetzgeber nicht gewollt sein kann, der nur den in dem betreffenden Geschäftsjahr erzielten Gewinn besteuern will. Die Notwendigkeit der Ausscheidung des Gewinnvortrags aus dem Bilanzgewinne zum Zwecke der Ermittlung des im laufenden Jahr erzielten Gewinns ist von der Rechtsprechung auch allgemein anerkannt ...

Wenn demgegenüber im handelsrechtlichen Schrifttum und auch von kaufmännischer Seite behauptet wird, daß der Gewinnvortrag der Aktiengesellschaften als eine stille Reserve anzusehen ist, so ist dies unbegreiflich und läuft auf ein Verkennen des Begriffes und der wirtschaftlichen Bedeutung der stillen Reserven hinaus. Es kann daher nicht wundernehmen, daß bis heute die Ansichten über eine korrekte bilanzmäßige und über die steuertechnische Behandlung des Gewinnvortrages weit auseinandergehen. Was sind stille Reserven? Stille oder versteckte Reserven sind nichts anderes als zusätzliche Kapitalbeträge. Sie entstehen durch zu niedrige Bewertung von Vermögensobjekten in der Inventur. Daß diese zu niedrige Bewertung ohne Rechtsgrund ist, nämlich in dem materiellen Recht keine Stütze hat, kann ernstlich einem Zweifel nicht unterliegen. Für die Bezeichnung dieser zusätzlichen Kapitalbeträge als stille, versteckte oder verschleierte Reserven ist die Tatsache ausschlaggebend, daß sie in der Bilanz nicht ziffernmäßig angeführt sind. Nach meiner Ansicht ist der Gewinnvortrag vielmehr eine Rücklage. Diese Rücklage wird jedoch nicht kapitalisiert, sondern rechnungsmäßig vorgetragen. Mit dieser von mir vertretenen Auffassung stimmt die Ansicht überein, welche Lion in seinem Bilanzsteuerrecht (vgl. S. 72 ff.) zu dieser Frage geäußert hat. Lion spricht in diesem Falle zutreffend von unrichtiger Kontierung der Aktivwerte und zieht von seiner Anschauung die letzte Konsequenz, indem er an der gleichen Stelle und in den folgenden Ausführungen den Satz aufstellt, daß die Praxis des Kaufmanns im Gegensatz zum Gesetz stehe.

Für das neue Recht von 1925 ist das Gutachten des I. Senats des Reichsfinanzhofs vom 15. 2. 1927 I D 5/26, veröffentlicht in RFH., Bd. 20, S. 325, entscheidend. In diesem Gutachten beantwortet der RFH. eine Reihe von Fragen, um deren Beantwortung ihn der Reichsminister der Finanzen gemäß § 43 RAO. ersucht hatte. Die hier interessierende erste Frage des Gutachtens lautete: Ist für die Entscheidung der Frage, ob und in welcher Höhe eine Unterbilanz im Sinne des § 15 Nr. 3 KStG. vorliegt, die unberichtigte Handelsbilanz oder die auf Grund der steuerlichen Vorschriften berichtigte Handelsbilanz (Steuerbilanz) maßgebend? Diese Frage hat der RFH. dahin beantwortet:

Der Senat trägt kein Bedenken, sich in dieser Frage der Auffassung des Reichsministers der Finanzen anzuschließen. Wie für die Frage, ob ein Gewinn im Sinne des § 13 EStG. vorliegt und zu versteuern ist, nicht die unberichtigte Handelsbilanz maßgebend ist, sondern die nach steuerlichen Grundsätzen berichtigte, also die sogenannte Steuerbilanz, so muß das gleiche gelten für die Frage, ob ein Verlust anzunehmen ist, und ob dieser Verlust das Grund- oder Stammkapital oder den diesen gleichzusetzenden Betrag angegriffen hat. Entscheidend ist überall der steuerlich richtig errechnete Gewinn, beziehungsweise der steuerlich richtig errechnete Verlust ...

Eine nähere Erörterung der praktischen Auswirkungen dieses Gutachtens, namentlich auch in seinen weiteren Teilen, erfolgt noch weiter unten in einem besonderen Unterabschnitt „Steuerbilanz und Handelsbilanz", §§ 21ff. Hier genügt bezüglich des Gewinnvortrages die Feststellung, daß sich der RFH. gutachtlich im Sinne der vorstehend geschilderten steuerrechtlichen Behandlung des Gewinnvortrages geäußert hat. Es bleibt noch zu erwähnen, daß von dem in der Bilanz ausgewiesenen Reingewinn nötigenfalls der in ihm steckende Gewinnvortrag aus dem Vorjahre abzuziehen ist, weil der Gewinnvortrag bereits Gegenstand der Besteuerung gewesen ist. Eine steuerlich richtige Behandlung des Gewinnvortrages ist deshalb so wesentlich, weil in den Kreisen der Wirtschaft immer wieder Zweifel darüber auftauchen, wie denn bei der steuerlichen Ermittlung des Ertrages eines Wirtschaftsjahres ein Gewinn zu behandeln ist, welcher zwar aus dem Vorjahre herrührt, aber nicht verteilt worden ist. Diese Zweifel tauchen in verstärktem Maße dann auf, wenn der in Frage kommende Gewinn nicht in der Handelsbilanz ausgewiesen ist, sondern lediglich in der Steuerbilanz erscheint. Es ist begreiflich, daß in der Wirtschaft Besorgnisse rege wurden, es könne in diesen Fällen die steuerliche Gewinnermittlung zu einer nochmaligen Besteuerung des zu steuerlichen Zwecken ausgewiesenen Gewinnes des Vorjahres führen. Diese Befürchtungen sind indessen tatsächlich nicht begründet. Wenn man nämlich nach § 13, Satz 1 bilanziert und außerdem den daselbst vorgesehenen Vermögensvergleich vornimmt, so zeigt sich sofort, daß ein aus dem Vorjahre stammender, nicht ausgeschütteter Gewinn sowohl im Anfangsvermögen, als auch im Endvermögen steckt. Er muß daher bei der Durchführung des Vergleiches beider Vermögensmassen, also mit anderen Worten, wenn man das Anfangsvermögen vom Endvermögen abzieht, verschwinden. Die notwendige Folge hiervon ist, daß er in dem Ergebnis der vergleichsweisen Gegenüberstellung, also in dem nach § 13 zu besteuernden Gewinne nicht mehr einbegriffen ist. Aus diesen Gründen ist daher nur noch zu prüfen, ob nicht etwa der Gewinnvortrag beim Anfangsvermögen zu kürzen ist, nicht dagegen am Endvermögen. Denn dann würde er allerdings in dem Ergebnis des Vermögensvergleiches mit enthalten sein und auf diese Weise doppelt besteuert werden. Diese Frage ist jedoch nach der herrschenden, insbesondere von Kennerknecht in seinem Kommentar zum KStG. und von dem RFH. in seinem Gutachten vom 15. 2. 1927 (siehe weiter unten) vertretenen Ansicht zu verneinen. Der Ansicht Kennerknechts kommt deshalb besondere Bedeutung zu, weil Kennerknecht derjenige Referent im Reichsfinanzministerium ist, welcher an führender Stelle den Gesetzentwurf zum KStG. ausgearbeitet hat. Kennerknecht ist daher auch mit dem ganzen historischen Werdegang des Gesetzes, mit den Materialien und Vorarbeiten besonders eingehend vertraut. Daß die Frage zu verneinen ist, ergibt folgende Überlegung. Es ist ohne weiteres zuzugeben, daß die Richtlinien für die Ermittlung des Anfangsvermögens und des Endvermögens aus natürlichen Gründen dieselben sein müssen. Ein Passivum, welches bei beiden Vermögensmassen in Betracht kommt, darf daher nur entweder bei beiden Vermögen in Abzug gebracht werden, oder gar nicht. Hinzu kommt aber noch ein weiterer Gesichtspunkt. Wenn auch der Gewinnvortrag auf der Passivseite der Bilanz erscheint, so kann daraus noch nicht geschlossen werden, daß er auch bei dem Aktivvermögen abzusetzen ist. Zwecks Ermittlung des Reinvermögens, und zwar gleichgültig, ob diese Ermittlung nach steuerrechtlichen oder nach handelsrechtlichen Gesichtspunkten erfolgt, dürfen vielmehr immer nur die Betriebsschulden des steuerpflichtigen Betriebes abgezogen werden. Andere Passivposten dürften am Aktivvermögen nicht gekürzt werden. Dieser Grundsatz gilt namentlich für das Grund- oder Stammkapital und für die echten Reserven.

Bei richtiger Durchführung des Vermögensvergleichs gemäß § 13 darf ein etwaiger Gewinnvortrag in dem Gewinnergebnis nicht mehr enthalten sein. Er darf daher auch, wenn er abweichend hiervon in dem in der Steuerbilanz ausgewiesenen Gewinn einbegriffen ist, an diesem Gewinn abgesetzt werden. Hierzu ein Beispiel. Ich nehme an, daß der Gewinn einer Aktiengesellschaft im Geschäftsjahr (Wirtschaftsjahr) 1926 auf Grund ihrer Handelsbilanz M. 2000000.— betragen hat. Für die Veranlagung der Gesellschaft zur Körperschaftsteuer ist die Handelsbilanz berichtigt worden, und der Gewinn beträgt nunmehr in der Steuerbilanz (berichtigte Handelsbilanz) M. 4000000. — Von dem Gewinn der Gesellschaft sind M. 1800000.— ausgeschüttet worden, es gehen daher 2,2 Millionen M. in die Steuerbilanz von 1927 über. Unter Hineinbeziehung dieses Gewinnvortrages wird nunmehr für 1927 ein Gewinn von 5000000.— M. ausgewiesen. Für das Steuerjahr 1927 ist dann lediglich ein Gewinn von 2800000.— versteuert. Zu diesem allein richtigen, steuerbilanzmäßigen Ergebnis kommt man demnach nur, wenn der Gewinnvortrag von vornherein nicht in den Gewinn des Steuerabschnittes hineinbezogen wird. Der Gewinnvortrag muß vielmehr als besonderer Passivposten eingestellt werden. Zur Vermeidung von Irrtümern geschieht dies zweckmäßig in der Weise, daß dieser Passivposten auch die ihm tatsächlich zukommende Bezeichnung Gewinnvortrag führt. Wird in dieser Weise nicht bilanziert, so bleibt allerdings nichts anderes übrig, als den Gewinnvortrag mit den sonstigen echten Reserven zusammenzufassen.

Es wird dies noch klarer, wenn man sich vergegenwärtigt, wie der von einer Gesellschaft ausgeschüttete Vorjahresgewinn zu behandeln ist. Dieser Gewinn darf selbstverständlich nicht von dem in der Bilanz für den (laufenden) Steuerabschnitt ausgewiesenen Gewinn in Abzug gebracht werden. Es ist vielmehr nach den Grundsätzen ordnungsmäßiger Buchführung der ausgeschüttete Gewinn beim Anfangsvermögen abzuziehen. In der Handelsbilanz der Aktiengesellschaften wird dies in der Weise zum Ausdruck gebracht, daß sowohl auf der Aktivseite, wie auf der Passivseite ein Betrag in Höhe des ausgeschütteten Gewinnes abgesetzt wird. Diese Auffassung, nur mit etwas anderen Worten wiedergegeben, wird von dem RFH. in dem Gutachten vom 15. 2. 1927 vertreten, wenn er daselbst bei Beantwortung der Frage I unter anderem ausführt: ...Abzuziehen ist in jedem Falle trotz des Wortlauts des § 13 EStG. nicht das steuerlich richtig berechnete volle Endvermögen des vorigen Steuerabschnitts, sondern das steuerlich richtig berechnete Betriebsvermögen zu Beginn des zu veranlagenden Steuerabschnitts vom steuerlich richtig berechneten Betriebsvermögen am Ende des zu veranlagenden Steuerabschnitts.

2. Verhältnis des § 13 zu § 19 EStG.

Von wesentlicher Bedeutung für die Auslegung des § 13 ist es, daß man sich über sein Verhältnis zu § 19 Klarheit verschafft. Einen Wegweiser für diese Auslegung und für die Entscheidung der Frage, in welcher Beziehung die §§ 13 und 19 zueinander stehen, bieten das Gutachten des RFH. vom 15. 2. 1927 ID 5/26 (RFH. Bd. 20, S. 325ff.) und das Urteil des RFH. vom 30. 3. 1927 VI A 10/827 (RFH. Bd. 21, S. 62ff. und in St. u. W. 1927, Heft 5, Entscheidung Nr. 148). In dem Gutachten gelangt der RFH. zu der Anschauung, daß nur damit die Absicht des Gesetzgebers erfüllt wird, daß das Steuerrecht der kaufmännischen Art der Gewinnberechnung grundsätzlich folgen soll. Die Begründung zu § 13 betont, daß das neue Recht hierin mit § 33, Abs. 2 des bisherigen EStG. übereinstimmt. Hiernach ist also die kaufmännisch richtig aufgestellte Handelsbilanz in die richtig aufgestellte Steuerbilanz umzuwandeln. In dem Urteil vom 30. 3. 1927 spinnt der RFH. diesen Grundgedanken an Hand des daselbst vorliegenden praktischen Falles noch weiter. An der hier interessierenden Stelle, d. h. in demjenigen Teil der Entscheidungsgründe, welcher das Verhältnis des § 13 zu § 19 berührt, heißt es dann weiter:

Nach § 19 EStG. hat der Steuerpflichtige bei Bewertung von Gegenständen des Betriebsvermögens ein Wahlrecht zwischen der Einsetzung des gemeinen

Wertes und der Einsetzung des Anschaffungspreises. Der Senat ist der Ansicht, daß das Wahlrecht insoweit ausgeschlossen ist, als die Ansetzung des einen nach § 19 zulässigen Wertes den Regeln ordnungsmäßiger Buchführung widersprechen würde. Denn für die Ermittlung des Geschäftsgewinns sollen grundsätzlich diese Regeln maßgebend sein. Wenn nun vorgeschrieben ist, daß außerdem noch die §§ 19ff. zu beachten seien, so muß man annehmen, daß davon ausgegangen ist, die Regeln ordnungsmäßiger Buchführung gewährten einen beträchtlichen Spielraum bezüglich der Bewertung, und daß dieser Spielraum eingeschränkt werden sollte. Und es kann ja auch nicht zweifelhaft sein, daß eine derartige Einschränkung für die Berechnung des steuerpflichtigen Gewinns geboten ist. Dagegen hatte das Steuerrecht keine Veranlassung, die Bewertungsmöglichkeiten zu erweitern. Wollte das Gesetz dagegen, daß seine Bewertungsvorschriften ohne weiteres für die Steuerbilanz maßgebend sein sollten, so hätte es nicht bloß ihre Beachtung vorgeschrieben. Denn durch die Aufstellung eines Gebots wird derjenige, an den es gerichtet ist, in seiner Bewegungsfreiheit eingeschränkt; es kann nicht die Folge haben, daß seine Bewegungsfreiheit erweitert wird; nur soweit eine Befolgung des Gebots ohne Verletzung anderer Vorschriften nicht möglich ist, kann in dem Gebot eine Befreiung von der Befolgung dieser Vorschriften erblickt werden. Danach ist das Wahlrecht des § 19 nicht gegeben, soweit seine Ausübung den Regeln ordnungsmäßiger Buchführung widersprechen würde ...

Nach meiner Ansicht sind aus dem Gutachten und aus dem Urteil für die Frage des Verhältnisses des § 13 zu § 19, Abs. 1 folgende Konsequenzen zu ziehen. Der § 13 ist als Oberbestimmung anzusehen; ihm hat sich grundsätzlich der § 19 unterzuordnen. Der gemeine Wert wird nur dann und insoweit in die Bilanz eingesetzt, als dies den Grundsätzen ordnungsmäßiger Buchführung gemäß § 13 entspricht. Die kaufmännischen Grundsätze der Gewinnermittlung sind demnach auch unter allen Umständen für das Steuerrecht maßgebend. Der § 13 verlangt als Grundsatz die Befolgung der Grundsätze ordnungsmäßiger kaufmännischer Buchführung. Das weitere Gebot, die im § 13 angezogenen ferneren steuerrechtlichen Vorschriften zu beachten, kann sich nur dann praktisch auswirken, wenn dieselben eine Befolgung der kaufmännisch zulässigen Vorschriften einengen oder ausschließen. Man kann dies auch so ausdrücken: Bei der steuerrechtlichen Gewinnermittlung und Bewertung ist grundsätzlich die nach den Regeln ordnungsmäßiger Buchführung angefertigte Handelsbilanz maßgebend. Eine Abweichung von ihr ist nur zulässig, soweit die in § 13, Satz 2 zitierten Bestimmungen hierzu nötigen. Ein solcher Zwang zum Abweichen besteht aber jedenfalls nicht, soweit die in § 13, Satz 2 angezogenen Vorschriften verschiedene Wege des Bilanzierens offen lassen. Voraussetzung ist immer nur, daß auch nur eine der offen gelassenen Methoden den handelsrechtlichen Regeln der Buchführung und Bilanzierung entspricht. Wenn demnach das Steuerrecht mehrere Bewertungs- (Bilanzierungs-) Möglichkeiten offen läßt, das HGB. dagegen nur eine, so kann nur diese eine Möglichkeit des Bilanzierens in Frage kommen, im umgekehrten Falle dagegen nur die vom Steuerrecht allein offen gelassene. Im übrigen möchte ich zur Vermeidung von Mißverständnissen darauf hinweisen, daß trotz des Gutachtens und des Urteils die ganzen hier angeschnittenen Fragen noch im Flusse begriffen und daher auch nicht als endgültig geklärt anzusehen sind, dies schon deshalb nicht, weil der Körperschaftsteuersenat des RFH. zu den Problemen noch nicht Stellung genommen hat.

§ 15. Besondere Gewinnarten im Steuerrecht und Handelsrecht.

1. Sonstige Leistungsgewinne, Veräußerungsgewinne, Spekulationsgewinne.

Es ist begreiflich, daß der Analyse des kaufmännisch-steuerrechtlichen Gewinnbegriffes der §§ 13 EStG. und KStG. in der Rechtsprechung und im Schrifttum bisher deshalb ein besonders großer Spielraum eingeräumt worden ist, weil er für die Gewinnermittlung und das Wertproblem von überragender Bedeutung ist. Hierdurch erklärt sich, daß einzelnen speziellen Typen des steuerrechtlichen wie des handelsrechtlichen Gewinnes verhältnismäßig geringe Beachtung geschenkt worden ist. Und doch werden die nachfolgenden Ausführungen zeigen, daß diese besonderen Arten des kaufmännischen Gewinnes wegen ihrer wirtschaftlichen Bedeutung und ihrer eigenartigen Erscheinungsform einer Beachtung wohl wert sind. Es sind dies die sonstigen Leistungsgewinne des §§ 41—43 EStG., bei denen als Untergruppen die Gewinne aus Veräußerungsgeschäften, die gewöhnlichen Veräußerungsgewinne und die Spekulationsgewinne sich abheben, d. h. Gewinne aus Spekulationsgeschäften im Sinne des § 42. Nicht besonders im Einkommensteuerrecht und Körperschaftsteuerrecht sind noch einige weitere Gewinntypen geregelt, die ich, soweit sie wirtschafts-, aktien- und konzernrechtlich verwandten Charakter haben, zusammenfasse. Es sind dies die Sanierungs- und Fusionsgewinne, sowie die Agiogewinne. Nicht die gleiche Bedeutung haben die Buch- und Scheingewinne, während wieder die verschleierten Gewinne eine wichtige Rolle im Aktienwesen und damit auch in der steuerrechtlichen Rechtsprechung spielen.

Unter sonstigen Leistungsgewinnen sind nach § 41 einmal Einkünfte aus Veräußerungsgeschäften in den Grenzen des § 42 zu verstehen, sodann alle Einkünfte, die nicht zu den im § 6, Abs. 1, Nr. 1—4 und Nr. 6 bezeichneten gehören (es sind dies Einkünfte aus gelegentlichen Vermittlungen und aus der Vermietung beweglicher Gegenstände, einschließlich der nicht in das Schiffregister eingetragenen

Schiffe). Der Begriff sonstige Leistungsgewinne ist also der gemeinsame Oberbegriff; seine wichtigste Untergruppe bilden die Spekulationsgewinne oder wie das Gesetz sich im § 42 ausdrückt, Einkünfte aus Veräußerungsgeschäften, die als Spekulationsgeschäfte anzusehen sind.

Die Begriffe Spekulationsgeschäfte und Spekulationsgewinne sind dem Steuerwesen seit langen Jahren geläufig. Schon der § 7 des Pr. EStG. bestimmt, daß außerordentliche Einnahmen aus Erbschaften, Schenkungen, Lebensversicherungen, sowie aus dem nicht gewerbsmäßig oder zu Spekulationszwecken unternommenen Verkaufe von Grundstücken und ähnlichen Erwerbungen nicht als steuerpflichtiges Einkommen gelten. Zu dieser gesetzlichen Bestimmung ist eine umfangreiche Rechtsprechung des OVG. ergangen. In den Entscheidungen Bd. 6, S. 276; Bd. 8, S. 41; Bd. 9, S. 53; Bd. 10, S. 64ff.; Bd. 11, S. 58; Bd. 12, S. 86; Bd. 14, S. 98; sowie in den Urteilen vom 24. 2. 1912 und 10. 2. 1913 III 78 und I 77 des OVG. i. St. wird der Begriff des Spekulationsgewinnes fest begrenzt. Hiernach ist Spekulationsgewinn derjenige Gewinn, welcher außerhalb des Gewerbebetriebes erzielt wird, und zwar durch die gleichgültig aus welchen Gründen tatsächlich vorgenommene Wiederveräußerung aller derjenigen Vermögensteile, die ihr Besitzer selbst von vornherein in der Absicht erworben hat, durch alsbaldige Wiederveräußerung Gewinn zu erzielen. (Vgl. hierzu auch OVG. i. St. Bd. 1, S. 354; Bd. 4, S. 216; Bd. 9, S. 130ff.; Bd. 10, S. 124; Bd. 10, S. 70; Bd. 11, S. 66 und 71; Bd. 13, S. 117, S. 121; Bd. 14, S. 95 sowie die Urteile vom 10. 11. 1909 und 14. 1. 1911, AktZ. IV b 14, IV a 98, Bd. 10, S. 68ff.) Das EStG. von 1920 hat die Veräußerungsgeschäfte und späterhin auch die Spekulationsgeschäfte aus dem preuß. Einkommensteuerrecht übernommen, damit aber auch die steuerliche Erfassung der Gewinne aus diesen Transaktionen. Zunächst bestimmte der § 5 des alten EStG. allerdings nur, daß zum steuerbaren Einkommen Einkünfte aus Grundbesitz und Gewerbebetrieb ..... sowie sonstige Einnahmen gehören, ohne Rücksicht darauf, ob es sich um einmalige oder wiederkehrende Einkünfte handelte oder aus welchem rechtlichen oder tatsächlichen Grunde sie dem Steuerpflichtigen zugeflossen waren. In Verbindung mit § 5 ordnete der § 11 an, daß zu diesen sonstigen Einnahmen im Sinne des § 5 insbesondere auch gehören sollten (abgesehen von den unter Ziff. 1—4 daselbst aufgeführten, vorliegend nicht interessierenden Gewinntypen) alle durch einzelne Veräußerungsgeschäfte erzielten Gewinne. Der Gesetzgeber machte also bei dem alten, den Schanzschen Einkommensbegriff verkörpernden EStG. keinen Unterschied zwischen Spekulationsgeschäften und anderen Veräußerungsgeschäften. Diese Differenzierung wurde erst durch die Novelle vom 24. 3. 1921 bewirkt. Durch sie wurde die oben angeführte Vorschrift des § 11, Nr. 5 abgeändert und erhielt folgende Fassung: Zu den sonstigen Einnahmen im Sinne des § 5 gehören insbesondere:

1. .....
2. .....
3. .....
4. .....
5. Gewinne aus einzelnen Veräußerungsgeschäften, jedoch nur, sofern der Erwerb des veräußerten Gegenstandes zum Zwecke gewinnbringender Wiederveräußerung erfolgt ist (Spekulationsgewinn), und soweit die Veräußerungsgeschäfte nicht zum Gewerbebetrieb des Steuerpflichtigen gehören. Zu dieser neuen Rechtslage der Novelle von 1921 hinsichtlich des Spekulationsgewinnes im Sinne des § 11 EStG. hat der RFH. in dem Urteil vom 28. 6. 1923 III A 216/23 RFH. Bd. 12, S. 245 in eingehenden Ausführungen Stellung genommen. Unter Bezugnahme auf das Urteil vom 12. 4. 1923 III A 18/23 weist der RFH. darauf hin, es hänge die Anwendung des § 11, Nr. 5 EStG. davon ab, daß die Steuerbehörde dem Steuerpflichtigen nachweist, der Zweck gewinnbringender Wiederveräußerung sei bestimmend für den Erwerb gewesen. Der objektive Tatbestand des § 11, Nr. 5 a.a.O. hängt von dem Zwecke einer Handlung, mithin von Beweggründen des Handelnden ab, welche als innere Vorgänge aus äußeren Erscheinungen geschlossen werden müssen, aber oft nicht einfach liegen. Um die äußeren Erscheinungen richtig zu würdigen, muß man sich vor allem vor Augen halten, daß sie hervorgehen aus wirtschaftlichen Erwägungen, die ihrerseits von den jeweiligen Verhältnissen beeinflußt werden.

Das EStG. von 1925 hat die Entwicklung der steuerlichen Erfassung der Spekulationsgewinne vorläufig abgeschlossen. Die Frage, ob ein steuerbares Spekulationsgeschäft im Einzelfalle vorlag oder nicht, wurde nach dem alten Gesetz lediglich von der Absicht des Steuerpflichtigen bei Erwerb des den Inhalt des Spekulationsgeschäftes bildenden Gegenstandes abhängig gemacht, also von einem inneren Willensmoment. Erst in zweiter Linie wurden objektive Tatbestandsmerkmale berücksichtigt. Der § 42 des neuen EStG. regelt die Besteuerung der Spekulationsgewinne in umgekehrter Tendenz. Er läßt die Feststellung des subjektiven Willensmomentes in den Hintergrund treten und schreibt als Äquivalent mit bindender Gesetzeskraft vor, daß Veräußerungsgeschäfte dann als Spekulationsgeschäfte anzusehen sind, wenn sie bestimmte objektive äußere Merkmale aufweisen. Es ist zuzugeben, daß diese Art gesetzlicher Regelung den wesentlichen Vorzug der Einfachheit für

sich hat, wenngleich nicht verkannt werden darf, daß eine rein objektiv eingestellte Signierung der Spekulationsgeschäfte unter Umständen zu steuerlichen Unbilligkeiten führen kann. Aushilfe in solchen Fällen bietet, abgesehen von der noch zu erwähnenden Vorschrift des § 41, Abs. 2, Nr. 3 der bekannte Härteparagraph des § 108 der RAO. Die Einkommenbesteuerung der Spekulationsgeschäfte ist durch die §§ 42ff. EStG. geregelt. Der § 42, Abs. 1 gibt die äußeren Merkmale der Spekulationsgeschäfte wieder, während der Abs. 2 des § 42 den Begriff der Spekulationsgeschäfte durch Festlegung negativer Voraussetzungen einengt, bei deren Vorhandensein Einkünfte aus Veräußerungsgeschäften steuerfrei bleiben. Spekulationsgeschäfte liegen hiernach vor, wenn es sich um Veräußerungsgeschäfte handelt, bei denen der Zeitraum zwischen Anschaffung und Veräußerung in bezug auf Grundstücke weniger als 2 Jahre, und hinsichtlich anderer Gegenstände, insbesondere Wertpapiere, weniger als 3 Monate beträgt, oder endlich, wenn es sich um Veräußerungsgeschäfte handelt, bei denen der Erwerb der Veräußerung zeitlich folgt. Zu der Frage der Besteuerung von Gewinnen aus Veräußerungsgeschäften liegt eine das neue Recht betreffende Entscheidung des RFH. vom 22. 4. 1927 I A 96/27, RFH. Bd. 21, S. 123ff. vor. Dieser Fall ist deshalb doppelt interessant, weil es sich um die Veräußerung von Grundeigentum einer Erwerbsgesellschaft handelte. Der RFH. geht zunächst auf das im Bd. 15, S. 200, insbesondere S. 207, veröffentlichte Urteil zurück und wiederholt das hier gewonnene Ergebnis, indem er es auf gewerbetreibende Erwerbsgesellschaften bezieht. Er führt aus: Einzelkaufleute können neben gewerblichem Betriebsvermögen regelmäßig auch anderes Vermögen besitzen. Gewerbetreibende Erwerbsgesellschaften hingegen können grundsätzlich nur Betriebsvermögen besitzen. Solche Gesellschaften haben lediglich den Zweck, dem Erwerbe zu dienen. Alles was sie besitzen, ist diesem Zwecke gewidmet, also Betriebsvermögen. Eine Veräußerung von Betriebsvermögen ist ein Vorgang im Betriebe. Darum unterliegen die Gewinne aus solchen Veräußerungen der Körperschaftsteuer (RFH. Bd. 15, S. 200, 207). Die Sondervorschriften über die Versteuerung des Veräußerungsgewinns sind dann nicht anwendbar. (RFH. Bd. 11, S. 249, insbesondere S. 252, 255.) Diese vom RFH. für das alte Körperschaftsteuergesetz und Einkommensteuergesetz ausgesprochenen Grundsätze haben auch für das neue Recht ihre Gültigkeit behalten. Der von der Beschwerdeführerin unstreitig erzielte Veräußerungsgewinn unterliegt somit der Körperschaftsteuer. . . . . . .
Für die Frage der Steuerpflicht der Spekulationsgeschäfte ist es gleichgültig, ob das einzelne Veräußerungsgeschäft freiwillig oder auf

Grund eines rechtlichen Zwanges abgeschlossen wurde; ebenso sind die Gründe für die Veräußerung in steuerlicher Hinsicht ohne Bedeutung. Von einer besonderen Erörterung derjenigen Fälle, in welchen die aus Spekulationsgeschäften gewonnenen Einkünfte steuerfrei bleiben, sehe ich ab, weil sie die eigentliche Gewinnlehre nicht berühren. Zu erwähnen sind noch Entscheidungen des RFH. über das Vorliegen der Spekulationsabsicht. In dem Urteil vom 26. 11. 1924 VI e A 234/24 (abgedruckt in St.u.W. Jahrg. 4, S. 40) wird der Satz aufgestellt, daß Spekulationsabsicht noch nicht vorliegt, wenn beim Ankauf von Wertpapieren der Gedanke mitbestimmend gewesen ist, daß dieselben voraussichtlich später günstiger zu veräußern sein werden. Nach der negativen Seite hin äußert sich der RFH. in der Entscheidung vom 27. 5. 1925 V IA 216/25 dahin, daß die für das Vorliegen eines Spekulationsgewinnes notwendige, von vornherein für den Erwerb maßgebende Absicht, einen Gewinn durch Weiterveräußerung zu erzielen, dadurch nicht beseitigt wird, daß der Erwerb zwecks Wiederveräußerung zu einem der Markentwertung entsprechenden höheren Betrage erfolgt ist. Spekulationsabsicht liegt vielmehr immer dann vor, wenn sich aus einer Reihe von Anhaltspunkten die Schlußfolgerung ergibt, daß die Hauptabsicht und der bestimmende Beweggrund beim Einkauf die Absicht der Wiederveräußerung mit Gewinn war. (RFH. vom 23. 6. 1923, Bd. 12, S. 245.) Bei dieser zum erheblichen Teil durch die Rechtsprechung geschaffenen Rechtslage ist es begreiflich, warum der Gesetzgeber bei Fassung des § 42, Abs. 2, Ziff. 3 Wert darauf legte, daß der Steuerpflichtige, wenn die von ihm aus Veräußerungsgeschäften bezogenen Einkünfte steuerfrei bleiben sollen, seinerseits beweisen muß, daß der veräußerte Gegenstand nicht zum Zwecke gewinnbringender Wiederveräußerung erworben worden ist. Hierin liegt das oben erwähnte innere Willensmoment. Zu beachten ist hierbei aber noch folgendes. Der Steuerpflichtige muß von sich aus diesen Beweis führen, daß es sich bei der Veräußerung nicht um ein Spekulationsgeschäft gehandelt hat. Erfolgt kein Beweisantritt nach dieser Richtung, so ist das Finanzamt nicht verpflichtet, den Tatbestand von sich aus zu prüfen. Das Finanzamt ist allerdings in der Lage, den Gegenbeweis zu erbringen, daß die entsprechende Behauptung des Steuerpflichtigen unrichtig ist. In diesen Fällen des § 42, Abs. 2, Ziff. 3 empfiehlt sich daher, daß der Steuerpflichtige selbst aus eigenem Antriebe die erforderlichen Beweise erbringt. Es handelt sich hier um eine Rechtsvermutung, daß steuerpflichtige Spekulationsgeschäfte vorliegen und diese Vermutungen zu entkräften liegt natürlich im eigensten Interesse des Steuerpflichtigen. Zu diesem ganzen Fragenkomplex vertritt Kennerknecht den für die Steuerpflichtigen günstigen Standpunkt, daß der Zweck der Erwerbung eine innere Tatsache ist, die niemals offen gelegt, sondern auf die nur aus äußeren Tatsachen geschlossen werden kann. Es kommt auf den Zweck an, zu dem der Gegenstand erworben worden ist. Von einem Erwerbe zum Zweck gewinnbringender Wiederveräußerung wird man nur sprechen können, wenn das Erwerbsgeschäft von jener Absicht so beherrscht war, daß ihr gegenüber etwaige weitere Absichten, die mit dem Erwerb verbunden waren, als nebensächlich zurücktreten. Kennerknecht führt im Zusammenhange mit diesen Ausführungen einige Beispiele an. Eines sei davon erwähnt. Wenn jemand Aktien kauft, in der Absicht, durch ihren Besitz dauernd eine gute Verzinsung seines darin angelegten Kapitals zu erhalten, hierbei aber sich gleichzeitig als selbstverständlich vornimmt, im Falle einer erheblichen Kurserhöhung der Aktien diese wieder zu verkaufen, so spekuliert er nicht, sondern verwaltet lediglich sein Vermögen wie ein guter Hausvater. (Vgl. Kennerknecht, Kommentar zum Körperschaftsteuergesetz S. 371ff.)

2. Agiogewinne, Sanierungsgewinne.

Weil unter den gegenwärtigen Verhältnissen der Rationalisierungsprozeß innerhalb der deutschen Wirtschaft immer noch nicht als endgültig abgeschlossen angesehen werden kann, wir vielmehr immer noch fast täglich sehen, wie Zusammenlegungen zwecks Rationalisierung des Produktionsprozesses, andererseits Zusammenschlüsse zu großen Konzernen und Trusts vorkommen, sind die Sanierungen, Fusionierungen und die mit dem Agio zusammenhängenden Fragen von großer Bedeutung, ebenso natürlich die bei diesen Transaktionen und bei der Emission von Aktien erzielten Agiogewinne. Das Agio hat in dem § 184 HGB. seine Rechtsgrundlage. Er bestimmt in seinem Abs. 2, daß die Ausgabe von Aktien für einen höheren Betrag als den Nennbetrag statthaft ist, wenn eine solche Ausgabe im Gesellschaftsvertrage zugelassen ist. Der Mehrbetrag über den Nennbetrag ist das Agio, der sogenannte Agiogewinn. Ich lege auf das Wort „sogenannte" besonderen Wert, weil der Agiogewinn selbstverständlich kein Gewinn ist, weder im Sinne des Aktienrechts, noch nach kaufmännischem Brauch, noch auch im Sinne des Steuerrechts. Simon spricht daher auch in seinem Werk über die Bilanzen der Aktiengesellschaften immer nur von dem „sogenannten Agiogewinn" oder er setzt das Wort Agiogewinn in Anführungsstriche. Nach der Simonschen Darstellung sind die Fälle, in denen ein Agio, also ein zusätzlicher Kapitalreservefonds entsteht, folgende:

1. Bei Gründung einer Aktiengesellschaft wird statutarisch bestimmt, daß Aktien für einen höheren als den Nennbetrag ausgegeben werden.

2. Bei Erhöhung des Grundkapitals erfolgt die Ausgabe der Aktien zu einem höheren als dem Nennbetrag.

3. Durch Beschluß der Generalversammlung werden denjenigen Aktionären, welche gewisse Zuzahlungen leisten, d. h. einen gewissen, die Höhe der Beitragspflicht übersteigenden Betrag auf ihre Aktien einzahlen, gewisse Vorzugsrechte, insbesondere bezüglich der Dividende und des Liquidationserlöses eingeräumt.

Mit der Behandlung der Agiogewinne hat sich auch schon das preuß. EStR. befaßt. Wir haben hier Entscheidungen des OVG. in Bd. 7, S. 97 und S. 296; Bd. 10, S. 246 und 255; Bd. 10, S. 214ff., 244 und 261. Als Ergebnis dieser Rechtsprechung ist anzusehen, daß die Agiogewinne keine Gewinne im steuerlichen Sinne sind. Sie sind lediglich Einzahlungen auf das Grund- oder Stammkapital; sie sind mithin eine Vermehrung dieses Kapitals. An diese Entscheidungen knüpft der RFH. an und zwar in seinen Urteilen vom 30. 6. 1923 IA 9423 (RFH. Bd. 12, S. 306) und vom 12. 11. 1924 IA 3224 (RFH. Bd. 15, S. 200ff.). In dem erstgenannten Erkenntnis vom 30. 6. 1923 zu § 33, Abs. 2 EStG. und § 6, Ziff. 9 und § 9 KStG., wird der Grundsatz aufgestellt, daß der bei der Neuausgabe von Aktien zu einem höheren als dem Nennwert erzielte sogenannte Agiogewinn nicht körperschaftsteuerpflichtig ist. In dem Urteil vom 12. 11. 1924 stellt der RFH. juristisch und kaufmännisch ebenso interessante wie bedeutsame Untersuchungen zu § 262, Ziff. 2 HGB., sowie zu der Behandlung des Aigos und Disagios an. Nach § 262, Ziff. 2 a. a. O. ist in den Reservefonds neben sonstigen Beträgen der Betrag einzustellen, welcher bei der Errichtung der Gesellschaft oder bei einer Erhöhung des Grundkapitals durch Ausgabe der Aktien für einen höheren als den Nennbetrag über diesen und über den Betrag der durch die Ausgabe der Aktien entstehenden Kosten hinaus erzielt wird. Auch in dem letzterwähnten Urteil gelangt der RFH. zu dem Ergebnis, daß der sogenannte Agiogewinn steuerfrei ist. (Vgl. hierzu auch RFH. Bd. 3, S. 66 und Bd. 12, S. 306.) Von allgemeinem weit über den Wirkungsbereich des der Entscheidung zugrunde liegenden Falles hinausgehenden Interesse sind in dem Urteil vom 12. 11. 1924 die allgemeinen Rechtsgrundsätze des RFH. bezüglich der von dem Kaufmann von Fall zu Fall anzuwendenden Bilanzierungsmethoden. Es heißt an der betreffenden Stelle: Für das Gebiet des § 33, Abs. 2 EStG. läßt sich nicht etwa der Grundsatz aufstellen, daß der Steuerpflichtige unter verschiedenen handelsrechtlich zulässigen Buchungsmethoden diejenige wählen müsse, welche einen höheren steuerbaren

Gewinn ergibt. Aber nach der ausdrücklichen Vorschrift des § 33, Abs. 2 kann der Steuerpflichtige den für ihn in dieser Vorschrift liegenden Vorteil auch nicht uneingeschränkt ausnutzen. Denn der nach den Grundsätzen des Handelsrechts richtig errechnete Bilanzgewinn ist nicht stets unverändert der Besteuerung zugrunde zu legen, sondern nur unter Beachtung der Vorschriften der §§ 15 und 33a EStG. . . .

Auch in diesem Urteil sind in weit höherem Maße als in dem zuerst zitierten Erkenntnis vom 30. 6. 1923 bis in die feinsten Verästelungen reichende Zusammenhänge zwischen Steuerrecht und Handelsrecht erkennbar.

Die Sanierungs- und Fuisonsgewinne werden zweckmäßig einer gemeinsamen Erörterung unterzogen, weil sie verwandte Gewinntypen sind, und weil sie ferner in formeller Hinsicht eine gemeinsame äußere Rechtsgrundlage haben. Die Konzentrationsbewegungen und Vereinfachungstendenzen der deutschen Wirtschaft sind durch die Steuergesetzgebung erleichtert worden. Die Rechtsgrundlage ist der § 13b KVStG. vom 8. 4. 1922 in der Fassung des Gesetzes vom 10. 8. 1925 (RGBl. I, S. 241) in Verbindung mit § 8, Ziff. 1 des Steuermilderungsgesetzes vom 21. 3. 1926 (RGBl. I, S. 185). Nach § 13b a. a. O. wurde bei Zahlungen und Leistungen, die zur Deckung einer Überschuldung oder eines Verlustes am Grundkapital erforderlich sind, die Steuer auf 3 bzw. 2 vH. ermäßigt. Durch das Steuermilderungsgesetz ist dann bei Fusionierungen von Kapitalgesellschaften im Sinne des § 12 KVStG. und bei Sanierungen im Sinne des § 13b und c a. a. O. die Gesellschaftssteuer auf 1 v.H. ermäßigt worden. Die hauptsächlichsten Formen dieser Konzentrationsbewegung sind die Fusionierungen und Sanierungen. Während die Fusionierung im Gesetze geregelt ist (§ 305 HGB.), ist dies bei der Sanierung nicht der Fall. Der Begriff der Sanierung ist erst von der Praxis geschaffen. Unter Sanierung versteht man die planmäßige Zusammenfassung aller derjenigen Maßnahmen, die angewendet werden, um eine notleidende Aktiengesellschaft wieder dauernd ertragsfähig zu machen. Die üblichste Art der Sanierung besteht in der Verbindung einer Herabsetzung des Grundkapitals mit einer Zuführung neuer Mittel. Diese Zuführung neuer Mittel geschieht entweder dadurch, daß gegen Gewährung besonderer Vorrechte Zuzahlungen auf das Grundpakital von den Aktionären eingefordert werden (§ 185 HGB.), oder daß das Grundkapital erhöht wird. Weil das HGB. auf eine Festlegung des Begriffes Sanierung verzichtet hat, sind auch Einzelheiten der mit der Sanierung zusammenhängenden Probleme gesetzgeberisch nicht niedergelegt, sondern von der Praxis geschaffen und weiter entwickelt.

Neben der vorbezeichneten Sanierung, die im Schrifttum des Aktienrechts als echte Sanierung bezeichnet wird, ist der in der Praxis am meisten vorkommende Typus die Sanierung durch Akkord (Einzelakkord oder Kollektivakkord). Die Sanierungspraxis der letzten Vergangenheit ist noch einen Schritt weiter gegangen und hat beide Typen miteinander kombiniert. Der Akkord schöpft seinen Inhalt aus dem Forderungsverzicht der Gläubiger mit und ohne Besserungsschein des Schuldners. Die Gläubiger verzichten entweder bedingungslos auf einen bestimmten Teil ihrer Forderung und begnügen sich mit einer Quote als rechtsverbindliche Abfindung. Der Schuldner stellt aber auch bisweilen die Gläubiger dadurch günstiger, daß er ihnen einen Besserungsschein ausstellt. Dies geschieht in der Weise, daß er Nachzahlungen auf die Quote für den Fall zusagt, daß eine Besserung seiner wirtschaftlichen Lage eintritt. Es ist nun gerade bei Sanierungen die Frage aufgetaucht, wie solche Gewinne steuerlich zu behandeln sind, welche dadurch, zunächst mindestens buchmäßig entstehen, daß der Gläubiger auf einen Teil seiner Forderung verzichtet. Die Sanierungsgewinne vom buchmäßigen Standpunkte aus als bloße Buchgewinne anzusehen, ist nach meiner Ansicht unbedenklich. Mit der Frage, wie Buchgewinne allgemein steuerlich zu behandeln sind, hat sich der RFH. bereits in dem Urteil vom 5. 10. 1923 IA 117/23 (RFH. Bd. 12, S. 334ff.) befaßt[1]). In diesem Falle handelte es sich um eine Aktiengesellschaft, welche im März 1921 das von ihr bis dahin betriebene Sanatorium mit Buchgewinn verkauft hatte. Der RFH. stellt hier den Satz auf, daß der bei der Veräußerung des Sanatoriums erzielte, zur Verwendung für den Erwerb anderer Unternehmungen bestimmte Buchgewinn steuerbares Einkommen aus Gewerbebetrieb nach § 33, Abs. 2 EStG. und § 9 KStG. darstellt. Aus Anlaß der Durchführung von Sanierungen und zur Frage, wie die bei solchen Transaktionen von den Schuldnergesellschaften erzielte Sanierungsgewinne zu behandeln sind, sind im Schrifttum eingehende Erörterungen angestellt worden, so von Hausmann, Abraham, Blümich, Kennerknecht u. a. Abraham knüpft in einem Aufsatz vom Juni 1927, veröffentlicht in dem Juniheft der Mitteilungen der Steuerstelle des Reichsverbandes der Deutschen Industrie an die große Entscheidung des pr. OVG. in Staatssteuersachen Bd. 10, S. 214ff. an. In dieser wird die eventuelle Steuerpflicht des Agiogewinnes erörtert und der Leitsatz aufgestellt, daß nur das zum steuerlichen Gewinn zu rechnen ist, was entweder unmittelbar oder mittelbar durch den Betrieb des Unternehmens dem Inhaber zugeflossen oder von ihm geschaffen ist. Das OVG. hat

[1]) RFH. Bd. 12, S. 139.

hieraus die allein mögliche Schlußfolgerung gezogen, daß der Agiogewinn nicht steuerpflichtig ist. Im Zusammenhang hiermit führt Abraham eine Entscheidung des OVG. in Gewerbesteuersachen an (Bd. 5, S. 419ff.). In diesem Falle hatte der Hauptgläubiger einer Aktiengesellschaft, welcher gleichzeitig deren Hauptaktionär war, dieser eine Forderung von 300000.— M. erlassen. Das OVG. hat damals auch vom gewerbesteuerrechtlichen Standpunkt sich dahin ausgesprochen, daß ein solcher Forderungserlaß nicht in den gewerbesteuerpflichtigen Gewinn hineinzubeziehen sei, daß er vielmehr nur das Anlage- und Betriebskapital berühre. Auf diesen beiden Urteilen fußend, ist Abraham der Ansicht, daß der Schuldennachlaß, der völlige oder teilweise Erlaß einer Forderung, ein außerbetrieblicher Vorgang ist. Durch diesen außerbetrieblichen Vorgang wird der Betriebsgewinn in keiner Weise vermehrt. Unter Abweichung von diesem durch Abraham vertretenen Standpunkt gelangt Haußmann zur grundsätzlichen Bejahung der Steuerpflicht von Sanierungsgewinnen bei Schuldennachlaß. Haußmann argumentiert mit dem § 13 EStG., wonach bei Steuerpfllchtigen, die Handelsbücher nach den Vorschriften des Handelsgesetzbuches zu führen verpflichtet sind, der nach den Grundsätzen ordnungsmäßiger Buchführung für den Schluß des Steuerabschnitts ermittelte Überschuß des Betriebsvermögens über das Anfangsvermögen der Veranlagung zugrunde zu legen ist. Vom bilanzmäßigen Standpunkte aus ist aber der Forderungsverzicht ein Gewinn und daher auch nach kaufmännischem Brauch als eine Vermehrung des Betriebsvermögens anzusehen. Haußmann führt ferner u. a. an, daß es unmöglich ist, durch Anwendung des § 4 RAO., der die wirtschaftliche Betrachtungsweise fordert, positive Rechtsgrundsätze des Einkommensteuerrechts zu beseitigen. Es ist demnach auch nach der Haußmannschen Auffassung nicht möglich, bei der gegenwärtigen Fassung des Gesetzes im Falle eines Schuldennachlasses das Vorhandensein eines steuerpflichtigen Sanierungsgewinnes zu verneinen. Es mag dahingestellt bleiben, welcher von beiden Anschauungen der Vorzug gebührt. Eine Erörterung hierüber hat zur Zeit nur noch akademischen Charakter, nachdem der RFH. in dem Urteil vom 30. 6. 1927 VIA 297/27 zu dem Problem Stellung genommen hat (RFH. Bd. 21, S. 263). Schon vorher hatte der RFH. die grundsätzliche Frage geprüft, wie Abschreibungen bei notleidenden Unternehmungen steuerrechtlich zu behandeln sind. In den beiden Urteilen vom 15. 10. 1924 und vom 28. 1. 1925 hat der RFH. die Möglichkeit von Abschreibungen wegen Wertminderungen ausdrücklich bejaht, wenn und insoweit diese Wertminderungen infolge Unrentabilität eines Unternehmens und ungünstiger Erfolgsaussichten am ganzen Unternehmen und damit auch an den einzelnen Bestandteilen des Betriebsvermögens eingetreten sind (RFH. Bd. 15, S. 5). In dem Urteil vom 30. 6. 1927 sieht der RFH. den Vorgang der durch Forderungsverzicht bewirkten Sanierung bei dem Schuldner als einen Vorgang an, welcher sich außerhalb des Betriebes abspielt und befreit daher den Sanierungsgewinn von der Einkommensteuer. Derselbe Vorgang wird jedoch vom RFH. auf Seiten des Gläubigers als betrieblicher Vorgang angesprochen, so daß beim Gläubiger der von ihm erzielte Betriebsgewinn durch den Verzicht auf seine Forderung gegen den Schuldner vermehrt wird. Beim Schuldner hingegen erhöht der Schuldennachlaß den von diesem erzielten steuerpflichtigen Betriebsgewinn nicht. So befriedigend es auch sein mag, daß der RFH. zu den schwierigen Fragen der Behandlung von Sanierungsgewinnen im Steuerwesen Stellung genommen und eine Klärung herbeigeführt hat, so bestehen doch andererseits auch gegen das Urteil schwerwiegende Bedenken. Ich bin der Ansicht, daß man den Vorgang des Akkordes nicht in zwei Teile zerlegen und jedesmal getrennt für sich vom Standpunkt des Gläubigers und des Schuldners aus betrachten darf. Der von dem Gläubiger seinem Schuldner anläßlich der Durchführung eines Akkordes gewährte Schuldennachlaß ist ein einheitlicher wirtschaftlicher Akt. Er ist daher auch in zivilrechtlichem und in steuerrechtlichem Sinne als ein Vorgang anzusehen und demgemäß zu behandeln. Die Unterscheidung des RFH. erscheint mir gekünstelt. Außerdem ist es inkonsequent, die Annahme des Akkordes durch den Schuldner bei diesem als einen außerbetrieblichen Vorgang anzusehen, während der gleiche Vorgang beim Gläubiger innerhalb des Betriebes liegen soll. Das Urteil des RFH. birgt aber auch große Gefahren für den Schuldner beim Einzelakkord in sich. Tritt nämlich der Schuldner wegen Erlasses oder Ermäßigung seiner Schulden an seine Gläubiger einzeln in der Weise heran, daß diese nicht miteinander verhandeln, so ist nach der Anschauung des RFH. der Schuldennachlaß in diesem Falle nicht steuerfrei. Dieses Ergebnis ist aber unbillig. Denn, wirtschaftlich betrachtet, ist die Situation für den Inhaber eines Gewerbebetriebes genau die gleiche wie beim Gesamtakkord. Abgesehen von diesen Bedenken und einigen anderen hier nicht erwähnten, ist es aber doch im Ganzen betrachtet als ein Fortschritt zu bezeichnen, daß nunmehr, wenigstens soweit das Gebiet des Einkommensteuerrechts in Frage kommt, Klarheit geschaffen ist[1]). Ob der Körperschaft-

[1]) Es wird abzuwarten sein, ob Haußmann sich gegenüber dem Urteil vom 30. 6. 1927 veranlaßt sehen wird, seinen früheren Standpunkt aufzuheben oder zu revidieren.

steuersenat des RFH. auch für den Bereich der Körperschaftsteuer die Fragen im gleichen Sinne entscheiden wird, bleibt abzuwarten. Man kann jedoch schon jetzt sagen, daß die an sich nur auf den Betrieb eines Einzelkaufmanns und auf offene Handelsgesellschaften und Kommanditgesellschaften abgestellte Entscheidung auch auf die Sanierung von Aktiengesellschaften und von Gesellschaften mit beschränkter Haftung angewendet werden kann. Auch das KStG. setzt im § 18 ausdrücklich steuerfreie Vermögenszugänge voraus, so daß über das Vorkommen solcher steuerfreier Vermögenszugänge bei körperschaftsteuerpflichtigen Erwerbsgesellschaften, wie es ohne Rücksicht auf die Art ihres Betriebes Aktiengesellschaften und Gesellschaften m. b. H. sind, kein Zweifel sein kann. Ein Hinweis noch auf Fragen, die bei der Sanierung von Aktiengesellschaften usw. dann auftauchen, wenn diese Sanierungen nicht durch Gläubigerakkord oder nicht nur durch diesen, sondern namentlich auch durch Zusammenlegung des Grund- oder Stammkapitals, sowie durch eine unmittelbar hieran sich anschließende Wiedererhöhung desselben vorgenommen werden. Es ist gar nicht so allgemein bekannt, wie man annehmen sollte, daß auch bei der Sanierung einer Gesellschaft durch Kapitalzusammenlegung ein buchmäßiger Gewinn entsteht[1]). Hierauf hatte ich eingangs dieses Abschnittes insofern hingewiesen, als ich sagte, daß vom allgemeinen theoretischen Standpunkte aus die Sanierungsgewinne eo ipso Buchgewinne seien. Ein Beispiel mag dies erläutern. Eine Aktiengesellschaft hat ein Grundkapital von 900000.— M.; sie weist eine Unterbilanz von 150000.— M. auf. Ihr Grundkapital wird im Verhältnis 1:3, also auf 300000.— M. zusammengelegt. Es entsteht somit nach Abdeckung der Unterbilanz ein buchmäßiger Gewinn von 450000.— M. In der Praxis wird im allgemeinen in der Weise verfahren, daß der durch diese Transaktion erzielte Buchgewinn zu besonderen Abschreibungen auf das Anlagekapital oder auch auf Anlagekapital und Betriebskapital verwendet wird. Die Anschauung jedoch, daß derartige im Wege der Sanierung gewonnenen rein buchmäßigen Gewinne nicht körperschaftsteuerpflichtig sind, hat sich keineswegs allgemein durchgesetzt. Soweit ich festzustellen vermochte, versuchen vielmehr einzelne Finanzämter, diese Gewinne mit der Körperschaftsteuer zu besteuern. Es bedarf keiner weiteren Ausführungen, daß der Standpunkt der Finanzämter abwegig ist; denn durch die erwähnte Transaktion wird nicht einmal eine Vermehrung des Betriebsvermögens erzielt, geschweige denn ein körperschaftsteuerpflichtiger Gewinn. Nicht das Betriebsvermögen hat eine Vermehrung erfahren, sondern eine zusätzliche Kapitalbildung ist eingetreten.

[1]) Über Buchgewinne des weiteren siehe den folgenden Abschnitt.

Nach erfolgter Erhöhung des Grund- oder Stammkapitals sind Teilbeträge hiervon frei geworden. Diese freigewordenen Aktienkapitalbeträge sind zu Abschreibungen verwandt worden. Daß diese Auffassung richtig ist, geht daraus hervor, daß schon das OVG. in gleichem Sinne entschieden hat. (Vgl. OVG. i. St. Bd. 7, S. 319ff. und Bd. 9, S. 231ff.) Es hat in diesen Urteilen den Satz aufgestellt, daß solche rein buchmäßigen Gewinne deshalb nicht steuerpflichtig sind, weil sie lediglich formelle buchmäßige Vorgänge sind, die mit Einkommen oder Ertrag in steuerrechtlichem Sinne nichts gemeinsam haben. Das OVG. hat in der im Bd. 7 veröffentlichten Entscheidung (vgl. S. 319) den Schluß gezogen, daß es vollkommen gleichgültig ist, wie eine Gesellschaft den buchmäßigen Gewinn verwendet, welchen sie durch die Herabsetzung des Aktienkapitals erlangt hat. Ferner ist es unerheblich, ob solche Verwendungen stattfinden, die ihrerseits, falls sie aus regulären Überschüssen, also nicht aus nur buchmäßigen Gewinnen erfolgen, die Besteuerung nach sich ziehen würden. ... Nach sorgfältiger Prüfung habe ich keine Bedenken, diesen Rechtsstandpunkt des OVG. auch auf die durch das Einkommensteuerrecht und Körperschaftsteuerrecht bezüglich der Sanierungsgewinne geschaffene Rechtslage anzuwenden. Ich habe in diesem Falle um so weniger Zweifel, als beide Gesetze den Schanzschen Einkommensbegriff aufgegeben haben und als steuerpflichtige Einkünfte nur die im § 6 des Gesetzes angeführten 8 Einkommenskategorien besteuert wissen wollen. Bedenken können meines Erachtens deshalb kaum bestehen, weil die von mir vertretene Ansicht auch im Schrifttum zum Körperschaftsteuerrecht von Evers, Kennerknecht, Mirre u. a. geteilt wird, und weil nach dem Körperschaftsteuergesetz einmalige Vermögensanfälle ohnehin körperschaftsteuerfrei sind, da sie außerhalb des Betriebes liegen, also in jedem Falle außerbetriebliche Vorgänge darstellen.

Die Sanierungen und die bei ihrer Durchführung erzielten Gewinne werden von den Finanzämtern leider nicht immer mit dem wünschenswerten wirtschaftlichen Verständnis behandelt. Sie vertreten die unrichtige Ansicht, daß die unentgeltliche Zahlung (Zubuße) an eine Gesellschaft oder der Erlaß von Schulden (§ 397 BGB.) mit der Schenkungsteuer nach Maßgabe des Erbschaftsteuergesetzes vom 10. 9. 1919 (RGBl. S. 1543) in der Fassung der beiden Novellen vom 20. 7. 1922 (RGBl. I, S. 610) und vom 10. 8. 1925 (RGBl. I, S. 237ff.) zu erfassen sind. Die letztgenannte Novelle führt als Teil der großen Steuerreform die offizielle Bezeichnung „Gesetz über Vermögen- und Erbschaftsteuer vom 10. 8. 1925". Diese Auffassung ist unwirtschaftlich und daher abzulehnen. Der RFH. hat aus den gleichen

Gründen Anlaß genommen, zu dieser Frage Stellung zu nehmen und in der Entscheidung vom 20. 12. 1927 V e A 548/27 die geschilderte Praxis der Finanzämter mißbilligt. (RFH. Bd. 22, S. 302.) Folgender Fall unterlag der Prüfung:

Alleinige Gesellschafter einer GmbH. waren der Kaufmann S. und seine Ehefrau, und zwar zu gleichen Anteilen. Als im Jahre 1924 die Geschäftserträgnisse der Gesellschaft m. b. H. ungünstig waren, stellten die Gesellschafter zur Abwendung einer Unterbilanz ihr folgende Werte zur Verfügung. Der Ehemann S. überließ der Gesellschaft unentgeltlich ihm persönlich gehörende Maschinen im Werte von RM. 17240,—. Seine Ehefrau verzichtete auf eine Forderung, die sie in Höhe von RM. 600,60 an die Gesellschaft hatte. Das Finanzamt erblickte in diesen beiden Rechtsakten freigebige Zuwendungen und versuchte sie mit der Schenkungsteuer durch Einforderung bei der Gesellschaft zu erfassen,

Der RFH. hat in dem angeführten Urteil diese Steuerforderung für unbegründet erklärt und sich dahin ausgesprochen, daß bei diesen freiwilligen Zuwendungen zwecks Abwendung einer Unterbilanz seitens der beiden Gesellschafter, der Eheleute S., nicht die Schenkungsteuer, sondern die Kapitalverkehrsteuer (Gesellschaftsteuer) zu erheben ist. Für den Fall des Vorliegens der gesetzlichen Voraussetzungen sei, so wird vom RFH. weiter ausgeführt, der für Sanierungen vorgesehene niedrigere Satz der Kapitalverkehrsteuer zu erheben. Das Finanzgericht hatte sich zur Stützung seiner abweichenden Auffassung auf das Urteil des RFH. vom 13. 12. 1922 VI A 155/21 (RFH. Bd. 11, S. 112) berufen. Hier hatte der RFH. den Satz aufgestellt, daß bei billiger Überlassung von Werten an eine GmbH. insoweit eine Schenkung gegeben sei, als die Gesellschafter der in Frage kommenden GmbH. nicht im gleichen Verhältnis vorher am Eigentum der betreffenden Gegenstände beteiligt waren.

Die Anschauung des RFH. ist nicht allein vom rein wirtschaftlichen Standpunkt aus die einzig richtige. Sie wird auch allein den berechtigten Bedürfnissen der Praxis gerecht und steht außerdem im Einklang mit Schrifttum und Rechtsprechung zu § 26, Abs. 1 GmbH.-Gesetz. Nach dieser Vorschrift kann im Gesellschaftsvertrage bestimmt werden, daß die Gesellschafter über den Betrag der Stammeinlagen hinaus die Einforderung von weiteren Einzahlungen (Nachschüssen) beschließen können. Es liegt nun kein Nachschuß im Sinne des § 26 a. a. O. vor, wenn die Gesellschafter freiwillig und ohne Rechtspflicht Zuschüsse an die Gesellschaft leisten, ein Vorkommnis, das besonders in den Fällen einer Unterbilanz zu beobachten ist. Diese zwecks Beseitigung der Unterbilanz bewirkte Zuwendung muß über Gewinnkonto verbucht werden. Eine Verbuchung auf Nachschußkonto ist unzulässig, und zwar schon deshalb, weil sie eine Änderung des Gesellschaftsvertrages voraussetzen würde. Noch weniger liegt ein Nachschuß und demgemäß die Belastung eines Nachschußkontos vor, wenn die Zuzahlung eines Gesellschafters auf seinen Geschäftsanteil erfolgt, um diesen in einen Vorzugs-Stammanteil umzuwandeln. Durch Majoritätsbeschluß der Gesellschafter die Rückzahlung dieser Beträge späterhin wieder vorzunehmen, ist selbst dann unstatthaft, wenn von der Einzahlung von Nachschüssen die Rede ist. In keinem der beiden genannten Fälle der freiwilligen Zuzahlung, also gleichgültig, ob diese gegen Gewährung eines Vorzugs-Stammanteils oder ohne eine solche Besserstellung erfolgt, liegt eine Schenkung vor. In beiden Fällen handelt es sich vielmehr lediglich um Vornahme gesellschaftsrechtlicher Leistungen zwecks Beseitigung einer Unterbilanz oder Abwendung drohender Verluste. Für die GmbH. besteht somit auch keine Schenkungsteuerpflicht. (Vgl. RGZ. vom 18. 2. 1913 in Bd. 81, S. 368 und vom 17. 10. 1922 in RGZ. Bd. 105, S. 299, sowie RFH. vom 28. 5. 1918 II A 51/19 in Bd. 1, S. 73.) Vorstehende Ansicht ist die herrschende. Sie wird insbesondere auch in dem Kommentar von Staub-Hachenburg vertreten. (Vgl. Bd. I, S. 447, Anm. 4 zu § 26.) Der RFH. hat hieraus die Folgerungen gezogen und unter ausdrücklicher Billigung des vorgetragenen Standpunktes sich zu dieser Frage folgendermaßen geäußert:

Wenn auch, wie die angefochtene Entscheidung mit rechtlich einwandfreier Begründung feststellt, der Ehemann S. der Gesellschaft die Maschinen nicht nur geliehen, sondern vorbehaltlos und ohne Entgelt zu Eigentum übertragen und die Ehefrau die Forderung nicht nur gestundet, sondern auf sie verzichtet hat, kann doch der Auffassung der Vorbehörden, daß daraus zwingend die Schenkungsteuerpflicht folge, nicht zugestimmt werden. Der VI. Senat hat allerdings in der angeführten Entscheidung ausgesprochen, daß eine unentgeltliche Zuwendung eines Gesellschafters einer Gesellschaft m. b. H., der nicht alle oder so gut wie alle Stammanteile besitzt, an die Gesellschaft schenkungsteuerpflichtig und die Schenkungsteuer von dem vollen Betrage der Zuwendung zu erheben ist. Der hier vorliegende Fall, daß die Gesellschafter freiwillig und ohne Verpflichtung aus dem Gesellschaftsvertrage Zuschüsse an die Gesellschaft leisten, um eine Unterbilanz abzuwenden (Sanierung), war aber nicht Gegenstand dieser Entscheidung, deren Begründung auch nicht erkennen läßt, daß der aufgestellte Rechtssatz ausnahmslos gelten soll.

Im vorliegenden Fall erhält der Zuwendende allerdings keine Gegenleistung. Er handelt aber nur seines Vorteils wegen, und der Gedanke, eine Freigebigkeit zu erweisen, liegt ihm völlig fern. Deshalb ist nach der Auffassung der Beteiligten die Zuwendung keine Schenkung, sondern eine gesellschaftliche Leistung (Staub-Hachenburg, Gesetz betreffend die Gesellschaften mit beschränkter Haftung, 5. Aufl., I, S. 447). Es würde eine der Verkehrsauffassung durchaus widerstreitende Beurteilung sein, wenn man derartige Zuwendungen als steuerpflichtige Schenkungen behandeln wollte. Aus der Vorschrift des § 13, b KVStG. geht auch deutlich hervor, daß es nicht in der Absicht der Gesetzgebung liegt, die Sanierung notleidender Gesellschaften durch die Belastung mit der hohen

Schenkungsteuer zu erschweren. Die Beschwerdeführerin war deshalb von der Schenkungsteuer freizustellen. Das Finanzamt wird zu prüfen haben, ob die Gesellschaftsteuer zu erheben ist.

Über Fusionsgewinne siehe die Ausführungen unter Ziff. 4.

3. Die Buch- und Scheingewinne.

Die Buchgewinne sind dem Steuerwesen seit langem bekannt. So sind die Sanierungs- usw. Gewinne generell als Buchgewinne aufzufassen. Für die Buchgewinne gilt also alles das, was oben hinsichtlich der Sanierungsgewinne gesagt ist. Es kommt nun des öfteren vor, daß einzelne Posten der Aktiven oder Passiven durch außerbetriebliche Vorgänge, also durch betriebsfremde Vorkommnisse im Laufe eines Geschäftsjahres einen anderen Wert erhalten. Es können nämlich, ohne daß ein betriebswirtschaftlicher Zusammenhang besteht, und auch ohne jede Einwirkung des Inhabers des Betriebsvermögens Aktiv- und Passivposten fortfallen oder hinzutreten. Solche außerordentlichen außerbetrieblichen Vorkommnisse sind der Wegfall eines Gläubigers durch Zwangsvergleich (Akkord). Hier sei als weiteres Beispiel der Fall angeführt, bei welchem dem Betriebe Rückstände von geschuldeten Steuern erlassen werden. Die buchmäßige und steuerliche Behandlung solcher Steuerschulden vollzieht sich folgendermaßen. Nach § 18, Abs. 1, Ziff. 3 EStG. (§ 13 KStG.) dürfen die von dem Steuerpflichtigen entrichtete Einkommensteuer sowie sonstige Personalsteuern vom steuerbaren Gewinn nicht abgesetzt werden. Sie werden daher dem Jahresgewinne zugerechnet. Dies gilt aber dann nicht, wenn bei der Vermögensberechnung für den Anfang des Steuerabschnittes wegen der Steuerschuld aus den früheren Jahren ein Rückstellungskonto gebildet worden ist. Denn auf diese Weise ist durch die Zahlung der Steuern und infolge Wegfalles des Passivpostens für das Endvermögen das Ergebnis des Vermögensvergleichs nicht beeinflußt worden. Buchgewinne, die durch Erlaß von Steuerrückständen entstehen, unterliegen somit weder der Einkommen- noch der Körperschaftsteuer.

Die Scheingewinne.

Eine sehr interessante Erscheinung sind die Scheingewinne. Mit den Scheingewinnen hat sich der RFH. schon zu einer Zeit befaßt, als sie aus Anlaß des Inkrafttretens der Kriegssteuergesetzgebung der Jahre 1916—1918 akut geworden waren. In dem Urteil vom 11. 4. 1922 IA 132/21 (Bd. 9, S. 111), kommt der RFH. zu folgendem Ergebnis. Scheingewinne, die lediglich in dem sinkenden Geldwert ihren Grund haben, sollen möglichst nicht als Dividende ausgeschüttet oder weggesteuert werden. Bei anderer Beurteilung der Sach- und Rechtslage werden die Betriebe zur volkswirtschaftlich verderblichen Aufzehrung ihres Betriebskapitals gezwungen. Diese Entscheidung erging zu § 16 des Kriegssteuergesetzes vom 21. 6. 1916 und zu den §§ 22—24 des Kriegsabgabegesetzes vom 26. 7. 1918 (RGBl. S. 561ff. und 964ff.). Nur nebenher hebe ich hervor, daß schon in dieser Kriegssteuergesetzgebung die steuerliche Erfassung eines Durchschnittsjahresgewinnes eine Rolle gespielt hat. Der Gesetzgeber ging nämlich hierbei von dem Jahresdurchschnitt der 5 letzten Friedensgeschäftsjahre aus und stellte die in ihnen gewonnenen Erträgnisse dem Jahresgewinn des oder der Kriegsgeschäftsjahre gegenüber. Ich hatte bereits früher in anderem Zusammenhange darauf hingewiesen, daß Bestrebungen der Reichsregierung im Gange sind, erneut zu dem ehemaligen 3jährigen Durchschnittsjahresgewinn des preuß. Einkommensteuerrechtes zurückzukehren[1]). Die Scheingewinne haben jedoch keineswegs nur historische Bedeutung. Bei der Anfertigung der Steuereröffnungsbilanz vom 1. 1. 1925 haben die Steuerbehörden Scheingewinne konstruiert und zu besteuern versucht. Sie vertreten nämlich den Standpunkt, daß bei bilanzierenden Unternehmungen von den Wertpapieren diejenigen, welche dauernde Beteiligungen darstellen, in die Steuereröffnungsbilanz vom 1. 1. 1925 im Gegensatz zu den sonstigen Wertpapierkategorien nicht mit dem Kurswert per 1. 1. 1925 einzusetzen sind, sondern mit dem Kurswert oder Tageswert per 1. 1. 1924, abzüglich von 33⅓ vH. Die Wertpapiere sind also nicht nach § 107, Abs. 3, sondern gemäß § 107, Abs. 2 EStG. zu behandeln. Dieser von den Steuerbehörden geäußerten Ansicht hat sich Kennerknecht in seinem Aufsatz über die Besteuerung der Gewinne aus der Veräußerung von Beteiligungen angeschlossen. (Vgl. Eildienst der Deutschen Steuerzeitung, 5. Jahrg., Heft 20 vom 26. 11. 1927, S. 556ff.) Kennerknecht bestreitet, daß bei dieser Art der Besteuerung es sich um Scheingewinne handelt und stellt auch in Abrede, daß ihre steuerliche Erfassung unbillig ist. Von welcher einschneidenden Bedeutung diese Frage praktisch werden kann, mag an einem Beispiel gezeigt werden. Eine Gesellschaft verfügt seit mehreren Jahren über die gesamten Aktien oder über die Aktienmajorität eines Aktienunternehmens. Der Wert der Aktien per 1. 1. 1924 mag 100 vH. sein. Nach der Anschauung der Steuerbehörden sind dann diese Aktien in die Steuereröffnungsbilanz per

[1]) Auch der Reichsverband der deutschen Industrie hat in seiner letzten Vorstandssitzung nach einem Referat von Haußmann eine Entschließung im Sinne baldiger Wiedereinführung der Besteuerung nach dem dreijährigen Durchschnitt bei der Einkommen-, Körperschaft- und Gewerbesteuer angenommen.

1. 1. 1925 nur mit 66⅔ vH. einzusetzen, und zwar dies auch dann, wenn ihr Wert an diesem Stichtage 100 vH. war. Veräußert nun die Gesellschaft das Aktienpaket auf der Wertbasis von 100 vH., so muß sie die Differenz, also 33⅓ vH. als „Gewinn" versteuern. Dieses Ergebnis ist wirtschaftlich untragbar und daher abzulehnen. Die nicht zu billigende anderweitige Auffassung der Steuerbehörden hat darin ihren Grund, daß der § 107, Abs. 2 in seiner Tragweite nicht erkannt worden ist. Diese Vorschrift kann sich meines Erachtens nur auf körperliche Gegenstände beziehen, also weder auf Wertpapiere, noch auf Beteiligungen. Diese sind vielmehr sowohl nach dem Sinn der Vorschrift des § 107, Abs. 2 a. a. O., wie nach den Erklärungen der Regierung mit dem vollen Vermögensteuerwert in die Steuereröffnungsbilanz einzusetzen. Die Frage der Behandlung dieser Scheingewinne ist in der letzten Zeit dadurch geklärt worden, daß ihr Evers in seinem Aufsatz über die Bewertung von Beteiligungen in der Körperschaftsteuerbilanz namentlich bei Aktienumtausch aus Anlaß von Fusionen eine eingehende Prüfung gewidmet hat. (Vgl. D. StZ.. Jahrg. XVII, Februarheft 1928, S. 118ff.). Evers verwirft die von Kennerknecht geforderte Bewertung der Aktien und sonstigen Gesellschaftsanteile in der Steuereröffnungsbilanz und kommt unter Heranziehung eines umfangreichen gesetzgeberischen Material, sowie unter Verwertung der Rosendorffschen Monographie über die Goldmarkbilanz gleichfalls zu dem Ergebnis, daß die Bewertungsvorschriften des § 107, Abs. 2, S. 2 EStG. sich auf Aktien- und Gesellschaftsanteile, die zum Anlagekapital gehören, nicht bezieht. Evers ist vielmehr der Ansicht, die übrigens auch von Lion geteilt wird, daß eine gegenteilige Anschauung zur Besteuerung von Scheingewinnen in Höhe eines Drittels des Steuerkurswerts der Aktien führt.

Besondere Beachtung wurde den Scheingewinnen begreiflicherweise von der Betriebswirtschaftslehre in der Inflationszeit geschenkt. Schmalenbach hielt anläßlich der ersten betriebswirtschaftlichen Tagung, welche von der Gesellschaft für wirtschaftliche Ausbildung in Frankfurt a. M. am 25. und 26. 11. 1921 veranstaltet wurde, einen Vortrag über die steuerliche Behandlung der Scheingewinne. Schmalenbach hat dann später diesen Vortrag ausgebaut und als Broschüre (Sonderband I der Mitteilungen der Gesellschaft für wirtschaftliche Ausbildung) im Jahre 1922 erscheinen lassen. Die Untersuchungen Schmalenbachs sind auf breiter Basis vorgenommen. Neben Erörterungen über Natur und Folgen der Scheingewinne finden wir Vorschläge zur Bekämpfung der Scheingewinne und Scheinverluste in der Erfolgsrechnung sowie eine Prüfung der Rechtslage der

Scheingewinne im Steuerrecht. Schmalenbach zeigt an einer ganzen Reihe von Beispielen, beginnend mit der Kriegssteuergesetzgebung von 1916/1918 bis zum Reichseinkommensteuergesetz von 1920, wie man an die Beseitigung der Scheingewinne gehen wollte. Auf die Scheingewinne und die Bestrebungen zu ihrer Ausmerzung sind zweifellos die durch die Novelle vom März 1921 geschaffenen §§ 33a und 59a des EStG. von 1920 zurückzuführen. (Vgl. Urteil vom 19. 10. 1922 III A 371/22 RFH. Bd. 11, S. 238, 244ff.) Der § 33a hat dadurch eine besondere Bedeutung gewonnen, daß Überteuerungsabschreibungen herunter bis auf den gemeinen Wert nicht nur für die in dem betreffenden Geschäftsjahr angeschafften, sondern auch für die in früheren Jahren angeschafften Gegenstände zulässig sind. In gleicher Weise hat § 59 die Möglichkeit geschaffen, Überteuerungsabschreibungen in bezug auf Kleinwohnungen, die in den Jahren 1920—1923 erbaut worden sind, zu machen. Der § 59a hat ferner dem Steuerpflichtigen die Möglichkeit und die Befugnis gegeben, für zukünftige Anschaffungen, also für solche Gegenstände, die erst noch angeschafft werden sollen, Rückstellungen zu machen.

4. Fusionsgewinne.

Nach § 305 HGB. versteht man unter einer Fusion die Übertragung des Vermögens einer Aktiengesellschaft als Ganzes an eine andere AG., oder an eine Kommanditgesellschaft auf Aktien, gegen Gewährung von Aktien der übernehmenden Gesellschaft. Daneben gibt es noch eine weitere Möglichkeit der Fusionierung, bei welcher vereinbart wird, daß eine Liquidation des Vermögens der aufgelösten Gesellschaft nicht stattfinden soll. In der Praxis wird diese Art der Fusionierung als echte Fusion bezeichnet. Von ihr ist die einfache, unechte, auch kalte oder stille Fusion zu unterscheiden. Während bei der echten Fusion eine der sich miteinander verschmelzenden Gesellschaften untergeht (infolge ihres Aufgehens in der anderen Gesellschaft), bleiben bei der unechten Fusion beide bisherigen Gesellschaften vom juristischen Standpunkte aus bestehen. Es tritt aber in ihrer Struktur eine einschneidende Änderung ein. Beide Unternehmungen werden miteinander vereinigt, die eine Gesellschaft erwirbt alle Anteile der anderen Gesellschaft und zwar in der Weise, daß sie deren Gesellschaftern als Ausgleich im Tauschwert eigene Aktien hingibt. Auf diese Weise erlangt sie die Herrschaft über das Unternehmen der anderen Gesellschaft, während von dieser nur der sogenannte Mantel übrigbleibt. In wirtschaftlicher Hinsicht ist in beiden Fällen der Effekt der gleiche. Die übernehmende Gesellschaft ist in gleicher Weise die Besitzerin des übernommenen Unternehmens geworden. Sie kann daher das übernommene Unternehmen stillegen, weiterbetreiben oder auch in organisatorischer Hinsicht beliebig verändern. Die unechte Fusion wird, wenn die Aktien der beiden an der Fusion beteiligten Gesellschaften in den gleichen Händen bleiben, in der Praxis oft bevorzugt, weil sie nicht mit solchen Weiterungen verbunden ist, wie die echte Fusion. Außerdem verursacht sie keine besonderen Kosten und kann zur beliebigen Zeit und unter beliebigen Modalitäten wieder aufgehoben werden. Eine Scheidung der fusionierten Unternehmungen ist durchführbar, ohne daß eine Neugründung mit den damit verbundenen Kosten und Umständen erforderlich ist. Es ist nun in der Praxis die Frage aufgetaucht, ob bei solchen Fusionen Gewinne der Aktionäre, also Fusionsgewinne, entstehen, und ob diese Gewinne steuerfrei sind oder der Besteuerung unterliegen. Mit diesem Problem hat sich u. a. Rosendorff befaßt. In einem Aufsatz über steuerfreie Fusionsgewinne der Aktionäre versucht Rosendorff, die angedeuteten Fragen zu klären (vgl. Dt. StZ. Jahrgang XVI, Oktoberheft 1927, Nr. 10, S. 875 ff.). In seiner Erörterung behandelt Rosendorff jedoch nur die Fälle der echten Fusion, denn er spricht nur von Aktien der aufgelösten und der übernehmenden Gesellschaft. Er stellt die Frage speziell dahin, wie die Muttergesellschaft die Aktien einer dritten Gesellschaft bewerten muß, wenn sie als Großaktionärin mit mehr als ¼, also mit über 25 vH. an einer anderen Gesellschaft beteiligt war, die ihrerseits mit einer dritten Gesellschaft verschmolzen wird. Diese Aktien der dritten Gesellschaft werden von der bisherigen Muttergesellschaft der im Fusionswege aufgenommenen Tochtergesellschaft infolge jener Fusion gegen ihren bisherigen Aktienbesitz eingetauscht. Unter Heranziehung von Material, welches Rosendorff zum Teil aus seinem Kommentar zum KStG. (siehe S. 28ff. daselbst) entnimmt, stellt er seine Prüfung auf den § 30 des EStG. ab, welcher gemäß § 13 KStG. auch für das Körperschaftsteuerrecht gilt. Nach § 30 a. a. O. gelten als Einkünfte aus Gewerbebetrieb auch solche Gewinne, die bei der Veräußerung des Gewerbebetriebes als Ganzen oder bei der Veräußerung eines Teiles des Gewerbebetriebes erzielt werden. Nach derselben Bestimmung steht ferner dieser Veräußerung gleich, wenn Anteile an einer anderen Erwerbsgesellschaft, insbesondere Aktien, Anteile einer GmbH., Kuxe oder ähnliche Beteiligungen veräußert werden, und wenn ferner der Veräußerer am Kapital der Gesellschaft wesentlich beteiligt war (vgl. § 30, Abs. 3, S. 1 EStG.). Rosendorff kommt, indem er mit § 30 operiert, zu dem Ergebnis, daß der Großaktionär bzw. die in Frage kommende Gesellschaft als Großaktionärin berechtigt ist, in einem solchen Falle die neu erworbenen Aktien der aufnehmenden Gesellschaft mit dem Buchwert der alten untergegangenen Aktien anzusetzen. Rosendorff sagt wörtlich: Da der Wortlaut des Gesetzes und die inneren Gründe des Gesetzgebers dafür sprechen (nämlich für die von Rosendorff vertretene Ansicht, insbesondere soweit der § 30 EStG. angewendet wird), muß es also dem Großaktionär der durch Fusion untergehenden Gesellschaft gestattet sein, die ihm zukommenden Aktien der aufnehmenden Gesellschaft mit dem gleichen Betrage in seine Bilanz einzusetzen, mit welchem die alten Aktien zu Buche standen. Gegen diese Ausführungen haben sich mehrere Schriftsteller gewendet, so insbesondere Kennerknecht und Evers in ihren Kommentaren zum KStG., S. 321, Anm. 19, bzw. S. 831ff und S. 835, außerdem noch der Verfasser eines Aufsatzes im Eildienst der D. StZ. mit der Überschrift: „Die Bewertung von eingetauschten Beteiligungen in der Steuerbilanz". Sie verwerfen die Rosendorffsche Auffassung, indem sie meines Erachtens mit Recht einwenden, daß der Fragenkomplex nicht durch Heranziehung des § 30, sondern des § 13 EStG. zu lösen ist. Unterstützt wird diese von dem Rosendorfschen Standpunkt abweichende Ansicht durch eine Artikelserie von Evers in der D. StZ., Jahrg. XVI, Januar- und Februarheft 1928, S. 18 und S. 118 über die Bewertung von Beteiligungen in der Körperschaftsteuerbilanz, namentlich bei Aktienumtausch aus Anlaß von Fusionen. An der Hand von praktischen Beispielen ergänzt Evers die in seinem Körperschaftsteuerkommentar niedergelegten Ausführungen und zieht im Gegensatz zu Rosendorff, der nur die Fälle der echten Fusion erörtert, den Rahmen seiner Rechstprüfung erheblich weiter. Evers behandelt in dem genannten Artikel sowohl die Fälle der echten Fusion wie diejenigen der unechten Fusion und gelangt zu folgendem Ergebnis: Sowohl die echte Fusion wie die unechte Fusion geben dem Eigentümer von Aktien der übernehmenden Gesellschaft keinen Anlaß, hinsichtlich der Bewertung seiner Aktien eine Änderung vorzunehmen. Dagegen ist für den bisherigen Besitzer von Aktien der übernommenen Gesellschaft die Rechtslage bei der echten Fusion eine andere als bei der unechten Fusion. Bei der echten Fusion bleiben die Anschaffungspreise der Aktien der übernommenen Gesellschaft maßgebend. Bei der unechten Fusion muß dagegen der Aktionär die von ihm eingetauschten Aktien mit dem fingierten Anschaffungspreis des § 19, Abs. 2, S. 2 des EStG. einsetzen. Er muß also den Kursgewinn als realisiert gegen sich gelten lassen und ihn daher versteuern. Von steuerfreien Fusionsgewinnen kann daher in diesen Fällen keine Rede sein. Mein eigener Standpunkt geht dahin, daß die Rosendorffsche Konstruktion abzulehen ist. Seine Anwendung des § 30 hat zwar auf den ersten Augenblick etwas Bestechendes für sich. Rosendorff stellt seine Deduktion auf die spezielle handelsrechtliche Vorschrift des § 305 HGB. ab und kommt so auf dem Wege über diese fusionsrechtliche Bestimmung zu der gleichfalls speziellen Bestimmung des § 30 EStG., welcher, ähnlich wie der § 305 HGB. von der Veräußerung eines Gewerbebetriebes als ganzen spricht. Man achte hier auf die analoge, fast wörtlich gleichlautende Fassung des ersten Satzteiles des Abs. 1 des § 305, welcher mit den Worten beginnt: Wird das Vermögen einer Aktiengesellschaft als Ganzes an eine andere Aktiengesellschaft .... Für die steuerrechtliche Beurteilung von Fusionsfragen ist nicht der § 305 in Verbindung mit § 306 ausschlaggebend. Diese beiden Vorschriften schaffen nur in materieller Hinsicht die handelsrechtliche Rechtsgrundlage und außerdem in formaler Hinsicht den äußeren Rahmen, innerhalb dessen sich die verschiedenen Spielarten der Fusionen abwickeln. Wesen und wirtschaftlicher Kern der Fusionen ist aber, soweit es sich um Aktiengesellschaften oder GmbH. handelt, der Austausch, bzw. die Übernahme der Aktien und der Anteile der übernommenen Gesellschaft, sowie ihre Bewertung. Daß diese Auffassung richtig ist, dafür spricht schon die Fassung der Überschrift der oben als Material angezogenen Artikelserie von Evers. Das Bewertungsrecht des Einkommensteuer- und des Körperschaftsteuerrechts ist aber ausschließlich in dem § 13, in Verbindung mit den §§ 19—21 EStG. und im § 13 KStG. niedergelegt. Dies sind die speziellen Rechtsvorschriften des Steuerrechts; ihnen gebührt nach allgemeiner Rechtsanschauung der Vorrang vor den allgemeinen Bestimmungen des Privatrechts (Handelsrechts). Im übrigen zeigt auch das steuerliche Fusionsrecht die nahen Zusammenhänge zwischen Steuerrecht und Handelsrecht auf.

5. Die verschleierten Gewinne.

Als letzten besonderen Gewinntypus erörtere ich die verschleierten Gewinne (versteckten Gewinne). In der Handelspraxis hat sich schon frühzeitig das Bestreben bemerkbar gemacht, aus irgendwelchen Gründen, die durchaus nicht immer auf steuerlichem Gebiete liegen, die in einem Betriebe erzielten Gewinne nicht in der vollen bilanzmäßigen Höhe auszuweisen, sondern die durch Überbewertung von Passiven oder Unterbewertung von Aktiven ohnehin bereits heruntergedrückten Gewinne noch weiter zu verschleiern. Diese Formen der sogenannten versteckten oder verschleierten Gewinnverteilung sind vornehmlich bei Familiengründungen handelsrechtlicher Art, also bei solchen AG. oder GmbH. festzustellen, bei welchen die Aktien oder Geschäftsanteile sich entweder ganz oder überwiegend im Besitze einer Familie bzw. von Verwandten befinden. Aus psychologischen Gründen kommen solche versteckten Gewinnverteilungen ferner dann vor, wenn es sich um Zuwendungen an langjährige Angestellte handelte, die außerdem ihrerseits zu der Geschäftsleitung in einem persönlichen oder verwandtschaftlichen Verhältnis standen. Es handelt sich hierbei um Umsatzvergütungen, Provisionen, Tantiemen, übermäßig hohe Gehälter usw. usw. Es liegt nahe, daß der RFH. in zahlreichen Fällen die versteckten Gewinnverteilungen vom steuerrechtlichen Gesichtspunkt aus nachgeprüft hat. An älteren Entscheidungen führe ich die folgenden an, Bd. 2, S. 120, 184, 185 und S. 266, Bd. 3, S. 192, 322; Bd. 4, S. 118, 119; Bd. 5, S. 294; Bd. 8, S. 68, 69; Bd. 9, S. 235/237 und Bd. 14, S. 296/298. An neueren Entscheidungen sind zu erwähnen die Urteile in Bd. 16, S. 296, 306 und 355; Bd. 20, S. 169 vom 11. 1. 1927 IA 409/26 und Bd. 21, S. 1 vom 16. 11. 1926 IA 335/26. In beiden Entscheidungen wird die Frage angeschnitten, wann Tantiemen und Gehälter von Geschäftsführern als versteckte Gewinnausschüttungen anzusehen und demgemäß steuerrechtlich zu behandeln sind. Die beiden letztgenannten Entscheidungen geben bereits die Rechtslage auf Grund der Gesetzgebung von 1925 wieder. Der RFH. stellt fest, daß für die Frage, ob eine versteckte Gewinnverteilung anzunehmen ist, die Grundsätze zu beachten sind, welche von ihm in den Entscheidungen Bd. 2, S. 266; Bd. 6, S. 266 und Bd. 16, S. 253 aufgestellt worden sind. Danach ist insbesondere von Bedeutung, ob die gewährten Vergütungen in Verbindung mit den festen Gehältern unter Berücksichtigung des Umfanges und der Gewinnaussichten des Unternehmens in angemessenem Verhältnis zu dem Werte der von den Empfängern geleisteten Dienste stehen, und ob gleichhohe Vergütungen auch fremden Angestellten zugebilligt worden wären. Für die Annahme einer versteckten Gewinnverteilung in dem dem Urteil vom 11. 1. 1927 zugrunde liegenden Falle spricht z. B. die Tatsache, daß die Tantiemen erst kurz vor Ablauf des Geschäftsjahres zugesichert sind, also zu einer Zeit, als das Gewinnergebnis bereits zu übersehen war und daß, wie sich aus der Namensgleichheit entnehmen läßt, der Geschäftsführer W. R. gleichzeitig Gesellschafter und der Geschäftsführer H. M. der Ehemann der Gesellschafterin M. ist, ihre Beziehungen zur Gesellschaft also besonders nahe sind. Zu dem gleichen Ergebnis ist der RFH. auch schon in dem Urteil vom 16. 11. 1926 gelangt. Auch hier hebt er hervor, daß von wesentlicher Bedeutung das Verhältnis der Gesamtbezüge zum Werte der Dienstleistungen ist. Es kommt darauf an, ob die Bezüge in so großem Mißverhältnis zum Werte der Dienstleistungen stehen, daß angenommen werden muß, es soll nicht nur die Tätigkeit entlohnt, sondern zugleich Gewinn verteilt werden. Auch bezüglich der steuerlichen Erfassung der versteckten Gewinne hat der RFH. schon in der Entscheidung vom 28. 9. 1923 IA 93/23

(RFH. Bd. 12, S. 351) daran festgehalten, daß die wirtschaftliche Betrachtungsweise des § 4, RAO., z. T. auch in Verbindung mit den §§ 5 und 6 RAO. sich bei den sogenannten versteckten Gewinnen deutlich auswirkt. Die neueste mir bekannte Entscheidung ist vom I. Senat unter dem 27. 9. 1927 verkündet worden — Aktenz. I A 123/27 und ist bisher in der amtlichen Sammlung nicht veröffentlicht, dagegen in der JW. 1928, Heft 4, S. 251 abgedruckt. Sie betrifft die Abzugsfähigkeit von Geschäftsführergehältern bei einer GmbH. nach dem KStG. und lautet unter Anführung der §§ 4 und 5 RAO. an der maßgeblichen Stelle, wie folgt:

Der RFH. hat wiederholt ausgesprochen, daß auch unabhängig von § 5 RAO. Vergütungen an Geschäftsführer und sonstige Angestellte (mögen diese Gesellschafter sein oder nicht) als versteckte Gewinnverteilungen behandelt werden können, sofern die Vergütungen unter Berücksichtigung des Umfanges und der Ertragsaussichten des Unternehmens in so großem Mißverhältnisse zum Werte der Dienstleistungen stehen, daß angenommen werden müsse, es solle nicht nur die Tätigkeit entlohnt, sondern zugleich Gewinn verteilt werden . .

Für die Beurteilung könne in Betracht kommen, daß die Vergütungen erst kurz vor Ablauf des Geschäftsjahres zugesichert waren, als das Gewinnergebnis bereits zu übersehen war.

So auch fast wörtlich RFH. Bd. 20, S. 169. Endlich ist noch in diesem Zusammenhange auf das Urteil vom 14. 6. 1927, IA 147/27 (RFH. Bd. 21, S. 275ff.) hinzuweisen. In dieser zu den §§ 10 und 13 KStG. ergangenen Erkenntnis kam es auf die Feststellung an, ob die von einer Gesellschaft ihren Auftraggebern bewilligten Umsatzvergütungen übermäßig hoch waren, d. h. ob sie über denjenigen Betrag hinausgingen, den die Gesellschaft verständigerweise unter im gleichen Verhältnissen einem Dritten, der zu den Gesellschaftern nicht in engen wirtschaftlichen Beziehungen stand, zugebilligt haben würde.

3. Unterabschnitt.

Weitere Entwicklung der Gewinnlehre des Einkommen- und Körperschaftsteuerrechts vom 10. 8. 1925 bis zur Gegenwart.

§ 16. Die Rechtsprechung zu den §§ 12, 13 und 19 EStG. (§ 13 KStG.).

Der Gewinnbegriff, wie er durch die §§ 12 und 13 seine gesetzgeberische Regelung erfahren hat, ist von der Rechtsprechung bald nach Inkrafttreten der Gesetzgebung von 1925 weiter entwickelt worden. Zwar sind dem Umfange nach die Ergebnisse nicht gerade sehr ergiebig. Immerhin ist festzustellen, daß ernsthafte und teilweise auch erfolgreiche Versuche gemacht worden sind und bis heute gemacht werden, um der ungeheuren Schwierigkeiten Herr zu werden, die einer erfolgsicheren und praktisch wertvollen Handhabung des § 12 je länger je mehr, entgegenstehen. In dieser Ansicht werde ich um so mehr bestärkt, als seitens der die Rechtsprechung verkörpernden Instanzen selbst schon wiederholt darauf aufmerksam gemacht worden ist, daß es darauf ankomme, die vielen Unstimmigkeiten, die sich aus der Anwendung des § 12 für die Praxis ergeben, zu beseitigen. In dieser Hinsicht ist dem Werturteil Beckers über die praktische Brauchbarkeit und Anwendbarkeit des § 12 deshalb besondere Bedeutung beizulegen, weil derselbe im Einkommensteuersenat des RFH. den Vorsitz führt. In seinen Untersuchungen zu einigen grundlegenden Fragen des neuen Steuerrechts hat Becker als einer der ersten darauf hingewiesen, daß man von der praktischen Anwendung des § 12 auf bestimmte Einzelfälle sich kein genaues Bild machen könne, und daß daher die Rechtsprechung in erster Linie bestrebt sein müsse, auf die Ausmerzung dieser Unstimmigkeiten hinzuarbeiten. An der gleichen Stelle, bei der Becker in breit angelegten Ausführungen zu einzelnen besonders schwierigen und wichtigen Problemen des Einkommensteuerrechts der §§ 12 und 13 Stellung nimmt (abgedruckt in St. u. W., Jahrg. 1926, Heft 5, S. 11 und 12), äußert er sich dahin, daß es bisher günstigstenfalls gelungen sei, den ganzen Fragenkomplex in groben Umrissen aufzuzeichnen, von einer auch nur teilweisen Lösung der Fragen selbst könne dagegen keine Rede sein.

Ein Blick auf die bisherigen Ergebnisse der Rechtsprechung zu den §§ 12 und 13 zeigt, daß dem in der Tat so ist. Auch der RFH. ist bei Festlegung der Grundlinien seiner Rechtsprechung sich von Anfang an darüber klar gewesen, daß die Vorschriften des § 12 über die Ermittlung des Gewinnes Unstimmigkeiten enthalten, die nur im Wege sehr freier Auslegung des Gesetzes zu beseitigen sind. In diesem Sinne haben sich auch Evers und Lion ausgelassen, ersterer in seinem Körperschaftsteuerkommentar (s. S. 523), letzterer in seinen Untersuchungen zu dem RFH.-Urteil vom 30. 3. 1927 (RFH. Bd. 21, S. 61) und zu dem Reichsfinanzministerialerlaß vom 29. 12. 1926 über die Bewertung der Waren und Vorräte. Hierbei hat Lion die letzten Konsequenzen gezogen und erklärt, er habe die Empfindung, daß die Grundlage des von ihm methodisch aufgebauten Bilanzsteuerrechts angesichts der bisherigen und wegen der mutmaßlichen künftigen Judikatur des RFH. von Grund auf umgebaut werden muß (vgl. Becker St. u. W., Jahrg. 1926, Heft 11, S. 1771 und Heft 12, S. 1919, ferner Lion in Beilage zu Nr. 13 der Mitteilungen der Industrie und Handelskammer zu Berlin vom 10. 7. 1927, S. 12ff.).

An Urteilen zu § 12 EStG., zum Teil in Verbindung mit §§ 13 und 19 sind die nachstehenden zu erwähnen: RFH. Bd. 20, S. 208, 209, 211,

212; Bd. 20, S. 179—182 (zu § 12, Abs. 1); RFH. Bd. 20, S. 242—246 (zu § 12, Abs. 1, 2); Bd. 20, S. 179/80 (zu § 12, Abs. 2, S. 1). Zu den §§ 12, 13 und 19 sind folgende Urteile ergangen: RFH. Bd. 21, S. 61ff. über die Bewertung der Waren und Vorräte); Bd. 21, S. 263 (über die Sanierungsgewinne); Bd. 21, S. 55 (über die Zulässigkeit eines Delkrederekontos nach § 13). Ferner: RFH. Bd. 21, S. 123 über die steuerliche Behandlung der Veräußerungsgewinne, Spekulationsgewinne. Wegen des beschränkten Raumes muß ich mir versagen, zu sämtlichen Urteilen Stellung zu nehmen. Es genügt daher, neben dem Hinweis auf das Urteil vom 30. 3. 1927 und das Gutachten vom 15. 2. 1927 das Erkenntnis des RFH. vom 16. 2. 1927, VI A 547/26 (RFH. Bd. 20, S. 244/46) zu erwähnen. In diesem Urteil stellt der RFH. den grundlegenden Satz auf, daß er keine Bedenken habe, die gesetzliche Rechtslage des § 12 zu ergänzen und den § 12, Abs. 2, S. 1 als Ausfluß eines allgemeinen Gedankens anzusehen, wonach nicht fällige Forderungen und Schulden zum Bestandsvergleiche gehören, wenn die Gegenleistung in einem beim Bestandsvergleiche zu berücksichtigenden Gegenstande bestanden hat, und der Erwerb bzw. die Hingabe des Gegenstandes den Endbestand bereits beeinflußt. Das Urteil in Bd. 21, S. 263, welches die Sanierungsgewinne behandelt, ist bereits im § 15 bei der Darstellung der besonderen Gewinnarten Gegenstand der Erörterung gewesen. An Judikatur aus dem Jahre 1927, also neuesten Datums, sind noch beachtenswert die Erkenntnisse vom 18. 5. 1927, VI A 189/27 (RFH. Bd. 21, S. 195) und vom 11. 5. 1927, VIA 152/27 (RFH. Bd. 21, S. 163). In diesen beiden Urteilen legt der RFH. den Begriff des Anlagekapitals fest. Danach ist der Begriff des beweglichen Anlagekapitals im Sinne des § 12, Abs. 1 EStG. auf körperliche Gegenstände nicht zu beschränken, sondern er umfaßt alle Gegenstände, die nicht zur Veräußerung bestimmt, sondern dauernd dem Betriebe gewidmet sind. Dasselbe gilt übrigens auch von dem Begriffe Betriebsinventar im § 16, Abs. 3 EStG. Für die Frage, was zum beweglichen Anlagekapital zu rechnen ist, sind nicht zivilrechtliche, sondern wirtschaftliche Gesichtspunkte entscheidend. Diese Feststellung ist die Folge der wirtschaftlichen Betrachtungsweise des § 4 RAO. In den beiden Urteilen vom 28. 5. 1927 VI A 154/27 (RFH. Bd. 21, S. 201) und vom 29. 7. 1927, IA 264/27 (RFH. Bd. 21, S. 316) wird die Frage geprüft, wie die Instandhaltungskosten und Instandsetzungskosten steuerlich zu behandeln sind. Instandsetzungskosten und Instandhaltungskosten sind bekanntlich nicht identisch. (Näheres hierüber siehe § 46). In dem Urteil vom 28. 5. 1927 geht der RFH. von der Feststellung der Tatsache aus, daß schon in Rechtsprechung und Schrifttum zum PrEStG. zwischen den als Werbungskosten anerkannten Instandhaltungskosten und zwischen den Instandsetzungskosten den scharf unterschieden wird, wobei letztere als nichtabzugsfähige Aufwendungen zur Verbesserung und Vermehrung des Vermögens aufgefaßt werden. Der RFH. vertritt hier den Standpunkt, daß das EStG. von 1925 keinen Anhalt dafür ergäbe, daß die Abzugsfähigkeit auf diejenigen Aufwendungen zu beschränken sei, durch welche die Quelle in ihrem bisherigen Zustand erhalten wird. Endlich ist noch das Urteil vom 14. 6. 1927 zu den §§ 10 und 13 des KStG. anzuführen (RFH. Bd. 21, S. 275ff.). In dem dieser Entscheidung zugrunde liegenden Falle handelte es sich um die Feststellung, unter welchen Voraussetzungen Umsatzvergütungen, welche von einer Gesellschaft ihren Auftraggebern auf Grund privater Vereinbarung regelmäßig gezahlt worden waren, als versteckte Gewinne anzusehen sind. Eine Kritik dieses Urteils erübrigt sich, weil es bereits in den Schlußausführungen des § 15 erwähnt worden ist[1]).

§ 17. Das Schrifttum.

Bezüglich des Schrifttums zu dem einkommensteuerrechtlichen Gewinnbegriff gilt das oben zur Rechtsprechung Gesagte. Neben Kommentaren führenden Charakters sind in den 2½ Jahren des Bestehens von Einkommensteuer- und Körperschaftsteuergesetz eine Reihe wertvoller Untersuchungen von steuerrechtlichen Theoretikern und Praktikern angestellt worden. Ohne den einzelnen Verfassern nahe zu treten, sei die Bemerkung erlaubt, daß sie bisher im Grunde genommen nur das Ergebnis gezeitigt haben, überzeugend darzulegen, wie unendlich groß die Schwierigkeiten bei der Auslegung und bei der praktischen Anwendung der §§ 12 und 13 sind. Die Schwierigkeiten sind gerade erst in der Praxis aufgetaucht und machten sich erst bemerkbar, als es galt, die Gewinnermittlungs- und Bewertungsvorschriften der §§ 12 und 13 in der Praxis anzuwenden. Abgesehen hiervon wird es stets ein Verdienst der in Frage kommenden Schriftsteller sein, daß sie auf das Vorhandensein der zahlreichen Zweifelsfragen und Unstimmigkeiten hingewiesen und Vorschläge zu ihrer Beseitigung gemacht haben. Von allem anderen abgesehen, genügt der Hinweis darauf, daß bisher alle Versuche zu einer dauernd praktisch brauchbaren Umgrenzung der Gewinnbegriffe nach § 12 wie nach § 13 gescheitert sind. Im Schrifttum zum Einkommensteuerrecht sind Becker und Lion an erster Stelle zu nennen. Lion hat sich der Auf-

[1]) Das Urteil vom 30. 3. 1927 (RFH. Bd. 21, S. 61) und das Gutachten vom 15. 2. 1927 (RFH. Bd. 20, S. 325) habe ich an dieser Stelle absichtlich nicht angeführt, weil beide Entscheidungen weiter unten noch besprochen werden.

gabe unterzogen, die Fragen der Bewertung der Waren und Vorräte sowohl auf der Grundlage des Erlasses des Reichsfinanzministers vom 29. 12. 1926 — IIIe 10230 — wie des Urteils des RFH. vom 30. 3. 1927 (RFH. Bd. 21, S. 61) einer Prüfung zu unterziehen unter gleichzeitiger Verwertung der Ergebnisse seines Bilanzsteuerrechts. Becker hat in den Jahren 1926 und 1927 in der Zeitschrift St.u.W. eine Artikelserie veröffentlicht, welche einige grundlegende Fragen zu den neuen Steuergesetzen laufend behandelt (vgl. St.u.W., Jahrg. 1926, Heft 5, 11 und 12 und Jahrg. 1927, Doppelheft 7/8). An Erläuterungsbüchern sind diejenigen von Strutz, Blümich-Schachian, Pissel-Koppe und Becker hervorzuheben (EStG.). Das KStG. ist von Evers, Kennerknecht, Mirre und Rosendorff erläutert worden. Außerdem sind Einzeldarstellungen von Geiler, Fürnrohr, Zimmermann u. a. bemerkenswert. An systematischen Darstellungen kommen neben dem Handbuch des Reichssteuerrechts von Strutz (3. Aufl. 1927) das Lehrbuch von Hensel (2. Aufl. 1927) in Frage. Die beiden letztgenannten literarischen Erscheinungen sind teils wegen ihres kompilatorischen Charakters, teils, weil sie den ersten Versuch einer Systematik des Steuerrechts darstellen, wertvoll. Sie vermeiden es aber, wegen der ihnen gestellten Aufgaben in die Einzelheiten zu gehen und haben mehr die Bedeutung von Nachschlagewerken.

III. Abschnitt.

Kurzer Abriß der Bewertungslehre bis zur Steuerrefom vom 10. 8. 1925.

1. Unterabschnitt.

§ 18. Allgemeines. Die Arten der Bewertung und die Bedeutung des Wertproblems. Gliederung und Fragestellung.

Das Wertproblem ist nicht nur das schwierigste Problem in der Betriebswirtschaftslehre, in der Handelspraxis, sowie im Handels- und Steuerrecht. Es ist auch unzweifelhaft das wichtigste Problem. Hierüber sind sich führende Wissenschaftler und Praktiker seit langem einig. Diese Übereinstimmung der Ansichten hat sich aber nicht weiter dahin ausgewirkt, daß nun auch auf den angeführten Wissenschaftsgebieten herrschende Lehrmeinungen entwickelt und durch die Praxis fortgebildet worden sind. Wenn ich vor einer gedrängten, kritischen Darstellung des steuerlichen Bewertungsrechts und einer Schilderung der Bewertungspraxis an Hand der einzelnen Bilanzkonten zunächst versuche, das Wertproblem in allgemeiner Gliederung und Fragestellung zu umgrenzen, sowie die Arten der Bewertung aufzuzeigen, je nachdem es sich um die Bewertung des Betriebswirts, des Kaufmanns oder des Steuerrechtlers handelt, so geschieht dies lediglich zu dem Zweck, um die Fragestellung in dem hauptsächlich interessierenden steuerlichen Bewertungsrecht stärker zu präzisieren. Was die Schwierigkeiten des Bewertungsproblems manchmal geradezu in das Phantastische gesteigert hat, ist der Umstand, daß Bewertungsfragen und Werttheorien der verschiedensten Wissensgebiete gleichzeitig nebeneinander und außerdem so erörtert wurden, daß nicht immer scharf je nach der Einstellung des Betrachtenden Wesen und praktische Bedeutung der einzelnen Bewertungsfrage herausgearbeitet wurde. Die Fragestellung kann nach alledem nur lauten: Wie hat ein Kaufmann behufs Ermittlung seines Geschäftsgewinnes die Bewertung seines gesamten Geschäftsvermögens, also seiner Aktiven und Passiven vorzunehmen? Wie hat diese Bewertung auszusehen bei den einzelnen Konten der Bilanz, damit sie von der Steuerbehörde als ordnungsmäßig erstellte Steuerbilanz, also als steuerlich berichtigte Handelsbilanz angesehen wird? Die wissenschaftlichen Erwägungen des Betriebswirts sind bei dieser Art der Fragestellung ebenso nur behelfsmäßig heranzuziehen, wie die Bewertungsrechtsgrundsätze des Handelsrechts (insbesondere Aktienrechts) und der kaufmännischen Handelspraxis. Sie sind nur insoweit verwertbar, als es darauf ankommt, dem steuerlichen Bewertungsrecht seine richtigen Grenzen zu ziehen, aber gleichzeitig auch seine wahren Aufgaben zuzuweisen.

§ 19. Das Wertproblem und die Bewertungspraxis in der Betriebswirtschaftslehre.

Nach der Auffassung der Betriebswirtschaftslehre hat es die Erfolgsrechnung in erster Linie mit zwei Werten zu tun. Es ist dies der Ertragswert der Leistungen und der Anschaffungswert der Aufwendungen. In dem nach betriebswirtschaftlichen Grundsätzen eingerichteten Rechnungswesen hat sich als notwendig herausgestellt, der Veränderung der volkswirtschaftlichen Preise einen Einfluß auf die Verrechnung der Wanderungen und Verwandlungen der im Betriebe erzeugten Güter selbst einzuräumen. Dadurch gelangt der Betriebswirt nach der Schmalenbachschen Bilanzlehre (Theorie der dynamischen Bilanz) zu einem neuen Wert, welchen er in die Betriebsrechnung einfügt. Dies ist der sogenannte Zeitwert. Unter Zeitwert versteht die Schmalenbachsche Schule den Preis und die Preisbewegung solcher Güter im volkswirtschaftlichen Verkehr, die den im Betriebe befindlichen Gütern gleich oder mindestens bezüglich ihres Wertes vergleichbar sind. Hierbei ist jedoch darauf zu achten, daß zwei voneinander verschiedene Zeitwerte in Frage kommen. Einmal der Zeitwert ganzer Wirtschaftseinheiten, sodann die einzelnen Zeitwerte der einzelnen in einer Wirtschaftseinheit zusammengefaßten betrieblichen Gegenstände. Es ist wohl kein Zufall, daß dieser betriebswirtschaftliche Begriff der Wirtschaftseinheit dem Steuerrecht bekannt ist. Nach § 137, Abs. 2 der RAO. ist jede „wirtschaftliche Einheit" für sich zu bewerten und ihr Wert im ganzen festzustellen. An dieser Stelle lautet der § 137, Abs. 2 vom 2. Satz an folgendermaßen:

„Was als wirtschaftliche Einheit zu gelten hat, ist nach den Anschauungen des Verkehrs zu entscheiden; die örtliche Gewohnheit, die tatsächliche Übung, sowie die Zweckbestimmung und wirtschaftliche Zusammengehörigkeit oder Abhängigkeit der einzelnen Gegenstände sind zu berücksichtigen."

Ich erwähne nur rechtsvergleichend diese Bestimmung an dieser Stelle, weil sie außerdem in den einleitenden Ausführungen zum steuerlichen Bewertungsrecht noch von mir geprüft werden wird.

Beide Arten von Zeitwerten können gelegentlich als Beschaffungszeitwert sowie als Veräußerungszeitwert aufgefaßt werden. Der Betriebswirt bezeichnet den Beschaffungszeitwert manchmal auch als Reproduktionswert oder als Betrag der Wiederbeschaffungskosten. Auch hier sind Zusammenhänge zwischen Betriebswirtschaftslehre und Steuerrecht zu verzeichnen. In dem Urteil vom 14. 12. 1926 VIA 575/26 (RFH. Bd. 20, S. 87, 89) stellt der RFH. interessante und grundlegende Untersuchungen über den Begriff der wirtschaftlichen Einheit an und unterscheidet scharf zwischen dem Einzelwert und dem Teilwert. Im Zusammenhange mit der Aufstellung dieser Konstruktionen ist der RFH. der Ansicht, daß die Entscheidung der Frage von der Feststellung der weiteren Vorfrage abhänge, ob ein Unternehmen gutgehend ist, und der in Rede stehende Gegenstand in einer solchen Beziehung zu ihm sich befindet, daß es nützlich ist, ihn im Falle des Verlustes wieder zu beschaffen. Der RFH. ist dann zu dem Ergebnis gelangt, daß in solchen Fällen der Teilwert mit dem sogenannten Wiederbeschaffungswerte (Reproduktionswerte) zusammenfällt, d. h. mit dem Betrage der Wiederbeschaffungskosten.

Daneben hat die Betriebswirtschaftslehre noch einen Ersatzwert gebildet. Unter Ersatzwert versteht sie den wirklichen oder voraussichtlichen Anschaffungspreis desjenigen Gegenstandes, der an die Stelle eines in Gebrauch befindlichen und dem Verschleiß oder sonstigem Unbrauchbarwerden verfallenen Gegenstandes späterhin treten soll. Diese Wertbegriffe sind an die Preise im volkswirtschaftlichen Verkehr angelehnt. Wir haben jedoch im Wirtschaftsleben selbst außerdem noch einen Wert, der zwar auch von den Preisen des Verkehrs stark abhängig ist, der aber einen innenbetrieblichen Charakter hat. Dies ist der Kalkulationswert oder Betriebswert.

§ 20. Die Bewertung nach Handelsrecht und Handelspraxis.

Das handelsrechtliche Bewertungsrecht hat seine Rechtsgrundlage in § 40 bezüglich der Kaufleute überhaupt und in der spezielleren Vorschrift des § 261 bezüglich der Aktien-Gesellschaften. Das Bewertungsrecht für die Gesellschaften mit beschränkter Haftung ist in § 42 des GmbH.-Gesetzes geregelt. Nach § 40 Abs. 2 HGB. sind bei der Aufstellung des Inventars und der Bilanz sämtliche Vermögensgegenstände und Schulden nach dem Werte anzusetzen, der ihnen in dem Zeitpunkte beizulegen ist, für welchen die Aufstellung stattfindet. Nach § 40 Abs. 3 a. a. O. sind zweifelhafte Forderungen nach ihrem wahrscheinlichen Werte anzusetzen, uneinbringliche Forderungen abzuschreiben. Nach § 261, Ziff. 1—3 HGB. gelten für die Aufstellung der Bilanzen der Aktiengesellschaften die Bestimmungen des § 40 mit folgenden Einschränkungen:

1. Wertpapiere und Waren, die einen Börsen- oder Marktpreis haben, dürfen höchstens zu dem Börsen- oder Marktpreis des Zeitpunktes, für welchen die Bilanz aufgestellt wird, angesetzt werden; sofern dieser Preis jedoch den Anschaffungs- oder Herstellungspreis übersteigt, höchstens zu dem letzteren.
2. Andere Vermögensgegenstände sind höchstens zu dem Anschaffungs- oder Herstellungspreis anzusetzen.
3. Anlagen und sonstige Gegenstände, die nicht zur Weiterveräußerung bestimmt sind, sondern vielmehr dauernd zum Geschäftsbetriebe der Gesellschaft, dürfen ohne Rücksicht auf einen geringeren Wert zu dem Anschaffungs- oder Herstellungspreis angesetzt werden, sofern ein der Abnutzung gleichkommender Betrag in Abzug gebracht oder ein ihr entsprechender Erneuerungsfonds in Ansatz gebracht wird.

Nach § 42 des GmbH.-Gesetzes kommen die Vorschriften des § 40 HGB. mit folgenden Maßgaben zur Anwendung:

Anlagen und sonstige Vermögensgegenstände, welche nicht zur Weiterveräußerung, sondern dauernd zum Betriebe des Unternehmens bestimmt sind, dürfen höchstens zu dem Anschaffungs- oder Herstellungspreise angesetzt werden; sie können ohne Rücksicht auf einen geringeren Wert zu diesem Preise angesetzt werden, sofern ein der Abnutzung gleichkommender Betrag in Abzug oder ein derselben entsprechender Erneuerungsfonds in Ansatz gebracht wird.

Auf Grund dieser Bestimmungen und der Rechtsprechung hat sich ein handelsrechtliches Bewertungsrecht entwickelt, daneben aber auch eine Bewertungspraxis des Kaufmannes, die z. T. recht erhebliche Abweichungen zeigt. Es ist nicht beabsichtigt, zu den außerordentlich zahlreichen Werttheorien, die im Anschluß an die angeführten Bestimmungen im Laufe der langen Jahre entstanden sind, mit eigener

Begründung Stellung zu nehmen. Da die Analyse des steuerlichen Wertproblems in der Theorie und an Hand der Bilanzkonten in der Praxis Aufgabe der vorliegenden Darstellung ist, so genügt bezüglich der handelsrechtlichen Bewertung eine referierende Zusammenstellung um so eher, als das handelsrechtliche Wertproblem selbst in seiner Entwicklung vorläufig als abgeschlossen gelten kann. In der Hauptsache stehen sich im Handelsrecht zwei verschiedene Gruppen von Werttheorien einander gegenüber, die subjektive Werttheorie und die objektive Werttheorie. Nach der subjektiven Werttheorie lassen sich die zu bewertenden Vermögensgegenstände von der Person des Besitzers, von ihren Bedürfniszwecken und von ihren Beziehungen zu den übrigen Vermögenswerten des Betriebes nicht loslösen. Nicht der allgemeine Wert der Vermögensgegenstände ist entscheidend, sondern derjenige Wert, welchen die Sachen für den Kaufmann haben. (Besonderer Gebrauchswert, Verkehrswert, auch individueller Wert genannt.) Die Begründer und Hauptvertreter dieser subjektiven Werttheorie sind Simon (vgl. Simon, Die Bilanzen der Aktiengesellschaften, 3. Aufl. 1899, S. 304), Scheller und andere. Der subjektiven Werttheorie steht auf der anderen Seite gegenüber die objektive Werttheorie. Nach ihr ist unter Wert im Sinne des § 40 HGB. der allgemeine Verkehrswert eines Gegenstandes anzusehen (vgl. hierzu Entscheidung des früheren ROHG., Bd. XII, S. 16ff.). Neben diesen beiden Theorien hat sich noch eine dritte gebildet, die in der Praxis erheblichen Boden gewonnen hat, die Theorie des Geschäfts- oder Nutzwertes. Sie ist von Staub und Rehm aufgestellt worden (vgl. Staub, Anm. 3 zu § 40 HGB., 12. und 13. Aufl. 1926, Bd. I, S. 273ff. und Rehm, 2. Aufl. 1914, S. 359ff.). Nach Staub und Rehm ist Wert im Sinne des § 40 HGB. weder der objektive Wert, noch der subjektive Wert, sondern der sogenannte Geschäftswert. Dieser allein ist der richtige Bewertungsmaßstab in der Bilanz. Unter Geschäftswert ist der Gebrauchswert zu verstehen, den ein Gegenstand für den Betrieb, in welchem er gebraucht wird, besitzt, der Nutzwert, den die Gegenstände für jeden haben, der das Geschäft führt. Staub definiert den Geschäftswert wörtlich wie folgt: Mit dem Wertbegriff des § 40 HGB. ist der objektive Wert gemeint, den die Vermögensstücke für das Geschäft und bei dessen Fortbestehen haben, nicht der Wert, wie er sich insgemein bei einer augenblicklichen Zwangsversilberung stellen würde, aber auch nicht der auf rein subjektiven Erwägungen oder auf rein subjektiven Eigenschaften des Geschäftsinhabers beruhende .... Zu diesen Werttheorien ist zu bemerken, daß es eine einwandfreie theoretische Bewertungsmethode etwa im Sinne einer auf alle Fälle zugeschnittenen Patentlösung nicht gibt. Eine solche Bewertungsmethode gibt es ebensowenig, wie man meines Erachtens von einem objektiven Wert der Sache sprechen kann. In diesem Sinne hat auch der RFH. zu dem Bewertungsrecht der §§ 40 HGB. und 42 GmbH.-Gesetz in dem Urteil vom 8.7.1922 IA 1722 (RFH. Bd. 10, S. 114ff.) Stellung genommen. Hier erklärt der RFH., daß es lediglich von dem freien Ermessen des ordentlichen, alle Zukunftsmöglichkeiten nach objektiven und subjektiven Momenten mit Sorgfalt erwägenden Kaufmanns abhänge, wie er die Warenvorräte am Bilanzstichtage bewertet, bei deren Bewertung er grundsätzlich auch nach dieser Auffassung von einem Anschaffungspreis auszugehen hat. An derselben Stelle heißt es wörtlich weiter: Alle Bewertungen werden von subjektiven Erwägungen beeinflußt. Wenn man sich dies vergegenwärtigt, so erscheint es in der Tat nicht angebracht, die ganzen bisher konstruierten handelsrechtlichen und betriebswirtschaftlichen Theorien zu analysieren, kritisch miteinander zu vergleichen und auf ihre praktische Verwertbarkeit zu prüfen.

Neben den oben angeführten Theorien haben sich noch einige andere gebildet. Außer Lehmann-Ring, welcher unter Wert im Sinne von § 40 HGB. den gewöhnlichen objektiven Wert, den Netto-Verkaufswert, also den objektiven, völlig zweifellosen Verkaufspreis unter Abzug aller Geschäftsunkosten versteht, sind noch Passow und Gerstner zu erwähnen. Passow ist ein Gegner der Simonschen Werttheorie, und erklärt als Wert gemäß § 40 HGB. den Verkaufswert für maßgebend. Er gibt aber auf der anderen Seite zu, daß mit diesem Bewertungsmaßstab in der Praxis nicht auszukommen ist und hält daher als Wert den Erwerbspreis für ausschlaggebend. Danach ist als Wert anzusehen der Betrag der tatsächlich aufgewendeten Kosten, die Erwerbspreise (Selbstkosten), wobei im übrigen kein prinzipieller Unterschied zwischen den Gegenständen des Anlagevermögens und des Betriebsvermögens gemacht werden darf. Vollkommen eigene Wege geht Gerstner in seiner Bilanzanalyse (S. 67ff.). Gerstner versteht unter Bilanzwert der Vermögensgegenstände den Buchwert auf Grund der sorgfältig kalkulierten Selbstkosten (Anschaffungs- oder Herstellungskosten) als Höchstsatz. Diesen Höchstsatz reduziert Gerstner auf den Zeitwert am Tage der Inventur bzw. der Bilanz. Der Vollständigkeit wegen sei erwähnt, daß auch Theorien entwickelt worden sind, wonach der Selbstkostenwert und endlich der Erstellungswert, d. h. der Herstellungs- oder Anschaffungswert maßgebend ist. Hierbei wird von der Erwägung ausgegangen, daß alle Güter Umsatzträger sind, und daß sie in ihren Produktionskosten oder den Selbstkosten einen Kostenwert repräsentieren. Dieser Kostenwert ist daher für die Bewertung in der Bilanz maßgebend. Bei der Aufstellung der Handelsbilanz hat somit der Kaufmann bezüglich der Bewertung der Aktiven und Passiven einen weiten Spielraum. Es ist daher in langjähriger Übung Handelsbrauch geworden, das kaufmännische Vermögen möglichst niedrig zu bewerten. Nach kaufmännischer Mentalität ist es unstatthaft, sich rechnerisch als reicher hinzustellen, als man es bei zurückhaltender Bewertung in Wirklichkeit ist. Die Kehrseite hiervon ist, daß es nicht unzulässig erscheint, wenn der Kaufmann rechnerisch sich als ärmer bezeichnet, also die Vermögenslage ungünstiger schildert, als dies vielleicht der Wirklichkeit entspricht. Es geschieht dies auf zwei Wegen. Der Kaufmann schafft stille Reserven, indem er seine Aktiven zu niedrig bewertet (übermäßige Abschreibungen!) und indem er seine Passiven zu hoch bewertet, überbewertet. Der andere Weg ist der, daß der Kaufmann nicht verwirklichte Gewinne außer Betracht läßt, dagegen nicht realisierte Verluste berücksichtigt. Dieses Verfahren stellt zweifellos eine starke Durchbrechung des in § 22 noch zu besprechenden Grundsatzes der Bilanzwahrheit dar. Es ist aber mit der Tatsache nun einmal zu rechnen, daß in jahrzehntelanger Übung sich dieser Handelsbrauch entwickelt hat, und es kann nur darauf ankommen, festzustellen, ob diese Rechtslage durch das Bewertungsrecht der RAO. und des Reichsbewertungsgesetzes, sodann durch das Bewertungsrecht des Einkommensteuergesetzes (Körperschaftsteuergesetzes) eine Änderung erfahren hat. Auf denselben Gedanken läuft es hinaus, wenn der RFH. in dem Urteil vom 8. 7. 1922 (RFH. Bd. 10, S. 114ff.) auf S. 116 folgendes ausführt: Die Streitfrage, nämlich die Frage, welcher der verschiedenen handelsrechtlichen Bewertungstheorien gegenüber dem Steuerrecht der Vorrang gebührt, ist dadurch, daß die Steuergesetze auf jene handelsrechtlichen Vorschriften Bezug nehmen, insoweit verschärft, als es sich bei den Vorschriften handelsrechtlich um Höchstgrenzen in der Bewertung handelt, die in der Praxis grundsätzlich nicht erreicht werden. Denn vom handelsrechtlichen Standpunkte aus steht dem nichts entgegen, die Vermögenslage ungünstiger zu schildern, als dies an sich nach den gesetzlichen Vorschriften zu geschehen hätte. Steuerrechtlich hat dagegen die Bewertung anderen Gesichtspunkten zu folgen. Das angezogene Urteil ist deshalb so bedeutungsvoll, weil es nach zwei Richtungen hin Verbindungen mit dem steuerlichen Bewertungsrecht der §§ 13 und 19—21 EStG. anknüpft. Einmal stellt es den Leitgedanken auf, daß bei der Bewertung rein subjektive Momente stets mehr oder weniger den Ausschlag geben werden, und sodann hebt es ausdrücklich hervor, daß im Zweifel, d. h. beim Zusammentreffen steuerrechtlicher und handelsrechtlicher Bewertungsvorschriften die ersteren den Vorrang haben. Dieselben

Grundgedanken kehren aber bei dem Bewertungsrecht des EStG. wieder.

Bei der handelsrechtlichen Bewertung verdienen noch die wichtigsten hier vorkommenden Begriffe erwähnt zu werden, wobei davon auszugehen ist, daß sie in langjähriger Rechtsprechung des RG. endgültig festgelegt sind. Ich meine die Begriffe Anschaffungs- oder Herstellungspreis, Markt- oder Börsenpreis und den gemeinen Handelswert. Anschaffungs- oder Herstellungspreis ist der Gesamtbetrag aller derjenigen Kosten, welche dazu aufgewendet worden sind und aufgewendet werden, um den Gegenstand anzuschaffen. Hierzu gehört mithin nicht nur der reine Kaufpreis, sondern auch die für Provisionen, Versicherungen, Steuer, Stempel und sonstige Nebenkosten verausgabten Beträge. Rabatte und Skontros sind dagegen abzuziehen. Insoweit herrscht Übereinstimmung in Schrifttum und Praxis. Sehr bestritten dagegen ist bis heute, ob unter Herstellungspreis nicht nur der Betrag der Materialien und Löhne zu verstehen ist, sondern auch derjenige Teil der allgemeinen Verwaltungskosten (Regiekosten, Generalunkosten), der mittelbar zu den mit der Herstellung in Verbindung stehenden Aufwendungen und Leistungen verwendet wurde. Hierunter fallen vornehmlich die Ausgaben an Gehältern und Löhnen für die zur Aufsicht der Arbeiter bestimmten Personen, Vorarbeiter, Betriebsleiter, Techniker usw. Neben dem Anschaffungs- oder Herstellungspreis spielt auf Grund des § 261, Ziff. 1 HGB. der Börsen- oder Marktpreis eine Rolle. Dieser Begriff ist bis jetzt vom Gesetz nicht definiert worden, aber durch die Rechtsprechung des RG. als festgelegt anzusehen. Schon in der Entscheidung Bd. 12, S. 18 gibt das RG. eine Bestimmung des Begriffes Markt- oder Börsenpreis und baut dann diesen Begriff durch die Entscheidungen in Bd. 34, S. 121, Bd. 47, S. 112; Bd. 68, S. 165 und Bd. 98, S. 151 weiter aus. Markt- oder Börsenpreis ist derjenige Preis, der sich aus den am maßgebenden Handelsplatz zur fraglichen Zeit abgeschlossenen Geschäften als Durchschnittspreis ergibt. Gleichgültig ist es, ob dieser Durchschnittspreis amtlich festgestellt ist oder nicht. Eine Kurs- oder Preisnotierung ist nicht maßgebend, wenn sie nur Angebot oder Nachfrage („Brief" oder „Geld") anzeigt, oder wenn sie dem wahren Marktpreis nicht entspricht, oder endlich, wenn ein solcher Marktpreis wegen der Geringfügigkeit der Umsätze nicht vorhanden ist (RGZ. Bd. 24, S. 121, Bd. 47, S. 112). Für Waren, die keinen Marktpreis haben, sieht das RG. als ausreichend an, daß sie einen Gegenstand des Handelsverkehrs bilden. Bis zum Beweise des Gegenteils ist daher anzunehmen, daß sie jederzeit verkäuflich sind. An die Stelle des Marktpreises tritt hier der Verkäuflichkeitswert, d. h. der Preis, zu dem die Ware nach dem gewöhnlichen Lauf der Dinge mit Wahrscheinlichkeit hätte verkauft werden können (RGZ. Bd. 68, S. 165). Abschließend noch einige Urteile zu dem Begriffe des gemeinen Handelswertes. Diese Rechtsprechung ist deswegen für das Steuerrecht von Bedeutung, weil der handelsrechtliche Begriff des gemeinen Handelswertes gewissermaßen das Vorbild und die Vorstufe des gemeinen Wertes der RAO. geworden ist. Einen gemeinen Handelswert kennt das RG. nur bei Waren, bei denen ein regelmäßiger Umsatz im kaufmännischen Verkehr stattfindet. In diesem Falle ist er regelmäßig identisch mit dem Markt- oder Börsenpreis. Die Höhe des Preises im Einzelfalle ist unerheblich dafür, ob ein gemeiner Handelswert vorliegt oder nicht (RGZ. Bd. 96, S. 125 und Bd. 100, S. 104). Der gemeine Handelswert ist mit dem Begriff des gemeinen Wertes verwandt, jedoch nicht identisch. Die Grenzen beider Konstruktionen sind in Schrifttum und Rechtsprechung nicht fest umrissen, sondern flüssig. Der gemeine Wert ist oft der Kleinhandelspreis, aber nicht immer. Er kann beispielsweise auch mit dem Großhandelspreis zusammenfallen, wenn nämlich der Gegenstand des fraglichen Kaufes Objekt eines Großhandelsvertrages gewesen ist, z. B. Baumwolle an der Bremer Baumwollbörse. Er wird regelmäßig höher sein als der Erzeugerpreis (Selbstkosten für Arbeit und Rohstoffe). Ohne jede Bedeutung ist für den gemeinen Wert und den gemeinen Handelswert der Anschaffungspreis (vgl. RGZ. Bd. 98, S. 151). Endlich läßt sich das RG. im 96. Bande auf S. 124 und 125 über beide Begriffe gemeinsam in einem Urteil aus. Der gemeine Wert bestimmt sich nach der Auffassung des RG. einmal objektiv nach dem Nutzen, welchen eine Sache jedem Besitzer ohne Berücksichtigung seiner besonderen persönlichen Verhältnisse gewährt. Der gemeine Handelswert bestimmt sich dagegen nach dem im regelmäßigen Geschäftsverkehr zu erzielenden Durchschnittspreis (Markt- oder Handelspreis). Man wolle hier auf die ganz ähnliche Bestimmung im zweiten Satzteil des § 138, Abs. 1 RAO. achten, welcher besagt, daß ungewöhnliche oder lediglich persönliche Verhältnisse bei der Ermittlung des gemeinen Wertes nicht zu berücksichtigen sind.

In vorstehenden Ausführungen ist der Versuch gemacht, den gegenwärtigen Stand des handelsrechtlichen Bewertungsrechtes und der kaufmännischen Bewertungspraxis darzustellen. Es bleibt noch übrig, darauf hinzuweisen, daß das Steuerrecht bei Schaffung der RAO. und der Steuergesetze von 1925, sowie der RFH. in seiner Rechtsprechung an die oben skizzierten bisherigen Ergebnisse handelsrechtlicher und kaufmännischer Bewertung angeknüpft, jedoch in solchen Fällen erhebliche Einschränkungen vorgenommen haben, wo entweder die positiven gesetzlichen Vorschriften oder die Erfordernisse steuerlicher

Gerechtigkeit und steuerlich richtiger und erschöpfender Erfassung der Steuerquellen es erforderten. Auf die in dieser Hinsicht wichtige Entscheidung der RFH. vom 8. 7. 1922, Bd. 10, S. 114ff. wird noch zurückzukommen sein (siehe §§ 30ff. Steuerliches Bewertungsrecht). Dieses Urteil ist zwar zu den Kriegssteuergesetzen 1916—1919 ergangen. Seine Ausführungen bezüglich der steuerrechtlichen Tragweite der handelsrechtlichen Bewertungsvorschriften der §§ 40 HGB. und 42 GmbH.-Gesetz sind jedoch zweifellos auch für das gegenwärtige steuerliche Bewertungsrecht von erheblicher Bedeutung.

Zur handelsrechtlichen Bewertung ist nachzutragen, daß das RG. in Bd. 115, S. 378ff., S. 381 eine wichtige, am 11. 1. 1927 vom II. Zivilsenat unter dem Aktenzeichen II 178/26 verkündete Entscheidung erlassen hat. Es handelt sich hier um die eingangs dieses Abschnittes angeschnittene grundsätzliche Frage, ob eine absichtliche Unterbewertung von Vermögensgegenständen seitens einer Aktiengesellschaft zulässig ist oder nicht. Das Urteil prüft zwar die Wertansätze der Goldmarkeröffnungsbilanz. Das RG. läßt jedoch keinen Zweifel darüber aufkommen, daß seine Ausführungen auch für die ordentlichen Jahresbilanzen gelten sollen. Das RG. führt etwa aus: Der § 40 HGB. hat nur insoweit die Eigenschaft einer im öffentlichen Interesse gegebenen, zwingenden Gesetzesvorschrift, als er zugunsten der Gläubiger und Aktionäre eine h ö h e r e Bewertung verbietet. Eine Minderbewertung von Vermögensgegenständen ist dagegen, da sie kein öffentliches Interesse verletzt, nicht unzulässig. Im Zusammenhange hiermit weist das RG. ausdrücklich darauf hin, daß diese Grundsätze für die Jahresbilanzen von jeher anerkannt worden sind, zieht die Entscheidungen in RGZ. Bd. 72, S. 33 und Bd. 94, S. 213 heran und erklärt, daß auch ihre Anwendung auf die Goldmarkeröffnungsbilanz rechtlich unbedenklich ist. Auch die Schaffung von stillen Reserven durch Unterbewertung von Vermögensgegenständen in den Jahresbilanzen wird von dem RG. in ständiger Rechtsprechung als zulässig angesehen und gewährt auch bei böswilliger Unterbewertung lediglich ein Anfechtungsrecht nach den §§ 271ff. HGB.

2. Unterabschnitt.
Steuerbilanz und Handelsbilanz.

§ 21. Allgemeines.

Wenn vor der eigentlichen Darstellung des praktischen Bewertungsrechts an Hand der einzelnen Bilanzkonten der Steuerbilanz und Handelsbilanz, sowie den Buchführungsfragen steuerrechtlicher und buchführungstechnischer Natur ein besonderer Abschnitt gewidmet wird, so geschieht dies, weil wir gegenwärtig bezüglich beider Bilanzen, der Steuerbilanz wie der Handelsbilanz, in einer Reformbewegung stehen. Von beachtlicher Seite her sind Bestrebungen im Gange, die Zahl der Steuerbilanzen stark einzuschränken und teilweise sogar die vereinfachte (konzentrierte) Steuerbilanz mit der Handelsbilanz zu einer Einheitsbilanz zu verschmelzen. An diesen Reformbestrebungen ist typisch, daß sie nicht etwa von einer Interessentengruppe allein ausgehen. Namhafte Schriftsteller, Betriebswirte, Juristen und Steuerrechtler, aber auch ganze Verbände haben die Reform der Steuerbilanz und Handelsbilanz im Sinne einer Vereinfachung und Vereinheitlichung auf ihr Arbeitsprogramm seit einiger Zeit gesetzt. Hierbei ist als Ergebnis zutage getreten, daß in einigen Grundgedanken mindestens eine merkliche Annäherung, teilweise sogar eine Einigung zustande gekommen ist.

Es hat sich in letzter Zeit die Erkenntnis Bahn gebrochen, daß eine Vereinfachung und möglichst auch Vereinheitlichung der Bilanzen im Interesse der Wirtschaft geboten ist. Zwei grundsätzliche Anschauungen stehen sich einander gegenüber. Soll wieder wie früher vor dem Entstehen eines selbständigen Reichssteuerrechts die Bilanz des Kaufmannes die Alleinherrschaft ausüben und auch den Steuerbehörden gegenüber ihre frühere Autorität wiedergewinnen, oder soll nach wie vor die Handelsbilanz nur eine formelle Grundlage für die Steuerbilanz bilden, und soll die Steuerbilanz nach eigenen und vollkommen selbständigen Prinzipien angefertigt werden?

Auf der anderen Seite ist hervorzuheben, daß das Bilanzrecht des HGB. und der Nebengesetze durch bilanzrechtliche Bestimmungen der Reichssteuergesetzgebung, wie durch die Rechtsprechung des RFH. eine erhebliche Vertiefung erfahren hat. Anzeichen hierfür sind bereits zur Zeit der Geltung der Kriegssteuergesetzgebung zu beobachten gewesen. Schon im Urteil vom 21. 5. 1920 (RFH. Bd. 3, S. 76), später auch im Urteil vom 1. 5. 1925 (RFH., Bd. 16, S. 296) stellt der RFH. den Satz auf, daß die Bilanzen einer Gesellschaft die Vermutung der Richtigkeit für sich haben, und daß die Steuerbehörde ihre Unrichtigkeit nachweisen muß, wenn sie von ihnen abweichen will. Hierbei liegt es dem Abgabepflichtigen ob, der Steuerbehörde die dazu erforderlichen Unterlagen zu liefern, namentlich auf Befragen die unter den einzelnen Konten zusammengefaßten Gegenstände, die Anschaffungs- und Herstellungspreise, die Dauer und Art ihrer Benutzung und sonstige für die Bewertung wesentliche Umstände anzugeben. Materiell ist dieses Urteil zwar zur Kriegssteuergesetzgebung von 1916—1918 ergangen. Die bilanzrechtlichen Rechtsgrundsätze auch auf das zur Zeit geltende einkommensteuer- und körperschaftsteuerrechtliche Bewertungsrecht anzuwenden, bestehen indessen wegen ihres allgemeinen Charakters keine Bedenken. Die gleichen Anschauungen finden wir in den Urteilen des RFH. vom 31. 10. 1919, Bd. 1, S. 272 und vom 12. 11. 1920, Bd. 4, S. 138 vor. Auch hier wird an dem Satz allgemein festgehalten, daß handelsrechtliche Bilanzen die steuerrechtliche Vermutung der Richtigkeit für sich haben, und daß derjenige, welcher aus der Unrichtigkeit einer Bilanz Rechte oder rechtliche Folgen für sich herleitet, die Beweislast hat.

Am schärfsten und vielseitigsten zeigen sich die Zusammenhänge zwischen steuerrechtlichem Bilanzrecht und handelsrechtlichem Bilanzrecht bei der grundsätzlichen Frage, ob die Steuerbehörden berechtigt sind, von Vollkaufleuten die Aufstellung handelsrechtlicher Bilanzen zwecks Festsetzung der Einkommensteuer rechtswirksam zu erzwingen. Der RFH. hat in dem Urteil vom 18. 5. 1927 VI A 158/27 diese Frage ohne Einschränkung bejaht. (DJZ. 32. Jahrg. 1927, S. 1695.) Der § 163 RAO. bestimmt, so führt der RFH. aus, daß derjenige, welcher nach anderen Gesetzen als den Steuergesetzen Bücher und Aufzeichnungen zu führen hat, die für die Besteuerung von Bedeutung sind, die ihm nach diesen Gesetzen obliegenden Verpflichtungen auch im Interesse der Besteuerung zu erfüllen hat. Der RFH. zieht hieraus nachstehende Schlußfolgerungen: Für Vollkaufleute, die gemäß § 39 HGB. zu Beginn ihres Handelsgewerbes und für den Schluß eines jeden Geschäftsjahres eine Bilanz aufzustellen haben, ergibt sich auch nach dem Steuerrecht die gleiche Verpflichtung, soweit die Aufstellung der Bilanz für die Besteuerung von Bedeutung ist... In dem zu entscheidenden Falle steht die Einkommensteuer in Frage, und es ist der steuerpflichtige Gewinn eines buchführenden Kaufmanns zu ermitteln. (Vgl. § 7, Abs. 2, Nr. 1 und § 6, Abs. 1, Nr. 2 EStG.) Dieser Gewinn ist aber der nach den Grundsätzen ordnungsmäßiger Buchführung für den Schluß des Steuerabschnitts ermittelte Überschuß des Betriebsvermögens über dasjenige Betriebsvermögen, welches am Schluß des vorausgegangenen Steuerabschnitts der Veranlagung zugrunde gelegen hat (§ 13 EStG.). Im Falle der Gewinnermittlung und der Gewinnbesteuerung nach § 13 EStG. sind die durch die §§ 39 und 40 HGB. für den Kaufmann vorgeschriebenen Bilanzen nicht nur hinsichtlich der Besteuerung von Bedeutung, sondern sie bilden, vorbehaltlich etwaiger aus der Beachtung des § 12, Abs. 2 und der §§ 15—21 EStG. sich ergebenden Berichtigungen die unmittelbare und steuerrechtlich maßgebende Grundlage für die Besteuerung. Verwandte Gedankengänge finden wir in dem Gutachten des RFH. vom 15. 2. 1927, in welchem das Verhältnis der Steuerbilanz zur Handelsbilanz in bedeutsamen Ausführungen festgelegt wird. Einkommensteuergesetz wie Körperschaftsteuergesetz vermeiden es, den Begriff Steuerbilanz zu gebrauchen und verzichten daher auch darauf, den Begriff der Steuerbilanz abzugrenzen. In dem Gutachten kommt der RFH. zu dem Ergebnis, daß die Handelsbilanz, sofern sie kaufmännisch richtig aufgestellt ist, in die nach steuerrechtlichen Grundsätzen richtig aufgestellte Steuerbilanz umzuwandeln ist. Die richtig aufgestellte Handelsbilanz ist in der Weise als richtig aufgsetellte Steuerbilanz aufzumachen, daß bei den einzelnen Bilanzposten Erhöhungen oder Absetzungen erfolgen. Hierbei ist grundsätzlich zwischen denjenigen Erhöhungen und Absetzungen zu unterscheiden, welche an den einzelnen, das Vermögen selbst betreffenden Aktiven und Passiven vorgenommen werden, und denjenigen Erhöhungen und Absetzungen, welche ausschließlich das Bilanzergebnis, also den Bilanzgewinn betreffen. Unter die erste Kategorie von Fällen sind auch diejenigen regelmäßig einzureihen, bei denen die steuerrechtlich erforderlichen Berichtigungen der Handelsbilanz den Gewinn und das Vermögen gleichzeitig beeinflussen. Das hauptsächlichste praktische Beispiel hierfür sind die Abschreibungen. Die erste Gruppe von Veränderungen, die also das Betriebsvermögen selbst angehen, kann sich für alle zukünftigen Steuerabschnitte, in denen der betreffende Vermögensgegenstand überhaupt noch unter den Aktiven erscheint, dauernd auswirken. Die zweite Kategorie dagegen hat nur für die einmalige Gewinnberechnung des der Veranlagung unterworfenen Steuerabschnitts Bedeutung. Ich will versuchen, an einem praktischen Beispiel diese beiden Arten von Veränderungen klarzumachen.

Fall 1. Eine Aktien-Gesellschaft hat in ihrer Jahresbilanz ihre Gebäude bis auf M. 40000.— abgeschrieben. Das Finanzamt setzt dagegen die Gebäude mit M. 160000.— an. Wenn sonst zwischen der Handelsbilanz und der Steuerbilanz keine Unterschiede bestehen, erhöht sich hierdurch das Endvermögen des Steuerabschnittes in der Steuerbilanz um M. 120000.—. Gleichzeitig erhöht sich natürlich auch entsprechend der der Besteuerung zugrunde liegende Gewinn. Für das Anfangsvermögen des nächsten Steuerabschnittes, daneben aber auch für alle künftigen Steuerabschnitte, äußert dieser Unterschied auch weiterhin seine Wirkung. Dies tritt praktisch in folgender Weise in die Erscheinung. Eine AG. oder GmbH. weist in ihrer handelsrechtlichen Bilanz am Schlusse dieses Steuerabschnittes ein Vermögen von M. 840000.— einschließlich des Gewinnes von M. 40000.— auf. Wenn nun die Gesellschaft diesen Gewinn weder auf neue Rechnung vorträgt, noch zur Ausschüttung bringt, sondern ihn in Reserve stellt, so beträgt für die kaufmännische Buchführung das Anfangsvermögen bei Wiederaufmachung der Bücher für das nächste Geschäftsjahr M. 840000.—. Für die Steuerbilanz beträgt hingegen das Endvermögen des vorangegangenen Steuerabschnittes und das Anfangsvermögen des darauf folgenden Steuerabschnittes M. 960000.—. Die Unterschiede zwischen Handelsbilanz und Steuerbilanz zeigen sich ferner deutlich bei der Feststellung des Gewinnes und bei den Abschreibungen. Wir haben gesehen, daß zwischen der Handelsbilanz und der Steuerbilanz erhebliche Abweichungen hinsichtlich der Bewertung von Gegenständen des Anlagevermögens bestehen. Diese bewertungsrechtlichen Divergenzen können so erheblich sein, daß schon der Ablauf eines Geschäftsjahres zu einer Herabsetzung des Gewinnes genügt. Wenn nun die Gesellschaft außerdem von der handelsrechtlich zulässigen Methode der Abschreibungen auf M. 1.—- Konten weitgehend Gebrauch gemacht hat, z. B. bei dem Gebäudekonto, so kann sie naturgemäß weitere Abschreibungen bei dem Gebäudekonto nicht mehr vornehmen. Stehen andererseits die gleichen Gebäude in der Steuerbilanz noch mit einem erheblichen Betrage zu Buche (beispielsweise mit M. 300000.—), so kann die Gesellschaft hinsichtlich der künftigen Steuerbilanzen mit Absetzungen für Abnutzung gemäß § 16, Abs. 3 EStG. fortfahren. Diese Absetzungen mindern demnach den steuerpflichtigen Bilanzgewinn des in Frage stehenden Geschäftsjahrs.

Fall 2. Ich nehme an, daß in diesem Falle Handelsbilanz und Steuerbilanz weitere Abweichungen nicht aufweisen. Ich unterstelle ferner, daß die Gesellschaft in ihrer Handelsbilanz einen Gewinn von M. 160000.— aufweist. Wenn nun in diesem bilanzmäßig ausgewiesenen Gewinne in Höhe von M. 100000.— gemäß § 11, Nr. 3 des KStG. steuerfreie Dividenden von Tochtergesellschaften enthalten sind, an deren Grund- oder Stammkapital die körperschaftsteuerpflichtige Gesellschaft mit mindestens 25 v.H. beteiligt ist (Schachtelprivileg), so ist sie nur zur Versteuerung von M. 60000.— verpflichtet. Es bleiben sonach M. 100000.— unversteuert. Diese M. 100000.—, welche unversteuert bleiben, werden, worauf besonders zu achten ist, von dem Gewinn dieses Jahres in Abzug gebracht. Es ist nicht etwa so, daß ein Betrag in der gleichen Höhe gegenüber dem sonstigen Vermögen der Gesellschaft ein Sondervermögen darstellt, welches in steuerlicher Hinsicht nach besonderen Grundsätzen zu behandeln ist.

Hinsichtlich des Ergebnisses der Handelsbilanz und der Steuerbilanz wirkt sich der angegebene Unterschied für die künftigen Steuerabschnitte nicht weiter aus. Dies geht aus folgendem hervor. Ich stelle die Bilanzen der beiden Gesellschaften M. und N. einander vergleichsweise gegenüber. Ich nehme an, daß die Gesellschaft M. für den Steuerabschnitt ein Anfangskapital von M. 1000000.— und einen handelsrechtlichen Gewinn von M. 160000.— (und zwar ohne Schachteldividende!), also ein Jahresendvermögen von M. 1160000.— aufweist. Ich unterstelle ferner, daß die Gesellschaft M. bilanzmäßig einen Gewinn von M. 100000.— ausschüttet. Für das neue Geschäftsjahr, welches der Ermittlung des steuerpflichtigen Gewinnes zugrunde zu legen ist, beträgt demnach das Anfangsvermögen M. 1060000.—. Für das abgelaufene Geschäftsjahr ist ein Betrag von M. 160000.— zu versteuern. Zum Vergleiche sei die Gesellschaft N. herangezogen. Ich nehme an, daß bei ihr die gleichen Verhältnisse hinsichtlich der Bilanz und des bilanzmäßigen Gewinnes vorliegen wie bei der Gesellschaft M. Ein Unterschied besteht in dem letzteren Falle jedoch insofern, als in dem Gewinn von M. 160000.— eine besondere Schachteldividende in Höhe von M. 100000.— einbegriffen ist. Die Gesellschaft N. tritt mit dem nämlichen Anfangskapital wie die Gesellschaft M. in das neue Geschäftsjahr. Nach § 11, Nr. 3 KStG. steht ihr das Schachtelprivileg zu, das hier als bekannt vorausgesetzt werden darf, und sie genießt die durch das Schachtelprivileg ihr zustehenden steuerrechtlichen Vergünstigungen. In vorliegendem Falle bestehen diese steuerlichen Vergünstigungen darin, daß sie verpflichtet ist, von den M. 100000.— des von ihr im soeben verflossenen Geschäftsjahr erzielten Bilanzgewinnes nur einen Teilposten in Höhe von M. 60000.— zu versteuern. Die Sachlage ist also, wie man zunächst etwa annehmen sollte, nicht etwa die, daß die Gesellschaft N. in das neue Geschäftsjahr mit einem Steueranfangsvermögen eintritt, welches in Höhe eines Teilbetrages von M. 100000.— reduziert wäre.

Bei der Darlegung der Abschreibungen sowie der Absetzungen für Abnutzung und für Substanzverringerungen wird sich gleichfalls zeigen, in welcher Weise die steuerrechtlichen Bewertungs- usw. Vorschriften der §§ 15—21 EStG. die nach kaufmännischen Grundsätzen richtig aufgestellte Handelsbilanz zu einer korrespondierenden Steuerbilanz gestalten. Abschließend ist noch auf folgendes hinzuweisen. Die Anschauung, daß die Steuerbehörde berechtigt ist, im Steuerfestsetzungsverfahren dem Steuerpflichtigen die Aufstellung handelsrechtlicher Bilanzen gemäß §§ 173 und 174 RAO. aufzugeben, ist nicht immer unbestritten gewesen. Selbst der RFH. hat sich dahin ausgesprochen, daß der Steuerbehörde keineswegs ein solches Recht in allen Fällen zustehe. Er hat dieses Recht beispielsweise in dem zu den §§ 173 und 174 RAO. ergangenen Urteil vom 10. 7. 1923 II A 127/23 verneint. Der hier von dem RFH. abgeurteilte Fall lag aber anders (vgl. RFH., Bd. 12, S. 267ff.) als derjenige, welcher der Entscheidung des RFH vom 18. 5. 1927 VI A 158/27 zugrunde gelegen hat. Bei dem zuerst angeführten Erkenntnis handelt es sich um eine Verkehrssteuer. Die Eröffnungsbilanz sollte lediglich als Anhaltspunkt für die Ermittlung des Wertes des eingebrachten Geschäfts dienen. Nach Lage des Falles war es zweifelhaft, ob nicht das Verlangen der Steuerbehörde, eine weitere besondere Eröffnungsbilanz lediglich zur Erfüllung des genannten Zweckes aufzustellen, gegen den durch § 6 RAO. sanktionierten Grundsatz von Recht und Billigkeit verstieß. Bei der Entscheidung vom 18. 5. 1927 (D. JZ., 1927, S. 1695) handelte es sich jedoch um die Einkommensteuer und um die Ermittlung und die Besteuerung des nach §§ 6, 7 und 13 EStG. einkommensteuerpflichtigen Geschäftsgewinnes. Man darf ferner nicht übersehen, daß wir uns bezüglich der Aufgaben der Bilanz und ihrer Eingliederung in die Wirtschaft und das Steuerwesen in einer Reformbewegung und in einem Übergangsstadium uns befinden. In dieser Hinsicht hat das Schmalenbachsche Wort von der Bilanz als einer unzulänglichen Einrichtung nach wie vor seine Bedeutung behalten.

Im Zusammenhang hiermit ist an die Kontroverse zwischen Lion, Becher und Haussmann über Zahl und Art der Bilanzen zu erinnern (Vereinfachungs- und Vereinheitlichungstendenzen). Sicherlich ist richtig, daß der Bilanz überhaupt nur eine eingeschränkte Bedeutung insofern zukommt, als sie rein begrifflich immer nur ein Augenblicksbild des bilanzierenden Unternehmens gewährt. Ob daher der eigentliche Zweck der Bilanz, nicht nur das Vermögen darzustellen, sondern auch den Bilanzgewinn zu ermitteln, immer restlos verwirklicht wird kann im Einzelfalle recht zweifelhaft werden. Der Gesetzgeber hat bei Schaffung der RAO. hieraus die notwendigen Folgerungen gezogen. Nach § 208 RAO. sind alle diejenigen Bücher des Steuerpflichtigen, welche den gesetzlichen Bestimmungen bei Vollkaufleuten und Handelsgesellschaften, also in erster Linie den Bestimmungen des HGB. entsprechen, der Besteuerung zugrunde zu legen, und zwar mit dem einzigen Vorbehalt der Beanstandung ihrer sachlichen Richtigkeit. Es ist heute als unbestritten anzusehen, daß die ordnungsmäßig geführten Handelbücher des Kaufmanns zwar als Grundlage, als Anhaltspunkt zu verwenden sind; aber sie sind letzten Endes für die steuerliche Bewertung und für die Ermittlung des steuerpflichtigen Gewinnes nicht entscheidend. Die Gründe für diese Erscheinung sind ebenso zwingend wie bekannt. Es hat zwar der Gesetzgeber im § 40 des HGB. angeordnet, daß die sämtlichen Vermögensgegenstände und Schulden des Kaufmannes mit dem wirklich ihnen zukommenden Werte am Bilanzstichtage in die Bilanz einzusetzen sind. In der kaufmännischen Praxis jedoch erfolgt die Bewertung ganz anders jedenfalls so, daß der durch § 40 geschaffene Grundsatz der Bilanzwahrheit vollkommen durchlöchert ist. Auf diese Tatsache hat auch Lion in seinem Bilanzsteuerrecht hingewiesen und bei der weiteren Darstellung der Lehre vom Bilanzsteuerrecht die entsprechenden Konsequenzen gezogen (vgl. Lion, Bilanzsteuerrecht S. 71ff., S. 80ff.). Man kann nicht etwa behaupten, daß die vom § 40 HGB. abweichende kaufmännische Bewertungspraxis ungesunden Prinzipien huldige. Das Gegenteil ist der Fall. Gerade der solide disponierende und vorsichtig abwägende Kaufmann wird immer geneigt sein, erheblich zu niedrig zu bewerten, als auch nur um einen verschwindend kleinen Prozentsatz zu hoch. Der Kaufmann denkt infolgedessen auch nicht daran, Wertsteigerungen der Teile seines Anlagekapitals zu buchen, während umgekehrt Abschreibungen bis auf M. 1.— üblich sind. Ich habe zwar bereits im Jahre 1924, kurz nach Inkrafttreten der Goldbilanzverordnung vom 28. 12. 1923 in meinem Aufsatz über Wirtschafts- und aktienrechtliche Betrachtungen zu dieser Verordnung (veröffentlicht in der Zeitschrift für Gesellschaftswesen, 34. Jahrg., Heft 7, S. 241ff.) die Frage erörtert, ob nicht gerade jetzt, das heißt bei der Aufstellung der Goldmarkeröffnungsbilanzen, Bilanzwahrheit und Bilanzklarheit zu fordern seien. Ich habe mich damals aus dieser Anschauung heraus u. a. auch gegen die Abschreibungen auf M. 1.—-Konten gewendet. Ich verhehle jedoch nicht, daß ich mit meinem Standpunkt recht einsam geblieben bin. Denn die Praxis der goldbilanzierenden Unternehmungen sah bald ganz anders aus. Diese von § 40 HGB. abweichende Bewertungspraxis ist dann späterhin auch bezüglich der Goldmarkeröffnungsbilanzen vom RG. durch das bereits angeführte Urteil über die Zulässigkeit von starken Unterbewertungen und der hierdurch hervorgerufenen Schaffung erheblicher stiller Reserven sanktioniert worden. Hiervon abgesehen, ist es auch gar nicht die Aufgabe der kaufmännischen Bilanz, den Vermögenswert eines geschäftlichen Unternehmens festzustellen. Es ist daher doppelt zu begrüßen, daß erst unlängst Geiler in einem Aufsatz über die wirtschaftlichen Strukturwandlungen und die Reform des Aktienrechts, herausgegeben als Heft 6 der gesellschaftsrechtlichen Abhandlungen von Nußbaum, mit besonderem Nachdruck betont hat, daß die Scheidung zwischen Erfolgsbilanz und Vermögensbilanz noch schärfer herausgearbeitet werden müsse (siehe S. 33). Die kaufmännische Bilanz dient ihrem ganzen Wesen nach in erster Linie der Ermittlung des Erfolges. Die Bilanz soll den während eines bestimmten Zeitraums durch den Betrieb erzielten Gewinn oder den während dieser Zeit eingetretenen Verlust ermitteln. Die Grundlage hierfür bietet die Buchführung, welche die Vermögensverschiebungen zum Ausdruck bringt. Den Kaufmann interessiert in erster Linie nicht der Wert einer Sache, sondern ihr Erwerbspreis, d. h. der Betrag der Gestehungskosten. Er berücksichtigt daher auch nur Entwertungen, nicht aber Wertsteigerungen. Kaufmännischen Gepflogenheiten entspricht es daher, Werte des Anlagevermögens höchstens zum Erwerbspreise anzusetzen. Hierauf ist unter anderem der Umstand zurückzuführen, daß nach deutschem Handelsbrauch und Handelsgewohnheitsrecht immaterielle Werte und ihre Werterhöhungen unbeachtet bleiben. Hieraus folgt, daß Buchführung und Bilanz des Kaufmanns für die Besteuerung im allgemeinen nur da verwendbar sind, wo die Steuer nicht den Gesamtwert eines Unternehmens erfassen will, den es zu einer gewissen Zeit gehabt hat, sondern die Vermögensveränderungen. Buchführung und Bilanz sind daher besonders berufen, bei der Erfassung periodischer Vermögensverschiebungen, z. B. des Gewinnes bei der Einkommen- und der Körperschaftsteuer eine Rolle zu spielen. Die Tatsache, daß nach Maßgabe dieser Erwägungen Buchführung und Bilanz des Kaufmanns auch für steuerliche Zwecke brauchbar ist, darf jedoch niemals über den diametralen Gegensatz hinwegtäuschen, in welchem Steuerbilanz und Handelsbilanz von jeher zueinander gestanden haben und auch künftig stehen werden. Die Steuergesetze sind dazu bestimmt, zu verhüten, daß der Kaufmann einen zu geringen Gewinn ausweist. Es darf dies schon nicht im Interesse der vielen anderen Steuerzahler, also im Interesse einer gerechten und gleichmäßigen Besteuerung geschehen. Die handelsrechtlichen Bilanzierungs- und Bewertungsvorschriften weisen die umgekehrte Tendenz auf. Nach den §§ 40 und 261 HGB., sowie nach den §§ 41 und 42 GmbH.-Gesetz, soll, wenigstens nach der gegenwärtig in Schrifttum und Praxis herrschenden Meinung, vermieden werden, daß das steuerpflichtige Unternehmen einen zu hohen Gewinn aufweist. Das Steuerrecht verankert daher im § 174, Abs. 2 RAO. das Prinzip der Bilanzwahrheit zwecks erschöpfender steuerlicher Erfassung der Gewinne usw.... Die Handelspraxis betrachtet dagegen die Bilanzierungs- und Bewertungsrechtsvorschriften des Handelsrechts nur als freiwillig zu beachtende Richtlinien und Anhaltspunkte, weicht aber tatsächlich von ihnen in einzelnen Fällen erheblich ab. In einem Vortrag über wahre Bilanzen, gedacht als Beitrag zur Vereinheitlichung von Handelsbilanz und Steuerbilanz, weist Lion darauf hin, daß zwischen den Vorschriften der §§ 38—40 HGB., sowie des § 261 HGB. und der Praxis ein klaffender Gegensatz besteht. (Vgl. Passow, Bilanzen, Bd. I, S. 90ff. und Lion, Bilanzsteuerrecht, S. 71 und S. 80ff.) Bemerkt sei noch, daß meine Ausführungen über das Verhältnis der Handelsbilanz zur Steuerbilanz und die Erörterungen in dem folgenden Abschnitt über Bilanzwahrheit usw. sich der Einfachheit halber nur auf die gewöhnlichen Jahresbilanzen (Abschlußbilanzen) beziehen. Alle Sonderbilanzen, wie z. B. die Sanierungs-, Fusions-, Liquidations-Verkaufs- und Auseinandersetzungsbilanzen lasse ich unberücksichtigt, ebenso die Eröffnungsbilanzen, die Monats- und Zwischenbilanzen. Eine besondere Rolle spielen noch die sogenannten Prospektbilanzen, d. h. die Bilanzen, welche in dem Emissionsprospekt einer Anleihe mit veröffentlicht werden. Bei ihnen tritt der Grundsatz der Bilanzwahrheit und Bilanzklarheit deutlicher hervor. Es hat sich hier die Praxis gebildet, daß gewisse Bilanzposten zu erläutern und überhaupt die Bilanzdarlegung zu verschärfen ist.

Ein besonders klares Beispiel der Zusammenhänge zwischen Steuerrecht und Handelsrecht, damit auch zwischen Steuerbilanz und Handels bilanz zeigen die Übergangsvorschriften der §§ 104—108 EStG. Sie betreffen die Einkommensteuereröffnungsbilanz. Sie haben zwar gegenwärtig nur noch historischen Charakter, sind aber für die erwähnten Zusammenhänge so typisch, daß ihre Erwähnung gerechtfertigt ist. In den §§ 105, Abs. 1 und Abs. 2, sowie in dem § 108, Abs. 3, ist von der handelsrechtlichen Bilanz als Grundlage der Einkommensteuereröffnungsbilanz wörtlich die Rede. Außerdem weist der § 108 Abs. 1 EStG. Zusammenhänge zwischen Steuerrecht und Aufwertungsrecht auf.

§ 22. Die Einzelheiten von Steuerbilanz und Handelsbilanz.

1. Bilanzfähigkeit und Bilanzpflichtigkeit.

Um die Bedeutung und praktische Brauchbarkeit der Handelsbilanz für das Steuerwesen richtig zu beurteilen, ist es erforderlich, sich ein Bild über den Umfang der Bilanz und ihre ganze Anlage zu machen. Hier taucht zuerst die Frage auf, welche Werte in die Bilanz einzusetzen sind. Handelsrecht und Handelspraxis unterscheiden solche Werte, die in die Bilanz eingesetzt werden können, und solche, die in die Bilanz eingesetzt werden müssen. Bei der ersten Kategorie spricht man von Bilanzfähigkeit, bei der letzteren von Bilanzpflichtigkeit. Angewendet auf die Gegenstände des Betriebsvermögens sind bilanzfähig alle Gegenstände, Forderungen und Schulden, die in die Bilanz aufgenommen werden dürfen, bilanzpflichtig dagegen diejenigen, die in sie aufgenommen werden müssen. (Vgl. RFH., Bd. 7, S. 130 und Bd. 8, S. 312.) Der Grundgedanke dieser Differenzierung beruht darin, daß der Kaufmann nach dem auch vom Steuerrecht anerkannten Handelsbrauche das Recht und die Möglichkeit haben muß, einen gewissen Spielraum bei der Bewertung der Gegenstände des Betriebsvermögens zu benutzen und auch bei der Entscheidung der Frage, ob ein Wert überhaupt in die Bilanz einzusetzen ist. Diese Freiheit der Entschließung ist so lange unbedenklich und ohne Rechtsnachteile, als die hierbei beliebte Bilanzierungsmethode den Grundsätzen eines vorsichtig bilanzierenden Kaufmannes entspricht. Diese Bewegungsfreiheit bei der Bilanzierung und der Entscheidung über Bilanzfähigkeit und Bilanzpflichtigkeit von Vermögenswerten hat ihre Grenze in dem § 40 HGB. Das freie Ermessen des Kaufmannes geht nicht so weit, daß er Aktiva oder Passiva, welche zu seinem Geschäftsvermögen gehören und daher in der Bilanz erscheinen müssen, in der Bilanz weglassen darf. Denn nach § 40, Abs. 2 HGB. sind, was vielleicht manchmal übersehen wird, bei der Aufstellung des Inventars und der Bilanz sämtliche Vermögensgegenstände und Schulden nach dem Werte anzusetzen, der ihnen in dem Zeitpunkte beizulegen ist, für welchen die Aufstellung stattfindet. (Vgl. RFH. Bd. 10, S. 114.)

Ein Hauptbeispiel für bilanzfähige Aktiven sind die immateriellen Güter, wie Firmenwert, Kundschaft, Goodwill, Geschäftswert usw. Diese Werte sind bilanzfähig, aber nicht bilanzpflichtig. Letzten Endes werden im Einzelfalle die Finanzämter zu entscheiden haben, ob die Grenzen der Bilanzpflichtigkeit nach kaufmännischem Handelsbrauch berücksichtigt worden sind oder nicht. Es empfiehlt sich in solchen Zweifelsfällen, die Aktivierung der Bilanzposten genau zu erläutern. Andernfalls wird nicht zu vermeiden sein, daß die Finanzämter gemäß §§ 172 und 173 der RAO. Auskünfte von den Steuerpflichtigen einholen. (Vgl. hierzu auch Urteil des RFH. vom 16. 1. 1923 I A 233/20, veröffentlicht in der Zeitschrift St. u. W., Jahrg. II, Nr. 509.) Die oben erwähnten immateriellen Werte gehören zu der Gruppe der nicht greifbaren Vermögensgegenstände. Sie sind zwar auch bilanzfähig (nicht bilanzpflichtig), jedoch nur dann, wenn für ihren Erwerb oder für ihre Herstellung Aufwendungen von dem Steuerpflichtigen oder seinem Rechtsvorgänger gemacht worden sind (z. B. Erwerb der Kundschaft). Diesen Rechtssatz hat bereits in seiner Rechtsprechung das OVG. aufgestellt (vgl. OVG., Bd. 11, S. 422 und Bd. 15, S. 344). Sind derartige Aufwendungen gemacht worden, dann haben die immateriellen Güter einen materiellen Wert, der nicht gleichzeitig schon bei anderen Gegenständen des Geschäftsvermögens ausgedrückt ist. Ein Beispiel: Eine Erfindung verursacht M. 200000.— Aufwendungen, oder der Erwerb einer Erfindung geschieht gegen Zahlung eines Kaufpreises von M. 300000.—. In diesem Falle ist es statthaft, daß in der Bilanz ein Patentkonto mit M. 200000.—, bzw. M. 300000.— unter den Aktiven erscheint. Eine Ausnahme machen diejenigen immateriellen Güter, welche von dem Inhaber des Unternehmens ohne irgendeinen finanziellen Aufwand erworben sind, z. B. das geschäftliche Renommee, die bei Geschäftseröffnung oder Neuübernahme eines Geschäftes vom Betriebsinhaber selbst gewählte Firmenbezeichnung usw. Diese immateriellen Werte dürfen in der Bilanz nicht besonders aktiviert werden. Als Hauptbeispiel für bilanzpflichtige Posten sind auf der Passivseite der Bilanz die Schulden, das Aktien- oder Stammkapital und die Reserven anzuführen, Sie sind stets bilanzpflichtig.

2. Bilanzwahrheit und Bilanzklarheit.

Wohl zu den umstrittensten Grundsätzen des Bilanzrechts gehören die Erfordernisse der Klarheit und Wahrheit der Bilanz im Sinne der §§ 38ff. HGB. Nach § 38, Abs. 1 HGB. ist jeder Kaufmann verpflichtet, Bücher zu führen und in diesen seine Handelsgeschäfte und die Lage seines Vermögens nach den Grundsätzen ordnungsmäßiger Buchführung ersichtlich zu machen (Bilanzklarheit). Nach § 40, Abs. 2 HGB. (siehe auch § 261 HGB. und die §§ 41 und 42 GmbH-Gesetz) sind bei der Aufstellung des Inventars und der Bilanz sämtliche Vermögensgegenstände und Schulden nach dem Werte anzusetzen, der ihnen in dem Zeitpunkte beizulegen ist, für welchen die Aufstellung stattfindet (Bilanzwahrheit). Es hieße die wirklichen Verhältnisse verkennen, wollte man behaupten, daß diese Grundsätze so, wie sie vom Gesetzgeber gedacht waren, in der Praxis verwirklicht sind. Die Klagen über mangelnde Durchsichtigkeit der Bilanzen und über unklare oder unvollständige Geschäftsberichte wollen nicht verstummen. Selbst Geschäftsberichte und Bilanzen führender Unternehmungen müssen auch von maßvoller Bilanzkritik sich den nach meiner Ansicht berechtigten Vorwurf gefallen lassen, daß ihre Bilanz nicht durchsichtig ist oder, daß sie nur ein „Miniumm von Bilanzklarheit" aufweist. Ich habe hier die Geschäftsberichte und Bilanzen des Siemens-Konzerns und der Hamburg-Südamerikanischen Dampfschiffahrts-Gesellschaft für 1926/27, bzw. zum 31. 12. 1927 im Auge. In dem bereits zitierten Vortrag über „Wahre Bilanzen" ist es keineswegs als eine Übertreibung oder auch nur als eine oratorisch starke Betonung zu bezeichnen, wenn Lion davon spricht, daß die vom Gesetz geschaffenen Prinzipien der Bilanzwahrheit und Bilanzklarheit in der Praxis in das Gegenteil umgewandelt worden sind. Welche Eigenschaften müssen Inventar und Bilanz haben, um den Grundsätzen von Bilanzwahrheit und -Klarheit zu genügen? Das Inventar ist ein Verzeichnis des Vermögens des Kaufmannes. Es führt die Bestandteile des Geschäftsvermögens einzeln auf, beschreibt sie nach Gattung, Menge, Einheitspreis usw. und gibt außerdem den Wert der einzelnen Teile an. Zum Inventar tritt die Bilanz hinzu. Die Bilanz ist der Abschluß der Buchführung. Er macht das Verhältnis des Vermögens und der Schulden zueinander dadurch ersichtlich, daß die einzelnen Bestände an Aktiven und Passiven summarisch und kontenmäßig einander gegenübergestellt werden. Eine Bilanz ist im Sinne von § 38, Abs. 1 HGB klar, wenn sie übersichtlich ist und gleichzeitig erkennen läßt, aus welchen verschiedenen einzelnen Posten die Aktiven und Passiven des Betriebsvermögens sich zusammensetzen.

Die Bilanz ist im Sinne des § 40, Abs. 2 HGB. wahr, wenn sie alle Vermögensgegenstände enthält, also nicht mehr und nicht weniger als diejenigen, welche tatsächlich vorhanden sind und ferner, wenn sie diese Vermögensbestandteile zu ihrem tatsächlichen Wert angibt. Dies ist die Theorie. Die Praxis sieht bekanntlich ganz anders aus. Zum Teil ist diese Entwicklung allerdings auch durch die Rechtsprechung begünstigt worden. Es hat sich hier allmählich als Handelsgewohnheitsrecht der Grundsatz gebildet, daß der § 40 HGB. bei solchen Bilanzen, die Gewinnverteilungsbilanzen sind (also z. B. nicht Vermögensermittlungsbilanzen), einschränkend auszulegen ist. Der Grundsatz der wirtschaftlichen Festigung des Unternehmens ist immer stärker in den Vordergrund getreten. Unterbewertung der Aktiven und Überbewertung der Passiven gelten als statthaft. Je niedriger die Aktiven und je höher die Passiven eines Geschäfts bewertet werden, um so fester ist seine wirtschaftliche Basis. Unterbewertung der Aktiven und Überbewertung der Passiven stärken die Zahlungsfähigkeit und Kreditfähigkeit des Kaufmanns seinen Gläubigern und Kreditgebern gegenüber. Je niedriger die Aktiven angesetzt und je höher die Passiven bewertet werden, um so geringer ist der verteilungsfähige Gewinn; um so weniger Kapital wird aber auch dem Unternehmen als Basis der Kredite entzogen. Es dient daher nur den eigenen Interessen der Gläubiger, wenn eine Unterbewertung der Aktiven und eine Überbewertung der Passiven vorgenommen wird. Das RG. hat in der Entscheidung vom 11. 1. 1927 II 178/26 (RGZ. Bd. 115, S. 378ff., S. 381) sich für eine absichtliche Unterbewertung von Vermögensgegenständen ausgesprochen. Oft sind Mängel in bezug auf Bilanzklarheit und Bilanzwahrheit nicht auf zweckbewußte Transaktionen zurückzuführen, sondern lediglich auf an sich vermeidbare Mängel und Unebenheiten der Buchführungs- und Bilanzierungstechnik. Nach § 265 HGB. werden zwar die Bilanzen der deutschen Aktiengesellschaften im Reichsanzeiger und in den durch das Gesellschaftsstatut etwa fernerhin vorgesehenen Blättern veröffentlicht. Auch der Handelsteil der namhaften Zeitungen bringt in größeren oder kleineren Auszügen Bilanzen und Geschäftsberichte. Trotzdem wird nur in ganz seltenen Fällen der Zweck der Veröffentlichung erreicht, der darin besteht, Aktionären und Gläubigern, sowie sonstigen Interessenten der bilanzierenden Aktiengesellschaft einwandfreie und zweckdienliche Unterlagen für die Beurteilung des Status derselben zu geben. Selbst die sich hieran anschließende Bilanzanalyse und Bilanzkritik der volkswirtschaftlichen und Handelsredakteure der Tagespresse sind nicht imstande, diesem Zweck zu entsprechen. Teilweise ist hieran die Bilanzunklarheit schuld, und diese wieder ist auf Mängel der Buchführung zurückzuführen. Der Hauptfall ist der, daß Bilanzposten, deren Kenntnis für eine zweckentsprechende Beurteilung der Bilanz notwendig ist, nur summarisch angegeben werden. Diesem Mißstand läßt sich künftig vielleicht dadurch begegnen, daß man an Stelle der bisherigen Bilanzierung bestimmte Bilanzschemata einführt. Außerdem wird bei einer großen Zahl der Industriebilanzen die Bilanzunklarheit dadurch hervorgerufen, daß sie nicht den Zeitwert des einzelnen in Frage kommenden Bilanzpostens anführen. Sie sind tatsächlich keine Bilanzen gemäß § 38ff. HGB., sondern nur Scheinbilanzen, für deren Abweichung von der Bilanzwahrheit es nur eine Richtschnur gibt: Das subjektive Ermessen kaufmännischer Willkür. Es muß befremden, wenn im Gegensatz zu dieser tatsächlichen Erscheinung nach wie vor handelsrechtliche Lehrbücher und Kommentare, wie Dühringer-Hachenburg usw. den Grundsatz der Bilanzwahrheit mit einer gewissen Emphase verkünden. Allerdings hat es den Anschein, als ob in der Rechtsprechung hierin sich eine Änderung anbahnt. Das RG. hat im Urteil vom 23. 10. 1925 II 315/24 bezüglich der Grundsätze Bilanzwahrheit und Bilanzklarheit folgenden Standpunkt vertreten: Der Zweck der Vorlegung der Bilanz in der Generalversammlung ist die richtige und zuverlässige Darlegung und Feststellung des Vermögensstandes des Unternehmens in allen wesentlichen Beziehungen für den Zeitpunkt, auf den sich die Bilanz bezieht.

Aus §§ 39 und 40 HGB. ergibt sich, daß bei der Bilanzaufstellung nur solche Vermögensgegenstände berücksichtigt werden dürfen, die im maßgebenden Zeitpunkt rechtlich zum Vermögen der Gesellschaft gehören. Diesen Grundsätzen würde es widersprechen, wenn man in die Bilanz als Aktiva solche Werte einstellt, die der Gesellschaft rechtlich noch nicht zustehen.

Endlich muß die Bilanz nicht nur klar und wahr, sondern auch vollständig sein. (Hierüber siehe Staub, Kommentar, Bd. 3, S. 398, Anm. 16a zu § 261 HGB.)

Die ganzen Probleme, die mit Bilanzwahrheit, Bilanzklarheit und mit der Vollständigkeit der Bilanz zusammenhängen, sind seit einiger Zeit dadurch in den Vordergrund des allgemeinen Interesses gerückt, daß eine Kommission zur Reform des Aktienrechts gebildet ist, und daß ferner die Vereinigung für Aktienrecht unter der Leitung von

Nußbaum sich mit ihnen beschäftigt. Jedenfalls sind die ganzen Dinge noch im Flusse und ist zunächst das Ergebnis der Arbeiten dieser Ausschüsse abzuwarten. Weiter, wie die §§ 38ff. HGB. geht das schweizerische Obligationenrecht hinsichtlich der Erfordernisse einer Bilanz. Nach Art. 656, Abs. 1 des schweizerischen Obligationenrechtes ist die Bilanz so klar und übersichtlich aufzustellen, daß die Aktionäre einen möglichst sicheren Einblick in die wirkliche Vermögenslage der Gesellschaft erhalten. Dies war die alte Fassung des Gesetzes. Die neue Fassung weist nur insofern eine kleine Änderung auf, als es darin heißt: „Die periodische Betriebsbilanz ist so vollständig klar und übersichtlich aufzustellen... daß die Beteiligten einen möglichst sicheren Einblick in die wirtschaftliche Lage der Gesellschaft erhalten.“ Es ist zu erwarten, daß das schweizerische Aktienrecht in den weiteren Verhandlungen der Ausschüsse zur deutschen Aktienrechtsreform als beachtliches Material dient.

3. Bilanzberichtigung. (Änderung, Ergänzung und Vervollständigung der Bilanz.)

Die Berichtigung einer Bilanz, gleichgültig, ob es sich um die Handelsbilanz oder um die Steuerbilanz handelt, erweist sich dann als erforderlich, wenn die ursprüngliche Bilanzierung nicht richtig war, d. h. wenn sie entweder die Grundsätze ordnungsmäßiger Buchführung verletzt hat, oder wenn aus irgendeinem sonstigen tatsächlichen oder Rechtsgrunde ihre Richtigstellung vorgesehen ist. Mit dieser Berichtigung der Bilanz, auf die unter gewissen Voraussetzungen der Steuerpflichtige einen Rechtsanspruch hat, ist nicht zu verwechseln die Umwandlung der handelsrechtlichen Bilanz in eine andere Bilanz, welche die steuerrechtlichen Vorschriften des § 13 EStG. über die abzugsfähigen Ausgaben, über die Entnahmen aus dem eigenen Betriebe und die Bewertung berücksichtigt. Es ist nun die Frage, in welchen Fällen und wie lange der Steuerpflichtige das Recht hat, seine Handelsbilanz zu berichtigen. Solange die Steuerveranlagung nicht rechtskräftig geworden ist, hat der Kaufmann jederzeit das Recht, einen Antrag auf Berichtigung seiner Handelsbilanz zu stellen. Im Zusammenhang hiermit war die Frage aufgetaucht, ob Steuerbehörden auch berechtigt sind, einer buchführungspflichtigen Gesellschaft, die überhaupt keine Bilanzen aufgestellt hatte, die nachträgliche Anfertigung einer solchen Bilanz aufzuerlegen und die Anfertigung selbst nötigenfalls zu erzwingen. Zuerst war diese Frage bestritten. Der erste Senat bejahte sie (RFH. Bd. 1, S. 205), während der zweite Senat sie verneinte (RFH. Bd. 3, S. 269). Man kann heute als herrschende Ansicht annehmen, daß den Steuerbehörden ein solches Recht zusteht. Im übrigen ist hinsichtlich der Bilanzberichtigung noch auf die Urteile vom 23. 9. 1919 I A 117/19 (RFH. Bd. I, S. 239) vom 28. 4. 1920 IA 52/20 (RFH. Bd. 3, S. 16) und auf die Entscheidung vom 19. 5. 1922 I A 69/22 in Bd. 9, S. 322 hinzuweisen. Der Berichtigungsantrag kann demnach auch noch nach erfolgter Abgabe der Steuererklärung bis zur Steuerveranlagung, ferner nach erfolgter Veranlagung durch Einlegung des Einspruches im Rechtsmittelverfahren oder auch durch Einlegung des Einspruches gegen die neue Veranlagung gestellt werden, falls eine solche auf Grund des § 212 der RAO. erfolgt, natürlich auch während der Neuveranlagung selbst. Bisweilen werden auch Feststellungen des Buchprüfers gelegentlich einer Buch- und Betriebsprüfung gemäß § 162, Abs. 10 RAO. der Grund dafür sein, daß dem Steuerpflichtigen Anregung für die Stellung eines Berichtigungsantrages wegen versehentlicher Anwendung einer unrichtigen Bilanzierungsmethode gegeben wird. Da die Bilanzen die Vermutung der Richtigkeit für sich haben (§ 208 RAO.), muß der Geschäftsmann auch die Richtigkeit der von ihm aufgestellten Bilanzen bis zum Beweise des Gegenteils als Grundlage für die steuerliche Erfassung seines Bilanzgewinnes gegen sich gelten lassen. In diesem Sinne hat auch der RFH. in dem Urteil vom 31. 10. 1919 I A 216/19 (RFH. Bd. 1, S. 271) entschieden.

Die Unrichtigkeit der Bilanzen kann sowohl von der Steuerbehörde wie vom Steuerpflichtigen nachgewiesen werden. Führt der Kaufmann den Nachweis, daß die von ihm angefertigte Handelsbilanz den handelsrechtlichen Vorschriften und den Grundsätzen ordnungsmäßiger Buchführung nicht entspricht, so hat das Finanzamt seinem Antrage auf Berichtigung dieser Bilanz zu entsprechen. Für den Antrag auf Berichtigung genügt jedoch nicht der Nachweis, daß der Steuerpflichtige nach kaufmännischen Grundsätzen auch eine andere Bilanzierungsmethode hätte wählen können. Der Kaufmann bleibt vielmehr an die von ihm einmal angewendete Methode der Bilanzierung gebunden, falls deren Anwendung überhaupt statthaft ist. Die Einreichung der Bilanz durch den Steuerpflichtigen ist nicht der Ausfluß einer privatrechtlichen Willensäußerung, sondern ein öffentlich-rechtlieher Akt. Infolgedessen gelten für die Abgabe der Steuererklärung und die hierbei etwa zutage tretenden Willensmängel nicht die Vorschriften der §§ 119ff. BGB. über Anfechtung wegen Irrtums, Drohung usw. Diese Fragen sind jedoch noch nicht endgültig geklärt. Für die vorgetragene Ansicht spricht jedenfalls der Umstand, daß im Interesse der Rechtssicherheit und eines reibungslosen Verlaufes des Veranlagungsgeschäftes die von dem Kaufmann einmal abgegebenen Steuererklärungen endgültige sind. In dem Urteil vom 16. 10. 1925 II A 589/25 (RFH. Bd. 17, S. 243) vertritt der RFH. den Standpunkt, daß an dem Grundsatz der Endgültigkeit der einmal abgegebenen Steuererklärung bei Erwerbsgesellschaften auch dann festzuhalten ist, wenn die Bilanz von der Steuerbehörde in anderen Punkten berichtigt wird, sofern nur die Gesellschaft im übrigen, insbesondere ihren Gesellschaftern gegenüber, die bisherige Bilanz als Grundlage der Gewinnausschüttung aufrechterhält. Wurde bei der Aufstellung der Handelsbilanz gegen die Grundsätze ordnungsmäßiger Buchführung zwar nicht verstoßen, wäre aber für den Kaufmann eine andere Bilanzierungsmethode, die ebenfalls mit den Grundsätzen ordnungsmäßiger Buchführung in Einklang stände, günstiger gewesen, dann kann der Kaufmann für die Steuerveranlagung eine Berichtigung der Handelsbilanz nicht verlangen. Dieser Satz erleidet allerdings eine Einschränkung. In dem Urteil vom 12. 11. 1924 I A 32/24 (RFH. Bd. 15, S. 200ff., S. 211) macht der RFH. zutreffend darauf aufmerksam, daß ein Kaufmann nicht verpflichtet ist, unter mehreren handelsrechtlich zulässigen Buchungsmethoden diejenige zu wählen, welche einen höheren steuerbaren Gewinn ergibt. Im Regelfalle, d. h. wenn nicht besondere Umstände eine abweichende Beurteilung erfordern, erstreckt sich die von dem Kaufmann beantragte Berichtigung nur auf die Schlußbilanz. Denn infolge des durch § 20 EStG. sanktionierten Grundsatzes der Bilanzkontinuität (siehe unten) ist die Anfangsbilanz, welche der Veranlagung für das vorangegangene Geschäftsjahr zugrunde gelegen hat, grundsätzlich unabänderlich, sofern die vorangegangene Steuererklärung rechtskräftig geworden ist. Im übrigen sind Aktiengesellschaften und Gesellschaften mit beschränkter Haftung berechtigt, Berichtigungen ihrer Bilanzen selbst dann vorzunehmen, wenn diese bereits durch effektive Gewinnausschüttung ausgeführt sind, sofern sie die Unrichtigkeit der eingereichten Bilanz nachzuweisen in der Lage sind. (Vgl. RFH. Bd. 1, S. 239 und Bd. 3, S. 16, ferner auch die Entscheidungen des RFH. in Koppes Jahrbuch, IV. Jahrg., S. 266, V. Jahrg., S. 45/46 und VI. Jahrg., S. 268.)

Einen anderen Charakter als die soeben angeführte Berichtigung der Handelsbilanz wegen tatsächlicher Unrichtigkeit oder wegen unrichtiger Bilanzierung ist die Berichitgung der Handelsbilanz zwecks Aufmachung als Steuerbilanz. Hierüber enthalten die §§ 13 und 19—21 EStG.. sowie die Ausführungsbestimmungen zu EStG. nähere Vorschriften. Der § 76 der Ausführungsbestimmungen zum EStG. vom 8.5.1926 (RMinBl., S. 361 ff.) schreibt in dieser Hinsicht vor:

Ist nach den Vorschriften des EStG. und des KStG. die Berichtigung einzelner Posten der handelsrechtlichen Bilanz notwendig oder zulässig, so kann der

Steuerpflichtige diese Berichtigungen in der Bilanz selbst oder in einer besonderen Anlage hierzu vornehmen, oder er kann eine besondere Steuerbilanz aufstellen, in der die Berichtigungen berücksichtigt sind. Im letzteren Falle hat er die Steuerbilanz mit der handelsrechtlichen Bilanz einzureichen. Wird eine Steuerbilanz nicht aufgestellt, so ist die etwaige Gewinnberichtigung in der handelsrechtlichen Bilanz oder in einer Anlage näher zu erläutern.

(Vgl. gleichlautend § 67 der Ausführungsbestimmungen zum KStG.) Von der Berichtigung der Bilanz zu unterscheiden ist ihre Ergänzung infolge von Ungenauigkeiten oder Unklarheiten. Solche Unklarheiten sind vielfach darauf zurückzuführen, daß man sich noch nicht immer darüber klar geworden ist, daß die Bilanz ein Konto ist, genau wie jedes andere Konto auch. Die Bilanz ist nur kein aktives Konto, sondern ein Abschlußkonto, welches außerhalb der Buchführung aufgezogen wird, und das seine Unterlagen den Ergebnissen des Buchabschlusses und der Inventur entnimmt. Die Bilanz ist daher streng genommen nichts anderes als eine Aufstellung oder Aufzeichnung von Vermögenswerten und von Schulden in der Form eines für sich abgeschlossenen kaufmännischen Kontos. Für die Aufstellung und den Abschluß des Bilanzkontos gelten die gleichen Buchführungsregeln, nach denen sich Anfertigung und Abschluß der kaufmännischen Konten überhaupt abwickeln. Es empfiehlt sich daher, sich Klarheit darüber zu verschaffen, daß die Passivseite einer Bilanz nicht nur Passivposten (Schuldposten) enthält, sondern auch Aktivposten, nämlich den Aktivsaldo. Dieser pflegt sich aus Grundkapital, aus einem oder mehreren Reservefonds und dem Gewinn zusammenzusetzen.

4. Bilanzkontinuität.

Der Begriff der Bilanzkontinuität läßt verschiedene Deutungen zu, je nachdem man ihn in engerem oder weiterem Sinne auffaßt und praktisch bei der Bilanzierung anwendet. Unter Kontinuität als allgemeinem Oberbegriff versteht man die gleichmäßige Anwendung und Beibehaltung einmal angewendeter Bilanzierungsmethoden in künftigen Fällen, sowie die gleichmäßige Anwendung und die Beibehaltung derselben Bewertungsmethoden und Bewertungssätze bei den regelmäßigen Jahresbilanzen für eine unbestimmte Reihe von Geschäftsjahren. In engerem Sinne wirkt sich diese Kontinuität nur in der Anlage der Bilanzen oder auch nur in der Anwendung der Bewertungssätze aus. Die Jahresbilanzen sollen nach äußerer Form und innerer Gliederung alljährlich möglichst das gleiche Bild bieten. Geschieht dies, dann sind Bilanzkritiker und die sonstigen Interessenten der Bilanz auch wirklich in der Lage, Einblick in die tatsächliche Entwicklung des Unternehmens zu gewinnen. Als Rechtssatz ausgedrückt bedeutet Bilanzkontinuität das Erfordernis, daß die einmal eingesetzten und bei der Veranlagung von der Steuerbehörde anerkannten Werte des Betriebsvermögens auch künftig für die folgenden Steuerabschnitte in die Bilanz einzusetzen sind. Es ist dies der Grundsatz der Kontinuität der Bewertung, also der Bilanzkontinuität im engeren Sinne. Hier ist sogleich jedoch eine Einschränkung zu machen. Aktiengesellschaften haben grundsätzlich keine Bilanzkontinuität (RGZ. Bd. 105, S. 42). Jede Bilanz ist vielmehr ein Stück für sich. Es sind stets die Verhältnisse zur Zeit, für die die Bilanz aufgestellt ist, allein maßgebend. (Vgl. § 40 in Verbindung mit § 261 HGB. und Staub, Kommentar, Bd. 2, Anm. 7 zu § 261 a. a. O.) Ob die steuerrechtliche Bilanzkontinuität, so wie sie ausdrücklich im § 20 EStG. vorgeschrieben ist, sich in der Praxis wird immer restlos verwirklichen lassen, ist mindestens zweifelhaft, wie Becker in seinem Aufsatz in St. u. W., Jahrg. 1927, Heft 12, S. 1183 überzeugend darlegt. Praktisch hat die Durchführung der Bilanzkontinuität zwei Konsequenzen:

1. der Steuerpflichtige darf für den nämlichen Gegenstand des Betriebsvermögens am Schlusse des Wirtschaftsjahres niemals einen höheren Wert ansetzen, als am Schluß des vorangegangenen Wirtschaftsjahres. Der Steuerpflichtige darf sonach niemals über den von ihm in der vorangegangenen Bilanz eingesetzten Wert hinausgehen, vorausgesetzt, daß es sich um denselben Gegenstand handelt. Es ist dies selbst dann unzulässig, wenn es vom handelsrechtlichen Standpunkte aus zulässig wäre. (Vgl. § 261 HGB.) Sind an dem Gegenstand Veränderungen oder Verbesserungen vorgenommen worden, so handelt es sich am Schlusse des Wirtschaftsjahres nicht mehr um denselben Gegenstand. Die durch die Verbesserung geschaffene Werterhöhung ist daher bei der Endbewertung zum Ausdruck zu bringen.

2. Hat die Steuerbehörde einen bestimmten Wert anerkannt, so ist dieser Wert auch für die künftigen Steuerabschnitte in die Bilanz einzusetzen. Dies hat selbst dann zu geschehen, wenn der Wert zu niedrig bemessen ist. Sind demnach Wertminderungen bereits in einem früheren Wirtschaftsjahr zu Unrecht berücksichtigt worden, so dürfen sie nicht nochmals in einem der folgenden Steuerjahre berücksichtigt werden.

Ist beispielsweise ein Patent oder ein sonstiges Urheberrecht für M. 3000.— erworben und in steuerrechtlich zulässiger Weise allmählich auf M. 1000.— abgeschrieben, so muß es bei dieser Bewertung sein Bewenden haben, selbst wenn der wirkliche Wert wegen veränderter wirtschaftlicher Verhältnisse auf M. 10000.— und darübersteigen sollte.

Die oben angegebenen Grundsätze der Bewertungskontinuität haben weiter zur Folge, daß auf solche Aktiva, die nur noch mit M. 1.— zu Buche stehen, Abschreibungen nicht mehr zulässig sind. Abschreibungen dürfen in diesem Falle jedoch dann vorgenommen werden, wenn die Steuerbehörde bei der Veranlagung die M. 1.— Posten nicht anerkennen, sondern mit einem höheren Betrage ansetzen sollte. Die Bilanzkontinuität gilt auch für alle diejenigen Fälle, bei denen das Unternehmen durch unentgeltlichen Rechtsakt, beispielsweise durch Schenkung oder durch letztwillige Verfügung in das Eigentum des Steuerpflichtigen übergeht. Die Rechtsnachfolger sind an die von ihrem Rechtsvorgänger angesetzten Werte für die Ermittlung des steuerbaren Gewinnes gebunden.

§ 23. Bestrebungen zur Vereinfachung und Vereinheitlichung von Steuerbilanz und Handelsbilanz.

Wie ich schon andeutete, sind seit einiger Zeit Bestrebungen zu verzeichnen, die auf die Vereinheitlichung und Vereinfachung von Steuerbilanz und Handelsbilanz abzielen. Die hierbei zutage tretenden Entwicklungstendenzen gehen nicht nur von den Juristen und von den Steuerrechtlern aus, sondern auch von den Betriebswirten. In der Betriebswirtschaftslehre beginnt sich die Ansicht durchzusetzen, daß es unmöglich ist, mit einer Bilanz der bisher üblichen Art, d. h. nur mit der Schmalenbachschen dynamischen Bilanz oder nur mit der Schmidtschen organischen Bilanz Gewinn und Vermögen eines Kaufmanns einwandfrei zu ermitteln. Äußerer Anlaß dieser Bewegung ist der Umstand, daß innerhalb der Betriebswirtschaftslehre zwischen den Anhängern der Schmalenbachschen Schule und denjenigen der Schmidtschen Bilanztheorie eine Gegnerschaft besteht. Angeregt durch die Schmidtschen Gedankengänge in seiner Organischen Bilanz hat Sewering in Hamburg neuerdings Versuche mit der Aufstellung einer Einheitsbilanz unternommen. Abgesehen von der Berücksichtigung der effektiven Vermögenslage bei der Bilanzierung laufen die Versuche von Sewering auf eine kombinatorische Methodik hinaus. Er versucht, die Grundsätze von Statik und Dynamik zu kombinieren, um auf diesem Wege zu einer Einheitsbilanz zu gelangen. Er beruft sich darauf, daß bereits von der Kritik die Möglichkeit des Verschmelzens der beiden genannten, an sich verschieden gearteten Bilanzkategorien anerkannt worden ist. (Vgl. hierzu Sewering, Die Auswertung der Bilanzen, in der Zeitschrift für Betriebswirtschaft, Jahrg. 1927, Heft 4, S. 259ff.) Es ist sicherlich kein Zufall, daß ungefähr zur gleichen Zeit auch die Juristen, und zwar unter ihnen besonders die Steuerrechtler mit einem Plan der Vereinheitlichung von Handelsbilanz und Steuerbilanz aufgetreten sind. Am 13. 12. 1926 hat Lion in der Vereinigung für Aktienrecht in Berlin einen Vortrag über wahre Bilanzen gehalten und die darin vorkommenden Ausführungen in Buchform als Heft 3 der gesellschaftrechtlichen Abhandlungen von Nußbaum veröffentlicht. Die Lionschen Ausführungen gipfeln in der Feststellung, daß die Verhältnisse im Aktienwesen, wie sie zur Zeit bestehen, förmlich nach einer Reform drängen, und zwar im Sinne möglichster Wiederherstellung von Bilanzwahrheit und Bilanzklarheit. Er ist der Ansicht, daß die Fortentwicklung der handelsrechtlichen Vorschriften in der Richtung auf die Steuerbilanz nicht nur möglich, sondern erwünscht und zweckmäßig ist. Da nun andererseits das Steuerrecht die Forderung nach der Bilanzwahrheit ständig erhebt, gilt es die Kluft zu überbrücken, die durch die Erfüllung dieser Forderung zwischen Steuerbilanz und Handelsbilanz entstehen muß. Lion verlangt daher die Beseitigung der Willkür aus den Handelsbilanzen, ihre Rückkehr zum Grundsatz der Bilanzwahrheit und damit ihre Anpassung an die Steuerbilanz. Diese Forderungen Lions lassen an Präzision nichts zu wünschen übrig. Sie sind im Ergebnis um so erfreulicher, als sie nach meiner Ansicht eine Abkehr von den von ihm ursprünglich bezüglich Art, Zahl und Zweckbestimmung der Bilanzen vertretenen Anschauungen darstellen. Becher hat nämlich schon in seiner Schrift über das Steuerrecht der Aktiengesellschaften und der Gesellschaften mit beschränkter Haftung (2. Aufl. 1927, S. 108/109) es als einen Mangel bezeichnet, daß Lion in seinem Bilanzsteuerrecht zu vier verschiedenen Bilanzen gelangt, indem er folgende Bilanzen als notwendig bezeichnet:

1. Die handelsrechtliche Vermögensbilanz,
2. die handelsrechtliche Ertragsbilanz,
3. die Ertragsteuerbilanz,
4. die Vermögensteuerbilanz.

Außer Becher haben sich Strutz, Marcuse, sowie Gerstner und Koppe gegen diese Differenzierung ausgesprochen, indem sie den Standpunkt vertreten, daß durch die Lionschen Theorien nicht Klarheit, sondern, jedenfalls soweit der Durchschnittsbetrieb der Praxis in Betracht komme, Verwirrung geschaffen werde. Ich will die Frage ununtersucht lassen, ob es eine Steuerbilanz im Rechtssinne überhaupt gibt. Das eine scheint mir festzustehen, daß die Steuergesetzgebung von 1925 dazu übergegangen ist, der Handelsbilanz ihren ursprünglichen Geltungsbereich wieder einzuräumen. Verneint man das Vorhandensein einer Steuerbilanz im Rechtssinne, dann bejaht man gleichzeitig die Frage, daß es überhaupt nur zwei Bilanzen gibt, die handelsrechtliche Bilanz schlechthin und die nach steuerrechtlichen Vorschriften berichtigte Handelsbilanz. Insofern kann man indessen von selbständigen Steuerbilanzen sprechen, als sie nicht nur den durch die Handelsbilanz ausgewiesenen Gewinn zeigen, sondern außerdem die aufgelösten stillen Reserven, welche dem handelsrechtlichen Gewinn der Handelsbilanz zuzuschlagen sind.

Im Sinne der Lionschen Ausführungen hat Haußmann, der Vorsitzende dse Steuerausschusses des Reichsverbandes der deutschen Industrie, sich in einem Vortrage über Steuerbilanz und Handelsbilanz auf der vom Reichsfinanzministerium an der Universität Bonn vom 3. bis zum 6 Oktober 1927 veranstalteten Tagung der Buchprüfer ausgelassen. Gelegentlich der hierbei abgehaltenen Vortragsserie über die Zusammenhänge zwischen Steuer und Betriebswirtschaft behandelt Haußmann das Verhältnis der Steuerbilanz zur Handelsbilanz und zu den kaufmännischen Gepflogenheiten. Der Leitsatz von Haußmann läßt sich in die Worte kleiden: „Mehr Achtung vor der Bilanz des Kaufmanns!" Er zeigt, wie die Bilanz des Kaufmannes, ähnlich den Verhältnissen vor dem Kriege, gegenwärtig wieder mehr die Grundlage der Besteuerung geworden ist, und daß sich dieser Grundsatz auch in der Steuergesetzgebung, so z. B. in dem § 13 EStG. ausdrückt. Die von dem Kaufmann beliebte Methode der Gewinnberechnung ist nach der Darstellung von Haußmann den Interessen des Steuerfiskus nicht so entgegengesetzt, wie man vielfach anzunehmen scheint. Denn die vorsichtige Zurückhaltung des Kaufmannes bei der Bewertung von Vorräten und Forderungen vermindert nicht endgültig das steuerpflichtige Betriebsvermögen, sondern bezweckt nur ihre Verteilung auf einen längeren Zeitraum, nämlich bis zur Abwicklung und endgültigen Ermittlung des Gewinnes. Außerdem sind die kaufmännischen Bilanzierungsmethoden auch deshalb unbedenklich, weil die einzelnen Steuerarten, insbesondere die Einkommensteuer und Vermögensteuer die Tendenz des gegenseitigen Ausgleichs haben. Hohe Ansätze, z. B. in der GM.-Eröffnungsbilanz führen zwar zu einem geringeren Gewinn bei der Einkommensteuer und bei der Steuer von Gewerbeertrag, aber zu hohen Vermögensteuern. (Vermögensteuer, Steuer von Gewerbekapital, Daweslast.) Andererseits gewähren hohe Bilanzansätze die Möglichkeit der Anwendung größerer Abschreibungsquoten und wirken daher gewinnvermindernd. Haußmann zieht hieraus den Schluß, daß manche Beanstandungen der Bilanzen seitens der Steuerbehörde vermeidbar wären, wenn man sich über diese wirtschaftlichen Zusammenhänge klar werde. Insbesondere ist wünschenswert und mit Nachdruck zu erstreben, daß die Steuerbehörden bei der Beurteilung der kaufmännischen Bilanzen großzügiger als bisher verfahren. Auch bei dieser Art der steuerlichen Erfassung der Gewinne ist eine ernstliche Gefährdung des Steueraufkommens nicht zu besorgen. Im Zusammenhange hiermit stellt Haußmann folgende Leitsätze auf:

1. Der Zusammenhang zwischen Handelsbilanz und Steuerbilanz ist in der Praxis mehr als bisher zu betonen. Dies bereitet deshalb keine Schwierigkeiten, weil es auf einer ganzen Reihe von Gebieten sogenannte steuerlich-elastische Ausgleichsprinzipien gibt. Derartige Prinzipien sind z. B. die Möglichkeit der Nachholung von Abschreibungen und das Realisationsprinzip. Nach diesem Prinzip führt eine scheinbar zu niedrige Versteuerung im Falle der Realisation zu einer um so größeren Besteuerung.

2. Die Aufstellung getrennter Einkommen- und Vermögensteuerbilanzen ist möglichst zu vermeiden. Ausgangspunkt für die Einkommen- und für die Vermögenbesteuerung ist grundsätzlich der gleiche.

§ 24. Die handelsrechtlichen und handelsgewohnheitsrechtlichen Grundsätze ordnungsmäßiger Buchführung. Buchführungspflicht, Buchführungszwang.

Das wichtigste Hilfsmittel für die Aufstellung der Bilanz des Kaufmanns und damit für die Ermittlung des steuerpflichtigen Gewinnes seines Geschäftsvermögens ist die Buchführung. Das Gesetz spricht von der ordnungsmäßigen Buchführung, und zwar in den §§ 38ff. und 261 HGB., sowie in den §§ 41 und 42 GmbGesetz. Die ordnungsmäßige Buchführung ist ein Tatsachenbegriff und ein Rechtsbegriff zugleich. Selbstverständlich sind absolut dominierend die Regeln der kaufmännischen Buchhaltung, wie sie sich in jahrzehntelanger Kaufmannspraxis allmählich entwickelt haben. Daneben hat die Rechtsprechung des RG., später die des RFH. eingegriffen. Außerdem hat das Schrifttum zu einer Reihe von grundsätzlichen Buchführungsfragen Stellung genommen. Die Buchführung ist im Sinne des HGB. ordnungsmäßig, wenn sie nicht nur formell in Ordnung, sondern auch materiell richtig ist. Auf die Bezeichnung des einzelnen Kontos kommt es nicht an, ausschlaggebend ist vielmehr nur die sachliche Bedeutung. (Vgl. RFH. Bd. 1, S. 182; Bd. 4, S. 160 und Bd. 9, S. 105.) Die Bilanz ist richtig, wenn sie die bilanzpflichtigen Gegenstände nachweist, und wenn außerdem das ausgewiesene Vermögen auf die Verbuchung von Geschäftsvorfällen zurückzuführen ist, die durch Ausübung des Gewerbebetriebes verursacht werden. Die Buchführung muß hiernach die einzelnen Geschäftsvorfälle deutlich erkennen lassen. Eine stillschweigende Aufrechnung von Aktiven und Passiven, sowie die Einstellung lediglich des Saldos in die Bilanz widerspricht den Bilanzvorschriften des Handelsrechts. (RFH. vom 18. 6. 1924 I A 48/24.) Eine bestimmte Buchführungsmethode ist nirgends gesetzlich vorgeschrieben, auch nicht im Handelsrecht. (Vgl.

RFH. Bd. 15, S. 200.) Insbesondere ist nirgends angeordnet, daß die doppelte Buchführung anzuwenden ist. Sie ist nur in solchen Fällen geboten, in welchen die Aufstellung einer Gewinn- und Verlustrechnung vorgeschrieben ist, wie bei den AG. und den GmbH. Die Handelsbücher sollen vollständig und übersichtlich sein. Sie sind so zu führen, wie ein sorgfältiger Kaufmann die Bücher nach bestem Wissen und Gewissen führen würde. (RGSt. Bd. 25, S. 3ff. und Bd. 4, S. 121.) Die Anforderungen hinsichtlich des Grades der Ordnungsmäßigkeit der Buchführung können im Einzelfalle nach Art und Umfang des Geschäftes verschieden sein. Die Verpflichtung auch zur materiell-richtigen Buchführung schließt wissentlich falsche oder willkürliche Bewertungen aus. (RGSt. Bd. 39, S. 222.) Auch darüber, welche Handelsbücher im einzelnen zu führen sind, enthalten die einschlägigen Gesetze an keiner Stelle Vorschriften. Von dem buchführungspflichtigen Vollkaufmann werden in der Praxis im allgemeinen nachstehende Bücher geführt:

1. **Kassabuch.**
2. **Einkaufsbuch.**
3. **Verkaufsbuch, wenigstens für die Verkäufe auf Kredit.**
4. **Memorial (Tagebuch, Kladde).**
5. **Inventarienbuch.**
6. **Hauptbuch.**

Hierzu kommen die Hilfsbücher. Der Zweck der Buchführung ist, dem Kaufmann jederzeit Übersicht über seine Vermögensverhältnisse zu gewähren. Diese Übersicht ist notwendig, um die durch die jeweiligen Vermögensverhältnisse gebotenen geschäftlichen Maßnahmen zu treffen. (Vgl. Urteil vom 16. 9. 1913 in RGSt. Bd. 47, S. 311.) Zahl und Art der Geschäftsbücher ist im Gesetz nirgends vorgeschrieben, ebensowenig ein bestimmtes Buchführungssystem. Im allgemeinen sind die oben angegebenen Geschäftsbücher üblich. Gesellschaften, welche in ihrem Geschäftsbetriebe Wertpapiere in Verwahrung oder zum Pfande nehmen, führen noch ein Bankdepotbuch. Die Hauptsache ist, daß die Buchführung ordnungsmäßig im Sinne des Gesetzes und nach Maßgabe des Handelsgewohnheitsrechts (Handelsbrauches) ist. Die Buchführung erfüllt diese Bedingung, wenn sie

1, sämtliche Geschäftsvorfälle verzeichnet.

2. wenn sie in Gestalt der Inventur die Vermögensteile des Betriebsvermögens alljährlich nachweist und

3. wenn sie jährlich einen das Verhältnis des Vermögens und der Schulden nachweisenden Abschluß, die Bilanz, aufstellt.

Diese drei Erfordernisse müssen erfüllt sein, wenn die Steuerbehörde die Buchführung als ordnungsmäßig anerkennen soll. Fehlt auch nur eine dieser Voraussetzungen, so hat der Steuerpflichtige keinen Rechtsanspruch darauf, daß seinem Einkommen der von ihm ermittelte Gewinn zugrunde gelegt wird. Neuerdings hat sich in der kaufmännischen Buchhaltung neben dem Durchschreibeverfahren auch das System der Buchführung in Karteiform und mit losen Konten eingebürgert. Daneben ist die Loseblattbuchführung [1]) in letzter Zeit stark hervorgetreten. Die Industrie- und Handelskammer Berlin hatte ursprünglich, nämlich in den Jahren 1905 und 1911, diese Art der Buchführung als unzulässig abgelehnt. Nachdem jedoch in der Praxis der Banken und vieler anderer Großunternehmungen sich neue Buchungsmethoden in immer größerem Umfange Eingang verschafften, bei denen sämtliche Buchungen nicht mehr in festen Büchern, sondern auf losen Blättern oder Karten vorgenommen werden, hat die Industrie- und Handelskammer ihren Standpunkt nochmals revidiert und ist zu folgendem Ergebnis gekommen:

Die Buchführung auf losen Blättern widerspricht der Sollvorschrift des § 43, Abs. 2 HGB. [2]). Es werden aber Rechtsnachteile für den Buchführenden, sei es strafrechtlicher Art (§§ 239, 240 Konkursordnung), sei es mit Bezug auf die Beweisführung im Prozeß, aus der Tatsache der Loseblattbuchführung an sich nicht zu befürchten sein, wofern nur gemäß § 38 HGB. durch die Buchführung die Handelsgeschäfte des Kaufmanns und die Lage seines Vermögens nach den Grundsätzen ordnungsmäßiger Buchführung ersichtlich gemacht sind. Ob diese Voraussetzung erfüllt ist, wird von den Umständen des Einzelfalles, insbesondere auch von der sachgemäßen Handhabung des angewandten Buchführungssystems abhängen. Unter dieser Voraussetzung wird auch eine Loseblattbuchführung den Grundsätzen ordnungsmäßiger Buchführung entsprechen können, namentlich wenn sie als doppelte Buchführung eingerichtet ist, und

1. wenn sie der Zeitfolge entsprechende Eintragungen der Geschäftsvorfälle enthält,
2. wenn durch gegenseitige Verweisungen und Buchungszeichen der Zusammenhang zwischen den Eintragungen auf Konten, den Grundbuchungen und den Belegen klar nachgewiesen ist, oder durch eine andere entsprechende Kontrolleinrichtung der Nachweis der Verbuchung leicht und sicher geführt werden kann,
3. wenn der Kontenplan eine klare Übersicht über Bestände, Aufwand und Ertrag gewährleistet,
4. wenn ein Nachweis über alle in der Buchhaltung verwandten losen Blätter geführt wird,
5. wenn für jedes Geschäftsjahr ein besonderer Satz von Kontrollblättern oder -karten angelegt wird und die Ablegung als „erledigt" nur in vollständigen Jahres- oder Halbjahressätzen erfolgt,
6. wenn die Belege geordnet aufbewahrt werden,
7. wenn gegen eine fahrlässige Verlegung oder mißbräuchliche Entfernung oder Umstellung von Buchungsblättern oder -karten und die Einfügung

[1]) Vgl. § 43, Abs. 2 HGB. und § 162, Abs. 4 RAO. sowie Mitteilungen der Industrie- und Handelskammer zu Berlin 1928, Heft 6, S. 239.

[2]) Vgl. RGSt. Bd. 17 S. 302 und Bd. 50 S. 131.

gefälschter Neuausfertigungen wirksame Vorkehrungen getroffen werden. In dieser Beziehung ist es neben mechanischen Hilfsmitteln (z. B. Sicherheitsverschluß) insbesondere empfehlenswert, wenn jedes Buchungsblatt mit der Ziehung der Endsummen oder des Saldos schließt und jedes neue Buchungsblatt mit den Endsummen oder dem Saldo des vorangegangenen anfängt. ...

(C 3092/27.)

An dieses Gutachten der Kammer knüpft der Reichsminister der Finanzen in seinem Runderlaß vom 7. 7. 1927 (IIIbb 2000) an, in dessen zweitem Hauptteil er sich über die Ordnungsmäßigkeit der Buchführung ausführlich äußert. Nach Anführung der §§ 38 und 43 HGB., sowie des § 162 RAO. heißt es: Im übrigen ist für die Beurteilung der Ordnungsmäßigkeit der Buchführung folgendes von besonderer Bedeutung:

1. Der Kaufmann ist im allgemeinen weder handelsrechtlich noch steuerrechtlich an eine bestimmte Buchführungsform oder an die Führung bestimmter Bücher gebunden. Er kann vielmehr seine Buchführung entsprechend den Bedürfnissen seines Betriebes einrichten ... Die Hauptsache ist, daß in den Büchern alle Geschäftsvorgänge zum Ausdruck kommen.

2. Auch bei einfacher Buchführung kann eine Gewinn- und Verlustrechnung erstellt werden.

3. Die Führung von sogenannten Geheimbüchern ist an sich zulässig; sie müssen aber ebenso wie die übrigen Geschäftsbücher ohne Anforderung vorgelegt werden.

Es folgen nunmehr die Ausführungen der Industrie- und Handelskammer in dem angezogenen Gutachten. Der Erlaß fährt dann fort:

1. Die Eintragungen in die Bücher sind so vorzunehmen, daß sich nicht nur der Eintragende, sondern jedermann, der sich auf Buchführung versteht, jederzeit ohne erhebliche Schwierigkeiten einen Überblick über die Handelsgeschäfte und die Lage des Vermögens des Unternehmens verschaffen kann.

2. Die Handelgeschäfte werden nicht schon bei ihren Abschlüssen, sondern erst dann verbucht, wenn auf Grund der getätigten Geschäfte Veränderungen im wirtschaftlichen Sinne eintreten oder eingetreten sind.

3. Die Eintragungen in die Grundbücher müssen jeweils unverzüglich, d. h. ohne schuldhafte Verzögerung, wie es ein ordentlicher Geschäftsbetrieb mit sich bringt, vorgenommen werden. Sie müssen so erfolgen, daß man daraus die zugrunde liegenden Geschäfte erkennen kann. Daher sind die getätigten Geschäfte einzutragen und nicht nur z. B. die sich aus dem Ein- und Verkauf ergebenden Differenzbeträge. Die Mengen der einzelnen Umsätze müssen in den Büchern festgehalten werden.

4. Die Verbuchung der Geschäftsvorfälle muß sich auf das ganze Gewerbe erstrecken; nicht etwa dürfen Gruppen von Geschäften, z. B. in sachlicher oder örtlicher Beziehung von der Buchführung ausgeschlossen werden. Hat ein Unternehmen Niederlassungen, so muß das Hauptgeschäft zum mindesten die einzelnen Posten der Bilanz und Gewinn- und Verlustrechnung der Niederlassungen, sofern diese ihre Geschäftsvorfälle selbst verbuchen, zusammenfassen.

Abschließend werden noch in dem Erlaß Regeln über die Buchführung solcher inländischen Unternehmungen aufgestellt, die gemäß §§ 33 und 34 EStG. im Auslande Filialen oder Tochtergesellschaften, sowie solcher ausländischen Unternehmungen, die im Inlande Filialen oder unselbständige Tochtergesellschaften haben. Hat der Steuerpflichtige einmal sich für ein bestimmtes Buchführungssystem entschieden, so darf er nicht ohne zwingenden Grund zu einer anderen Buchführungsmethode übergehen. Mit den Grundsätzen ordnungsmäßiger Buchführung ist es nicht vereinbar, daß von mehreren zulässigen Arten der Verbuchung eine einmal gewählte Art der Verbuchung ohne triftigen Grund zugunsten einer anderen, an sich ebenfalls zulässigen Art, aufgegeben wird. Ein solches Verfahren würde gegen den im Wesen einer jeden ordnungsmäßigen Buchführung liegenden Grundsatz der Kontinuität verstoßen. Die Buchführung wird sich daher insoweit nicht als ordnungsmäßig darstellen und müßte berichtigt werden. (RFH. vom 22. 12. 1926 VI A 496/26, St. u. W. 6. Jahrg. 1927, Heft 2, S. 290 und Becker in St. u. W. 6. Jahrg. 1927, Heft 3, S. 393ff.)

Ich hatte gezeigt, daß es nicht auf die formelle Bezeichnung der Konten, sondern lediglich auf deren sachliche Bedeutung ankommt. Hierüber hat sich der RFH. in einem grundlegenden Urteil vom 21. 3. 1923 III A 495/22 (RFH. Bd. 13, S. 79ff., 83) zweifelsfrei ausgesprochen. Es heißt dort: „Bei der kaufmännischen Buchführung und in Bilanzen kommt es nicht auf die Benennung eines Kontos, sondern auf dessen sachliche Bedeutung an. Insbesondere gilt dies für die Konten der Passivseite einer Bilanz, weil hier eine unzutreffende Bezeichnung, die in ihrer sachlichen Bedeutung nicht erkannt wird, leichte Fehlschlüsse und falsche Berechnungen über das in dem Unternehmen arbeitende Kapital oder den erzielten Gewinn nach sich zieht. Die Passivseite der Bilanz enthält teils wirkliche Schulden, teils Wertberichtigungen (Amortisationskonten), teils Kapital-, Reserve- und Gewinnkonten. Es kann ein Gewinnkonto unter der Bezeichnung Wertberichtigungskonto, ein Kapitalkonto unter Kreditoren laufen. Amortisationskonten können, weil sie übermäßig sind, in Wahrheit ganz oder z. T. versteckten Gewinn, verstecktes Vermögen bedeuten.

Darum ist es von entscheidendem Wert für eine an die Bilanz anschließende Besteuerung des Reinvermögens oder des Gewinns, daß die Passivkonten die richtige Benennung ausweisen, wie es auf der anderen Seite keiner näheren Ausführung bedarf, daß es dem Steuerpflichtigen nicht schwer gemacht ist, die Steuerbehörde durch, sei es unabsichtlich, sei es absichtlich, falsche Benennung der Konten irre zu führen..." (Vgl. RFH. Bd. 10, S. 114.) Mängel der Buchführung haben nach § 210, Abs. 1 RAO. Schätzung der Besteuerungsgrundlagen von Rechts wegen zur Folge. Nach dem Urteil vom 4. 11. 1925 VI A 770/25 (RFH. Bd. 17, S. 293ff., S. 296) wird bei Schätzung des Einkommens eines buchführenden Steuerpflichtigen stets zunächst zu prüfen sein, ob von der Buchführung vollkommen abzusehen ist, oder ob und in welchem Umfang die Buchführung Anhaltspunkte für die Schätzung bietet. (Vgl. § 210, Abs. 1, S. 2 a. a. O.) Ein vollkommenes Absehen von der Buchführung kommt in Frage entweder, wenn sie solche Mängel aufweist, daß eine Ergänzung durch Schätzung nicht oder doch nur mit unverhältnismäßigen Schwierigkeiten möglich ist, oder wenn ihr Ergebnis in offenbarem Mißverhältnis zu Erfahrungssätzen steht.

Buchführungspflicht. Buchführungszwang.

Einen unmittelbaren Buchführungszwang kennen weder Handelsrecht noch Steuerrecht. Ein mittelbarer Buchführungszwang wird durch die Strafvorschriften der §§ 239—241 Konkursordnung involviert, die bei eintretendem Vermögensverfall des Kaufmanns zur Anwendung kommen. Außerdem ist das handelsrechtliche Buchführungsrecht der §§ 38ff. HGB. durch den § 163 RAO., also durch seine Eingliederung in das formale Steuerrecht zwingendes Recht geworden. Der Buchführungszwang ist mehr mittelbar in psychologischen Inponderabilien begründet. Die Buchführung liegt einmal im eigensten Interesse des Kaufmanns selbst, namentlich wenn es sich um einen größeren Betrieb handelt. Sodann sind ordnungsmäßig geführte Bücher, Hilfsbücher und Belege klassische Beweismittel in Zivilprozessen gemäß § 415ff. ZPO. Endlich sind gut geführte Bücher erfolgsichere Grundlagen bei Einsprüchen des steuerpflichtigen Kaufmanns im Steuerermittlungsverfahren nach § 208 RAO. Nachträglich ist noch zu bemerken, daß die einzelnen Handelsgeschäfte zu buchen sind. Es brauchen aber nicht die Geschäftsabschlüsse als solche gebucht zu werden, z. B. die Abschlüsse von Kaufverträgen. Dies ist weder Handelsbrauch, noch vom Gesetzgeber gewollt. Die Buchungen sind vielmehr erst dann zu bewirken, wenn auf Grund der Geschäftsabschlüsse Vermögensänderungen im wirtschaftlichen Sinne eintreten. Eine bloße ziffernmäßige Eintragung der einzelnen Einnahme- und

Ausgabeposten genügt nicht. Die bücherlichen Eintragungen müssen vielmehr stets das zugrunde liegende Geschäft genau erkennen lassen. (Vgl. RG. in D. JZ. Jahrg. 1912, S. 820.) Die einzelne Buchung ist dann ausreichend, wenn sie den Geschäftsverkehr des Kaufmanns mit der Außenwelt wiedergibt. Ob auch die Verbuchung innerbetrieblicher Vorgänge, also insbesondere die Führung besonderer Lager- und Fabrikationsbücher zu verlangen ist, kann zweifelhaft sein und läßt sich nur im Einzelfall zutreffend beurteilen. Nach der Entscheidung des RFH. vom 25. 2. 1925 VI A 8/25 muß eine voll ordnungsmäßige Buchführung, deren Gewinn als steuerbares Einkommen in Ansatz gebracht werden soll, so beschaffen sein, daß aus den Büchern auch eine Nachprüfung der mengenmäßigen Bestände ohne allzu große Schwierigkeiten möglich ist. Daher werden in der Regel nicht nur die Werte, sondern auch die Mengen der einzelnen Umsätze in den Büchern festgehalten werden müssen. Bei einfachen Betrieben wird allerdings in vielen Fällen eine Nachprüfung der mengenmäßigen Bestände auch aus den vorhandenen Rechnungen und sonstigen Belegen nicht schwer sein. In solchen Fällen kann von einer Verbuchung der Mengenbewegung, insbesondere von der Führung eines Lagerbuches regelmäßig abgesehen werden. Aber auch wo in anderen Betrieben eine Mengenverbuchung fehlt, wird das je nach Lage des Falls nicht immer ein Grund sein, nun die ganze Buchführung zu verwerfen und das gesamte Einkommen durch Schätzung zu ermitteln. Vielmehr wird die Buchführung, soweit sie sonst als vollständig und sachlich richtig anzuerkennen ist, der Besteuerung zugrunde zu legen und nur die Höhe der mengenmäßigen Bestände und deren Wert im Wege der Schätzung zu ermitteln sein. Über Nichtbuchung wesentlicher Geschäftsvorfälle und deren Rechtsfolgen läßt sich der RFH. im Urteil vom 20. 9. 1925 aus. (Koppes Jahrbuch, 6. Jahrg., S. 269, 272.) Interessant ist die gesetzliche Fiktion hinsichtlich der ordnungsmäßigen Buchführung des § 28, Abs. 1 EStG. Hier heißt es wörtlich, daß die Bücher, die ein Steuerpflichtiger über den Betrieb der Land- und Forstwirtschaft führt, dann, vorbehaltlich der Prüfung ihres Inhalts, als ordnungsmäßig gelten, wenn sie

1. alle geschäftlichen Vorgänge des Betriebs nach bestimmten Grundsätzen geordnet mit ihrem Geldwert in Erscheinung bringen, insbesondere auch die Beziehungen des Betriebsunternehmers zum Betrieb fortlaufend verzeichnen;
2. auf Grund einer jährlichen Inventur die Änderung der einzelnen Bestandteile des im Betrieb angelegten Vermögens darstellen.

Über die Frage der Ordnungsmäßigkeit der Inventur siehe das Urteil des RFH. vom 4. 11. 1926 I A 323/26, vgl. hierzu Stamm, Steuerbilanzfragen, Dtsche St. Z. Jahrg. 16, Heft 3, 1927, S. 230ff.

Die Rechtsprechung des RFH. zur ordnungsmäßigen Buchführung wird durch das Urteil vom 30. 3. 1927 über die Bewertung der Waren und Vorräte VI A 108/27 (RFH. Bd. 21, S. 62ff.) abgeschlossen. Danach hat die kaufmännische Buchführung den Zweck, ordnungsmäßige Abschlüsse ohne Zurückgehen auf die einzelnen Geschäftsvorfälle zu ermöglichen. Um nach § 38 HGB. die Lage des Vermögens in den Handelsbüchern ersichtlich zu machen, ist es erforderlich, daß der Stand der Kasse und der Betrag dessen, was der Kaufmann einzelnen Personen schuldig ist oder von ihnen zu fordern hat, aus den Büchern ohne weitere Umstände als die Zusammenrechnung einzelner Konten zu entnehmen ist. Dem entspricht auch die als zur Erfüllung der Verpflichtung des § 38 HGB. genügend angesehene sogenannte einfache Buchführung. Zum Schluß wird noch auf die Urteile in RFH. Bd. 2, S. 183 und Bd. 3, S. 76 über die Beweislast bezüglich der Richtigkeit der Bilanzen, auf das Prüfungsrecht der Steuerbehörde in Bd. 2, S. 77 und auf das Urteil in Bd. 15, S. 200 über die Buchführungsmethoden hingewiesen. Die ordnungsmäßige Buchführung des Handelsrechts ist als feststehender Rechtsbegriff in das Einkommensteuerrecht übernommen worden, hat aber daneben noch eine nicht unwesentliche Ergänzung durch das formale Buchführungsrecht der RAO. erhalten.

§ 25. Das steuerliche Buchführungsrecht, insbesondere das Buchführungsrecht der Reichsabgabenordnung.

Von einem selbständigen steuerlichen Buchführungsrecht kann man nach zwei Richtungen hin sprechen. Einzelne materielle Steuergesetze haben Begriffe des handelsrechtlichen Buchführungsrechts in sich wörtlich oder sinngemäß aufgenommen. Daneben hat sich ein selbständiges steuerliches Buchführungsrecht entwickelt. Beide Erscheinungsformen steuerlichen Buchführungsrechts sind durch die Rechtsprechung des RFH. ergänzt und vertieft worden.

Die wichtigsten Vorschriften an steuerlichem Buchführungsrecht enthalten die §§ 163 und 174 RAO. Der § 174 RAO. dient der Nutzbarmachung der kaufmännischen Buchführung für Zwecke der Besteuerung. Er bestimmt, daß Steuerpflichtige, die Handelsbücher im Sinne des HGB. führen, auf Verlangen eine Abschrift ihrer unverkürzten Bilanzen mit Erläuterungen einzureichen haben. Wenn sie nach ihrer Buchführung eine Gewinn- und Verlustrechnung aufstellen, ist auch diese beizufügen. Der § 174, Abs. 2 RAO. propagiert den steuerrechtlichen Grundsatz der Bilanzwahrheit. Er schreibt vor, daß aus der Bilanz oder den Erläuterungen klar hervorzugehen hat, wie Gegenstände des Gebrauchs und Lagerbestände bewertet, ferner welche Beträge darauf und auf zweifelhafte und uneinbringliche Forderungen oder sonst abgeschrieben worden sind. Neben § 174 RAO. ist die Vorschrift des § 163 RAO. bedeutsam. Auch diese Bestimmung verwertet die gesamte Buchführung, ihre Technik und ihreErgebnisse für das Steuerwesen. Nach § 163 hat derjenige, welcher nach anderen Gesetzen als den Steuergesetzen Bücher und Aufzeichnungen zu führen hat, die für die Besteuerung von Bedeutung sind, die Verpflichtungen, die ihm nach diesen Gesetzen obliegen, auch im Interesse der Besteuerung zu erfüllen. Der § 163 verpflichtet hiernach zur Führung von Büchern und Aufzeichnungen, und zwar nicht nur im Interesse der Besteuerung der Buchführenden, sondern auch im Interesse der Besteuerung Dritter. Auch das steuerrechtliche Buchführungsrecht ist ein weiteres Beispiel für die Zusammenhänge zwischen Steuerrecht und Handelsrecht. Während aber das handelsrechtliche Buchführungsrecht einen unmittelbaren Rechtszwang zur Buchführung nicht kennt, hat der § 163 RAO. die Erzwingbarkeit der Buchführung im Steuerinteresse geschaffen. (Vgl. §§ 185, 186 und 189 RAO.) Es sind dies im Gegensatz zu § 162 keine Sollvorschriften. Auf die Erfüllung der Buchführungspflicht kann vielmehr durch Strafen hingewirkt werden. In dem Urteil vom 29. 11. 1927 I D 704/27 hatte das RG. den Fall einer fehlenden Buchführung sowie einer evtl. Bestrafung eines steuerpflichtigen Kaufmanns wegen Ordnungswidrigkeit der Buchführung zu prüfen:

Der Textilwarenhändler K. in Merseburg gab dem Finanzamt Merseburg für das Jahr 1924 für Berechnung der Umsatz- und Einkommensteuer einen Umsatz von 25500 RM. an. Da das Finanzamt an der Richtigkeit dieser Angabe zweifelte, ließ es im Mai 1925 eine Prüfung der Bücher des K. vornehmen. Bei dieser Prüfung legte K. nur sein Bankbuch, einige Rechnungen, sowie lose Kundenblätter vor, auf denen Außenstände verzeichnet waren. (Bei erfolgter Regulierung der Außenstände vernichtete K. die betreffenden Blätter.) Da die Einkünfte des K. auf Grund dieser Unterlagen nicht festzustellen waren, schätzte (§ 210 RAO.) das Finanzamt das Jahreseinkommen auf RM. 75000.—; auf die Vorstellung des K. wurde die Summe dann auf RM. 45000.— ermäßigt. Diese Festsetzung wurde rechtskräftig. K. entrichtete die danach berechnete Steuer. Im Oktober 1925 erließ das Finanzamt gegen K. einen Strafbescheid, indem es ihm wegen Hinterziehung der Umsatz- und Einkommensteuer eine Geldstrafe von RM. 1500.— zudiktierte, weil der K. durch Unterlassung der Buchführung eine Nachprüfung unmöglich gemacht habe. Gegen diesen Strafbescheid beantragte K. gerichtliche Entscheidung, die vor dem Landgericht Halle a. S. zu dem Erfolg führte, daß mangels des Nachweises eines Umsatzes von RM. 45000.— von einer Verurteilung nach § 359 RAO. abgesehen, dagegen eine Ordnungswidrigkeit nach § 377 RAO. für vorliegend erachtet wurde. Das Urteil lautete auf RM. 600,— Geldstrafe. Dieses Urteil wurde unter Verwerfung der Revision des Angeklagten vom I. Strafsenat des RG. mit folgender Begründung bestätigt: Die Annahme des Landgerichts, daß der Angeklagte nach dem Umfang seines Geschäfts (große Kundenzahl, Besuch der

Kundschaft mit einem Auto, umfangreicher Kredit- und Wechselverkehr) Vollkaufmann ist, und als solcher nach § 38 HBG. verpflichtet ist, Bücher zu führen, läßt eine Verkennung des § 1, Abs. 1, Nr. 2 und des § 4, Abs. 1 HGB. nicht erkennen. Die handelsrechtliche Pflicht zur Buchführung ist durch § 163 RAO. auch zur steuerrechtlichen Verpflichtung erklärt worden. Ihre Nichterfüllung für das Steuerjahr 1924 ist ohne Rechtsirrtum festgestellt. Nach § 1, Nr. 1 UStG. war der Angeklagte für 1924 umsatzsteuerpflichtig, und nach § 31 des gleichen Gesetzes hatte er Aufzeichnungen zur Feststellung seiner Entgelte zu machen. Das hat er unterlassen. § 38 HGB. in Verbindung mit § 163, Satz 1 RAO. und § 31 UStG. enthalten zwingende und nicht nur Sollvorschriften im Interesse der Besteuerung. Ihnen hat der Angeklagte zuwider gehandelt.

Als Ergebnis ist festzustellen, daß die buchführungsrechtlichen Formvorschriften der §§ 38 und 39 HGB. durch die §§ 162 und 163 RAO. ergänzt worden sind.

§ 26. Die Buch- und Betriebsprüfung des § 162, Abs. 10 Reichsabgabenordnung.

Die Buch- und Betriebsprüfung des § 162, Abs. 10 ist das Ergebnis der wirtschaftlichen Entwicklung der Jahre 1921—1925. Im Hinblick auf die außerordentlichen Lasten, welche die Durchführung des Versailler Friedensvertrages nach Maßgabe des Sachverständigengutachtens und des Londoner Abkommens vom 30. 8. 1924 mit sich brachte, erwies sich eine gleichmäßige Verteilung dieser Lasten auf die leistungsfähigen steuerpflichtigen Betriebe als notwendig. Die Handhabe hierfür bieten die §§ 162, Abs. 9 und 173, Abs. 2 RAO. Sie räumen den Steuerbehörden das Recht ein, in einem anhängigen Steuerermittlungsverfahren wie auch außerhalb desselben im Steuerverwaltungsverfahren von Amts wegen, also als Steueraufsichtsinstanz nachzuprüfen, ob die Steuerpflichtigen ihren Verpflichtungen zur Buchführung im steuerpflichtigen Interesse ordnungsmäßig entsprochen haben. An diesen Grundgedanken knüpft der durch die Novelle vom 10. 8. 1925 (Gesetz zur Änderung der Verkehrsteuern und des Verfahrens vom gleichen Tage RGBl. 1925 I, S. 243) geschaffene Abs. 10 des § 162 RAO. an. Er macht den Finanzämtern die Prüfung der großen Betriebe zur Pflicht und gibt gleichzeitig der in dieser Hinsicht bereits bis zum Inkrafttreten der Novelle geübten steuerlichen Verwaltungspraxis die notwendige Rechtsgrundlage. Zur weiteren Durchführung des Buch- und Betriebsprüfungsdienstes der Reichsfinanzverwaltung ist die VO. vom 9. 11. 1925 ergangen. Außerdem hat der Reichsminister der Finanzen in einem Runderlaß vom 7. 7. 1927 die mit dem Buch- und Betriebsprüfungsdienst seitens der Reichsfinanzverwaltung gemachten Erfahrungen bekannt gegeben. Auch dieser Erlaß enthält gleichzeitig eine Anweisung an die nachgeordneten Behörden über die von ihnen vorzunehmende Prüfung von Großbetrieben. Danach ist der Zweck der steuerlichen Buchprüfung eine ordnungsmäßige, wirtschaftlich vernünftige und steuerrechtlich richtige Überprüfung des Betriebes. Mit Recht weist der Erlaß von vornherein darauf hin, daß in einer zahlenmäßig ergebnislosen Prüfung weit mehr Arbeit, wirtschaftliches und steuerrechtliches Verständnis liegen kann, als in einer oberflächlichen Prüfung, die durch irgendeinen Zufall mit einem zahlenmäßig hohen Ergebnis abschließt. Prüfungen sollen möglichst nicht zur Unzeit und regelmäßig nur durch zwei Prüfer vorgenommen werden. Überflüssige Verärgerungen sind zu vermeiden. Bei diesen Buch- und Betriebsprüfungen sind auch Feststellungen zugunsten des Steuerpflichtigen zu berücksichtigen. Die Revisoren sind verpflichtet, in ihren Prüfungsberichten das steuerpflichtige Unternehmen auf den Härteparagraphen (§ 108 RAO.) hinzuweisen, mit dem Hinzufügen, daß die Entscheidung über das Vorliegen der Voraussetzungen des § 108 Sache des Finanzamtes ist. Es ist anzuerkennen, daß der Ministerialerlaß das deutliche Bestreben zeigt, die berechtigten Interessen der Unternehmer bei der Durchführung derartiger Prüfungen in der durch die ganzen Verhältnisse gebotenen Weise zu berücksichtigen. Das mit den Prüfungen erstrebte Ziel wird um so eher erreicht werden, wenn die von dem Reichsfinanzminister in den Schlußausführungen seines Erlasses betonte gedeihliche Zusammenarbeit zwischen Betrieb und Betriebsprüfern Tatsache wird. Bemerkenswert ist in diesem Zusammenhang noch die Tatsache, daß die Prüfung sämtlicher Großbetriebe bis zum 31. März 1929 durchgeführt werden muß. Allerdings ist nicht zu verkennen, daß noch mancherlei Schwierigkeiten in bezug auf einen glatten Ablauf des Prüfungsgeschäftes zu überwinden sind. Sie bestehen in der Hauptsache darin, daß die Revisoren der Reichsfinanzverwaltung ausschließlich buchtechnisch ausgebildet sind und es an der notwendigen kaufmännischen Schulung fast durchweg fehlen lassen. Hier ist noch manches reformbedürftig.

§ 27. Buchführung und Recht.

So notwendig es ist, die Buchführung des Kaufmanns und ihre exakten Ergebnisse in den Steuerermittlungsprozeß und damit in die Gewinnermittlung bei der Einkommensteuer und Körperschaftsteuer hineinzubeziehen, so groß sind auf der anderen Seite die Schwierigkeiten, kaufmännische Transaktionen mit juristischem Einschlag in den Handelsbüchern ordnungsmäßig auszudrücken. Dies ist die Divergenz zwischen Buchführung und Recht. Es ist zweifellos, daß diese Divergenz in der kaufmännischen und auch in der Steuerpraxis eine erheblich größere Rolle spielt, als gewöhnlich angenommen wird. Ein Einblick in die Bücher und Bilanzen der Industriebetriebe und ihre Beurteilung von juristischer Seite und durch die Steuerbehörden zeigt, daß der Diskrepanz zwischen Buchführung und Recht nicht immer dasjenige Maß von Aufmerksamkeit zuteil wird, wie es wünschenswert wäre. Die kaufmännische Buchführung, gleichgültig welchen Systemes, hat niemals die Aufgabe, juristische Transaktionen oder kaufmännische Geschäfte mit rechtlichem Einschlag vollkommen zu verkörpern, besonders nicht in formeller Hinsicht. Sie hat hingegen den Zweck, die tatsächlichen Verschiebungen und Veränderungen in dem Vermögensstande des Kaufmanns buchmäßig aufzuzeigen, aber auch nur diese. Alles das, was diesen rein tatsächlichen Veränderungen zeitlich vorangeht oder ihnen nachfolgt, scheidet aus der Erkennbarmachung in der Buchhaltung aus. Die hier vorgetragenen Ausführungen sind als die herrschende Meinung zu bezeichnen und ihrem Inhalt nach das Ergebnis langjähriger kaufmännischer Praxis und ebenso langer Erörterungen im Schrifttum. Für die Einstellung von Werten eines Kaufmannes in die Aktiva ist nicht der Abschluß des betreffenden Geschäfts und auch nicht die Frage maßgebend, wer im juristischen Sinne als Eigentümer dieser Werte anzusehen ist. Ausschlaggebend ist lediglich die tatsächliche Frage, ob eine Sache nach den Anschauungen in Handel und Verkehr als zu dem Vermögen des buchführenden Unternehmens gehörig anzusehen ist. Diesen Gedankenkreis hat das Steuerrecht in der Weise sich anzueignen versucht, daß es die wirtschaftliche Betrachtungsweise steuerrechtlich erheblicher Vorgänge zur Vorschrift erhob (§ 4 RAO.). Der Kaufmann bucht daher auch nur die tatsächlichen Ein- und Ausgänge von Waren. Wir werden weiter unten bei der Prüfung der einzelnen Bilanzkonten an den schwebenden Geschäften, Verbindlichkeiten aus schwebenden Prozessen usw. noch sehen, wie sich Buchführung und Recht und die aus ihnen sich notwendig ergebende Methode der Buchungen im einzelnen praktisch auswirken. Der Hauptfall der Divergenz zwischen Buchführung und Recht kommt praktisch beim Handelskauf vor. (§§ 373ff. HGB.) Wird beispielsweise von einem Kaufmann ein Kaufgeschäft auf Zeit getätigt, so erscheint der Kauf selbst in den eigentlichen Handelsbüchern zunächst überhaupt nicht, allenfalls in den Hilfsbüchern. Erst in dem Zeitpunkt, in welchem die Ware geliefert oder von dem Käufer bezahlt wird, wird eine Buchung vorgenommen. Der Verkäufer dagegen bucht gleichfalls nur den tatsächlichen Ausgang der Ware, und zwar auch erst in dem Zeitpunkt, in welchem er die Ware an den Käufer absendet. Die Diskrepanz zwischen Buchführung und Recht besteht darin, daß die Buchung des Ausganges der Ware in dem angegebenen Zeitpunkt erfolgt, obwohl in diesem Augenblick das Eigentum im Rechtssinne auf den Besteller der Ware noch gar nicht übergegangen ist. (Vgl. §§ 447, 269 und 929 BGB.) Der Besteller der Ware, also der Käufer, bucht den Eingang der Ware seinerseits erst in dem Augenblick, in welchem sie ihm tatsächlich abgeliefert worden ist, und er sie geprüft und als vertragsmäßig beschaffen endgültig akzeptiert hat. Die Buchung erfolgt also nicht schon in dem Moment, in welchem er seitens des Verkäufers die Nachricht von der erfolgten Absendung der Ware erhalten hat. Der letztgenannte Zeitpunkt ist schon deshalb nicht für ihn maßgebend, weil der Verkäufer nach der Rechtslage immer noch die Verfügungsbefugnis über die Handelsware hat. Außerdem weiß der Käufer oft gar nicht, ob die Ware überhaupt die vertragsmäßigen oder besonders zugesicherten Eigenschaften auch wirklich haben wird. Hiernach ergibt sich die buchmäßige Behandlung von Geldsendungen von selbst. Eine Geldsendung, welche irgendein kaufmännisches Geschäft und seine Erledigung betrifft, wird von dem Absender zwar in demselben Augenblick buchmäßig kenntlich gemacht, in welchem die Absendung erfolgt. Der Empfänger der Geldsumme nimmt dagegen die entsprechende Gegenbuchung erst mit dem Zeitpunkte des tatsächlichen Empfanges vor. Ergebnis hiernach ist, daß das Eigentum im Rechtssinne, also gemäß §§ 903ff. BGB. in diesen Fällen niemals ausschlaggebend ist[1]). Maßgebend ist vielmehr stets nur der rein kaufmännische Begriff des Ein- und Ausganges. Aber auch nach anderer Richtung hin bestehen bezüglich des Eigentums und seiner juristischen und kaufmännischen Auswirkungen Unterschiede zwischen Buchführung und Recht. Der zivilrechtliche Eigentumsbegriff der §§ 903ff. BGB. enthält weder alles dasjenige an Werten, welche der Kaufmann zu seinem Geschäftsvermögen hinzurechnet, noch zählt der Kaufmann alle diejenigen Werte zu seinem Vermögen, welche in rechtlicher Beziehung als sein Eigentum zweifellos anzusprechen sind. Diese auf den ersten Augenblick befremdliche Erscheinung hat ihren Grund in den eigen gearteten Grundsätzen der Buchführung und wird daher niemals zu beseitigen sein. Sachlich ist die Nichtübereinstimmung zwischen Buchhaltung und Recht auf den Umstand zurückzuführen, daß der buchführende Laie vielfach gar nicht zu beurteilen vermag, wann und unter welchen Bedingungen er Eigentum erworben oder eingebüßt hat, und daß er infolgedessen hinsichtlich der Beurteilung der Zugehörigkeit der Vermögenswerte zu seinem Geschäftsvermögen, wenn auch nicht regelmäßig, so doch

[1]) Vgl. den Unterschied zwischen zivilrechtlichem und steuerrechtlichem Eigentum (Fiktion!) im § 80, Abs. 1, S. 1 RAO.

oft rein äußeren Umständen ausschlaggebende Bedeutung beimißt. Einen Ausweg wird oft die Tatsache bieten, daß die Grundsätze ordnungsmäßiger Buchführung nach einem Ausspruch von Leitner wandelbar und entwicklungsfähig sind und daß die zunehmende gesetzliche Reglementierung des Wirtschaftslebens notwendig zu einer Häufung jener Fälle führt, die zwar nicht buchungsfähig im Sinne der Buchhaltungslehre oder eines Buchführungssystems, aber aufzeichnungspflichtig im Sinne einer geordneten Geschäftsführung sind. Es wird häufig vorkommen, daß die in das Buchhaltungssystem hineingehörenden Handelsbücher die wirtschaftlichen und rechtlichen Verhältnisse nur unzureichend wiedergeben. In solchen Fällen kann Abhilfe nur in der Weise geschehen, daß durch Nebenaufzeichnungen Vermögen und Schulden ersichtlich gemacht werden. Endlich wird es zur Klärung der vielen aus Buchführung und Recht sich unter den obwaltenden Umständen als unausbleiblich ergebenden Zweifelsfragen beitragen, wenn der Kaufmann und der Steuerrechtler sich stets vor Augen halten, daß die handelsrechtlichen Begriffe Vermögensgegenstände und Schulden der §§ 39ff. HGB. in erster Linie nicht rechtlich, sondern wirtschaftlich zu erklären sind. Es ist interessant festzustellen, daß diese Anschauung schon zu einer Zeit bestand, als an ein selbständiges deutsches Reichssteuerrecht und damit an eine wirtschaftliche Betrachtungsweise steuerlicher Tatbestände gemäß § 4 RAO. nicht zu denken war.

§ 28. Steuerrecht und Unterbilanz.

Der von dem Kaufmann nach den Grundsätzen ordnungsmäßiger Buchführung ausgewiesene Bilanzgewinn ist ohne Rücksicht auf seine Verwendung im einzelnen Falle im vollen Umfange steuerpflichtig. Wird der Gewinn z. T. auf das neue Geschäftsjahr vorgetragen, dann scheidet dieser so vorgetragene Gewinn für das folgende Geschäftsjahr aus, da er schon einmal in dem Geschäftsjahr seiner Entstehung versteuert ist. Wenn er nicht besonders erkennbar gemacht sein sollte, ist er daher von dem in dem darauffolgenden Jahr erzielten Geschäftsgewinn abzuziehen. Analog ist mit dem Verlustvortrag zu verfahren. Auch ein bilanzmäßig ausgewiesener Verlust ist nur in demjenigen Geschäftsjahr zu berücksichtigen, in welchem er entstanden ist. Hiervon macht der § 15 Nr. 3 des KStG. (in Ablehnung an § 7, Ziff. 3 KStG. alter Fassung) insofern eine Ausnahme, als nach ihm bei Ermittlung des körperschaftsteuerpflichtigen Einkommens von Erwerbsgesellschaften diejenigen Beträge abgezogen werden dürfen, welche zur Deckung von Unterbilanzen in die Bilanz eingestellt sind. Wann liegt nun eine Unterbilanz vor? Ist die handelsrechtliche Unterbilanz mit der steuerrechtlichen Unterbilanz identisch, oder wie ist sonst die handelsrechtliche Unterbilanz nach steuerrechtlichen Gesichtspunkten zu behandeln? Voraussetzung ist zunächst, daß ein bilanzmäßig ausgewiesener Verlust nur dann Berücksichtigung finden kann, wenn die den Verlust enthaltende Bilanz ordnungsmäßig auf Grund der gesetzlichen Bestimmung aufgestellt ist. Dies hat zur Folge, daß eine Berichtigung der Bilanz vorherzugehen hat, falls übermäßige Abschreibungen vorgenommen oder unzulässige Rückstellungen gemacht werden. Ergibt dann eine Prüfung der Bilanz, daß das in Frage kommende Geschäftsjahr gleichwohl verlustbringend gewesen ist, dann entsteht die Frage, ob der gesetzliche Reservefonds und etwaige freiwillige Reserven zur Deckung der Unterbilanz heranzuziehen sind. Der RFH. hat in ständiger Rechtsprechung die z. T. schon zum Kriegsabgabengesetz vom 26. 7. 1918 (RGBl. S. 964) ergangen war, diese Frage mit folgenden Ausführungen bejaht. (Vgl. hierzu u. a. RFH. Bd. 2, S. 80ff., Urteil vom 17. 10. 1919 I A 127/19):

Der gesetzliche Reservefonds muß nach zwingender gesetzlicher Vorschrift, jeder andere soll nach seiner wirtschaftlichen Zweckbestimmung dazu verwendet werden, Bilanzverluste auszugleichen. Die Gesellschaft kann das Überwiegen der Passiva über die Aktiva in der Bilanz und den daraus resultierenden Verlust verschwinden lassen, indem sie durch Abbuchung auf den Reservefonds die Gesamtsumme der Passiva verkleinert. Daß sie das auch tut, muß bezüglich des gesetzlichen Reservefonds nach den gesetzlichen Vorschriften und kann bezüglich der freiwilligen Reserven, als dem ordentlichen kaufmännischen Gebrauch entsprechend, von ihr verlangt werden. Andernfalls würde eine AG., die bedeutende Reservefonds von einem Geschäftsjahr in das andere hinübernimmt und ihnen gegenüber stetig einen Verlustposten auf der Aktivseite als Gegenposten aufführt, steuerlich bevorzugt gegenüber den Gesellschaften, die aus dem Begriff des Reservefonds die richtige Folgerung ziehen, indem sie ihn dazu verwenden, wozu er da ist.

Der RFH. ist hiernach der Ansicht, daß eine Unterbilanz nicht schon bei bloßem Vorliegen eines Jahresverlustes, dessen Deckung aus den Reserven möglich ist, vorhanden ist, sondern erst dann, wenn das Grund- oder Stammkapital selbst ganz oder teilweise verloren ist. An dieser Schlußfolgerung zeigen sich die Zusammenhänge, aber auch die Unterschiede zwischen Steuerrecht und Handelsrecht. Nach handelsrechtlichen Grundsätzen kann zwar eine Gesellschaft zur Auflösung ihrer Reserven zwecks Deckung des Verlustes nicht gezwungen werden. Nach steuerrechtlichen Gesichtspunkten muß sie jedoch zur Auflösung der Reserven schreiten, wenn sie der Vergünstigung der Abzugsfähigkeit der zur Deckung der Unterbilanz vorgesehenen Beträge nach § 15, Nr. 3 KStG. teilhaftig werden will.

§ 29. Das Gutachten des Reichsfinanzhofs vom 15. 2. 1927.

Diese Rechtsentwicklung ist auf Grund des Gutachtens des RFH. vom 15. 2. 1927 (RFH. Bd. 20, S. 325ff.) I D 5/26 einstweilen abgeschlossen. Schon im Urteil vom 20. 10. 1920 I A 162/20 (RFH. Bd. 3, S. 333ff.) hatte der RFH. sich über Begriff und Wesen einer Unterbilanz ausgesprochen. Diese Entscheidung betraf zwar gleichfalls das Kriegsabgabengesetz von 1918 (§ 24, Abs. 3), ihre Heranziehung für die Behandlung der Unterbilanz nach dem neuen Körperschaftsteuerrecht ist aber unbedenklich, weil die darin ausgesprochenen handelsrechtlichen Grundsätze allgemein maßgebend sind. In Anlehnung an diese Rechtsprechung ist der RFH. in dem erwähnten Gutachten gleichfalls zu dem Ergebnis gelangt, daß eine Unterbilanz im Sinne des Steuerrechts erst dann vorliegt, wenn das Grund- oder Stammkapital angegriffen wird. Diesem Gutachten ist, soweit es die angeführten Fragen betrifft, eine literarische Kontroverse über das Unterbilanzproblem zwischen Kennerknecht und Fürnrohr vorangegangen, welche damit endete, daß der RFH. die Kennerknechtsche Auffassung akzeptiert hat. Aus diesen Gründen, und weil ferner Haußmann die Frage geprüft hat, in welcher Weise im Falle der echten Sanierung mittelst Kapitalherabsetzung eine Unterbilanz an Hand des Gutachtens steuerlich zu beurteilen ist, sind die von dem RFH. aufgeworfenen Fragen noch nicht als endgültig geklärt anzusehen. Haußmann macht in seinem Aufsatz über die Versteuerung der bei Sanierung, Geschäftsaufsicht und Konkursvergleichen erlassenen Schulden als Geschäftsgewinn, veröffentlicht in der Beilage zu Nr. 13 der Mitteilungen der Industrie- und Handelskammer zu Berlin vom 10. 7. 1927, S. 17ff. zutreffend darauf aufmerksam, daß die bei Forderungserlassen im Zusammenhang mit Sanierungen auftauchenden steuerlichen Schwierigkeiten deswegen sehr häufig vorkommen werden, weil die steuerliche Unterbilanz kleiner als die handelsrechtliche Unterbilanz ist, weil die Berechnungsgrundlagen verschiedene sind, und weil ferner die Notwendigkeit außerordentlicher Abschreibungen auf einzelne Objekte entweder nicht steuerlich im vollen Umfange nachweisbar ist oder sich steuerlich ohnehin schon die in Frage kommenden Objekte infolge in früheren Jahren vorgenommener Abschreibungen dem Liquidationswert nur allzu sehr genähert haben. Einen Ausweg aus diesen nicht zu behebenden Schwierigkeiten erblickt Haußmann nur in der Anwendung des Härteparagraphen 108 der RAO. Fürnrohr und Haussmann ist darin beizupflichten, daß das Gutachten nur z. T. die erörterten Probleme löst, und daß im übrigen seine interessanten Gedankengänge Anregung zu weiteren Untersuchungen künftig geben werden. Als praktisches

Ergebnis ist festzustellen, daß zur Deckung eines Bilanzverlustes nach steuerlichen Erwägungen der gesetzliche Reservefonds, sodann die freiwilligen Reserven und endlich diejenigen stillen Reserven zu verwenden sind, welche ihre Entstehung einer steuerrechtswidrigen Bewertung der Gegenstände des Betriebsvermögens ihre Entstehung verdanken. Für den dann verbleibenden Restbetrag dürfen steuerfreie Abzüge in den darauffolgenden Geschäftsjahren vorgenommen werden. Abgesehen hiervon besteht unzweifelhaft die Möglichkeit, durch vorsichtige Dividendenpolitik die Höhe der Körperschaftsteuer zu begrenzen, da sie gemäß § 15, Nr. 3 a. a. O., von denjenigen Gewinnbeträgen nicht erhoben wird, die zur Deckung früherer Verlustvorträge in Anspruch genommen werden. Aus diesen Gründen sind in den letzten Jahren viele bisher der Einkommensteuer unterworfene Firmen zu einer Änderung ihrer handelsrechtlichen Rechtsform geschritten und haben sich in eine GmbH. oder AG. umgewandelt, um nicht mehr der Einkommensteuer, sondern der Körperschaftsteuer zu unterliegen. Es ist bekannt, daß über die Probleme der steuerlich-zweckmäßigen Gesellschaftsformen Beuck eine gründliche Untersuchung in seiner Schrift mit gleichem Titel angestellt hat.

3. Unterabschnitt.

Das steuerliche Bewertungsrecht bis zum 10. 8. 1925.

§ 30. Allgemeines.

Das steuerrechtliche Bewertungsrecht ist nach Inkrafttreten der Steuergesetzgebung von 1925 ein in sich geschlossenes System geworden. Dieser unleugbare Vorzug darf aber nicht die Nachteile seiner systematischen Regelung vergessen lassen. Dieser Nachteil besteht darin, daß es in verschiedenen Gesetzen zerstreut fixiert ist. Neben dem formalen Bewertungsrecht der RAO. haben wir seit 1925 auch noch ein materielles Bewertungsrecht des Reichsbewertungsgesetzes und außerdem ein spezielles Bewertungsrecht der einzelnen Steuergesetze selbst (des Einkommensteuer- und Körperschaftsteuergesetzes). Daß diese Weitschweifigkeit gesetzgeberischer Regelung seine praktische Anwendung nicht gerade erleichtert, dürfte unzweifelhaft sein. Hierzu kommt aber noch ein zweites. Der Gesetzgeber hat das Bewertungsproblem nicht gelöst, sondern nur gestreift, vielleicht auch nur absichtlich gestreift, weil er sich der ungeheuren, einer praktischen Lösung des steuerlichen Wertproblemes entgegenstehenden Schwierigkeiten von Anfang an bewußt war. Es darf daher nicht wundernehmen, daß auch die bilanzrechtlichen Bestimmungen des HGB. nur eine Skizze und kein plastisches Bild der Bewertung sind. Diese Lücke ist insofern entschuldbar, als die Wirtschaft die zweckbewußte Zurückhaltung des Gesetzgebers auf diesem Gebiet anfangs tatsächlich als einen Vorzug empfunden hat. Aber das wirkliche Leben und die aus ihm sich ergebenden vielfältigen und in stetem Fluß befindlichen wirtschaftlichen Verhältnisse wickeln sich unter den obwaltenden Umständen außerhalb der Tätigkeit des Gesetzgebungsapparates ab. Nur Theorie und Praxis können gemeinsam den Versuch einer Meisterung der Schwierigkeiten des Wertproblems machen.

In materieller Hinsicht stellt das steuerrechtliche Bewertungsrecht auch insofern kein lückenloses System dar, als es sich um die Wertlehre der RAO. handelt. Das Wertermittlungsrecht der RAO. bezweckt lediglich, einzelne allgemeine Rechtsregeln herauszuarbeiten und festzulegen, die in den verschiedenen Steuergesetzen häufiger vorkommen. Außerdem waltete bei Schaffung der RAO. die gesetzespolitische Tendenz ob, die künftige Steuergesetzgebung in bezug auf Einschaltung notwendiger Vorschriften über Gewinn und Wertermittlung zu entlasten.

Allgemeiner Rechtsgrundsatz für das steuerliche Bewertungsrecht ist daher, daß die Bewertungsvorschriften der RAO. nur subsidiär gelten. Sie treten hinter den Bewertungsvorschriften des einzelnen anzuwendenden materiellen Steuergesetzes zurück. Die RAO. hat lediglich den Charakter eines Rahmengesetzes.

Typisch für das steuerliche Bewertungsrecht sind ferner steuerrechtliche Wirtschaftsbegriffe, die in grundlegenden Bestimmungen ständig wiederkehren. Ich erinnere an die wirtschaftliche Betrachtungsweise des § 4 RAO., an den Begriff der wirtschaftlichen Einheit des § 137, Abs. 2, Satz 2 RAO. in Verbindung mit § 3, Nr. 1 und § 9 RBewG. Ferner sind hier noch die Bestimmungen des § 6, Abs. 2 EStG. und des § 137, Abs. 2, S. 2 a. a. O., zu erwähnen. Beide Vorschriften bezeichnen die Verkehrsauffassung (Anschauungen des Verkehrs) für die Eingruppierung der steuerpflichtigen Einkommensarten bzw. für das Vorliegen der wirtschaftlichen Einheit als maßgebend.

§ 31. Das Bewertungsrecht der Reichsabgabenordnung.

1. Der gemeine Wert.

Der Hauptbegriff des Bewertungsrechts der RAO. ist der gemeine Wert (§ 138). Er wird durch den Preis bestimmt, der im gewöhnlichen Geschäftsverkehre nach der Beschaffenheit des Gegenstandes unter Berücksichtigung aller den Preis beeinflussenden Umstände bei einer Veräußerung zu erzielen wäre; ungewöhnliche oder lediglich persönliche Verhältnisse sind nicht zu berücksichtigen (§ 138, Abs. 1). Der Gegensatz hierzu ist zunächst der Affektionswert (RFH. Bd. 20, S. 64, Urteil vom 30. 11. 1926 I A 128/26). Neben dem gemeinen Wert spielt bei land- oder forstwirtschaftlichen Grundstücken, soweit es sich um Steuern vom Vermögen einschließlich der Erbschaftssteuer handelt, der Ertragswert im Bewertungsrecht der RAO. eine Rolle (§ 152, Abs. 2 und 3). Der § 152, Abs. 3 enthält ferner eine Vorschrift über den fiktiven Ertragswert. Zu dem gemeinen Wert ist nun eine überaus reichhaltige Rechtsprechung ergangen. Unter Beschränkung auf die wichtigeren Entscheidungen sind folgende bemerkenswert:

RFH. Bd. 2, 188.
RFH. Bd. 6, 228.
RFH. Bd. 6, 162.
RFH. Bd. 7, 192 und 248.
RFH. Bd. 8, 290.
RFH. Bd. 9, 160.
RFH. Bd. 10, 250 und 57.
RFH. Bd. 11, 260.
RFH. Bd. 12, 283.
RFH. Bd. 14, 105 und 240ff.

An neuerer Rechtsprechung ist das Urteil vom 14. 12. 1926 VI A 575/26 (RFH. Bd. 20, S. 87; Koppes Jahrbuch 7. Jahrg., S. 255) zu erwähnen. Die hauptsächlichsten Leitsätze, die sich aus dieser Rechtsprechung ergeben, sind etwa folgende. Bei der Ermittlung des gemeinen Wertes ist die voraussichtliche Gestaltung der künftigen Rentabilität von Bedeutung. Schon hier tritt die Frage der Identität des gemeinen Wertes mit dem Verkaufswert in den Vordergrund (Bd. 2, S. 18 und Bd. 10, S. 17). Gemeiner Wert und Ertragswert sind grundsätzlich verschiedene Begriffe (Bd. 8, S. 290 und Bd. 10, S. 57). Bei dem steuerrechtlichen Ertragswert und bei dem gemeinen Wert handelt es sich im übrigen nicht etwa nur um verschiedene Methoden steuerlicher Wertermittlung. Ertragswert im volkswirtschaftlichen Sinne und im Sinne des § 152 RAO. unterscheiden sich dadurch, daß tatsächlich nach feststehender Praxis nicht der Reinertrag, sondern regelmäßig ein geringerer Betrag der Bewertung zugrunde gelegt wird. Gemeiner Wert und Ertragswert (§ 152) können hiernach ganz verschieden sein. Unzulässig ist es daher auch, aus dem Umstande des Zurückbleibens einer nach dem Ertragswert vorgenommenen Wertermittlung weit hinter dem als richtig endgültig anerkannten gemeinen Werte auf die Unrichtigkeit dieser Wertermittlung zu schließen (RFH. Bd. 8, S. 290, 292). In dem Urteil in Bd. 15, S. 7, stellt der RFH. den Satz auf, daß der gemeine Wert eines Gegenstandes mit seinem Verkaufspreis gleichbedeutend ist. (Vgl. auch RFH. Bd. 17, S. 116.)

Wichtiger ist das Wahlrecht des Steuerpflichtigen auf Grund des § 152, Abs. 6. Danach kann der Steuerpflichtige in allen Fällen verlangen, daß statt des Ertragswerts der gemeine Wert der Bewertung zugrunde gelegt wird. Es ist dies eine Parallele zu dem Wahlrecht des Steuerpflichtigen gemäß § 19, Abs. 2 EStG., auf Grund dessen er an Stelle des gemeinen Wertes den Anschaffungs- oder Herstellungspreis einsetzen kann. Nach dem Urteil vom 14. 12. 1926 zu § 19, Abs. 1, Satz 2 EStG. darf bei Bestimmung des gemeinen Wertes im Sinne der angezogenen Vorschrift von den Wiederbeschaffungskosten ausgegangen werden. Die schlechte Geschäftslage und der Umstand, daß der Gegenstand nicht voll ausgenutzt werden kann, kommen als wertmindernd in Betracht. Hierüber, sowie über die Frage, ob der Betrag der Wiederbeschaffungskosten (Reproduktionswert) mit dem Anschaffungspreis des § 19, Abs. 2 EStG. identisch ist, siehe weiter unten § 34, Ziff. 1 und § 35.

2. Die wirtschaftliche Einheit; Gesamtbewertung.

An dem steuerrechtlichen Wertbegriff der wirtschaftlichen Einheit ist bemerkenswert, daß er nicht nur in der RAO., sondern auch in dem Reichsbewertungsgesetz vorkommt. Der § 137, Abs. 2, Satz 1 bestimmt, daß jede wirtschaftliche Einheit für sich zu bewerten und ihr Wert im ganzen festzustellen ist (Grundsatz der Gesamtbewertung.) Der § 137, Abs. 2, Satz 2 versucht eine nähere Festlegung des Begriffes der wirtschaftlichen Einheit. Er besagt, daß nach den Anschauungen des Verkehrs zu entscheiden ist, was als wirtschaftliche Einheit zu gelten hat. Hierbei sind die örtliche Gewohnheit, die tatsächliche Übung, sowie die Zweckbestimmung und wirtschaftliche Zusammengehörigkeit oder Abhängigkeit der einzelnen Gegenstände zu berücksichtigen. Auch hier wieder ist das starke Hervortreten wirtschaftlicher Begriffe und wirtschaftlicher Betrachtungsweise charakteristisch. Der Begriff der wirtschaftlichen Einheit ist aber auch im RBewG. anzutreffen (§ 3, Nr. 1; § 9). Nach § 3, Nr. 1 wird der sogenannte Einheitswert für die im § 9 angeführten wirtschaftlichen Einheiten festgestellt. Nach § 9, Satz 1 kommen für eine wirtschaftliche Einheit im Sinne des RBewG. mehrere Gegenstände nur insoweit in Betracht, als sie demselben Eigentümer gehören. Die Zurechnung mehrerer Gegenstände zu einer wirtschaftlichen Einheit wird nicht dadurch ausgeschlossen, daß die Gegenstände z. T. dem einen, z. T. dem anderen Ehegatten gehören, sofern das Vermögen der Ehegatten zwecks Feststellung des Einheitswertes für das Gesamtvermögen zusammenzurechnen ist (§ 9, Satz 2). Eine wirtschaftliche Einheit ist entweder ein Gegenstand oder ein Inbegriff von

Gegenständen, die nach den Anschauungen des Verkehrs als zueinandergehörig betrachtet werden. Die Konstruktion eines Inbegriffes von Gegenständen oder Sachen ist dem bürgerlichen Recht nicht fremd. Eine Sachgesamtheit (Inbegriff von Sachen im Sinne des Privatrechts) liegt vor, wenn eine Mehrheit von selbständigen Sachen, die nicht im Verhältnis von Hauptsache und Zubehör stehen, infolge eines gemeinschaftlichen wirtschaftlichen Zweckes im Verkehr als wirtschaftliche Einheit behandelt wird. (Vgl. § 97 BGB. und Kommentar der Reichsgerichtsräte Anm. 1 zu § 90 a. a. O., 6. Aufl. 1928, Bd. 1, S. 98.) Es haben also Schrifttum und Rechtsprechung zu den §§ 90ff. BGB. gleichfalls den Begriff der wirtschaftlichen Einheit konstruiert. Ein Inbegriff von Gegenständen kann jedoch nicht nur eine Sachgesamtheit, sondern auch eine Rechtsgesamtheit sein. Nach der Judikatur des RG. sind Rechtsgesamtheiten (Inbegriffe von Gegenständen) wirtschaftliche Einheiten von Sachen, Rechten und sonstigen Gütern des Rechtsverkehrs. (Vgl. RG. bei Gruchot, Beiträge, Bd. 47, S. 9 u. 10; Bd. 51, S. 897; ferner JW. Jahrg. 1913, S. 130.) Zum Begriff der wirtschaftlichen Einheit hat der RFH. sich erst kürzlich in dem Urteil vom 22. 11. 1927 I A 375/27 geäußert (RFH. Bd. 22, S. 181ff.). Die Frage, wer als Inhaber eines Vermögens oder einer wirtschaftlichen Einheit gemäß §§ 9 und 26, Abs. 2 RBewG. anzusehen ist, muß im Verfahren des Reichsbewertungsgesetzes ausgetragen werden. Auch die Eigentumsfrage ist im Rechtsmittelverfahren des RBewG. nötigenfalls zu prüfen und zu entscheiden. Dies ist schon deshalb erforderlich, weil der Begriff der wirtschaftlichen Einheit nicht nur nach wirtschaftlichen Erwägungen, sondern auch nach dem rechtlichen Gesichtspunkt bestimmt wird, wer der Eigentümer der Sache ist. (Vgl. § 9 RBewG. und die daselbst vorgesehenen Ausnahmen.)

Ein notwendiges Korrelat der wirtschaftlichen Einheit ist die Gesamtbewertung nach § 137, Abs. 2 und § 138 RAO. Für das Einkommensteuerrecht ist zwar grundsätzlich die Einzelbewertung vorgeschrieben. Dies schließt nicht aus, daß unter Umständen auch nicht nur bei der Vermögensteuer, sondern auch bei der Einkommen- und Körperschaftsteuer eine Gesamtbewertung erfolgt. Sie geschieht zwar nicht im Sinne einer Bewertung des Betriebes als einer wirtschaftlichen Einheit, wie für die Vermögensteuer. Es bleibt vielmehr dabei, daß der gemeine Wert für jeden Vermögensgegenstand besonders festzustellen ist, wobei aber die Bewertung unter dem Gesichtspunkt der Fortführung des Betriebes erfolgt. Es entsteht also die Frage: Welcher Veräußerungspreis ist von einem Käufer des gesamten Betriebes für den einzelnen Gegenstand zu zahlen, wenn er den Betrieb hat erwerben wollen, um ihn fortzusetzen? Durch dieses Moment wird gegenüber der Einzelbewertung der Grundsatz der Gesamtbewertung berücksichtigt. Es ist dies von erheblicher Bedeutung. Denn diese Art der Bewertung hat zur Folge, daß bei zwei verschiedenen Unternehmungen der gleichen Branche, die aber nach Art der Anlage und Umfang völlig gleich sind, der für die einzelnen Gegenstände des Anlagevermögens in die Bilanz einzusetzende Wert durchaus variabel sein kann. Die Gründe hierfür sind darin zu suchen, daß das eine Unternehmen günstig, das andere dagegen ungünstiger arbeitet. Die Gesamtbewertung bietet die nicht zu unterschätzende Möglichkeit der Berücksichtigung aller die Rentabilität beeinflussenden Imponderabilien, wie z. B. Kundschaft, Organisation, gute Verkehrsverbindungen, preiswerte Rohstoffe usw. Die Gesamtbewertung ist daher auch in der Rechtsprechung des RFH. schon unter der Herrschaft des alten Rechts als wirtschaftlich berechtigt anerkannt worden. (Vgl. RFH. Bd. 14, S. 341 und 161; Bd. 17, S. 115 und 272; Bd. 19, S. 52.)

3. Teilwert und Einzelwert.

Der Begriff des gemeinen Wertes ist vom RFH. in einer Reihe bedeutsamer Entscheidungen ausgebaut worden. In dem Urteil vom 14. 12. 1926 VI A 575/26 (RFH. Bd. 20, S. 87) stellt der 6. Senat des RFH. eingehende Untersuchungen über den gemeinen Wert des § 19, Abs. 1 EStG. an. Er gelangt hierbei zu der neuen wichtigen Konstruktion des Teilwertes mit folgenden Ausführungen:

Bei einem zu einer wirtschaftlichen Einheit gehörenden Gegenstand ist in der Tat scharf zu unterscheiden zwischen dem Werte, den der Gegenstand als Teil der wirtschaftlichen Einheit hat, kurz gesagt dem Teilwert und dem Werte, den er aus dem Zusammenhange gerissen für sich haben würde, kurz gesagt, dem Einzelwerte. Die Vorentscheidung hält diese Begriffe richtig auseinander, sie hat zutreffend anerkannt, daß der große Wertverlust einer neuerworbenen Maschine in der ersten Zeit nur den Einzelwert, nicht den hier maßgebenden Teilwert betrifft. Der Teilwert bestimmt sich nach demjenigen Betrage, den ein Käufer des ganzen Unternehmens vermutlich — genaue Kalkulation unterstellt — weniger für das Unternehmen geben würde, wenn der betreffende Gegenstand nicht zu dem Unternehmen gehörte. Ist ein Unternehmen gutgehend und steht der Gegenstand in einer solchen Beziehung zu ihm, daß es nützlich wäre, ihn im Falle des Verlustes wieder zu beschaffen, so fällt der Teilwert mit dem sogenannten Wiederbeschaffungswerte (Reproduktionswert), d. h. dem Betrage der Wiederbeschaffungskosten, wieder zusammen.

Der RFH. hat hier an die Untersuchungen angeknüpft, welche Mirre über den Begriff des Teilwertes bereits in der Deutschen Notarzeitung, Jahrg. 1913, S. 49ff. angestellt hat. Im Verlaufe der weiteren Ausführungen des angeführten Urteils stellt der RFH. seine Erörterungen auf die Unrentierlichkeit oder Rentabilität des Betriebes ab. Der RFH. ist aber bei den obigen Feststellungen nicht stehen geblieben, sondern hat in der Entscheidung vom 30. 11. 1927 VI A 759/27 und in den beiden Urteilen vom 14. 12. 1927 VI A 802/27 und VI A 761/27 den Teilwertbegriff weiter zu analysieren versucht. (Vgl. RFH. Bd. 22, S. 211 und 309.) In der Entscheidung vom 30. 11. 1927 befaßt sich der RFH. mit der Bewertung von Schulden. Für den Regelfall ist hier § 143, Abs. 1 RAO. anzuwenden. Danach sind Schulden in die Bilanz mit dem Nennwert einzusetzen, sofern nicht besondere Umstände eine abweichende Bewertung rechtfertigen. In dem der Entscheidung zugrunde liegenden Falle war die Frage aufgeworfen, wie eine Pfandbriefschuld bei dem periodischen Bestandsvergleich eines Landwirts gemäß §§ 12 und 19 zu bewerten sei. Der RFH. hat dahin entschieden, daß der Kurs der zur Rückzahlung der Schuld erforderlichen Pfandbriefe am Stichtage maßgebend ist, und daß es nicht darauf ankommt, ob der Schuldner die Schuld tilgen könne oder wolle. Der Steuerpflichtige hätte aber noch den weiteren Einwand erhoben, daß auch für Schulden der Teilwert anzuwenden sei, und daß er infolgedessen auch bei Schulden gemäß § 19 das Wahlrecht zwischen gemeinem Wert und Anschaffungspreis habe. Der RFH. nahm keinen Anlaß, über die Begründetheit des vorgebrachten Einwandes sich abschließend zu äußern. Er wies nach, daß, wenn man Teilwert und Anschaffungspreis richtig auffasse, sie hinter dem genannten, von der Vorinstanz angenommenen Wert zurückbleiben. In einer zweiten Entscheidung vom 14. 12. 1927 (VI A 761/27) wird ausgeführt, daß für Waren der Teilwert als gemeiner Wert anzusehen ist, und daß letzterer regelmäßig hinter dem tatsächlich später erzielten Preise zurückbleibt. Eine Ausnahme hiervon findet nur in solchen Fällen statt, in welchen die Preise für derartige Waren in der Zeit zwischen Bilanzstichtag und tatsächlichem Verkauf allgemein erheblich gefallen sind. Man kann daher regelmäßig annehmen, daß ein Käufer des Betriebes am Bilanzstichtag für das Warenlager, soweit es aus leicht verkäuflichen Vorräten besteht, den Einkaufspreis am Stichtage bezahlen würde. Soweit das Warenlager dagegen aus sogenannten Ladenhütern besteht, würde der Käufer jedoch nur etwa so viel zahlen, wie er selbst bei einem etwaigen Verkauf zu erlösen hoffen würde. In diesem Falle tritt jedoch noch ein Abzug hinzu, welcher dem in dem Geschäftszweig üblichen Zuschlage zu den Einkaufspreisen zur Feststellung des Verkaufspreises entspricht. In dem Urteil vom 14. 12. 1927 VI A 802/27 (RFH. Bd. 22, S. 309) geht der RFH. über die von ihm in der Entscheidung vom 14. 12. 1926 (RFH. Bd. 20, S. 87) gewonnenen Ergebnisse bezüglich des Teilwertes noch hinaus und gelangt zu der Anschauung, daß der Teilwertbegriff nicht nur bei nicht zum Verkauf bestimmten Gegenständen, sondern auch bei der Bewertung von Waren anzuwenden ist. Er weist zunächst darauf hin, daß, wenn nach § 138 RAO. der gemeine Wert durch den im gewöhnlichen Geschäftsverkehr zu erzielenden Preis bestimmt wird, mit den Worten Geschäftsverkehr nicht auch gemeint ist, daß der in einem Geschäftsbetriebe überhaupt erzielbare Preis maßgebend ist. Geschäft bzw. Geschäftsverkehr im Sinne von § 138 ist vielmehr gleichbedeutend mit Rechtsgeschäft und hat mit einem Betriebe als solchem nichts zu tun. Erbt z. B. jemand gebrauchte Sachen, so kommt es nicht darauf, an was ein mit gebrauchten Sachen der fraglichen Art handelnder Geschäftsmann beim Verkauf erzielen kann, sondern nur darauf, wieviel ein beliebiger Privatmann erzielen würde. Es ist in diesem Falle unerheblich, wenn der Erbe zufällig gerade mit alten Sachen handelt. Dies sind dann lediglich persönliche Verhältnisse, die nach § 138 nicht zu berücksichtigen sind. Im weiteren Verlauf seiner Erörterungen weist der RFH. darauf hin, daß die RAO. eine ausdrückliche Bestimmung über die Bewertung von Gegenständen, die zu einer wirtschaftlichen Einheit gehören, nicht enthält. Die RAO. kennt überhaupt nur gemäß § 137, Abs. 2, S. 1 die Bewertung von wirtschaftlichen Einheiten im ganzen. Nur bei ihr ist § 138 ohne weiteres anwendbar. Wie aber Teile einer wirtschaftlichen Einheit zu bewerten sind, darüber schweigt die Abgabenordnung. Man kann nun entweder der Ansicht sein, daß dann von dem Gesamtwert der wirtschaftlichen Einheit auszugehen und dieser zu verteilen ist; oder § 138 RAO. ist in der Weise anzuwenden, daß zu den auf den Preis einwirkenden Umständen auch die Zugehörigkeit des zu bewertenden Gegenstandes zu einer wirtschaftlichen Einheit zu rechnen ist.

Mit Recht ist der RFH. der Ansicht, daß beide Hypothesen zu demselben Ergebnis führen. Abschließend stellt der RFH. unter Zugrundelegung der Bestimmungen der RAO. fest, daß der gemeine Wert von Waren im Sinne des § 19, Abs. 1 EStG. nicht höher anzusetzen ist, als die für den betreffenden Betrieb am Stichtage geltenden Einkaufspreise. Ob dieses Ergebnis für das Einkommensteuerrecht immer angemessen sein wird, kann zweifelhaft sein.

§ 32. Das Bewertungsrecht des Einkommensteuer- und Körperschaftsteuergesetzes von 1920.

Das Bewertungsrecht des alten EStG. hat seine Rechtsgrundlage in dem Begriff des gemeinen Wertes der RAO. gemäß § 137 und 138 RAO. und in dem § 33a des EStG. von 1920. Auf nähere Erörterungen kann hier verzichtet werden, weil bereits bei der Darstellung des alten einkommensteuerrechtlichen Gewinnbegriffes die seine Grundlage bildende Bewertung und die zu ihr ergangene Rechtsprechung des RFH. mit dargestellt worden ist.

IV. Abschnitt.

Das Bewertungsrecht der Steuergesetzgebung vom 10. 8. 1925.

1. Unterabschnitt.

§ 33. Das Bewertungsrecht des Reichsbewertungsgesetzes.

Das Bewertungsrecht des RBewG. ist, soweit es vorliegend interessiert, in den §§ 3, 8 und 9 niedergelegt. Die §§ 3 und 9 führen den Begriff der wirtschaftlichen Einheit in das Bewertungsrecht ein, während der § 8 grundlegende allgemeine Vorschriften enthält. Nach § 8, Abs. 1 gilt das RBewG. als Steuergesetz im Sinne der RAO. und nach § 8, Abs. 2 finden die Vorschriften der RAO. Anwendung, soweit sich nicht aus dem RBewG. etwas anderes ergibt. Das steuerliche Bewertungsrecht erhält daher durch RAO. und RBewG. eine gemeinsame Rechtsbasis. Für die Erfassung des einkommensteuerrechtlichen und körperschaftsteuerrechtlichen Gewinnes, sowie für die Bewertung ist der Begriff des Betriebsvermögens des § 26 RBewG. wesentlich. In dieser Vorschrift ist gesagt, was zum Betriebsvermögen gehört. Hierbei ist davon auszugehen, daß das Betriebsvermögen des § 26 mit demjenigen im § 13 EStG. identisch ist. Der § 26 hat im übrigen den Charakter einer Legaldefinition. Für die Körperschaftsteuer ist darauf hinzuweisen, daß nach § 26, Abs. 2, Nr. 1 einen gewerblichen Betrieb alle Gegenstände bilden, die Aktiengesellschaften ... und Gesellschaften mit beschränkter Haftung gehören. Der Begriff Gewerbebetrieb ist schon durch die Rechtsprechung des OVG. geklärt worden. Danach ist Gewerbebetrieb die mit der Absicht auf Gewinnerzielung unternommene, selbständige, berufsmäßige und erlaubte Arbeitstätigkeit, die sich als Beteiligung am allgemeinen wirtschaftlichen Verkehr darstellt. (Vgl. OVG. i. St. Bd. 9, S. 131 und die privatrechtliche Verbotsvorschrift des § 134 BGB.). Eng verbunden mit dem Bewertungsrecht des RBewG. ist die im § 137, Abs. 2 und § 139, Abs. 1 RAO. vorgesehene Gesamtbewertung. Auf das, was oben bezüglich der Gesamtbewertung gesagt ist, ist daher hier zu verweisen. Im übrigen bestimmt der § 31, Abs. 1 RBewG., daß für die Bewertung der Gegenstände des Betriebsvermögens die Vorschriften der RAO., insbesondere § 137, Abs. 1 und § 138 über die Zugrundelegung des gemeinen Wertes gelten. Der § 139, Abs. 2 der RAO. findet dagegen keine Anwendung. Nach § 31, Abs. 2 RBewG. ist dem Gesichtspunkt der Gesamtbewertung bei der Ermittlung des gemeinen Wertes der einzelnen Gegenstände in der Weise Rechnung zu tragen, daß diese mit dem Werte ausgesetzt werden, den sie unter der Voraussetzung der Fortführung des Betriebes für den Betrieb haben. Wir sehen hier also, daß der bereits von dem Pr.OVG. aufgestellte Grundsatz der Gesamtbewertung von der RAO. und sodann von dem RBewG. übernommen worden ist, mit Ausnahme jedoch der Vorschrift des § 31, Abs. 3, Satz 2 a. a. O., welcher eine Durchbrechung jenes Grundsatzes darstellt. Eine wesentliche Ergänzung des Bewertungsrechts bilden die Durchführungsbestimmungen zum RBewG. vom 14. 5. 1926 (RGBl. I, S. 227ff.). Der § 12 dieser Durchführungsbestimmungen fügt den Anschaffungs- oder Herstellungspreis in das Bewertungsrecht des RBewG. ein, indem er in seinem ersten Absatz (Satz 1 daselbst) anordnet, daß dem gemeinen Werte im Sinne des § 31, Abs. 1, 2 a. a. O. der Anschaffungs- oder Herstellungspreis gleichzustellen ist, gegebenenfalls nach Abzug eines angemessenen Abnutzungsbetrages. Voraussetzung für diese Gleichstellung ist, daß die Anschaffung oder Herstellung nach dem 31. 12. 1923 erfolgt ist. Über den rechtlichen Charakter dieser Vorschrift des § 13 RBewVStDB. bestehen bis heute ungeklärte Zweifel. Es ist bestritten, ob der § 12 die Eigenschaft einer Rechtsnorm hat oder nur eine Empfehlung darstellt. In dieser Hinsicht wird die weitere Rechtsentwicklung durch die Praxis abzuwarten sein.

§ 34. Das Bewertungsrecht des Einkommensteuer- und Körperschaftsteuergesetzes vom 10. 8. 1925.

1. Allgemeines.

Das Bewertungsrecht des EStG. ist im § 13, Satz 2 EStG., das Bewertungsrecht des KStG. im § 13 KStG. verankert. Nach § 13, Satz 2 a. a. O. sind bei der Ermittlung des Gewinns die Vorschriften über die Bewertung der §§ 19—21 zu beachten. Nach § 13 KStG. finden auf die Ermittlung des körperschaftsteuerpflichtigen Einkommens, auf den Maßstab seiner Besteuerung, sowie auf die einzelnen Einkommensarten die Vorschriften der §§ 12—17 und 19—21 sinngemäß Anwendung. Über das Verhältnis der Vorschriften des § 13 zum Bewertungsrecht der §§ 19—21, sowie über die Bedeutung der Worte „zu beachten", sind bereits oben im § 13 u. § 14 eingehende Ausführungen gemacht worden, auf die Bezug genommen wird. Hier handelt es sich nur um die Darstellung des eigentlichen Bewertungsrechts des EStG.

Was zunächst den Umfang der zu bewertenden Gegenstände anlangt, so ist von dem Betriebsvermögen und den beiden seinen Inhalt bildenden Hauptgruppen Anlagekapital und Betriebskapital auszugehen. Bewertungspflichtiges Betriebsvermögen sind alle dem Betrieb tatsächlich gewidmeten Gegenstände, wobei es unerheblich ist, ob sie für den Betrieb notwendig sind oder nicht. (Vgl. § 26, Abs. 1, S. 1 RBewG. und § 13, S. 1 EStG.) Zum Anlagevermögen (Anlagekapital) gehören alle diejenigen Gegenstände, die dem Betrieb dauernd gewidmet sind, z. B. Grundstücke, Gebäude, Maschinen, dauernde Beteiligungen, gewerbliche Urheberrechte, sonstiges Betriebsinventar usw. Zum Betriebsvermögen im engeren Sinne (Betriebskapital) gehören dagegen diejenigen Gegenstände, welche in regelmäßigem Turnus dem tatsächlichen Verbrauch und dem Bestandswechsel unterliegen. Zum Betriebskapital gehören mithin Roh-, Halb- und Fertigfabrikate sowie die Hilfsmaterialien. Für die Bewertung im einzelnen sind nur diejenigen Gegenstände heranzuziehen, welche im Eigentum des Geschäftsinhabers stehen. Hierbei ist nicht das zivilrechtliche Eigentum der §§ 903ff. BGB., sondern das steuerrechtliche Eigentum des § 80, Abs. 1 RAO. maßgebend. Im Steuerwesen wird derjenige wie ein Eigentümer behandelt, welcher einen Gegenstand als ihm gehörig besitzt (§ 80, Abs. 1, S. 1 RAO.). Der steuerrechtliche Eigentumsbegriff hat hiernach eine gewisse Ähnlichkeit mit dem privatrechtlichen Eigenbesitz des § 872 BGB. Die steuerrechtliche Auffassung ist insofern der kaufmännischen Anschauung gleich, als auch nach ihr nicht eine zivilrechtliche Konstruktion für die Zugehörigkeit eines Gegenstandes zum Geschäftsvermögen entscheidend ist, sondern ausschließlich seine wirtschaftliche Beziehung. Ähnliche Gedankengänge sind bereits in dem Abschnitt Buchführung und Recht sowie bei der Schilderung der wirtschaftlichen Betrachtungsweise des § 4 RAO. zutage getreten. Hier ein weiteres Beispiel. Bei einem Abzahlungskauf, also bei einem Kaufgeschäft unter Eigentumsvorbehalt, bleibt nach § 455 BGB. der Verkäufer so lange Eigentümer der Handelsware, bis der Kaufpreis völlig getilgt ist. Nach kaufmännischem Gesichtspunkt, wie auch nach steuerrechtlichen Grundsätzen ist der Erwerber der gekauften Sache schon im Zeitpunkt des unter Eigentumsvorbehalt getätigten Kaufabschlusses wie ein Eigentümer zu behandeln, obwohl er tatsächlich nach den Vorschriften des BGB. vollgültiges Eigentum noch nicht erlangt hat. Buchmäßig wirkt sich dieses Geschäft in der Weise aus, daß schon mit Kaufabschluß die gekaufte Maschine oder dgl. unter den Aktiven, die unberichtigte Kaufpreisschuld unter den Passiven zu verbuchen ist. Hinsichtlich der Bewertungsgrundsätze im einzelnen ist folgendes von Bedeutung. Die Bewertung muß gleichzeitig den §§ 19 und 20 sowie den Grundsätzen ordnungsmäßiger Buchführung entsprechen. Läßt sich beides miteinander nicht vereinigen, so haben die Vorschriften des EStG. den Vorrang. Nicht realisierte Verluste sind zu berücksichtigen, nicht realisierte Gewinne bleiben dagegen außer Ansatz. Die Nichtberücksichtigung unrealisierter Verluste ist bedenklich. Eine sie befürwortende Anschauung kann nur in der dynamischen Bilanzauffassung ihre Rechtfertigung finden. Nach der dynamischen Bilanzauffassung sind die Aktiva nicht die Werte der Gegenstände, sondern lediglich Ausgaben, die späteren Jahren zugute kommen. Eine für 10000 M. angeschaffte und 10 Jahre lang brauchbare Maschine steht nach 2 Jahren nicht deshalb nur noch mit 8000 M. in der Bilanz, weil sie aus irgendeinem Grunde am Bilanzstichtage soviel wert ist, sondern, weil von den aufgewendeten 10000 M. acht Zehntel den folgenden Jahren zugute kommen. Die Bewertungsvorschriften des § 261, Ziff. 3 HGB. und des § 19, Abs. 2 EStG. sind sonach eine Konzession an die dynamische Bilanzauffassung. Bedenklich ist auch die Berücksichtigung unrealisierter Gewinne. Es ist die Frage, ob die Ausweisung unrealisierter Gewinne in der Bilanz den Grundsätzen ordnungsmäßiger Buchführung widerspricht. Bei den betriebswirtschaftlichen Theoretikern herrscht keine Einigkeit in der Beantwortung dieser Frage. Die organische Bilanztheorie von Schmidt hat sich in diesem Falle endgültig für Einsetzung der Zeitwerte entschieden, wobei sie derartige Wertsteigerungen nicht als Gewinn bezeichnet. Die dynamische Bilanzlehre Schmalenbachs lehnt zwar die von Schmidt zugelassene Einsetzung der Zeitwerte ab, jedoch keineswegs für alle Gegenstände. (Vgl. Schmalenbach, Grundlagen der dynamischen Bilanzlehre, S. 173.) Der Unterschied zwischen handelsrechtlichem und steuerrechtlichem Bewertungsrecht liegt darin, daß das Handelsrecht bei der Bewertung der Bilanzansätze dem Kaufmann Freiheit läßt, dagegen das Steuerrecht nicht. Nach dem Grundsatz der Bewertungskontinuität ist für das Einkommensteuerrecht vielmehr daran festzuhalten, daß ein und derselbe Gegenstand in einem folgenden Jahresabschluß niemals höher bewertet werden darf, als in einem vorangegangenen. Diese Bewertungskontinuität tritt selbst dann ein, wenn der Wert des zu bewertenden Gegenstandes während des Steuerabschnitts beträchtlich gestiegen ist. In dieser Wertsteigerung liegende Gewinne werden nicht ausgewiesen, sondern bilden eine stille Reserve, welche auch von der Steuerbehörde anerkannt wird. Es sind nichtrealisierte Gewinne, die nicht versteuert werden. Dies gilt aber nur, solange und insoweit ein und derselbe Vermögensgegenstand bilanziert wird. Die Bewertung hat grundsätzlich für die einzelnen Gegenstände zu erfolgen; also die Einzelbewertung ist vorgeschrieben. Diese Art der Bewertung verbietet jedoch nicht, gleichartige Betriebsgegenstände, wie z. B. Gebäude, Maschinen oder dergleichen zu Bewertungsgruppen zusammenzufassen und sie demgemäß auch gruppenweise zu bewerten. Hieraus folgt, daß bei dem periodischen Vermögensvergleich der §§ 12 und 13 nicht der Wert des Unternehmens als einer wirtschaftlichen Einheit anzusetzen ist. Dies hätte zur Folge, daß, wenn die Summe der Einzelwerte nach Abzug der Passiven höher ist als der Wert des Unternehmens im ganzen, eine entsprechende Gesamtabschreibung auf das Unternehmen vorgenommen werden könnte. Dieses Bewertungsverfahren ist bei der gegenwärtigen, durch das Einkommen- und Körperschaftsteuerrecht geschaffenen Rechtslage unstatthaft. Dagegen ist es zulässig, nach Maßgabe der vorstehenden Ausführungen im Wege der Gruppenbewertung sogenannte Sammelabschreibungen (Kollektivabschreibungen) vorzunehmen. Voraussetzung für die Anwendbarkeit dieser Methode ist die Aufrechterhaltung der Bilanzklarheit. Durch diese gruppenweise Bewertung darf sich das Bilanzbild nicht verwischen. Die Praxis hat bisher gelehrt, daß namentlich bei größeren Betrieben solche Kollektivabschreibungen unentbehrlich sind.

2. Der gemeine Wert.

Hinsichtlich Inhalt und Grenzen des gemeinen Wertes, wie er als Bewertungsmaßstab durch § 19, Abs. 1 und 2 EStG. (§ 13 KStG.) niedergelegt ist, ist auf die umfangreiche, zu dem analogen Begriff der RAO. ergangene Rechtsprechung zu verweisen. Ein Unterschied zwischen dem gemeinen Wert im Einkommen- und Körperschaftsteuerrecht und demjenigen der RAO. besteht nicht. (Siehe die Rechtsprechung im § 31 ff.) Hier ist noch folgendes nachzutragen. Die Judikatur des RFH. bis zum Inkrafttreten des gegenartigen Rechtes hat den Leitsatz aufgestellt, daß der handelsrechtliche Wert nach § 40 HGB. identisch mit dem gemeinen Wert des § 138 RAO. und dieser wieder mit dem objektiven Verkaufswert gleichbedeutend ist. Dieser Satz gilt allerdings nur mit einer Einschränkung, nämlich unter der Voraussetzung des Fortbestandes des Betriebes. Hierbei hat sich der RFH. an die Rechtsprechung des OVG. i. St. (Bd. 6, 44; Bd. 8, 86; Bd. 9, 97 ff.; Bd. 14, 233; Bd. 15, 270) angeschlossen. (Vgl. entsprechend auch RGZ. Bd. 43, S. 123.) Wichtige Marksteine in der Rechtsprechung des RFH. sind die Entscheidungen Bd. 10, S. 114 und Bd. 14, S. 231, 236. Die neuere und neueste Rechtsprechung des RFH. zu dem Begriff des gemeinen

Wertes wird Gegenstand besonderer Darstellung in § 36, Ziff. 3 sein. An dieser Stelle genügt der Hinweis, daß die Rechtsentwicklung, soweit sie durch die Praxis erfolgt ist, mit dem Urteil vom 29. 7. 1927 I A 264/27 (RFH. Bd. 21, S. 316ff.) einstweilen abgeschlossen ist. Hiernach ist, gemäß § 19, Abs. 1, S. 2 EStG. bei Ermittlung des gemeinen Wertes von Gegenständen, die nicht zum Verkaufe bestimmt sind, nicht der bei der Veräußerung jedes Gegenstandes im einzelnen erzielbare Preis zu ermitteln, vielmehr ist davon auszugehen, daß der Gegenstand auch fernerhin der Fortführung des Betriebs dient, dem er zur Zeit der Bewertung angehört. Diese Vorschrift schließt es aus, die Minderung des Einzelverkaufswerts zu berücksichtigen, die erfahrungsgemäß regelmäßig in dem Augenblick einzutreten pflegt, in dem ein Gegenstand aus dem Handel ausscheidet und vom Verbraucher in Benutzung genommen wird, und die damit in Zusammenhang steht, daß der Verbraucher, wenn er den Gegenstand selbst nach ganz kurzer Benutzung wieder veräußern will, meist den dafür angelegten Preis nicht wieder erzielt. Vielmehr ist im allgemeinen derjenige Preis zugrunde zu legen, der bei einer Veräußerung des Unternehmens im ganzen für die Einzelgegenstände in Rechnung zu stellen wäre, und zwar bei der Veräußerung an einen Erwerber, der den Betrieb fortführen will. (Vgl. auch Entscheidung vom 14. 12. 1926 VIA 575/26 St. u. W. Jahrg. 1927, S. 109/111.) Bei der bisher zu dem gemeinen Wert des § 19 ergangenen Rechtsprechung ist festzustellen, daß die ganze Rechtsentwicklung noch vollkommen im Flusse und kaum in einem wesentlichen Punkte abgeschlossen ist.

3. Der Anschaffungs- oder Herstellungspreis.

a) Der Anschaffungspreis.

Der Begriff des Anschaffungs- oder Herstellungspreises des § 19 lehnt sich eng an den analogen handelsrechtlichen Begriff des § 261 HGB. an. Der RFH. hat sich daher auch mit der Fortführung der in dem handelsrechtlichen Schrifttum und der handelsrechtlichen Praxis zum Anschaffungs- und Herstellungspreis entwickelten Grundgedanken begnügt. In dem Urteil vom 11. 7. 1923 VIeA 11/23 (Koppes Jahrb., Jahrg. 4, S. 266) stellt der RFH. in nahezu wörtlicher Übernahme der von dem handelsrechtlichen Schrifttum, insbesondere von Staub (vgl. Anm. 20 zu 261 a. a. O., Bd. 2, S. 401) vertretenen Anschauung den Satz auf, daß als Anschaffungspreis im Sinne des § 33a EStG. (altes Recht von 1920) nicht nur der dem Verkäufer gezahlte Kaufpreis, sondern alles das anzusehen ist, was der Käufer aufwenden mußte, um den angeschafften Gegenstand zu erlangen. Von dem Käufer beim Ankauf von Grundstücken z. B. gezahlte Maklerprovision und Grunderwerbsteuer gehören demnach zu dem Anschaffungspreis. Diese unter der Herrschaft des alten Rechts ergangene Entscheidung auf den Anschaffungspreis des § 19 anzuwenden, bestehen keinerlei Bedenken. Auch sonstige, zwecks Erwerbes eines Gegenstands aufzuwendende Kosten gehören zum Anschaffungspreis, z. B. auf dem Ankauf ruhende Steuern, Transportkosten, die Kosten der Aufstellung einer gekauften Maschine. Derartige Nebenkosten spielen eine große Rolle bei dem Ankauf umfangreicher Objekte. Es ist hierbei z. B. an Papiermaschinen und dergleichen im Gewicht von vielen 1000 kg zu denken. Hier sind oft die Kosten der Aufstellung, also der Montage und Demontage, sehr erheblich. Dagegen ist es im allgemeinen nicht üblich, derartigen Anschaffungskosten einen Prozentsatz für die Unterhaltung der Transportmittel hinzuzurechnen, wenn die Lieferfirma den Transport einer Maschine mit eigenen Transportmitteln bewirkt. Zum Anschaffungspreis gehören dagegen nicht Teile der allgemeinen Generalunkosten. (Aufwendungen für Löhne und Gehälter, Miete, Versicherung, Reklame usw.) Wird ein Gegenstand durch Tausch erworben, so hat er keinen tatsächlichen, sondern einen fiktiven Anschaffungspreis. (RFH. vom 14. 7. 1925 I A. 61/25, Bd. 17, S. 105ff.) Wird ein Geschäft im ganzen übernommen, so ist ein Anschaffungspreis anzusetzen, der sich für die einzelnen Gegenstände des Betriebsvermögens prozentualiter je nach ihrem Wert zum Gesamtwert der käuflich erworbenen Gegenstände ergibt. Die von den Kontrahenten durch privatrechtlichen Rechtsakt vorgesehene Art der Verteilung ist nicht schlechterdings maßgebend. (RFH. Bd. 15, S. 49.)

Was die Berechnung des Anschaffungspreises im einzelnen betrifft, so ist der Zeitpunkt seiner Buchung maßgebend. Wird beispielsweise eine Maschine im Auslande gekauft und von dem Käufer im voraus bezahlt, so ist der Tageskurs der in Frage kommenden Devisen am Zahlungstage einzusetzen. Wird hingegen die Maschine erst nach erfolgter Lieferung bezahlt, so ist der Tageskurs der Auslandswährung am Tage des tatsächlichen Einganges der Maschine entscheidend. Sind Anschaffungspreise nach diesen Buchungsmethoden festgelegt, so sind sie auch für die Zukunft beizubehalten. In dem Urteil vom 21. 4. 1925 II A 140/25 (RFH. Bd. 16, S. 132) spricht sich der RFH. gegen einen Wechsel in der Berechnung aus und vertritt den Standpunkt, daß der einmal verbuchte Anschaffungspreis eine unveränderliche, von den Schwankungen der fremden Währung unabhängige Größe ist.

b) Der Herstellungspreis.

Über den Begriff des Herstellungspreises besteht bis heute eine nicht endgültig geklärte Kontroverse insoweit, als die Zugehörigkeit der Generalunkosten zu denselben zweifelhaft ist. Gegen die Einbeziehung der Generalunkosten in den Herstellungspreis haben sich bisher im Anschluß an Staub (Anm. 21 zu § 261 HGB.) Kennerknecht, Kuhn und Lion ausgesprochen. (Vgl. Kommentare S. 263, 281 und Bilanzsteuerrecht S. 136.) Der gegenteiligen Ansicht, also für Einbeziehung der Generalunkosten sind Strutz, Zimmermann und Blümich-Schachian (Handausgabe EStG. 1920 S. 228, Kommentare S. 218 und 278). Eine vermittelnde Stellung nehmen Evers und Mirre ein (Kommentare S. 760 und S. 65). Die Judikatur hat nur tastend eine Klärung angestrebt. Zunächst hat der RFH. sich in dem Urteil vom 24. 6. 1924 VI A 212/26 mit dieser Frage beschäftigt. (Dt. St.Z. Jahrg. 1926, S. 912.) Hiernach brauchen Aufwendungen auf zum Anlagekapital gehörige Gegenstände, die alljährlich wiederkehren, nicht aktiviert zu werden und gehören daher auch nicht zum Herstellungspreis. Bei dieser Ansicht ist jedoch der RFH. nicht stehen geblieben, sondern ist in der Entscheidung vom 12. 4. 1927 I A 321/26 zu einem anderen Ergebnis gekommen. (RFH. Bd. 21, S. 105 ff.) Hier wird der Standpunkt vertreten, daß zum Herstellungspreis auch ein verhältnismäßiger Teil der Generalunkosten gehört, und daß infolge der das Steuerrecht ausschlaggebend beherrschenden wirtschaftlichen Betrachtungsweise die Ansicht abzulehnen ist, als Herstellungspreis nur die Rohstoffe und Löhne gelten zu lassen. (Bd. 21, S. 106.) Besondere Gründe für das Schwanken in dieser Rechtsprechung sind mir nicht bekannt. Die hiermit zusammenhängende Frage wird daher noch zu prüfen sein, zumal sie auch in dem ausländischen Bilanzrecht eine Rolle spielt.

Zweifelhaft ist, ob Zinsen für Geldaufwendungen bis zur Fertigstellung eines gewerblichen Neubaues dem Herstellungspreis hinzuzurechnen sind. Diese Frage ist von größerer Bedeutung, als es auf den ersten Blick erscheint. Bei der gegenwärtigen Kapitalknappheit werden die Höhe des Zinssatzes und die sonstigen Verzinsungs- sowie die Rückzahlungsbedingungen von Baudarlehen von erheblicher Tragweite sein. Die Kreditwürdigkeit und die ganzen wirtschaftlichen Verhältnisse des Unternehmens beeinflussen entscheidend die Höhe des Zinssatzes. Im allgemeinen werden solche Neubauten nur bei Gewährung von Krediten durchgeführt werden können. In diesem Falle wird je nach den Kreditbedingungen der Zinssatz niedriger oder höher sein. Das billige Ermessen des Kaufmanns wird hier im allgemeinen den Ausschlag geben müssen. Werden bei der Herstellung eines Gegenstandes anderweite, bereits in einer früheren Bilanz bewertete Gegenstände verwertet, so darf ihre Berücksichtigung bei der Ermittlung des Herstellungspreises nur in der Weise erfolgen, daß der frühere Bilanzwert eingesetzt wird. Es ist dies eine Folgeerscheinung der bereits mehrfach erörterten Bilanzkontinuität des § 20 EStG. Einen interessanten Beitrag zu der Ermittlung des Herstellungspreises hat Haußmann gelegentlich eines Vortrages vor der Berliner Industrie- und Handelskammer geliefert. (Beilage zu Nr. 24 der Mitteilungen der Industrie- und Handelskammer zu Berlin vom 25. 12. 1926, S. 18ff.) Bei der Verleihung des Bergwerkseigentums entsteht nämlich die Frage, ob der Herstellungspreis nur in der an die verleihende Behörde zu zahlenden Gebühr unter Hinzurechnung der tatsächlich aufgewendeten Auffindungskosten (z. B. Bohrungskosten) besteht. Auf einem juristisch verwandten Gebiet, dem Wassernutzungsrecht, hat der RFH. durch Urteil vom 9. 4. 1926 I A 231/25 entschieden, daß bei Neuverleihungen eines solchen Rechts der Herstellungspreis nicht nur aus der Gebühr für die behördliche Verleihung besteht, sondern ein Preis ist, der dem Kaufpreis des verliehenen Rechts wirklich gleichkommt. Diese Entscheidung berührt zwar nur die Vermögensteuer des Jahres 1924, so daß ihre Anwendung auf das Einkommensteuer- und Körperschaftsteuerrecht nicht unzweifelhaft ist. Man wird daher der von Evers vertretenen Ansicht sein können, daß eine bloße Aktivierung der tatsächlichen Ausgaben mit den kaufmännischen Gepflogenheiten nicht übereinstimmt. Nur die tatsächlichen Ausgaben für die Auffindung, Mutung und für die Verleihung des Rechts bilden somit den Anschaffungspreis. Im Zusammenhang hiermit ist die Frage der steuerlichen Behandlung der Bohrungskosten aufgetaucht. Hierzu vertritt Haußmann in seinem Vortrag den Standpunkt, daß nach allgemeinen kaufmännischen Grundsätzen alles dasjenige nicht zu aktivieren ist, was aus Anlaß der Durchführung von Bohrungen in die Erde hineingesteckt wird. Aufwendungen für Bohrversuche, deren Erfolg noch nicht feststeht, sind daher nicht zu aktivieren.

4. Der fiktive Anschaffungs- oder Herstellungspreis.

Der § 19, Abs. 2, S. 2 ist die Rechtsgrundlage des fiktiven Anschaffungs- oder Herstellungspreises. Ist ein Anschaffungs- oder Herstellungspreis nicht gegeben, so gilt als solcher der Betrag, der für den Gegenstand im Zeitpunkt seines Erwerbes durch den Steuerpflichtigen unter gemeingewöhnlichen Verhältnissen hätte aufgewendet werden müssen. Die Voraussetzungen für seine Anwendung liegen vor, wenn ein Gegenstand nicht durch eine geldliche Leistung Bestandteil des Betriebsvermögens geworden, sondern wenn er entweder durch Tausch oder durch unentgeltlichen Rechtsakt erworben worden ist, unter Lebenden z. B. durch Schenkung oder mittels letztwilliger Verfügung durch Erbgang usw. (Vgl. RFH. vom 13. 5. 1925 VIeA 202/24 Bd. 16, S. 185.) Liegt ein Tausch vor, so ist nicht etwa der Buchwert des tauschweise hingegebenen Gegenstandes anzusetzen, sondern der fiktive Anschaffungspreis, d. h. der Betrag derjenigen Kosten, welche für die Anschaffung des eingetauschten Gegenstandes hätten aufgewendet werden müssen. (RFH. vom 14. 7. 1925 I A 61/25, Bd. 17, S. 105.) Ein fiktiver Anschaffungs- oder Herstellungspreis kann ferner sonst noch praktisch bei dem Erwerb einer Sache gegen Übernahme gewisser Verpflichtungen vorkommen, z. B. gegen die Zusicherung von Gewinnbeteiligungen, die ihrerseits naturgemäß die Einsetzung eines Passivpostens in der Bilanz zur Folge haben. Wenn ein fiktiver Anschaffungs- oder Herstellungspreis zugelassen ist, so bedeutet dies aber andererseits keineswegs, daß der Steuerpflichtige zwischen dem fiktiven Anschaffungspreis oder dem fiktiven Herstellungspreis vollkommen freie Wahl hat. Es werden hier vielmehr regelmäßig die speziellen Verhältnisse des Betriebes maßgebend sein. Auch wird es unter anderem darauf ankommen, ob die Annahme gerechtfertigt ist, daß der Steuerpflichtige den zu bewertenden Gegenstand in seinem Betriebe selbst hergestellt haben würde, wenn er ihn nicht durch einen der angegebenen unentgeltlichen Rechtsakte erworben hätte. In letzterem Falle ist der fiktive Herstellungspreis einzusetzen, anderenfalls der fiktive Anschaffungspreis.

5. Bewertung bei Geschäftsübertragung.

Einer kurzen Erläuterung bedarf noch die Bewertung bei Geschäftsübertragung im Sinne des § 20. Die Geschäftsübertragung kann in einem entgeltlichen oder unentgeltlichen Rechtsakt ihren Ursprung haben. Die Tendenz der Vorschrift des § 20 geht dahin, in der Eröffnungsbilanz des neuen Geschäftsinhabers das Erscheinen einer unberechtigten Überbewertung zu verhindern. Bei entgeltlicher Geschäftsübertragung erfolgt höchstens das Einsetzen des Anschaffungspreises, und zwar gilt dies auch bei Umgründungen. Ist ein in Geld ausgedrückter Preis von den Parteien nicht vereinbart, so ist der Anschaffungswert einzusetzen; er wird nach gemeingewöhnlichen Verhältnissen geschätzt. Bei unentgeltlicher Geschäftsübertragung, z. B. durch Schenkung, tritt der Bilanz des Erwerbers die Abschlußbilanz des Schenkgebers (evtl. auch Erblassers bei Verfügungen von Todes wegen) gegenüber. In der Bilanz des Erwerbers erscheint der mit dem gemeinen Wert praktisch identische Anschaffungswert; in der Bilanz des Schenkgebers erscheint ebenfalls der gemeine Wert, also nicht der Buchwert.

§ 35. Verbesserungen, Erweiterungen und sonstige Aufwendungen auf Anlagegegenstände. Einfluß der Instandhaltungskosten auf den Anschaffungs- oder Herstellungspreis.

Verbesserungen und Erweiterungen erhöhen den Anschaffungs- oder Herstellungspreis eines Gegenstandes. Die Grenze zwischen bloßer Instandhaltung und zwischen Verbesserung ist nicht immer leicht zu ziehen. Es wird immer auf die Umstände des Einzelfalles hierbei ankommen. In dem Urteil vom 7. 7. 1926 VI A 727/25 (RFH. Bd. 19, S. 201) stellt der RFH. in dieser Hinsicht folgenden Leitsatz auf:

Zum Anschaffungs- oder Herstellungspreis gehören auch diejenigen Kosten, die bei einer Geschäftsverlegung durch den Abbau, die Verbringung und die Wiederanbringung von Anlagegegenständen entstanden sind.

Für die Frage, ob und inwieweit Aufwendungen auf Anlagegegenstände zu aktivieren sind, ist der Gesichtspunkt einer Wertsteigerung nicht ausschlaggebend. Solche Aufwendungen brauchen so lange nicht aktiviert zu werden, als sie, im Rahmen des ganzen Betriebs betrachtet, als laufende Ausgaben erscheinen.

Aus den Entscheidungsgründen ist weiter folgendes bemerkenswert:

... Sind die Gegenstände nicht neu angeschafft worden, sondern aus dem alten Geschäftsraum entnommen, so fragt es sich, ob die Abbau- und Wiederanbringungskosten zu den Herstellungskosten im Sinne des § 33a EStG. zu rechnen sind. Dies ist zu bejahen. Wie der erkennende Senat im Urteil vom 3. 3. 1926 VI A 142/26, St. u. W., Jahrg. V, Nr. 223, ausgesprochen hat, setzt sich für den Fall, daß ein buchführender Kaufmann ein käuflich erworbenes Gebäude, das er für seine Zwecke nicht geeignet hält, niederreißen läßt und durch einen Neubau ersetzt, der Herstellungspreis zusammen aus den Kosten für die Anschaffung des Grundstücks, für die Niederreißung der alten Gebäude und den Kosten der Errichtung des Neubaus. Die Übertragung dieses Ergebnisses auf den hier zu erörternden Fall bedeutet, daß auch die Kosten des Abbaues, der Verbringung und der Wiederanbringung zu den Herstellungskosten gehören. ...

Als wesentlich ist hiernach festzustellen, daß für den Anschaffungs- oder Herstellungspreis der Gedanke der Wertsteigerung ausscheidet. Der RFH. hat aber in dem gleichen Urteil weiter zum Ausdruck gebracht, daß die Instandhaltungskosten auf den Anschaffungs- oder Herstellungspreis ohne Einfluß sind. Aufwendungen auf Anlagegegenstände sind daher jedenfalls nicht ohne Ausnahme zu aktivieren. Zur Abgrenzung der zu aktivierenden und der nicht zu aktivierenden Aufwendungen empfiehlt es sich indessen, nicht von den für den Nichtkaufmann geltenden Werbungskosten auszugehen. Denn dieser Begriff ist erst aus kaufmännischen Anschauungen gewonnen und somit von vornherein für andere Fälle bestimmt. Außerdem würde letzten Endes bei einem Ausgehen von den Werbungskosten die Notwendigkeit einer etwaigen Aktivierung doch immer wieder von dem Vorhandensein einer Wertsteigerung abhängig sein. Den Grundsätzen vernünftiger kaufmännischer Wirtschaftsführung und damit auch ordnungsmäßiger Buchführung entspricht es vielmehr, die Anschaffungskosten für einen Gegenstand des Anlagevermögens nicht ausschließlich demjenigen Geschäftsjahre zur Last zu legen, in welchem derselbe außer Betrieb gesetzt wurde. Diese Kosten sind daher durch regelmäßige Abschreibungen auf den ganzen Zeitraum der nutzbaren Verwendung der Sache zu verteilen. Es ist dies der Grundsatz der Lastenverteilung, welcher seinerseits eine Ausstrahlung des im Wesen der Abschreibungen bereits begrifflich enthaltenen Gedankens darstellt, wonach auch alle, ein gewisses Maß übersteigenden nachmaligen Aufwendungen auf einen Anlagegegenstand aktiviert werden müssen, damit sie mit den Anschaffungskosten von den jährlichen Abschreibungen ergriffen und so von mehreren Jahren getragen werden. In der in St. u. W. Jahrg. 1926 unter Nr. 499 veröffentlichten Entscheidung nimmt der RFH. folgenden Standpunkt ein:

Zunächst sei bemerkt, daß es für die Frage, welche auf Gegenstände des Anlagekapitals vom buchführenden Kaufmann gemachte Aufwendungen dem Buchwert als Teile des Anschaffungs- bzw. Herstellungspreises zuzuschlagen sind, nicht darauf ankommt, ob durch den Aufwand der objektive Wert des betreffenden Gegenstandes erhöht wurde. Vielmehr ist grundsätzlich davon auszugehen, daß diese Aufwendungen den Herstellungspreis beeinflussen und daher in diesem inbegriffen so lange auf der Aktivseite der Bilanz erscheinen müssen, als dadurch nicht der gemeine Wert des betreffenden Gegenstandes überschritten wird; letzteres kann aber im vorliegenden Falle mit Rücksicht auf den 1922 herrschenden Währungsverfall nicht angenommen werden. ...

Aus vorstehenden Erwägungen ist zu entnehmen, daß beispielsweise der Herstellungspreis einer maschinellen Anlage oder eines Gebäudes, welche nach Niederlegung der alten Anlagen usw. errichtet werden, sich aus zwei Komponenten zusammensetzt, nämlich aus dem Buchwert der alten Anlage, sowie aus den Abbruchs- und den Aufbaukosten.

§ 36. Einzelfragen des steuerlichen Bewertungsrechts der Einkommen- und Körperschaftsteuer. Die Bewertung der Waren und Vorräte in der Bilanz.

1. Der Erlaß des Reichsfinanzministers über die Bewertung der zum Verkauf bestimmten Gegenstände bei buchführenden Gewerbetreibenden vom 29. Dezember 1926 — IIIe 10230 —.

Die Fortentwicklung des Bewertungsrechts der Einkommen- und Körperschaftsteuer (§ 19 und § 13) ist durch drei Etappen gekennzeichnet. Es sind dies der Runderlaß des RFM. vom 29. 12. 1926 über die Bewertung der zum Verkauf bestimmten Gegenstände, die Richtlinien des RFM. für die Einkommensteuerveranlagung vom 28. 1. 1928 und die Rechtsprechung des RFH. zu den §§ 13 und 19—21 EStG., insbesondere die Urteile vom 30. 3. 1927 VI A 108/27 (Bd. 21, S. 62ff.) und vom 14. 12. 1927 VI A 802/27 (Bd. 22, S. 309). Das Erscheinen des Erlasses vom 29. 12. 1926 wurde zunächst in der Wirtschaft begrüßt, weil er Erleichterungen bei der Bewertung der Waren und Vorräte buchführender Gewerbetreibender zu schaffen bestrebt war. Der Erlaß greift in die materielle, durch § 19 geschaffene Rechtslage nach zwei Richtungen ein. Im Gegensatz zu den früheren Erlassen wird durch ihn als gemeiner Wert nicht der Einkaufspreis, sondern der Verkaufspreis bestimmt. Hiermit berührt er gleichzeitig die bis heute nicht geklärte Streitfrage, ob der Einkaufspreis oder der Veräußerungspreis als gemeiner Wert anzusehen ist. Für den Verkaufspreis als gemeinen Wert haben sich Kuhn (4. Aufl., S. 274), Blümich-Schachian (S. 226), Evers (KSt. 2. Aufl., S. 747), Kennerknecht (KSt. Anm. 15, Abs. 2 zu § 19, S. 261 und Dt. St. Z. Jahrg. 1927, Heft 2, S. 108ff.) und Zimmermann (ESt. S. 217) ausgesprochen. Den gegenteiligen Standpunkt, wonach der gemeine Wert nicht dem Verkaufspreis, sondern dem Einkaufspreis gleichgesetzt ist, nehmen Mirre (Kommentar S. 71), Lion (Dt. StZ. Jahrg. 1927, Heft 2, S. 100), Meyer (DtSt. Z. 1926, S. 962ff.) und Schlör (Die steuerliche Buchprüfung vom Standpunkt des Unternehmers, S. 123) ein. Der späteren Praxis gegenüber hat jedoch der Ministerialerlaß sich auf die Dauer nicht durchsetzen können. Hierzu kommt, daß er keine Rechtsvorschrift, sondern eine bloße Verwaltungsanordnung ist. In dem Erlaß heißt es an der hier fraglichen Stelle: .... Hierbei (nämlich bei der Bestimmung des gemeinen Wertes nach § 138 RAO.) wird von dem „gewöhnlichen Geschäftsverkehr" des in Frage kommenden Steuerpflichtigen auszugehen sein, beim Industriellen also der Verkauf an den Großhändler, beim Großhändler der Verkauf im Großhandel, beim Einzelhändler der Verkauf an den Verbraucher .... Mit dieser Regelung wird die Besteuerung des unrealisierten Geschäftsgewinnes gutgeheißen.

Der zweite Eingriff in die materielle Rechtslage besteht darin, daß der Ministerialerlaß bei der Bewertung der Warenbestände einen praktischen Mittelweg einschlägt, womit eine Erleichterung für die steuerpflichtigen Betriebe bezweckt war. Der Erlaß besagt nämlich weiter, daß bei Feststellung des gemeinen Wertes auch die Größe des Lagers und die Verkaufsmöglichkeiten zu berücksichtigen sind. Beim Einzelhändler z. B., so fährt der Erlaß fort, kann nicht für alle Waren der Ladenpreis des Stichtages maßgebend sein. Vielmehr ist zu beachten, daß im gewöhnlichen Geschäftsverkehr nur ein Teil der vorhandenen Waren zum Ladenpreis verkauft zu werden pflegt, während dagegen der andere Teil nur mit zurückgesetzten Preisen (z. B. Inventurausverkaufspreise) veräußert werden kann. Von dem Verkaufspreis sind ferner die auf dem Verkauf als solchem ruhenden besonderen Verkaufsspesen abziehbar, nicht dagegen allgemeine Unkosten des Betriebs (z. B. Kontorunkosten). Diesen Umständen kann durch einen prozentualen Abschlag vom Verkaufspreis Rechnung getragen werden.... Es ist zweifellos, daß der Ministerialerlaß mit dieser Regelung die Theorie des reinen Verkaufspreises bereits aufgegeben hat, und daß seine praktische Anwendung in Handel und Gewerbe mehr oder weniger auf ein Feilschen um diese Abschläge hinausläuft. Außerdem besteht wegen der Vielfältigkeit der wirtschaftlichen Verhältnisse (Produktions- und Absatzverhältnisse usw.) die Gefahr einer differenzierten Behandlung der steuerpflichtigen Betriebe, die sicherlich nicht in der Absicht des Erlasses gelegen hat. Es hat daher auch nicht an einer Kritik des Erlasses gefehlt, so daß bei der Rechtslage nach dem neuesten Stand der Rechtsprechung von einer mindestens teilweisen Überholung desselben gesprochen werden muß.

Kritik des Erlasses durch die Rechtsprechung.

Der Ministerialerlaß steht zunächst mit dem Urteil vom 30. 3. 1927 VIA 108/27 RFH. Bd. 21, S. 62ff. im Widerspruch. Denn hiernach ist die Ansetzung des gemeinen Wertes vom Stichtage, d. h. die Anwendung des § 19, Abs. 1, S. 1 nur zulässig, wenn der gemeine Wert niedriger als der Anschaffungs- oder Herstellungspreis ist. Sodann besagt der Erlaß, daß ein Anschaffungs- oder Herstellungspreis auch dann nicht gegeben sein wird, wenn der Anschaffungspreis aus technischen Gründen nicht mehr festgestellt werden kann, so daß dann der fiktive Anschaffungs- oder Herstellungspreis einzustellen ist. Nach dem Urteil vom 30. 3. 1927 dagegen ist bei einem Warenlager mit wechselndem Bestande auf Grund der in Frage kommenden Kaufabschlüsse ein Durchschnittseinkaufspreis zu ermitteln, wenn bei dem Warenlager die Zugehörigkeit der einzelnen Stücke zu den fraglichen Kaufabschlüssen nicht mehr festzustellen ist

Der Erlaß steht aber auch, und das ist noch viel wichtiger, mit der vom RFH. unter dem 14. 12. 1927 verkündeten und in Bd. 22, S. 309 veröffentlichten Entscheidung VI A 802/27 im Widerspruch. Hier führt der RFH. folgendes aus:

... Wenn also § 19, Abs. 1 EStG. die Bewertung der zu einem Betriebe gehörigen Gegenstände nach dem gemeinen Werte vorschreibt, so ist damit weder die Ermittlung des außerhalb des Betriebes erzielbaren Preises, noch die des innerhalb desselben erzielbaren, vorgeschrieben, sondern die Ermittlung des Wertes, den der Gegenstand als Teil der wirtschaftlichen Einheit hat, des sogenannten Teilwerts im Sinne der Entscheidung Bd. 20, S. 88. Und es gilt auch von den zum Verkaufe bestimmten Gegenständen der Grundsatz, daß dieser Teilwert häufig mit dem Wiederbeschaffungswert am Stichtag übereinstimmt und ihn jedenfalls nicht übersteigt; er kann z. B. bei sogenannten Ladenhütern erheblich unter dem Wiederbeschaffungspreise liegen. Es ist stets maßgebend, was ein Erwerber des ganzen Betriebs für den betreffenden Gegenstand bezahlen würde. Dabei kann auch eine Rolle spielen, ob von einer Gattung von Waren zu viel Vorräte vorhanden sind. Es kann nicht anerkannt werden, daß für die Gewinnermittlung nach dem Einkommensteuergesetz eine andere Bewertung angemessen sei. ...

Der Senat vermag danach der Auffassung des Reichsministers der Finanzen in dem Erlasse vom 29. Dezember 1926 IIIe 10230, daß von den erzielten Verkaufspreisen lediglich die speziellen Verkaufskosten abzuziehen seien, nicht zu folgen. Der RFH. überschreitet mit dieser Entscheidung bewußt den durch den Ministerialerlaß gezogenen Rahmen. Denn der RFM. geht zwar, um den gemeinen Wert zu ermitteln, von dem Verkaufspreise aus, gleichzeitig aber gestattet er die Berücksichtigung von prozentualen Abschlägen vom Verkaufspreis. Hierbei sollen außerdem die Größe des Lagers und die Verkaufsmöglichkeiten berücksichtigt werden. In der praktischen Anwendung der aus dem Urteil des RFH. zu ziehenden Konsequenzen gegenüber dem Runderlaß wird es darauf ankommen, daß die von dem Reichsfinanzministerium zugelassenen Abschläge dem Umfange nach dem Einkaufswert oder dem Teilwert, welchen ein Erwerber des betreffenden Betriebes zahlen würde, entsprechen. Der Erlaß vom 29. 12. 1926 als solcher besteht nach wie vor. Einen Ausgleich zwischen ihm und der Konstruktion des Teilwerts durch den RFH. im Urteil vom 14. 12. 1927 schaffen

2. Die Richtlinien des Reichsfinanzministers für die Einkommensteuerveranlagung vom 28. 1. 1928.

Unter Ziffer 3 dieser Richtlinien wird der Begriff des gemeinen Wertes von Waren, die zu einem Betriebsvermögen gehören, erörtert. Es heißt hier: Es wird auf die besonders wichtige neuere Entscheidung des Reichsfinanzhofs vom 14. 12. 1927 VI A 802 verwiesen. Diese besagt:

Der gemeine Wert der zu einem Geschäftsbetriebe gehörigen Waren ist grundsätzlich danach zu bestimmen, was ein Erwerber des Betriebes am Stichtag für die betreffenden Waren geben würde. Hierfür können die am Stichtag für den Betrieb geltenden Einkaufspreise einen Anhalt bieten.

Nach der bisherigen Auffassung sollte als gemeiner Wert der Verkaufspreis der einzelnen Gegenstände unter Absetzung angemessener

Abschläge zugrunde gelegt werden. Infolge dieser Abschläge werden sich nach Ansicht des Ministers die bei der Veranlagung festgesetzten Werte im allgemeinen von den nach den Grundsätzen des RFH. einzusetzenden Werten nicht wesentlich unterscheiden.

Im Interesse eines glatten Verlaufes des Veranlagungsgeschäftes und damit auch im Interesse der Steuerpflichtigen ist zu erwarten, daß die prozentualen Abschläge von der Reichsfinanzverwaltung reichlich angesetzt werden. Der übrige Inhalt der Richtlinien ist zwar von Bedeutung für die Technik der Einkommensteuerveranlagung 1927/28 im einzelnen, interessiert aber vorliegend wegen seines speziellen Charakters nicht. Zu erwähnen ist nur der Hinweis des RFM. auf das Urteil des RFH. vom 12. 4. 1927 I A 321/26 (Bd. 21, S. 105 ff.) und den Herstellungspreis im Sinne des § 19, Abs. 2 EStG. Nach diesem bereits angeführten Urteil ist unter dem Herstellungspreis .... nicht nur der Betrag der Rohstoffe und Löhne, sondern auch ein entsprechender Teil der beim Hersteller entstehenden Generalunkosten (allgemeine Verwaltungskosten) zu verstehen. Im Hinblick auf diese zur Vermögensteuer ergangene Entscheidung macht der RFM. zutreffend darauf aufmerksam, daß es von den Grundsätzen ordnungsmäßiger Buchführung, insbesondere auch von der in dem einzelnen Betriebe jeweils üblichen Preiskalkulation abhängen wird, ob der gleiche Grundsatz auch bei der Einkommensteuer in Frage kommt. Befolgt der Steuerpflichtige hierbei, so heißt es in dem Erlaß weiter, die von ihm bisher eingehaltenen Grundsätze, so soll die Einbeziehung oder Nichteinbeziehung gewisser Generalunkosten nicht beanstandet werden. Unzulässig ist jedoch, daß in einem Steuerabschnitt die gesamten Generalunkosten zu dem Anschaffungs- und Herstellungspreis gerechnet werden, im nächsten Steuerabschnitt dagegen nicht oder nur zu einem Teil. Gegen diesen Standpunkt sind begründete Bedenken nicht zu erheben.

3. Die Rechtsprechung des Reichsfinanzhofs.

Die beiden Eckpfeiler der Rechtsprechung des RFH. zum einkommensteuerlichen Bewertungsrecht bilden die Urteile vom 30. 3. 1927 und vom 14. 12. 1927. Eine ausführliche Darlegung zu diesen beiden Erkenntnissen erübrigt sich mit Rücksicht darauf, daß beide Entscheidungen bereits Gegenstand der Besprechung gewesen sind. Wir hatten gesehen, daß der oben besprochene Erlaß des RFM. eine Erleichterung für die Steuerpraxis insofern bringen wollte, als er sagte: Nach dem EStG. darf der Steuerpflichtige, wenn ein Anschaffungs- oder Herstellungspreis nicht gegeben ist, den Betrag einsetzen, den er bei Erwerb des Gegenstandes hätte aufwenden müssen, also den fiktiven Anschaffungspreis oder genauer gesagt, den Anschaffungswert. Zur Ermittlung dieses Wertes hat der Ministerialerlaß die Anwendung prozentualer Abschläge vom Verkaufspreise, eines bis dahin allgemein üblichen kaufmännischen Brauches zugelassen. Tatsächlich stellte sich aber später heraus, daß die praktische Anwenduug des Erlasses in diesem Punkt Schwierigkeiten über Schwierigkeiten bot. Sie bestanden darin, daß nach kaufmännischer Anschauung nicht von den Verkaufspreisen des Bilanzstichtages, sondern von den Verkaufspreisen desjenigen Tages auszugehen ist, an welchem der Erwerb der zu bewertenden Warenvorräte erfolgt ist. Es leuchtet ein, daß dies praktisch auf die Bemessung der prozentualen Abschläge hinausläuft. Im Ergebnis ist jedoch festzustellen, daß der Ministerialerlaß den angestrebten Zweck nicht erreicht hat. Hierzu kommt, daß die zeitlich sich anschließende Rechtsprechung des RFH. in wesentlichen Punkten zu ihm im Widerspruch steht. Der Abschluß dieser Entwicklung ist das bekannte Reichsfinanzhofsurteil vom 14. 12. 1927 über den Teilwert. Die hier in Frage kommenden Ausführungen lauten:

Geht man von dem Gesamtverkaufspreise der wirtschaftlichen Einheit aus, so besteht die Aufgabe, ihn auf die einzelnen Teile der Einheit angemessen zu verteilen. Das kann nur in der Weise geschehen, daß man bei jedem einzelnen Gegenstand zunächst entscheidet, um wieviel die Einheit weniger wert wäre, wenn der Gegenstand fehlte. Es ist klar, daß dies nicht mehr sein kann, als die Beschaffung des Gegenstandes oder eines gleich brauchbaren Gegenstandes den Besitzer der Einheit kosten würde; dabei wäre eine etwaige Abnutzung des vorhandenen Gegenstandes angemessen zu berücksichtigen. Hieraus ergibt sich, daß der gemeine Wert nie höher sein kann als der sogenannte Wiederbeschaffungswert. Sieht man von dem Gesamtverkaufspreise zunächst ab und betrachtet den zu einem Betriebe gehörigen Gegenstand allein, so ist zu erwägen, daß der Wert eines Gegenstandes offenbar nicht bloß von seiner natürlichen Beschaffenheit abhängig ist, sondern auch von anderen Umständen, insbesondere den örtlichen Beziehungen, z. B. hat ein Sack Getreide in einer Konsumtionsgegend einen höheren Wert als in der Produktionsgegend. Das Vorhandensein anderer Gegenstände beeinflußt den gemeinen Wert. Zu den den Wert beeinflussenden Umständen gehört auch die Zugehörigkeit zu einem Betriebe. Der gemeine Wert ist aber objektiv zu bestimmen; deshalb ist davon abzusehen, ob der Inhaber des Betriebs ihn auch wirklich betreiben kann. Die Zugehörigkeit zu der Einheit des Betriebes kann als werterhöhend nur insoweit in Frage kommen, als sie für jeden Besitzer des Betriebes ausnutzbar wäre. Man kommt dann zu dem Ergebnis, daß nur die Veräußerung mit dem Betrieb, aber nicht die Veräußerurg in dem Betriebe für die Bestimmung des gemeinen Wertes des Gegenstandes zu berücksichtigen ist. Damit kommt man aber ebenfalls zur Bemessung des Wertes nach dem Gesamtwert des Betriebes. . . .

Am Schlusse seiner Ausführungen gelangt der RFH. zu dem Ergebnis, daß die im § 19, Abs. 1 EStG. vorgeschriebene Bewertung nach dem gemeinen Wert notwendig zu dem sogenannten Teilwert im Sinne der Entscheidung Bd. 20, S. 88 führt. Im Endergebnis lehnt der RFH., wie oben bereits gleichfalls angedeutet, die Ansicht des Reichsministers der Finanzen in dem Erlaß vom 29. 12. 1926 ab, wonach von den erzielbaren Verkaufspreisen lediglich die speziellen Verkaufskosten abzuziehen sind.

2. Unterabschnitt.

Die praktische Anwendung der Bewertungsvorschriften des Steuerrechts und Handelsrechts bei den einzelnen Bilanzposten.

1. Teil. Die Bewertung der Aktiva.

§ 37. Allgemeine Richtlinien.

Als Aktiva einer Bilanz kommt alles in Betracht, was Gegenstand des wirtschaftlichen Verkehrs sein kann, also Sachen und Rechte, wie bebaute und unbebaute Grundstücke nebst Zubehör, Maschinen, Werkzeuge, Einrichtungen, Kassenbestände, Forderungen, auch solche aus Schecks und Wechseln, Erzeugnisse, Waren und Vorräte, Wertpapiere, Beteiligungen an anderen Unternehmungen, immaterielle Güterrechte wie Patente, Verlagsrechte, Warenzeichenrechte usw. Aber auch sonstige wirtschaftliche Werte und sonstige sogenannte ideelle Werte können in der Bilanz aktiviert werden. (RFH. Bd. 2, S. 110; Bd. 10, S. 51 und 250 sowie OVG. i. St. Bd. 11, S. 419; Bd. 13, S. 190 und 310; Bd. 17, S. 286.) Die Bilanz kann ihrer ganzen Natur nach immer nur ein Augenblicksbild geben. Sie gewährt immer nur einen Einblick in die Geschäftsverhältnisse eines Betriebes an einem bestimmten Stichtage. Hieraus folgt zweierlei. Eine besondere Behandlung erfordern schwebende Rechtsverhältnisse, Engagements und Verbindlichkeiten, weil Zeitpunkt, Art und Umfang ihrer Auswirkungen vollkommen ungewiß sind. Sodann sind nicht die Geschäftsabschlüsse, sondern die infolge Abschlusses und Realisierung des Geschäfts tatsächlich eintretenden, beziehungsweise eingetretenen Vermögensveränderungen ersichtlich zu machen. (Vgl. Staub, Kommentar Bd. 2, S. 399, Anm. 17, Abs. 3 zu § 261 sowie RFH. Bd. 11, S. 185.)

In formeller Hinsicht empfiehlt sich buchmäßig für die Herstellung der Steuerbilanz folgendes Verfahren. Der Kaufmann neigt im allgemeinen dazu, die Vermögensgegenstände in die Schlußbilanz möglichst niedrig einzusetzen. Er wird sich daher mit der tatsächlich eingetretenen und zu berücksichtigenden Abnutzung der Anlagewerte nicht begnügen, sondern höhere Abschreibungen vornehmen und den auszuweisenden Gewinn um diese außerordentlichen Abschreibungen kürzen. Würde nun ein Betrieb diese außerordentlichen Abschreibungen in der gleichen Weise wie die tatsächlichen Abnutzungen auf der Aktivseite der Bilanz vornehmen, so würde in der ersten Schlußbilanz bereits eine Unstimmigkeit gegenüber der Steuerbilanz entstehen. Um daher die Bilanzeinheit zu wahren und trotzdem den berechtigten Interessen des Betriebes sowie den etwa durch das Gesellschaftsstatut festgelegten Bestimmungen zu entsprechen, empfiehlt es sich, die außerordentlichen Abschreibungen in der Vermögensermittlungsbilanz wie in der Ertragsbilanz anders auszudrücken. Es ist ein Passivposten zu schaffen, welcher die durch die geringeren Abschreibungen erhöhten Aktiven hinsichtlich der Gewinnberechnung in kaufmännischer Hinsicht wieder aufhebt. Man kann dies etwa in der Weise aufziehen, daß man gegenüber dem Gebäudekonto ein Gebäudeerneuerungskonto, gegenüber den Maschinenkonten ein Maschinenerneuerungskonto usw. einrichtet. Außerdem steht nichts im Wege, jedem weiteren Aktivkonto ein korrespondierendes Erneuerungskonto gegenüberzustellen. Auf diese Weise werden die außerordentlichen, dem steuerlichen Gewinn hinzuzurechnenden Abschreibungen in die Jahresschlußbilanz aufgenommen. Auch den Beteiligungen an Effekten wird zweckmäßig im allgemeinen ein entsprechendes Rückstellungskonto aufzumachen sein. Diesem Konto sind alsdann die steuerpflichtigen, also vom kaufmännischen Bilanzgewinn zurückzuhaltenden Beträge gutzubringen. Bei den sogenannten Dubiosen wird man zur Verminderung unnötiger Buchungen möglichst eine Pauschalabschreibung vornehmen müssen. Geschieht dies aus besonderen Gründen nicht, so bleibt nichts anderes übrig, als bei der einzuziehenden Forderung die Möglichkeit ihrer Einziehung festzustellen und den Unterschied zwischen dem Effektivsaldo und dem einziehungsfähigen Forderungsbetrage als steuerfreie Abschreibung dem Delkrederekonto gutzubringen. Ähnlich ist bei den Rohstoffen sowie bei den Halb- und Fertigfabrikaten zu verfahren. Werden auch bei ihnen Abschreibungen vorgenommen, werden sie also unter dem Anschaffungswert bzw. unter dem gemeinen Wert angesetzt, so muß der Unterschiedsbetrag zwischen ihrem tatsächlichen Wert und dem von dem Kaufmann angenommenen Betrag einem Rückstellungskonto gutgebracht werden. Diese Beträge bilden eine echte Reserve. Generell ist zu bemerken, daß eine geeignete Bilanzierungstechnik eine Bilanz auch in steuerlicher Hinsicht übersichtlich gestalten kann. Im Hinblick auf die vorzunehmenden Abschreibungen erscheint es daher zweckmäßig, alle diejenigen Werte des Anlagevermögens, auf welche die nämliche Abschreibungsquote anzuwenden ist, besonders zu kontieren und aufzuführen. Bei den Maschinen wird nach anerkanntem

Handelsbrauch eine durchschnittliche Lebensdauer angenommen. Viele Betriebe, namentlich solche größeren Umfanges, sind daher schon seit langem dazu übergegangen, in diesen Fällen besondere Inventarienverzeichnisse einzurichten und fortlaufend zu führen. In der Gas- und Elektrizitätsindustrie, bei den Wasserwerken sowie bei solchen industriellen Unternehmungen, die in ihren Betrieben über besonders große Maschinen verfügen, ist die Annahme einer Lebensdauer von etwa 50 Jahren allgemein üblich. Doch sind hier auch Konjunkturverhältnisse von einem gewissen Einfluß. Dies macht sich im Einzelfall namentlich bei Spezialmaschinen aller Art bemerkbar; es sei z. B. nur auf die Papiermaschinen, maschinelle Anlagen in Schnellgießereien, Schnellpressenfabriken u. a. hingewiesen. Hier ist die durchschnittliche Lebensdauer erheblich geringer und wird im allgemeinen nur auf 10—15 Jahre bemessen. Die nach vorstehenden Richtlinien aufgestellte Bilanz nebst Gewinn- und Verlustrechnung ist die gewöhnliche, d. h. die unverkürzte Zusammenstellung des Jahresabschlusses. Bei den für die Veröffentlichung bestimmten Bilanzen usw. sind die Gebäude- usw. Konten jeweils nur in einer Summe auszuweisen. Durch diese Buchungsmethode wird nach den bisherigen Beobachtungen viel unnützes Schreibwerk erspart. Abschließend wird noch darauf hingewiesen, daß der Aktivsaldo, welcher bei korrekter Bewertung der Aktiven sich ergibt, als Ausgleichsposten (Korrektivposten) unter den Passiven in die Erscheinung tritt, soweit er nicht aus dem letzten Jahr stammt und bereits in dem Gewinn enthalten ist. Es muß nun noch eine weitere Buchung hinzutreten, und zwar die Verteilung dieses Ausgleichspostens, zusammen mit den im Gewinnsaldo enthaltenen außerordentlichen Abschreibungen und Rückstellungen auf die im einzelnen einzurichtenden Maschinen-, Gebäude- usw. Erneuerungskonten. Sodann ist der Ausgleichsposten der Jahreseröffnungsbilanz vom 1. 1. 1928 bzw. der zu einem anderen Zeitpunkt aufzustellenden Schluß- und Eröffnungsbilanz zugrunde zu legen. Die in diesen Fällen und auf diese Weise zu übernehmenden Posten stellen echte und versteuerte Reserven dar und gehören außerdem zu dem Vermögen des steuerpflichtigen Unternehmens. Es wird nun oft vorkommen, daß von diesen — versteuerten — Reserven Beträge an die Aktionäre verteilt werden. Geschieht dies, so tritt damit automatisch eine Minderung des Bank- oder sonstigen Guthabens auf der Aktivseite ein; gleichzeitig wird entsprechend auf der Passivseite durch die Belastung der Konten der Saldo niedriger. Für die Berechnung des steuerbaren Einkommens bzw. steuerpflichtigen Gewinnes ist der Vorgang an sich jedoch ohne jede Bedeutung.

§ 38. Die Bewertung des Anlagevermögens.

1. Grundstücke und Gebäude.

Auch für Grundstücke gilt das Wahlrecht zwischen tatsächlichem Anschaffungspreis oder dem niedrigeren gemeinen Wert. Zweifel entstehen in der Praxis bei der Belastung von Grundstücken mit Aufwertungshypotheken. Ein Unternehmen hat beispielsweise unter Zugrundelegung einer nur 10%igen Aufwertung vor dem Inkrafttreten des Aufwertungsgesetzes Grundbesitz bei Übernahme der hypothekarischen Lasten käuflich erworben. In diesem Falle ist das Grundstück in die steuerliche Eröffnungsbilanz zwar einzusetzen, jedoch infolge Inkrafttretens des Aufwertungsgesetzes vom 16. 7. 1925 mit einem Anschaffungspreis unter Berücksichtigung der im § 4 daselbst vorgesehenen Aufwertung von 25%. Bei dieser Bewertungsmethode ist die Grundlage für die künftigen Bilanzen geschaffen (tatsächlicher Anschaffungspreis oder niedrigerer gemeiner Wert). In den Handelsbilanzen werden häufig die Grundstücks- und Gebäudekonten zu einem Konto zusammengefaßt. Dieses handelsrechtlich zulässige Verfahren ist steuerrechtlich bedenklich, weil nach § 16, Abs. 3, Satz 1 EStG. Absetzungen für Abnutzung nur für Gebäude, nicht auch für Grundstücke vorgesehen sind. Eine Trennung der Konten ist daher in der Steuerbilanz unerläßlich. Eine Ausnahme bilden lediglich solche Grundstücke, welche für Zwecke des Bergbaus, Steinbrüche und andere, einen Verbrauch der Substanz bedingende Betriebe gewidmet sind. Hier ist nach § 16, Abs. 4 eine Absetzung für Substanzverringerungen statthaft. Abschreibungen für Wertminderungen werden im allgemeinen bei Grundbesitz überhaupt nicht praktisch. Sie sind daher nur ausnahmsweise bei außerordentlichen Ereignissen, wie Bodensenkungen und dergleichen vorzunehmen. Bei Feuerschäden ist der Buchwert der zerstörten Gebäude auf dem Gebäudekonto abzusetzen (unter Belastung des Gewinn- und Verlustkontos). Erfolgen in einem solchen Schadensfalle auf Grund einer Feuerversicherung Leistungen der Versicherungsgesellschaft, so sind diese als Vermehrung des Bilanzgewinnes zu vereinnahmen.

2. Maschinen, Fuhrpark, Inventar, Utensilien, Gerätschaften, Werkzeuge, Apparate usw.

Für die Bewertung der Maschinen, Gerätschaften usw. gelten im allgemeinen die für Gegenstände des Anlagevermögens vorgesehenen Richtlinien. Werden Werkzeuge ausnahmsweise, z. B. in Betrieben mit starkem Verbrauch, innerhalb eines Geschäftsjahres abgenutzt, so ist ihre Nichtaktivierung unbedenklich, soweit es sich um den laufenden Bedarf handelt. Vorräte über den laufenden Bedarf hinaus sind jedoch zu aktivieren. Auch für Maschinen und sonstiges Betriebsinventar sind nach § 16, Abs. 3, Satz 1 Absetzungen für Abnutzung zugelassen.

3. Gewerbliche, literarische und künstlerische Urheberrechte. Patente, Modelle, Zeichnungen, Autoren- und Verlagsrechte.

Die Bewertung der Urheberrechte usw. erfolgt gleichfalls zum Anschaffungs- oder Herstellungspreis, oder zum gemeinen Wert, falls dieser geringer ist. Bei den Verlagsrechten ist die Bilanzfähigkeit sorgfältig zu prüfen. Sie sind nur dann bilanzfähig, wenn der Autor auf Grund des Verlagsvertrages dem Verleger sämtliche Auflagen übertragen hat. Hat der Verlag eine Zeitschrift käuflich erworben, also das Verlagsrecht, eine Zeitschrift mit einem bestimmten Titel herausgegeben, so ist eine Aktivierung des als Kaufpreis gezahlten Betrages vorzunehmen. Abschreibungen sind nur bei Wertminderungen zulässig, also, wenn z. B. aus irgendeinem Grunde die Zahl der Bezieher zurückgegangen ist.

§ 39. Die Bewertung des Betriebsvermögens.

I. Materielle Werte.

1. Zahlungsmittel, Wechsel und Schecks.

Die Bewertung der Zahlungsmittel wird gewöhnlich keine Schwierigkeiten verursachen, da hier seit langem eine feste Praxis sich gebildet hat.

Inländische Zahlungsmittel sind mit ihrem Nennwert zu bilanzieren. Ausländische Zahlungsmittel, wie z. B. Devisen, sind mit ihrem Anschaffungspreis oder, falls der Kurs am Bilanzstichtage niedriger ist, mit diesem anzusetzen. Auch hier hat der Kaufmann ein dem § 19 EStG. analoges Wahlrecht. Nach dem Grundsatz der Bewertungskontinuität (Bilanzkontinuität) ist jedoch ein beliebiges Schwanken zwischen beiden Bewertungsarten bei zeitlich aufeinanderfolgenden Bilanzen unstatthaft. Zur Ermittlung des Anschaffungspreises bei Devisen (ausländische Zahlungsmittel und Forderungen) ist von dem Betrage der zu ihrem Erwerb aufgewendeten inländischen Zahlungsmittel auszugehen, ebenso, wenn der Erwerb gegen Umtausch anderer Devisen erfolgte. In letzterem Falle ist für die Bewertung der Zeitpunkt der tauschweisen Hingabe entscheidend (Tag der Gutschrift).

Es kann nun, allerdings seltener, auch vorkommen, daß der Erwerb von Devisen durch Lieferung von Waren erfolgt. In diesem Falle ist der Anschaffungspreis mit dem Kurswert der Devisen am Tage der Warenlieferung identisch. Nach den Regeln ordnungsmäßiger Buchführung ist hier der Tag der buchmäßigen Belastung der im Ausland domizilierenden Käufer auf Grund der tatsächlichen Warenlieferung maßgebend. (Vgl. RFH. Bd. 17, S. 112.)

Schecks sind entsprechend zu bewerten. Bei der Hereinnahme oder Aushändigung von Schecks etwa erzielte Gewinne oder erlittene Verluste mehren oder mindern den Bilanzgewinn. Anders liegt der Fall bei der Entnahme eines Schecks zu persönlichen Zwecken. Hier ist als Verkaufspreis der Wert des Schecks im Zeitpunkt der Entnahme in die Bilanz einzusetzen. Eine Gesamtbewertung hat nötigenfalls dann einzutreten, wenn bei dem Geschäftsverkehr mit Devisen die Devisenforderungen und die Devisenschulden miteinander in wirtschaftlichem Konnex stehen. Wenn eine Bank im Auftrage ihrer Kunden Devisen kauft und ihrerseits bei einer anderen Bank in Höhe des Auftragsbestandes ein Devisenkonto unterhält, so ist Devisenbestand und Devisenschuld nach gleichen Bewertungsmethoden zu bilanzieren, also nur entweder mit dem Anschaffungspreise oder dem niedrigen Kurs am Bilanzstichtag[1]).

2. Effekten und Wertpapiere.

Die Bewertung der Wertpapiere erfolgt nach den §§ 19 und 20 mit dem tatsächlichen Anschaffungspreis oder mit dem Kurswert am Bilanzstichtag (niedriger gemeiner Wert).

3. Waren und Vorräte (Rohmaterialien, Halb- und Fertigfabrikate).

Für die Bewertung der Waren und Vorräte usw. gilt das an früherer Stelle zu der Gewinnberechnung und Bewertung gemäß §§ 13 und 19—21 Gesagte, sowie alles das, was bezüglich der Rechtsprechung hierzu gesagt ist. (Urteile des RFH. vom 30. 3. und 14. 12. 1927.) Wegen der praktischen Bilanztechnik ist noch einiges nachzutragen. Ein kaufmännisches Unternehmen bedarf regelmäßig eines gewissen Mindestbestandes an Waren und sonstigen Rohstoffen, wenn es einen ordnungsmäßigen Geschäftsgang aufrechterhalten will. Es ist dies der sogenannte, zu dem Anlagevermögen gehörende eiserne Bestand. Dieser Mindestbestand ist jedoch seinem Wesen nach ständig Veränderungen unterworfen und wird daher zu Beginn des Wirtschaftsjahres nicht das gleiche Bild aufweisen, wie am Schlusse desselben.

---

[1]) Vgl. RFH., Urteil vom 25. 4. 1924 I A 29/24 in Bd. 13, S. 309 über die Bewertung ausländischer Zahlungsmittel (Koppes Jahrbuch, Jahrg. V, S. 141).

Infolgedessen ist es auch nicht möglich, ihn steuerlich mit konstanten Werten zu bilanzieren. Es ist vielmehr erforderlich, auch bei den Mengen des eisernen Bestandes die im Einzelfalle zutreffenden Anschaffungs- oder Herstellungspreise evtl. auch den niedrigeren gemeinen Wert, einzusetzen.

4. Bewertung verkaufter, aber noch nicht abgelieferter Waren.

Eine Sonderbehandlung erfordert die Bilanzierung verkaufter, aber noch nicht abgelieferter Waren. Hier ist auf die in dem Abschnitt Buchführung und Recht geschilderte Divergenz zwischen Eigentum und Eigentumsübergang im Rechtssinne und nach kaufmännischem, durch den einzelnen Buchungsakt verlautbarten Handelsbrauch hinzuweisen. (Vgl. Staub, Anm. 23 zu § 261 HGB., RGZ. Bd. 80, S. 324 und RGSt. Bd. 43, S. 417.) Der Kaufmann verbucht den Ausgang verkaufter Waren in seinem Warenausgangsbuch erst mit ihrem tatsächlichen Ausgange; erst dann werden sie abgebucht. Erst mit diesem Zeitpunkt wird das Warenkonto erkannt und der Kunde mit dem Kaufpreis belastet. Schwierigkeiten entstehen beim Handelskauf namentlich dann, wenn es sich um einen Distanzkauf oder um schwimmende bzw. rollende Handelsware handelt. Vielfach wird es vorkommen, daß die Ware zwar schon verkauft, aber aus irgendwelchen Gründen nicht abgesandt, also im Rechtssinne nicht geliefert ist. Besteht in solchen Fällen keine vertragliche Vereinbarung, nach welcher die gekaufte Ware dem Kunden auf jederzeitigen Abruf zur Verfügung steht, so gehört sie tatsächlich und rechtlich noch dem Verkäufer. Sie sind daher auch von dem Verkäufer als Bestandteil des Betriebsvermögens in seiner Bilanz aufzuführen. Die kaufmännische Praxis verfährt leider nicht immer einheitlich. Handelsrecht und die Grundsätze ordnungsmäßiger Buchführung verlangen es, daß die verkauften, aber noch nicht abgelieferten Waren bis zu ihrer Ablieferung nicht auch buchmäßig als zum Vermögen des Verkäufers gehörend behandelt werden. Jedenfalls dürfen sie, wie der RFH. in Bd. 3, S. 16ff. entschieden hat, mit dem Anschaffungs- oder Herstellungspreis in der Bilanz nur in der Weise berücksichtigt werden, daß durch irgendwelche korrespondierenden Buchungen der beim Verkauf erzielte Gewinn bilanzmäßig in die Erscheinung tritt. Anders ist die Sachlage beim Kauf von Handelsware auf Abruf. Muß der Verkäufer das von ihm verkaufte Handelsgut zur Disposition des Käufers valten, so liegt eine Rechtspflicht zu jederzeitiger Lieferung auf Grund hertraglicher Bindung vor. Die Folge hiervon ist, daß die verkauften Waren bilanzmäßig aus dem Geschäftsvermögen des Verkäufers ausscheiden und daher von ihm nicht mehr zu bilanzieren sind. Nach dem Surrogationsprinzip tritt in diesen Fällen von Rechts wegen an die Stelle der verkauften Ware die Kaufpreisforderung des Verkäufers gegen den Käufer. Ist der Käufer hinsichtlich der von ihm gekauften Ware auch schon buchmäßig belastet, so wird man nach allgemeinen oben angeführten Grundsätzen auch der Ansicht sein müssen, daß die Ware als aus dem Betrieb gegangen zu betrachten ist. In der Entscheidung in Bd. 80, S. 324 ist das RG. über diesen Standpunkt noch hinausgegangen und hat den Satz aufgestellt, daß es unbedenklich ist, auch schon fertiggestellte Warenvorräte mit dem Verkaufspreis zu bilanzieren, wenn sie keinerlei Aufwendungen mehr erfordern und an solvente Kunden zu festen Preisen verkauft sind.

Noch schärfer tritt der Unterschied zwischen Recht und Buchführung bei dem Eigentumsbegriff an solchen Waren hervor, die im Wege der Sicherungsübereignung von dem Sicherungsgeber an den Sicherungsnehmer übereignet und bei der Einkaufskommission von dem Kommissionär erworben sind. Solche Waren sind nicht in den Büchern des Kommissionärs, sondern des Kommittenten aufzuführen. Ähnlich ist die Sachlage bei der Sicherungsübereignung. Hier entsteht zwar mit Abschluß des Sicherungsübereignungsvertrages in formeller Hinsicht und im Rechtssinne Eigentum des Gläubigers. Tatsächlich und buchmäßig gehören die sicherungsübereigneten Waren nach wie vor zu den Beständen des Sicherungsgebers (Schuldners). Selbstverständlich ist es unbedenklich, derartige Bestände als transitorische Posten in der Bilanz des Sicherungsnehmers (Gläubigers) bzw. des Kommissionärs aufzuführen. (Vgl. hierzu wegen der Sicherungsübereignung die umfangreiche literarische Übersicht und die Rechtsprechung in JW. 1927, Heft 10/11 sowie RGZ. Bd. 79, S. 121ff., Bd. 113, S. 57, Bd. 118, S. 209; Bd. 118, S. 361ff. und Urteil des RG. vom 21. 10. 1927 VI 315/27 in JW. 1928, Heft 1, S. 52.) Auch im Abzahlungswesen, also bei dem Warenkauf jeglicher Art unter Eigentumsvorbehalt des Verkäufers zeigen sich die gleichen Unstimmigkeiten zwischen Eigentum im Rechtssinne und Eigentum im kaufmännischen Sinne. Wenn die Waren den Betrieb des unter Eigentumsvorbehalt verkaufenden Unternehmens verlassen, so werden sie im Warenausgangsbuch ausgebucht und von dem Käufer in seinem Wareneingangsbuch als Zugang gebucht. Im Rechtssinne ruht das Eigentum infolge des Vorbehaltes nach wie vor bei dem Verkäufer, nach kaufmännischem Brauch dagegen bereits beim Käufer. (Vgl. entsprechend Simon, Bilanzen S. 150ff., S. 154 und Passow, Bilanzen Bd. 1, S. 275 sowie Staub a. a. O.)

Im übrigen entscheiden über die Zugehörigkeit der Warenbestände zum Vermögen des Steuerpflichtigen im Bilanzsinne, also über ihre Bilanzfähigkeit, die kaufmännischen Grundsätze und damit die Regeln ordnungsmäßiger Buchführung, ebenso auch gemäß § 13 EStG. Daher tritt regelmäßig steuerrechtlich der Verkaufserlös erst dann an die Stelle des Anschaffungs- oder Herstellungspreises, wenn die Waren nach kaufmännischer Ansicht als tatsächlich ausgegangen zu betrachten und entsprechend gebucht sind. Aus den gleichen Gründen entscheiden hinsichtlich der Abzugsfähigkeit unrealisierter Verluste neben steuerlichen Vorschriften betriebswirtschaftliche Gedankengänge.

Über den Stand der Frage, ob verkaufte, aber noch nicht abgelieferte Waren von Aktiengesellschaften mit dem die Anschaffungs- oder Herstellungspreise übersteigenden Verkaufspreis in die Bilanz eingestellt werden dürfen, gibt die Begründung in dem Urteil des RFH. vom 28. 4. 1920 I A 52/20 (RFH. Bd. 3, S. 16ff., S. 19ff.) bei aller Kürze einen so klaren und erschöpfenden Überblick, daß ihre wörtliche Anführung am Platze ist. Sie lautet folgendermaßen:

Die Frage, ob verkaufte, aber noch nicht abgelieferte Waren von Aktiengesellschaften mit dem die Anschaffungs- oder Herstellungspreise übersteigenden Verkaufspreis in die Bilanz eingestellt werden dürfen, wird vom Schrifttum verschieden beantwortet. Während Staub, Rosendorff und Simon die Einstellung des höheren Verkaufspreises für zulässig erachten, sprechen sich Dr. Flechtheim (Bankarchiv 1918, S. 65), auf den sich auch Stier-Somlo (KStG. S. 261) bezieht, ferner Gerstner, Bilanz-Analyse, 4. Aufl., S. 65, und R. Fischer, Die Bilanzwerte II, S. 251, gegen die höhere Bewertung in der Bilanz aus. Hachenburg, GmbH.-Gesetz, Anm. 14 zu § 42, will die höhere Bewertung bei Gesellschaften mit beschränkter Haftung nur zulassen, soweit die Satzung dies gestattet. Wie die Beschwerdeführerin sich auf die Entscheidung des Reichsgerichts Bd. 11, S. 160, berufen kann, ist nicht ersichtlich, da sich die Entscheidung auf noch nicht verkaufte Waren bezieht. Auch die Entscheidung des Preußischen Oberverwaltungsgerichts vom 15. April 1919 VII 64/18 vermag die Ansicht der Beschwerdeführerin nicht zu stützen; denn sie betrifft die Bewertung nach § 42 GmbH.-Gesetz. Rehm, Die Bilanzen der Aktiengesellschaften, S. 49, hält es bei noch nicht erfüllten gegenseitigen Verträgen für angängig, den Unterschied zwischen dem Werte der Leistungen und Gegenleistungen bilanzmäßig zum Ausdruck zu bringen, indem der Wert der zu fordernden Gegenleistung (der Kaufpreis als Aktivum und der Wert der geschuldeten Leistungen als Passivum) eingestellt wird. Weiter nimmt er (S. 87) an, daß, wenn am Jahresende die bestellte Ware hergestellt oder angeschafft ist, die Lieferung aber erst im nächsten Jahre erfolgt, die Ware zu ihrem Verkaufswert angesetzt, der Gewinn also dem Jahre der Herstellung oder Anschaffung zugerechnet werde. Er fügt freilich bei, daß der Kaufmann so erst zu verfahren pflege, wenn er dem Käufer die Rechnung zusende. Für Aktiengesellschaften hält aber auch Rehm (S. 49, 88 und Deutsche Juristenzeitung X, 985ff.) an dem Bewertungsgrundsatze des § 261, Nr. 2 des HGB. fest und will bei verkauften, aber noch nicht gelieferten Waren nur zulassen, die Forderung auf den Kaufpreis als Aktivum und die Lieferungsverbindlichkeit als Passivum aufzunehmen. Dabei soll aber als Wert der Forderung nur der mit ihr übereinstimmende Bilanzwert der Lieferungsverbindlichkeit angenommen werden, so daß der Gewinn ausschließlich dem Jahre der Ausführung zugute kommt. Gegen die Bewertung der verkauften aber noch nicht gelieferten Gegenstände nach dem vereinbarten Kaufpreis spricht sich weiter Passow, Die Bilanzen der privaten und öffentlichen Unternehmungen I, S. 281, aus. Es sei natürlich hervorgehoben, daß eine solche Bilanzierung keineswegs allgemein üblich sei. Sie bedeutet ein Abweichen von dem sonst beobachteten Prinzip, Gewinne erst dann in der Bilanz zu berücksichtigen, wenn sie realisiert sind, oder wenn wenigstens eine unbedingte Forderung in entsprechender Höhe entstanden ist. Daß man, solange die Ware noch nicht abgeliefert sind, nicht mit Sicherheit auf den erhofften Gewinn rechnen kann, würde z. B. dann sehr klar in die Erscheinung treten, wenn die Waren vor der Ablieferung untergehen.

Zu der Streitfrage Stellung zu nehmen, ist indessen im vorliegenden Falle nicht geboten. Auch diejenigen Schriftsteller, die die Einstellung verkaufter und noch nicht gelieferter Waren zu dem die Herstellungs- und Anschaffungskosten übersteigenden Verkaufserlöse für zulässig halten, gehen angesichts der Bestimmung des § 261 HGB. und der kaufmännischen Übung, daß vor der Ablieferung der Ware weder die Kaufpreisforderung noch die Lieferungsverbindlichkeit neben der verkauften Ware in die Inventur und Bilanz aufgenommen wird, nicht so weit, daß sie die Aufnahme des verkauften Gegenstandes zum Verkaufspreis und daneben die Einstellung der Kaufpreisforderung und der Lieferungsverbindlichkeit als geboten erachten. Wird nun auch in den kaufmännischen Kreisen nicht einheitlich verfahren, so ist jedenfalls doch so viel sicher, daß es weder dem Gesetze noch den Grundsätzen ordnungsmäßiger Buchführung widerspricht, wenn die verkauften, bis zur Ablieferung noch zum Vermögen der Gesellschaft gehörenden Waren zum Anschaffungs- oder Herstellungspreise bewertet und daneben nicht auch die Kaufpreisforderung und die ihr gegenüberstehende Lieferungsverbindlichkeit in die Inventur und Bilanz aufgenommen wird. ...

5. Forderungen.

Zu den Forderungen zählen Forderungen aus Warenlieferungen jeder Art, sowie Bank- und Postscheckguthaben. Forderungen sind mit ihrem Anschaffungspreis oder mit dem niedrigeren gemeinen Wert am Bilanzstichtage einzusetzen. (Vgl. RFH. vom 18. 6. 1924 VI e A 65/24.) Drohende Verluste aus schwebenden Prozessen hinsichtlich von Forderungen sind, sofern sie am Stichtag erkennbar sind, durch Einsetzen eines korrespondierenden Passiv- oder Bewertungspostens zu berücksichtigen. (RFH. VI A 2/25 vom 1. 4. 1925.) In jedem Falle sind die Verhältnisse am Stichtage der Bilanz, wie sie sich dem bilanzierenden Kaufmann zeigten, entscheidend. (Wegen der schwebenden Prozesse im allgemeinen siehe § 43, Ziff. 1.) Steuerlich ist grundsätzlich der Betrag einzusetzen, welchen ein vorsichtig rechnender Kaufmann am Bilanzstichtag unter verständiger Würdigung aller zu eben diesem Zeitpunkt obwaltenden Verhältnisse als angemessenen Wert der Forderung im Zeitpunkt der

Fälligkeit oder Rückzahlbarkeit ansehen durfte. (RFH. Bd. 4, S. 287; Bd. 7, S. 132 und 142.) Bei unbefristeten verzinslichen Forderungen gegen solvente Schuldner ist der Nennwert einzusetzen. Abzüge sind unstatthaft; sie kommen nur in Frage, wenn Leistungen an Dritte auszuführen sind, z. B. Provisionen oder Umsatzsteuer. Unverzinsliche befristete Forderungen sind mit demjenigen Betrage zu bilanzieren, welcher sich bei der üblichen jährlichen Verzinsung bis zum Tage ihrer Fälligkeit ergibt.

Wechsel werden grundsätzlich mit dem Anschaffungspreise bilanziert. Bei Diskontierung von Wechseln werden die Wechsel also mit dem bei der Diskontierung tatsächlich ausgezahlten Betrage bilanziert. Besonders ist die Sachlage bei dubiosen Wechselforderungen, soweit es sich um die Einkommensteuer handelt. Hierzu hat sich der RFH. in dem Urteil vom 18. 11. 1927 VI A 727/27 (Reichsanzeiger vom 17. 12. 1927, Nr. 295, 1. Beilage) ausgesprochen. Danach ist für die Ermittlung des gemeinen Wertes der Außenstände lediglich von den am Schlusse des Steuerabschnittes gegebenen und von den Steuerpflichtigen übersehbaren Verhältnissen auszugehen. Es ist an sich eine der Nachprüfung des RFH. entzogene Tatfrage, inwieweit Außenstände als uneinbringlich oder minderwertig anzusehen waren. Die Außenstände sind im übrigen nach den Vorschriften des Bilanzstichtages zu bewerten. Es kommt nicht auf den erst aus dem späteren Verlauf der Beitreibung ersichtlichen inneren Wert an, sondern auf den Wert, der den Außenständen nach den Umständen am Bilanzstichtage vernünftigerweise beizumessen ist. In dem Urteil vom 4. 10. 1921 I A 88/21 führt der RFH. folgendes aus (Bd. 7, S. 131ff.): Wenn ein Unternehmen, wie der hier fragliche Bankverein, infolge ausgiebiger Kreditgewährung eine große Anzahl ausstehender Forderungen verschiedener Art — darunter in immerhin höherem Betrag auch ungedeckte — besitzt, so kann es, zumal bei der seit den letzten Jahren herrschenden Unsicherheit aller wirtschaftlichen Verhältnisse, und zwar auch ohne daß ihm schon bis zum Bilanzstichtage bestimmte Einzelheiten über Gefährdung oder Ausfälle bekannt geworden sein müßten, durchweg damit rechnen, daß nach dem vermutlichen Laufe der Dinge sich unter den Forderungen auch solche befinden, die schon am Bilanzstichtage mit dem wenn auch für das Unternehmen noch nicht zutage getretenen Mangel der Gewißheit ihres Einganges behaftet sind, also als zweifelhafte oder einem gewissen Verlust unterworfen zu gelten haben. In einem Falle dieser Art entspricht es regelmäßig dem gesetzlich zu beachtenden ordnungsmäßigen kaufmännischen Gebrauche, schon zur Zeit des Bilanzstichtags den wirklichen Gesamtwert der Forderungen niedriger als zum Nennbetrag einzuschätzen und daher bei Einstellung des vollen Betrags der Forderungen auf der Aktivseite der Bilanz ihm zum Ausgleich des mutmaßlichen Minderwerts ein Bewertungskonto, Delkrederekonto, gegenüberzustellen, das alsdann (vgl. RFH. Bd. 4, S. 137) nicht als steuerpflichtige Rückstellung anzusprechen ist. Diese Entscheidung gewährt der Geschäftswelt weiten Spielraum bei der Bewertung ihrer Außenstände, ein Umstand, dessen Bedeutung bei der auch heute noch herrschenden Kreditunsicherheit nicht zu unterschätzen ist. Es sei nur daran erinnert, daß es zahlreiche Betriebe mittleren Umfanges gibt, denen die Erlangung laufender Bankkredite etwa im Umfange von M. 200000.— bis M. 300000.— nur noch mittels Sicherungsübereignung von Warenlagern mit wechselnden Beständen möglich ist. Durch die vom RFH. als unbedenklich zugelassenen höheren Abschreibungen auf die Forderungen erhalten die kreditgebenden Firmen (Sicherungsnehmer) das Recht, die mangelnde Sicherheit ihrer Forderungen den Verhältnissen entsprechend zu berücksichtigen. In denjenigen Fällen, in welchen auch diese Art der Bewertung der Forderungen keine ausreichende Garantie gegen Verluste bietet, wird es sich für den Kreditgeber empfehlen, eine Kreditversicherung abzuschließen, bei der nach den üblichen Versicherungsbedingungen 75% des eingetretenen Verlustes von dem Versicherer und 25% von dem Versicherungsnehmer zu tragen sind. Die Prämie dieser Kreditversicherung ist über Geschäftsunkosten zu verbuchen.

Die Buchung der Abschreibungen auf Forderungen und Außenstände erfolgt in der Weise, daß die Abschreibung von Nennwert der Forderung vorgenommen wird. Die auf diese Weise reduzierte Forderung erscheint als Aktivposten mit ihrem vollen Nennwert, wogegen gleichzeitig auf der Passivseite ihr Minderwert durch Einrückung eines Wertberichtigungskontos ausgedrückt wird. Einige Betriebe wenden bisweilen auch eine kombinierte Methode an. Bezüglich der einzelnen Forderung wird eine interne Buchung der Abschreibung vorgenommen, ferner auf Waren, Fabrikations- oder Handlungsunkostenkonto. Neben dieser Abschreibung, die als individuelle bezeichnet wird, erfolgt gleichzeitig eine korrespondierende generelle Abschreibung auf dem Delkredere-Konto. Gegenüber dem vom RFH. in dem Urteil vom 4. 10. 1921 vertretenen Standpunkt sind die Finanzämter manchmal der Ansicht, daß eine Abschreibung von Forderungen für den Fall der tatsächlichen Regulierung der Forderungen nach dem Bilanzstichtage nicht zulässig ist. Diese Anschauung kann nicht aufrecht erhalten werden. Denn der RFH. hat keinen Zweifel darüber gelassen, daß ausschließlich die pflichtmäßige Abschätzung des Kaufmanns am Stichtage entscheidet. Die Entscheidung des RFH. ist aber auch insofern bemerkenswert, als sie die Notwendigkeit summarischer Abschreibungen zum Ausgleich des in der Kreditgewährung einbegriffenen Risikos anerkennt. Auch das RG. hat in Übereinstimmung mit der Judikatur des RFH. in ständiger Rechtsprechung anerkannt, daß bei der Bewertung der Außenstände neben den besonderen, auf den Einzelfall abgestellten Verhältnissen auch die allgemeine wirtschaftliche Konjunktur am Bilanzstichtage, also die Gesamtverhältnisse des Unternehmens des Schuldners der zu bewertenden Forderung zu berücksichtigen sind.

Von vornherein bestimmte Abschreibungssätze auf die Abschreibung von Forderungen anzuwenden, ist weder ratsam noch möglich, im Gegensatz zu den Abschreibungen bei Maschinen, Vorräten usw., bei denen feste Abschreibungsquoten allgemein üblich sind. Der Kaufmann tut gut, wenn er wegen der Verschiedenartigkeit der Verhältnisse als ungefähren Maßstab etwa den Jahresdurchschnitt der von ihm effektiv erlittenen Ausfälle der letzten 3 bis 5 Jahre anwendet. Wenn demgegenüber namentlich die Berliner Finanzämter hie und da nur geringere Abschreibungen, z. B. solche von 10—20% zulassen, so ist diese Praxis nicht zu billigen, da sie, besonders beim Einzelhandel, die wirklichen Ausfälle buchmäßig nicht ausreichend wiedergibt. Ein zuverlässiger Maßstab für die Abschreibungen ist der bei verspätetem Zahlungseingang entstehende Zinsverlust. Abschreibungen in Höhe derartiger Zinsverluste sind unbedenklich, und werden bei den Finanzämtern im allgemeinen nicht auf Widerspruch stoßen. Im Interesse der um ihre Existenz schwer ringenden Gewerbetreibenden liegt es jedenfalls, wenn auch die Finanzämter ihnen in bezug auf die Beurteilung des Abschreibungsmodus bei Forderungen weitgehendes Verständnis entgegenbringen. Die Forderung des Nachweises der fruchtlosen Zwangsvollstreckung oder gar der erfolgten Ladung zum Offenbarungseide hinsichtlich der als uneinbringlich anzusehenden Forderungen wird im allgemeinen nicht gestellt werden dürfen. Wenn die Finanzämter im einzelnen Falle der Auffassung sind, daß die Abschreibungen auf Debitoren das zulässige Maß überschreiten, so wird es ihre Aufgabe sein, den schlüssigen Beweis hierfür zu erbringen.

6. Aufwertungsforderungen und Aufwertungsschulden.

Das Steuerrecht der Einkommensteuer weist nicht nur zahlreiche enge Zusammenhänge mit dem Handelsrecht (Aktien-, Bilanz- und Konzernrecht) auf, sondern auch mit dem Aufwertungsrecht, also mit dem Wirtschaftsrecht. Nach § 108, Abs. 1 EStG. sind Forderungen und Schulden, die der Aufwertung nach dem Aufwertungsgesetze vom 16. 7. 1925 (RGBl. I, S. 117) unterliegen, mit dem Werte anzusetzen, der sich bei Anwendung der Grundsätze dieses Gesetzes für den maßgebenden Zeitpunkt (§ 104) ergibt. Durch diese Vorschrift sollte verhindert werden, daß der Gewinn infolge Aufwertung von Schulden vermindert wird. In einem Urteil vom 16. 11. 1927 VI A 635/27 billigt der RFH. die von der Vorinstanz in diesem Sinne vertretene Auffassung mit der Begründung, dieselbe habe mit Recht beanstandet, daß die Aufwertung einer Hypothek über Gewinn- und Verlustkonto gebucht wird. Es ist richtig, so führt der RFH. in der Entscheidung weiter aus, daß die aufgewertete Schuld in die Endbilanz einzusetzen war. Sie war aber auch gleichzeitig in die Anfangsbilanz einzusetzen, so daß auf jeden Fall eine Verminderung des Gewinnes um den aufgewerteten Betrag nicht in Frage kam (veröffentl. im Deutschen Reichsanzeiger Nr. 18 vom 21. 1. 1928). Hierzu ist zu beachten, daß das Gesetz zwar zunächst lediglich von der gesetzlichen Aufwertung auf Grund des Aufwertungsgesetzes vom 16. 7. 1925 (RGBl. I, S. 117) nebst Durchführungsverordnung vom 29. 11. 1925 (RGBl. I, S. 392) spricht. Der RFH. hat indessen bereits entschieden, daß auch die der freien Aufwertung, also der Aufwertung gemäß § 242 BGB. unterliegenden Ansprüche und Schulden nach § 108, Abs. 1 a. a. O. zu behandeln sind (RFH. Bd. 21, S. 48 und 165, Urteile vom 29. 3. 1927 I A 245/26 und vom 11. 5. 1927 VI A 172/27). Hierdurch wird das Anwendungsgebiet des § 108, Abs. 1 wesentlich erweitert. Bei den Aufwertungsansprüchen der freien Aufwertung darf jedoch nicht übersehen werden, daß eine bestimmte Aufwertungsquote nicht vorgesehen ist. Lediglich die Umstände des Einzelfalles sind entscheidend. Infolgedessen kann auch nicht ein Leitsatz dahin aufgestellt werden, daß dem freien Aufwertungsrecht unterworfene Forderungen und Schulden ohne Rücksicht auf die ihnen im Laufe der Zeit zuteil werdende Behandlung grundsätzlich die Gewinn- und Verlustrechnung nicht beeinflussen dürfen. Auch der RFH. hat durch die angezogene Entscheidung zu erkennen gegeben, daß eine derartige allgemeine Anschauung nicht besteht. Wichtig ist in diesem Zusammenhange (vgl. RFH. Bd. 21, S. 48 und 52) noch die Feststellung des RFH., daß gegen die Einsetzung des tatsächlichen Aufwertungsbetrages in die Anfangsbilanz des ersten Steuerabschnitts auf Grund von § 108, Abs. 1 nur dann Bedenken zu erheben sind, wenn besondere Umstände vorliegen, die eine verschiedenartige Bewertung der Forderungen oder Schulden für den Tag der tatsächlichen Aufwertung gegenüber dem Bilanzstichtage begründen; vgl. § 143, Abs. 1 RAO. Es ist in solchen Fällen vielmehr Sache desjenigen, der eine andere Bewertung verlangt, darzutun, daß und warum die Forderung oder Schuld unter Anwendung der Grundsätze des Aufwertungsgesetzes für diese beiden Tage verschieden hätte bewertet werden müssen. Der Steuerpflichtige wird daher in solchen Fällen gut tun, sorgfältig die Gründe anzugeben, aus denen die jeweilige Höhe der Aufwertungsschuld anzunehmen ist. Erschwert werden die hierauf sich beziehenden Bilanzierungsarbeiten durch das Schwanken der Rechtsprechung des RG. über die Rückwirkung der freien Aufwertung. Es ist daher unausbleiblich, daß die Aufwertungsschuld infolge der immer weiter fortschreitenden Entscheidungen des RG. ihrerseits gleichfalls fortwährend gestiegen ist. Nachdem jedoch anfangs des Jahres 1927 die einzelnen Senate des RG. hinsichtlich der Frage der zeitlichen Rückwirkung der freien Aufwertung zu einer Übereinstimmung der Ansichten gelangt sind, ist auch hierin eine Stabilisierung der Einsetzung der Werte in die Bilanz eingetreten. Die Folge hiervon ist, daß die Aufwertungsschuld in die Steuereröffnungsbilanz mit dem seinerzeit zu schätzenden geringeren Betrage einzusetzen ist, falls sie nach der allgemeinen Rechtslage überhaupt bilanzfähig ist.

7. Steuerliche Behandlung der Aufwertungsschulden.

Die allgemeine handelsrechtliche Grundlage der Bilanzierung der Aufwertungsschulden ist der § 40 HGB. Nach ihm sind bei Aufstellung einer Geschäftsbilanz die Geschäftsschulden mit dem Wert zur Zeit der Aufstellung der Bilanz einzusetzen. Da bei Aufwertungsschulden vielfach die wirkliche oder endliche Höhe nicht feststeht, sind sie nach § 40 a. a. O. mit ihrem wahrscheinlichen Wert am Bilanzstichtag einzusetzen. Zur Verhinderung des Eintritts einer steuermindernden Wirkung infolge willkürlicher Bewertung seitens des bilanzierenden Kaufmanns ist die bereits erörterte Bestimmung der §§ 105ff., 108, Abs. 1 ergangen. Die praktische Handhabung der Grundsätze über die Bilanzierung von Aufwertungsschulden wird gleichwohl bisweilen auf Schwierigkeiten stoßen. In der Regel der Fälle werden in die Abschlußbilanz für dieselben Aufwertungsschulden höhere Beträge eingesetzt sein, als in die Eröffnungsbilanz. Hierdurch tritt eine entsprechende Minderung des steuerbaren Erträgnisses ein, ein Ergebnis, das vom Gesetzgeber weder bei Erlaß des Aufwertungsgesetzes, noch des EStG. gewollt war. Der gesetzgeberische Zweck der steuerrechtlichen Aufwertungsvorschriften sollte ja gerade verhindern, daß bei der Veranlagung für den ersten Steuerabschnitt infolge von Aufwertungen Gewinne oder Verluste entstehen. Es sind daher auch Verluste, die aus späteren Höherbewertungen der gleichen Aufwertungsschulden sich ergeben, unzulässig. Da andererseits der § 40 HGB. eine niedrigere Ansetzung der Aufwertungsschulden in der Jahresschlußbilanz nicht zuläßt, muß der Kaufmann notgedrungen in seiner Steuereröffnungsbilanz auch eine entsprechende Erhöhung desjenigen Postens vornehmen, welcher für die der freien Aufwertung unterliegenden Schulden in der handelsrechtlichen Eröffnungsbilanz eingesetzt wird. Hierdurch würde der aus der Erhöhung der Aufwertungsrücklage in der Jahresschlußbilanz sich ergebende Mindergewinn für die Steuerveranlagung ausgeschaltet werden. Demgegenüber geht daher die Absicht des Gesetzgebers dahin, daß die Durchführung der Aufwertung in steuerlicher Hinsicht weder Gewinn noch Verlust bringen darf. Dies gilt nicht nur für den ersten Steuerabschnitt, sondern auch für die sämtlichen künftigen Steuerabschnitte, also so lange, als aufwertungspflichtige Verbindlichkeiten überhaupt noch vorhanden sind.

8. Beteiligungen, Konsortialgeschäfte.

Bei den Konsortialgeschäften ist zu unterscheiden zwischen gewöhnlichen Beteiligungen (Konsortialbeteiligungen) und vorübergehenden Beteiligungen (Konsortialgeschäfte). Bei den Beteiligungen von längerer Dauer ist ein Einzelkaufmann oder eine Handelsgesellschaft Teilhaber eines anderen Unternehmens. Die Beteiligungen sind zweckmäßig nach § 261 HGB. zu bewerten, wobei es geboten ist, diese Höchstvorschriften zugleich als Mindestvorschriften zu behandeln. Bei Anwendung dieses Bewertungsmodus entstehen zunächst keine stillen Reserven. Auch vom steuerrechtlichen Standpunkt aus ist gegen diese Art der Bewertung nichts einzuwenden. Ist es gleichwohl erforderlich, aus Gründen der Bilanz- oder Dividendenpolitik zum Posten Konsortialbeteiligungen Reserven zu schaffen, dann ist die Einrichtung eines Passivkontos zum Posten Konsortialbeteiligungen notwendig. Auf die Bezeichnung dieses Kontos kommt es nicht so sehr an, als auf seine sachliche Bedeutung und Verwendung. In der handelsrechtlichen Bilanz wird dieses Konto nicht auf der Passivseite geführt, sondern von dem Posten Konsortialbeteiligungen der Aktivseite in Abzug gebracht. Anders in der Steuerbilanz. Hier muß der Bestand an Konsortialbeteiligungen ohne Abzug des Reservekontos erscheinen. Eine Spezifikation dieses Kontos ist im allgemeinen nicht erforderlich. Besteht die Steuerbehörde darauf, daß bezüglich jedes einzelnen Konsortialpostens auch jede einzelne zu ihm gehörende Reserve ziffernmäßig erkennbar ist, so bleibt nichts anderes übrig, als unter Aufführung der einzelnen Konsortialbestände die Konsortialreserven bei den Passiven der Buchhaltung einzusetzen. Werden Konsortialbeteiligungen abgestoßen, so ist der hierdurch etwa erzielte

Gewinn in der Handelsbilanz wie auch in der Steuerbilanz gleichmäßig und ziffernmäßig der wirklichen Sachlage entsprechend auszuweisen. Es kann nun vorkommen, daß die bereits versteuerte Reserve zur Ergänzung des Bilanzgewinnes erforderlich ist. In diesem Falle kommen die Bestände für das in Frage kommende Jahr hinsichtlich der Besteuerung nicht in Betracht, weil diese bereits früher erfolgt ist. Bei der geschilderten Art der Verbuchungen sind die zu kürzenden Beträge jederzeit aus dem Konsortialkonto ersichtlich. Eine Doppelbesteuerung wird daher regelmäßig ausgeschlossen sein. Bei nur vorübergehenden Beteiligungen, also bei den gewöhnlichen Konsortialgeschäften, ist zu untersuchen, ob der Gewinn aus einer solchen Beteiligung bereits in dem Zeitpunkt, in welchem er für das Konsortium entstanden ist, auch bei diesem als steuerpflichtiger Bilanzgewinn auszuweisen ist, oder erst in dem Zeitpunkt der Ausschüttung des Gewinnes an das Konsortium. Bei den sogenannten Gelegenheitsgesellschaften ist die Rechtslage einfach. In demjenigen Jahre, in welchem der Gewinn von dem Konsortium vereinnahmt wird, ist er auch von den einzelnen beteiligten Konsorten pro rata parte als Gewinn auszuweisen. Anders verhält es sich mit der Besteuerung des Gewinnes aus Konsortialgeschäften, soweit Handelsgesellschaften mit eigener Rechtspersönlichkeit die Konsorten sind. Ist z. B. zwecks Durchführung von Konsortialgeschäften eine GmbH. gegründet worden, so ist von den Konsorten nur der von der GmbH. effektiv ausgeschüttete Gewinn zu versteuern. Die steuerliche Erfassung dieser Konsortialgewinne erfolgt außerdem auch erst in dem Geschäftsjahr der effektiven Ausschüttung. Daneben wird in diesen Fällen die Möglichkeit der Anwendung des Schachtelprivilegs zu prüfen sein (§ 11, Nr. 3 KStG.). Mit den Konsortialgeschäften nicht zu verwechseln sind diejenigen Beteiligungen, bei welchen das Konsortialgeschäft nur in der Form eines ständig gewährten Darlehns realisiert wird. Hier können wegen der Vorschrift des § 5 der RAO., welcher den Mißbrauch von Formen und Gestaltungsmöglichkeiten des bürgerlichen Rechtes zwecks Umgehung oder Minderung der Steuerpflicht verbietet, Schwierigkeiten entstehen. Wird z. B. die Darlehnsform gemäß §§ 607ff. BGB. zur Umgehung der Steuer absichtlich gewählt, so wird der Darlehnsgeber auch dann als Gesellschafter steuerrechtlich betrachtet, wenn er an dem Vermögen der Gesellschaft vom zivilrechtlichen Standpunkt aus lediglich als Darlehnsgläubiger interessiert ist. In dem Urteil vom 31. 10. 1924 II A 681/24 (RFH. Bd. 15, S. 8ff.) wird der Satz aufgestellt, daß die Besteuerung aus § 5, Abs. 3 RAO. nicht irgendwie den Charakter einer Straffolge für den Mißbrauch von Formen und Gestaltungsmöglichkeiten des bürgerlichen Rechtes trägt. Sie bezweckt vielmehr lediglich den wirtschaftlichen Vorgang zur Besteuerung so heranzuziehen, wie es bei einer den wirtschaftlichen Vorgängen, Tatsachen und Verhältnissen angemessenen rechtlichen Gestaltung zu geschehen gehabt hätte. Der RFH. kommt daher auch zu dem Ergebnis, daß, wenn eine nach § 5, Abs. 3 RAO. für die Besteuerung zu unterstellende rechtliche Gestaltung später und zwar zu einer Zeit verwirklicht wird, in der eine Steuererhebung aus § 5 noch nicht stattgefunden hatte, die Steuer ausschließlich auf der Grundlage der nachgeholten rechtlichen Gestaltung zu erheben ist. Gläubigerrechte, die durch den Konsortialvertrag neben den Gesellschafterrechten begründet sind, laufen somit Gefahr, nach § 5 RAO. als Gesellschafterrechte beurteilt zu werden. Aus den gleichen Gründen wird es vom Standpunkt der Steuerbehörde zulässig sein, auch solche Gläubigerrechte gleichzeitig als Gesellschafterrechte zu behandeln, welche aus gleichgearteten wirtschaftlichen Gedankengängen heraus geschaffen worden sind, ohne daß gleichzeitig durch den Konsortialvertrag Gesellschafterrechte begründet worden sind. Der RFH. hat an diesen Grundsätzen in der Folgezeit festgehalten. Nach dem Urteil vom 1. 5. 1925 I A 102/24 können auf Grund des § 5 RAO. unter Umständen für Zwecke der Körperschaftsteuer bloße Darlehen der Gesellschafter als Stammeinlagen behandelt werden (RFH. Bd. 16, S. 296). In dem Urteil vom 15. 5. 1925 I A 104/24 (RFH. Bd. 16, S. 306) wird ausdrücklich gesagt, daß auf Grund des § 5 RAO. unter Umständen für die Körperschaftsteuer der Gesellschaft m. b. H. ein zivilrechtlich lediglich als Gläubiger an ihrem Vermögen Interessierter als Gesellschafter angesehen werden kann mit allen aus diesem bloß unterstellten Rechtszustande sich ergebenden Folgerungen. Über die Frage der Behandlung des Gewinnes aus Konsortialgeschäften im alten Körperschaftsteuerrecht hat sich der RFH. in dem Urteil vom 15. 7. 1925 I A 24/25 (RFH. Bd. 17, S. 109ff.) ausgelassen.

9. Transitorische Posten; Passiv- und Aktivantizipationen.

Die Berücksichtigung transitorischer Posten ist auch in der Einkommensteuerbilanz zulässig. Ein transitorischer Posten kommt dann in Frage, wenn eine im laufenden Geschäftsjahre verbuchte Leistung pro rata temporis auf das folgende Jahr hinüberzuleiten ist. Sie sind auf der Passivseite nach den gleichen Grundsätzen bilanzmäßig und begrifflich zu scheiden, wie auf der Aktivseite. Die Berücksichtigung solcher transitorischer Posten in der Einkommensteuerbilanz ist deshalb statthaft, weil der Gesetzgeber eine entsprechende Einschränkung der Grundsätze ordnungsmäßiger Buchführung nicht gemacht hat.

Offenbar hat man bei Schaffung des Einkommensteuergesetzes von 1925 die bilanzmäßige Berücksichtigung der transitorischen Posten für selbstverständlich gehalten. Es ist daher auch steuerrechtlich statthaft, künftig zeitanteilig übergroße Einnahmen auf eine Reihe von Jahren zu verteilen, ebenso natürlich auch übergroße Ausgaben. Daß diese Rechtsansicht zutreffend ist, geht daraus hervor, daß diejenigen für die nichtbilanzierenden Steuerpflichtigen geltenden Vorschriften des EStG., welche die Frage der Behandlung der transitorischen Posten regeln, nämlich die §§ 11, Abs. 2 und 4 und § 12, Abs. 2, Satz 1 im § 13 nicht ausdrücklich erwähnt sind. Zu den transitorischen Posten im weiteren Sinne wird man auch die Schulden und die Aufwandsrückstellungen rechnen können. Die Rechtsprechung hat die Abzugsfähigkeit von Schulden ohne Rücksicht auf die äußere juristische Gestaltung des Anspruches des Gläubigers (Fälligkeit, Verzinsung usw.) anerkannt. Bedingung hierfür ist nur, daß ein entsprechender Betrag in die Aktiven aufgenommen wird. Der Hauptanwendungsfall ist das Kaufgeschäft mit den hieraus sich ergebenden Forderungen und Schulden. Beruhen jedoch Aufwandsrückstellungen nicht auf einer rechtlichen Verpflichtung, so sind sie nach der Rechtsprechung steuerpflichtige Rücklagen für zukünftige Ausgaben. Die kaufmännische Bilanzübung steht hiermit nicht ohne weiteres in Einklang. Nach kaufmännischer Anschauung kommt es jedenfalls im Rahmen der Ertragsbilanz auf den juristischen Charakter der Aufwandsantizipationen nicht an. Maßgebend ist vielmehr nur der Gesichtspunkt der pro rata temporis richtig vorgenommenen Aufwandsverteilung. Hieraus folgt beispielsweise, daß Rückstellungen für Instandhaltungsarbeiten, welche in einem Geschäftsjahr zwar unterblieben, jedoch alljährlich erforderlich sind, nach den Regeln ordnungsmäßiger kaufmännischer Buchführung ebenso wie eigentliche Schulden zu behandeln sind. Ob auch die Rechtsprechung des RFH. sich in dieser Richtung bewegen wird, ist im Augenblick nicht zu übersehen. Dagegen hat der RFH. schon nach der bisherigen Rechtsprechung Rückstellungen für schwebende Verbindlichkeiten nicht beanstandet. Er hat jedoch hieran den Vorbehalt geknüpft, daß derartigen Rückstellungen Verbindlichkeiten im Rechtssinne zugrunde liegen müssen. Außerdem wird in diesen Fällen unter Umständen der Gesichtspunkt der Gesamtbewertung eine Rolle spielen. Es ist nicht zweifelhaft, daß diese steuerrechtlichen Anschauungen dem Wesen der kaufmännischen Erfolgsbilanz nicht entsprechen.

Den Begriff der Passivantizipationen haben sowohl das preuß. OVG. wie der RFH. frühzeitig festgelegt. Nach der Entscheidung des OVG. vom 16. 11. 1917 VII E St. 83 besteht das Wesen der

Passivantizipation darin, daß sie einen erst in der Zukunft fällig werdenden Schuldposten mit Rücksicht auf seine wirtschaftliche Rückwirkung auf die Gegenwart für diese für einen vor der Fälligkeit des Schuldpostens liegenden Bilanzstichtag bewertet. Voraussetzung hierfür ist aber stets das Bestehen einer rechtsverbindlichen Verpflichtung. Der RFH. hat sich über die Passivantizipationen z. B. in den Urteilen vom 5. 5. 1922 I A 126/21 Bd. 9, S. 243, vom 16. 12. 1922 I A 127/22 Bd. 11, S. 186ff. und vom 16. 10. 1925 I A 58/25, Bd. 17, S. 243ff. ausgesprochen. Das Wesen der antizipativen Passivposten besteht hiernach darin, daß ein Kaufmann, der für von ihm erst in einem späteren Geschäftsjahre zu bewirkende Leistungen bereits Zahlungen oder Gegenleistungen erhalten hat und für die er von seinem Geschäftsfreunde noch nicht belastet worden ist, berechtigt ist, den Wert der von ihm geschuldeten Leistungen bzw. das Entgelt für die von ihm empfangenen Leistungen als Passiven in die Bilanz einzusetzen. Der Wert der Leistung wird im allgemeinen mit dem von dem Gegenkontrahenten gezahlten Betrage identisch sein. Entsprechend sind die Aktivantizipationen zu behandeln. Aktivantizipationen liegen z. B. auch vor, wenn an sich von dem Steuerpflichtigen noch nicht geschuldete Steuern im voraus entrichtet werden. Über den Begriff und Charakter der Aktivantizipationen hat der RFH. bereits in der im Bd. I, S. 119 veröffentlichten Entscheidung vom 22. 5. 1919 I A 51/19 Grundsätze aufgestellt.

Danach ist die Verbuchung von Aktivantizipationen unter den Aktiven der Bilanz aus der Erwägung heraus begründet, daß die voraus geleistete Zahlung im Grunde genommen, weil keine Verpflichtung dazu besteht, nicht schon eine Ausgabe der laufenden Buchungsperiode, sondern erst eine solche der oder eine der kommenden darstellt und daher für die Bilanz von letzterer Buchungsperiode an erstere zu ersetzen ist. Dies geschieht nach den Regeln der ordnungsmäßigen kaufmännischen Buchführung in der Weise, daß der vorausbezahlte Betrag, wenn er über Unkostenkonto abgebucht worden ist, dem Unkostenkonto zu Lasten des Bilanzkontos wieder kreditiert wird, wodurch er auf der Sollseite der Bilanz als Aktivum erscheint. Gegenüber einer Kreditierung des Unkostenkontos zu Lasten des Gewinn- und Verlustkontos ergibt sich dadurch ein um den voraus bezahlten Betrag erhöhter Bilanzgewinn. (Vgl. Reisch und Kreibig, Bilanz und Steuer, 2. Aufl., Bd. 1, S. 50, 51, 57, 157; Bd. 2, S. 99.)

10. Avale.

Bürgschaftsverpflichtungen (Avale) sind in der Weise zu bilanzieren, daß der Gegenwert der Rückgriffsforderung des Bürgen gegen den Hauptschuldner gemäß § 774 BGB. zu aktivieren ist. Die weitere bilanzmäßige Behandlung der Avale hängt von der Zahlungsfähigkeit des Hauptschuldners, also von Art und Zeitpunkt des tatsächlichen (buchmäßigen) Einganges der Forderung ab, für die eine Bürgschaftsverpflichtung übernommen ist. Bei Solvenz des Hauptschuldners ist der die Bürgschaftsverpflichtung enthaltende Aktivposten dem entsprechenden Passivposten in der Bilanz kongruent. Die Avale sind also im allgemeinen auf der Aktivseite und Passivseite gleich. Wegen der Bewertung der durch Avale sichergestellten Forderungen gelten die für die Bewertung der Forderungen überhaupt aufgestellten Richtlinien, namentlich soweit es sich um die Bewertung der Dubiosen handelt.

11. Der Verlust. (Die Unterbilanz). Die Behandlung des Verlustvortrages bei Vorhandensein einer Steuerreserve.

Die Behandlung der Verlustvorträge in der Bilanz bereitet in der Praxis merkwürdigerweise oft Schwierigkeiten. Die steuerliche und bilanzmäßige Behandlung der Verlustvorträge erfolgt vielfach nicht zweckentsprechend und gemäß den gesetzlichen Bestimmungen. Steuerrechtlich ist die Einstellung eines Verlustes aus den Vorjahren als Passivum in die Bilanz unstatthaft; denn diejenigen Anträge aus Interessentenkreisen, welche die Zulassung des Abzuges von Verlusten aus Vorjahren zum Ziel hatten, sind seinerzeit von dem Reichstagsausschuß abgelehnt worden. Ebenso ist es unzulässig, daß der Kaufmann den Gewinn eines Steuerabschnittes der Versteuerung für diesen Zeitraum dadurch ganz oder teilweise entzieht, daß er ihn als Gewinnvortrag auf die nächste Bilanz überträgt. Für die technische Behandlung der Unterbilanz von Aktiengesellschaften und GmbH. im einzelnen gelten im übrigen die vom RFH. in dem bekannten Gutachten vom 15. 2. 1927 niedergelegten Grundsätze. Hat das Wirtschaftsjahr eines Unternehmens mit einem bilanzmäßig festgestellten Verlust abgeschlossen, liegt also eine Unterbilanz vor, und ist ferner der Verlust oder ein Teil desselben auf das der Veranlagung zugrunde liegende Wirtschaftsjahr vorgetragen, so sind nach § 15, Nr. 3 KStG. die zur Deckung der Unterbilanz eingestellten Beträge abzuziehen. Dieser Abzug ist selbst dann statthaft, wenn der Verlust in der handelsrechtlichen Bilanz durch Herabsetzung des Grund- oder Stammkapitals, also durch Zusammenlegung der Aktien in einem bestimmten Verhältnis wieder ausgeglichen wird. Eine Unterbilanz im Sinne des Steuerrechts liegt jedoch nach dem Gutachten vom 15. 2. 1927 nur vor, wenn das Grund- oder Stammkapital angegriffen wird. Über Begriff und Wesen der Unterbilanz, sowie über die bilanzmäßige und steuerrechtliche Behandlung des Verlustvortrages hat der RFH. in der Entscheidung vom 17. 10. 1919 I A 127/19, RFH. Bd. 2, S. 77ff. eingehende Ausführungen gemacht. Beschließt eine Gesellschaft, so heißt es in diesem Urteil, die Unterbilanz eines Jahres, für die eine Deckung durch Reserven, insbesondere bei Aktiengesellschaften durch den gesetzlichen Reservefonds (§ 262 HGB.) nicht vorhanden ist, und die auch auf sonstige Weise, z. B. durch Kapitalherabsetzung, nicht beseitigt wird, in die Bilanz (das Gewinn- und Verlustkonto) des nächsten Jahres zu übertragen, so bildet dieser Übertrag den Verlustvortrag. Ein Verlustvortrag ergibt sich regelmäßig nur für Aktiengesellschaften, Kommanditgesellschaft auf Aktien und Gesellschaften m. b. H., weil nur für diese Gesellschaften die Bestimmung besteht (§§ 261, Nr. 5, S. 288, 320, Abs. 3 HGB., § 42, Nr. 4 GmbH.-Gesetz), daß stets der Nominalbetrag des Grund- oder Stammkapitals in den Passiven der Bilanz zahlenmäßig auszuweisen ist, demnach anders wie beim Einzelkaufmanne der Jahresverlust formell am Kapitalkonto nicht abgezogen wird und nicht abgezogen werden darf. Diese Evidenthaltung der Grundkapitalziffer bleibt aber ohne Einfluß auf das wirtschaftliche Erträgnis des betreffenden Jahres. Wie nun der zum Vortrag verwendete Gewinn (Gewinnvortrag) wirtschaftlich zu den Geschäftsgewinnen und Bilanzgewinnen des Jahres gehört, in dem er entstanden ist, nicht zu dem Gewinne des Jahres oder der Jahre, in die er übertragen ist, so bildet auch der von einer Bilanz zur anderen übertragene Bilanzverlust oder der nach Deckung aus den Reserven oder auf andere Weise übrig gebliebene Teil des Bilanzverlustes (der Verlustvortrag) wirtschaftlich einen Posten des Jahres, in dem er entstanden ist, nicht des Jahres oder der Jahre, in die er übertragen ist. Das fällt auch äußerlich in die Augen, wenn eine Gesellschaft den Verlustvortrag nicht in die Gewinn- und Verlustrechnung, sondern unmittelbar in die Aktiven der Bilanz des folgenden Jahres überträgt. Dann wird ein nicht um den Verlustvortrag gekürzter Bilanzgewinn ausgewiesen. Als Ergebnis ist sonach festzustellen, daß nur bei den Handelsgesellschaften mit eigener Rechtspersönlichkeit der Verlustvortrag in gewisser Hinsicht steuerlich begünstigt wird, und zwar auch nur bei den Erwerbsgesellschaften (§§ 2 und 4 KStG.). Für die physischen Personen, sowie für die Einzelkaufleute, offenen Handelsgesellschaften und Kommanditgesellschaften gelten die erwähnten steuerlichen Vergünstigungen nicht. Diese Begünstigung der Erwerbsgesellschaften hinsichtlich des Verlustvortrages gilt jedoch auch nur insoweit, als, wie bereits erwähnt, der Verlust (die Unterbilanz) das Grund- oder Stammkapital angegriffen haben muß. Solange noch irgendwie greifbare Reserven vorhanden sind, ist dies nicht der Fall. Es müssen also zuerst sämtliche Reserven gegen den Verlustvortrag aufgerechnet werden. Erst wenn auch dann noch ein Verlustüberschuß verbleibt, tritt gemäß § 15, Nr. 3 Steuerfreiheit ein.

12. Ausgleichs- und Reserveposten (Kapitalentwertungskonto, Aufwertungsausgleichskonto u. a).

Ausgleichskonten sind solche Bilanzpositionen, die, ohne wirkliche Vermögenswerte darzustellen, als reine Rechnungsposten in die Aktivseite der Steuerbilanz als berichtigten Handelsbilanz einzusetzen sind, damit mit der Passivseite der Bilanz der notwendige Ausgleich herbeigeführt wird. Hieraus folgt gleichzeitig, daß die Bildung oder Änderung der Ausgleichskonten auf die Ermittlung des steuerpflichtigen Bilanzgewinnes ohne Einfluß ist. Die Hauptanwendungsfälle derartiger Ausgleichskonten sind das Kapitalentwertungskonto des § 5, Abs. 2 der Verordnung über Goldbilanzen vom 28. 12. 1923 (RGBl. I, S. 1253) und das Aufwertungsausgleichskonto des § 81 des Aufwertungsgesetzes vom 16. 7. 1925. Nach § 5, Abs. 2 a. a. O. durften Kapitalgesellschaften anläßlich der Umstellung ihrer Betriebe und ihrer handelsrechtlichen Bilanzen auf Goldmark anstatt der Ermäßigung des Eigenkapitals in Höhe der Differenz zwischen dem Papiermark-Geschäftskapital und dem in Goldmark ausgedrückten Geschäftsreinvermögen in ihre Goldmarkeröffnungsbilanz ein Kapitalentwertungskonto einstellen. Nach § 6 a. a. O. ist dieses Konto innerhalb von 3 Geschäftsjahren auszugleichen. Nach § 30, Abs. 2 KStG. sind indessen die zur Tilgung des Kapitalentwertungskontos aufgewendeten Beträge nicht abzugsfähig. Nach § 81 des Aufwertungsgesetzes haben die Kapitalgesellschaften das Recht, als Aufwertungsausgleichsposten denjenigen Differenzbetrag zu aktivieren, welcher sich für die Aufwertung einer Schuld aus dem Aufwertungsgesetz vom 16. 7. 1925 gegenüber den Vorschriften der dritten Steuernotverordnung vom 14. 2. 1924 (RGBl. I, S. 74ff.) ergibt. Die Tilgung dieses Aufwertungsausgleichspostens kann auf mehrere Jahre verteilt werden. Da ferner gemäß § 108, Abs. 1 EStG. aus einer Höherbewertung von Schulden auf Grund des Aufwertungsgesetzes Verluste in steuerlicher Hinsicht nicht entstehen können (ebensowenig wie Gewinne), sind die von den bilanzierenden Gesellschaften zur Tilgung des Aufwertungsausgleichspostens jeweils aufgewendeten Beträge dem Bilanzgewinn des betreffenden Geschäftsjahres wieder zuzusetzen.

Keinen wirklichen Vermögenswert, sondern gleichfalls einen lediglich aktiven Rechnungsposten stellt der Verlust dar. Der Verlust ist jedoch mit Rücksicht auf die notwendige Ausschaltung jeglicher Beeinflussung der steuerlichen Gewinnermittlung nur dann ein Ausgleichskonto, wenn er das Grund- oder Stammkapital nicht angreift. Wenn er nämlich eine Unterbilanz im Sinne des Steuerrechts ist, vermindert er automatisch nach § 15, Nr. 3 KStG. den körperschaftsteuerpflichtigen Gewinn.

Reservekonten sind alle Passivposten, welche Reinvermögen darstellen, und bei denen dieses Reinvermögen aus irgendwelchen Gründen dauernd oder nur vorübergehend von der Verwendung für laufende Geschäftsbedürfnisse ausgeschaltet wird. Seine Verwendung bleibt also künftigen Geschäftsbedürfnissen vorbehalten. Zu den Reservekonten gehören somit nicht das Grund- und Stammkapital. Reservekonten sind dagegen die echten offenen Reserven ohne Rücksicht auf ihre buchmäßige, im einzelnen oft voneinander abweichende Bezeichnung. Dies gilt auch nur unter der Voraussetzung, daß sie steuerbilanzpflichtig waren. Hierher gehören unter anderem auch die auf Grund des § 108, Abs. 1 EStG. und §§ 24, 29 KStG. in die Steuereröffnungsbilanz eingestellten Ausgleichposten. Keine Reservekonten sind die unechten Reserven, wie z. B. die auf der Passivseite der Bilanz erscheinenden Wertberichtigungs- und Erneuerungsposten, ebenso nicht der Gewinn der laufenden Geschäftsjahrs, dagegen die Gewinnvorträge aus früheren Geschäftsjahren. Hinsichtlich der steuerbilanzmäßigen Behandlung des Ausgleichs- und Reservekonten ist folgendes zu beachten. Sie sind regelmäßig aus der einen Steuerbilanz ohne Abänderung in die nächstfolgende zu übernehmen. Nur bei dieser Art der Bilanzierung ist eine steuerrechtlich zutreffende Ermittlung des steuerpflichtigen Gewinnes möglich. Die gleichen Grundsätze gelten auch für die Berechnung einer steuerlichen Unterbilanz. Durch die Bildung neuer Ausgleichs- und Reservekonten tritt naturgemäß eine Erhöhung der bereits bestehenden ein. Eine solche Neubildung kann auch in den der Steuereröffnungsbilanz zeitlich folgenden Steuerbilanzen notwendig sein. Wird beispielsweise ein steuerlicher Bilanzgewinn nicht oder nur teilweise verteilt, so ist der nichtverteilte Betrag als Gewinnvortrag und damit als Reservekonto in die darauffolgende Steuerbilanz überzuleiten. Seine Verbindung mit einem bereits bestehenden Reservekonto ist unbedenklich. Aus den gleichen Erwägungen heraus ist die Bildung eines neuen Ausgleichskontos angebracht. Weist eine Steuerbilanz für ein Geschäftsjahr einen Verlust auf, der das Grund- oder Stammkapital nicht angreift, so ist es zulässig, auch einen solchen Verlust mit einem bereits eingerichteten Ausgleichskonto buchmäßig zu verbinden. Ebenso ist die Neubildung eines Ausgleichskontos, also auch die Erhöhung eines etwa bereits gebildeten Ausgleichskontos dann erforderlich, wenn für einen Steuerabschnitt ein Gewinn ausgeschüttet wird, welcher den in der Steuerbilanz für diesen Steuerabschnitt sich ergebenden Gewinn übersteigt, ohne daß gleichzeitig in der Steuerbilanz Reserven in der Mindesthöhe des übersteigenden Betrages auftreten. Das Gegenstück hierzu ist die Verringerung eines Reservekontos infolge einer Gewinnausschüttung. Es kann vorkommen, daß für einen Steuerabschnitt ein Gewinn verteilt wird, welcher höher als der in der Steuerbilanz für diesen Steuerabschnitt auftretende Gewinn ist. Weist nun die Steuerbilanz gleichzeitig ein Reservekonto auf, welches den Differenzbetrag erreicht oder übertrifft, so ist eine Kürzung dieses Reservekontos um den Unterschiedsbetrag unerläßlich. Bei einem anderen Verfahren würde durch die Gewinnausschüttung die steuerliche Gewinnermittlung für das ihr vorhergehende Jahr unzulässigerweise beeinflußt werden.

13. Wertberichtigungsposten. (Erneuerungs- und Werkerhaltungskonto, Selbstversicherungskonto.)

Von den Reserven sind die Wertberichtigungsposten zu unterscheiden. Sie dienen dazu, eine zu hohe Bewertung von Vermögensgegenständen auszugleichen. Diese Positionen, welche vielfach irrtümlich als Reserven bezeichnet werden, führen wohl auch den Namen Korrektivposten. Die Einrichtung solcher Posten ist namentlich dann geboten, wenn man die eingetretene Wertminderung auf der Aktivseite der Bilanz nicht berücksichtigt hat. Statt dessen wird mit demjenigen Betrage, mit welchem der Kaufmann der Wertminderung Rechnung tragen will, in die Passivseite ein Korrektivposten eingesetzt. Gegen diese Art zu bilanzieren sind bisher weder von Betriebswirtschaftlern, noch von der Schriftstellern des Handels- und Bilanzrechts Bedenken geltend gemacht worden, und mit Recht. Denn bei der Bilanz kommt es in der Hauptsache auf die Ermittlung des Reinvermögens bzw. des Ertrages an, also auf die Feststellung der Differenz zwischen Aktiven und Schulden. Da nun der Saldo an sich der gleiche bleibt, ist es im Ergebnis gleichgültig, ob man auf der Aktivseite einen ziffernmäßig genau bestimmten Betrag abzieht, oder den nämlichen Betrag den Schulden hinzurechnet. Aus diesen Gründen hat auch die steuerrechtliche Rechtsprechung Wertberichtigungsposten als unbedenklich zugelassen. (Vgl. RFH. Bd. 4, S. 160; Bd. 9, S. 107 und 150 und Bd. 15, S. 5 und 7.) In dem letztgenannten Urteil vom 15. 10. 1924 VI e A 174/24 sagt der RFH. ausdrücklich, daß auch für die Einkommensteuer nichts dem Verfahren entgegensteht, die Richtigstellung der Bilanzwerte durch ein gemeinsames Wertberichtigungskonto herbeizuführen. Denn, wenn auch für die Einkommensteuer die einzelnen Gegenstände des Betriebsvermögens für sich zu bewerten sind, so schließt das doch nicht aus, daß eine Berichtigung der einzelnen eingesetzten Werte mit Hilfe eines gemeinsamen Passivkontos erfolgt. Dieser Weg wird vor allem dann beschritten werden können, wenn ein besonderer Umstand vorliegt, der auf alle Bilanzaktiva gleichmäßig wertvermindernd wirkt. Durch das erwähnte Urteil wird die Zulassung eines gemeinsamen Wertberichtigungspostens, also der sogenannten Kollektivabschreibung zugelassen. Dieses Ergebnis ist um so bedeutsamer, als es mit der durch § 137 RAO. und § 19, Abs. 1 EStG. gemeinsam geschaffenen Rechtslage in Einklang steht. Denn nach § 137 a. a. O. ist der gemeine Wert eines Gegenstandes des Betriebsvermögens sein Verkaufspreis. Hierbei ist jedoch gemäß § 19, Abs. 1 a. a. O. dem Umstande Rechnung zu tragen, daß er dem Betriebe des Unternehmens dient. Was ist hiervon die Folge? Die gesamte wirtschaftliche und finanzielle Lage des Unternehmens, sein wirtschaftlicher Wert als Ganzes betrachtet, wird durch den Verkaufspreis des Gesamtunternehmens verlautbart und wirkt auf die Bewertung der einzelnen Gegenstände des Betriebsvermögens zurück. Stellt sich später bei der Bilanzierung heraus, daß der Verkaufswert des Gesamtunternehmens geringer ist, als die Summe der Aktiven unter Abzug der Passiven, so ist dies lediglich ein untrüglicher Beweis dafür, daß einige oder sämtliche Bilanzansätze unrichtig sind. Diese unrichtige Bewertung wird dann entweder durch Berichtigung der einzelnen Bilanzansätze oder durch Einfügung eines gemeinsamen Wertberichtigungskontos beseitigt. Ich hatte bereits wiederholt darauf hingewiesen, daß bei der Buchführung die Bezeichnung der Konten keinen entscheidenden Einfluß hat, sondern ihre wirkliche wirtschaftliche Zweckbestimmung und sachliche Verwendung. Auf diesen Umstand ist es unter anderem zurückzuführen, daß auch Erneuerungs- und Werterhaltungskonten echte Wertberichtigungsposten sein können. Dies wirkt sich bisweilen praktisch in der Weise aus, daß die nach § 16, Abs. 3 und 4 zugelassenen Absetzungen für Abnutzung oder Substanzverringerungen nicht bei den einzelnen Aktiven vorgenommen, sondern einem solchen Erneuerungs- oder Werkerhaltungskonto gutgeschrieben werden, ein Verfahren, daß auch steuerrechtlich statthaft ist, wenn die diesem Konto überwiesenen Beträge sich innerhalb des Rahmens der üblichen Abschreibungsquoten halten. Die hierdurch gezogenen Grenzen werden in dem Augenblick überschritten, in welchem auf dem genannten Konto Ersatzbeschaffungsrücklagen geführt werden. Derartige zusätzliche Überweisungen sind dann in vollem Umfange steuerpflichtig.

Unter die Gruppe der Wertberichtigungsposten fällt auch der Selbstversicherungsfonds (Selbstversicherungskonto). Mit der Frage, wann und in welchem Umfange vom steuerrechtlichen Standpunkte aus die Einrichtung eines Selbstversicherungskontos geboten ist, hat sich der RFH. wiederholt zu beschäftigen gehabt, so in den Entscheidungen in Bd. 17, S. 304 vom 6. 11. 1925 I A 84/24 und in Bd. 22,

S. 27 vom 12. 8. 1927 VI A 407/27. In dem erstgenannten Urteil wird als Ergebnis festgestellt, daß bei Vermögensschädigungen eines Grundbesitzers durch Bergschäden und für den Fall des Entstehens einer entsprechenden Schuldverbindlichkeit für die Gewerkschaft ein Schuldposten in die Bilanz selbst dann eingesetzt werden kann, wenn der Grundbesitzers einen Ersatzanspruch noch nicht geltend gemacht hat. Durch keine steuerrechtliche Vorschrift läßt sich die Anschauung begründen, daß eine den Steuerpflichtigen belastende Schuld steuerlich so lange nicht anzuerkennen ist, als der Gläubiger seine Rechte gegen den Schuldner nicht geltend macht. Noch schärfer sind die Grundsätze über die steuerrechtliche Zulässigkeit der Errichtung eines Selbstversicherungskontos in der Entscheidung in Bd. 22, S. 27 herausgearbeitet. Danach ist z. B. ein Hausmakler, welcher Aufwertungsarbeiten erledigt und dabei in hohem Maße der Gefahr der Haftpflicht wegen unrichtiger Behandlung ausgesetzt ist, berechtigt, einen der durchschnittlichen Inanspruchnahme aus Haftpflicht entsprechenden Betrag als Passivum einzusetzen. Hierdurch gewinnt er die Möglichkeit, diesen Betrag in denjenigen Jahren zum Ausgleich zu benutzen, in welchen die Ansprüche aus Haftpflicht den Jahresdurchschnitt überstiegen haben. Dies ist dann eine Rücklage für zukünftige Verluste aus dem Gesichtspunkt der Selbstversicherung.

In der Natur der Wertberichtigungsposten ist es begründet, daß sie oft nur temporären Charakter haben. Es kann der Fall eintreten, daß solche Beträge, welche als Wertberichtigungsposten in einem Steuerabschnitt von der Steuerbehörde anerkannt worden sind, in einem der künftigen Wirtschaftsjahre nicht mehr nötig sind. Tritt dieser Fall ein, dann verwandeln sich diese Posten automatisch in echte Reserven; sie sind alsdann ohne weiteres dem steuerpflichtigen Gewinn des betreffenden Wirtschaftsjahres hinzuzurechnen.

II. Immaterielle Werte (Geschäfts- und Firmenwert, Kundschaft, Goodwill u. a.).

Die Frage, ob immaterielle Güter (ideelle Werte) ein bilanzfähiges Aktivum sind, an welchem Abschreibungen vorgenommen werden können, ist bei dem gegenwärtigen Stand der steuerrechtlichen Rechtsprechung und des Schrifttums geklärt. Unter die immateriellen Werte fällt insbesondere der Geschäfts- oder Firmenwert, in dem Wirtschaftsleben wohl auch als Goodwill bezeichnet. Unter Geschäftswert ist derjenige Betrag zu verstehen, welcher bei dem Erwerb eines Geschäftes für die Kundschaft, für die Innen- und Außenorganisation eines Unternehmens, für das Einkaufs- und Verkaufsnetz, für Geschäftsgeheimnisse und für das Goodwill ausgegeben ist. Die Bezeichnungen immaterieller Wert, innerer Wert, Wert des Unternehmens, Goodwill, Fassonwert, laufen mehr oder weniger auf dasselbe hinaus. Sie haben ihren wirtschaftlich-soziologischen Entstehungsgrund in der Anerkennung der Rentabilität des Unternehmens durch die Interessenten und in besonderen das übliche Maß übersteigenden, also erhöhten Rentabilitätsaussichten, den sogenannten wirtschaftlichen Chancen. Mit der Frage der Zulässigkeit der Aktivierung des Goodwill hat sich auch das RG. befaßt. In dem Urteil vom 27. 6. 1914 stellt es folgende Grundsätze auf: „Ideelle Werte, die sich nicht in einem gegen jeden durchzusetzenden Recht ausdrücken, rein wirtschaftliche Güter, sind nur dann als Bilanzobjekte anzuerkennen, wenn die Gesellschaft sie von dritter Seite erworben und zu ihrer Erlangung Aufwendungen gemacht hat. . . . Dagegen können die selbsterworbene Kundschaft, die eigene Firma usw. nicht als Aktivum in einer Bilanz figurieren. . . .“

Diese Grundsätze gelten nur für die Jahresbilanz, also diejenige Bilanz, welche in erster Linie die Ermittlung des geschäftlichen Ertrages während eines Geschäftsjahres und damit die Gewinnung einer Grundlage für die Gewinnverteilung nach kaufmännischen Grundsätzen bezweckt. Im Sinne dieser RG.-Entscheidung hat sich auch die Rechtsprechung des RFH. entwickelt. (RFH. Bd. 4, S. 203ff.; Bd. 10, S. 250ff., Bd. 13, S. 106; Bd. 19, S. 52 und Bd. 20, S. 93, sowie Bd. 2, S. 119 und Bd. 6, S. 162.) Als gemeinsamer Grundgedanke dieser Judikatur ist etwa der Leitsatz zu bezeichnen, daß ideelle Werte, wie die Kundschaft, das Goodwill usw. regelmäßig nur werterhöhende Eigenschaften eines Betriebes sind. Ausnahmsweise jedoch können sie auch als selbständige Vermögensgegenstände angesehen werden und somit ein bilanzfähiges Aktivum bilden, an welchem auch Abschreibungen zulässig sind, wenn die Kundschaft usw. gegen Entgelt erworben und mit dem Betrage des Entgeltes, also mit den Anschaffungskosten in die Bilanz eingestellt wird. Während sie sonst nur werterhöhende Eigenschaften haben, sind sie in diesen Fällen selbst steuerbares Vermögen. In dem Bescheid vom 12. 10. 1926, bestätigt durch Urteil vom 14. 12. 1926 II A 371/26 (RFH. Bd. 20, S. 93) erklärt der RFH. ausdrücklich, daß bei Einbringung eines Handelsgeschäfts in eine Gesellschaft dem Werte des Einbringens der stille Geschäftswert (immaterielle Wert, goodwill) hinzuzurechnen ist. Seinen bedeutsamsten Ausdruck findet dieser stille Wert in der dem Geschäfte zuerkannten Kreditwürdigkeit. Die Bilanzierung des durch den Geschäftswert sich ausdrückenden Mehrwertes eines Unternehmens erfolgt handelsrechtlich nach zwei verschiedenen Methoden. Entweder wird mit der Bezeichnung innerer

Wert, Geschäftswert usw. offen in der handelsrechtlichen Bilanz (nur um diese handelt es sich hier, nicht auch um die Steuerbilanz) ein besonderer Posten unter den Aktiven aufgeführt, oder man verzichtet auf die Einrückung eines einzelnen Postens und setzt andere Aktiven, insbesondere die Anlagewerte in Anbetracht des besonderen Geschäftswertes über den ihnen sonst zukommenden Höchstwert hinaus an. Die letztere Bilanzierungsmethode hat den Nachteil mangelnder Klarheit, weil die Ansetzung und die Berücksichtigung des goodwill aus der Bilanz nicht ersichtlich ist. Im übrigen unterscheidet die deutsche Rechtspraxis und der kaufmännische Handelsbrauch originären und derivativen Erwerb der in Frage kommenden wirtschaftlichen Güter. Bei Erwerb derartiger wirtschaftlicher Güter von Dritten gegen Entgelt wird die Aktivierung des Kaufpreises allgemein zugelassen, ja es wird sogar die Abschreibung dieses Postens in verhältnismäßig kurzer Zeit gefordert. Besteht Klarheit darüber, daß bei derivativem Erwerb des goodwill eine Aktivierung des Erwerbspreises statthaft ist, so ist auf der anderen Seite ebenso unzweifelhaft, daß bei originärem Erwerb der Geschäftswert nicht aktiviert werden darf. Eine Aktivierung ist selbst dann unzulässig, wenn der Erwerb dieses ideellen Wertes namhafte Kosten verursacht hat (z. B. Aufwendungen für Reklame, Zeitungsinserate und dergleichen). Die Frage, ob Abschreibungen auf den Geschäftswert zulässig sind, berührt eng die weitere Frage der Zulässigkeit der Abschreibungen auf das Gesamtunternehmen. Der hiermit zusammenhängende Fragenkomplex wird bei dem Abschnitt Abschreibungen einer Prüfung zu unterziehen sein. An dieser Stelle sei nur noch bemerkt, daß bei den Vermögensermittlungsbilanzen, also bei solchen, die die Feststellung des Vermögensstandes eines Unternehmens für einen bestimmten Zeitpunkt bezwecken (z. B. bei dem beabsichtigten Verkauf eines Geschäftes, Eintritt eines Gesellschafters oder Abfindung eines ausscheidenden Gesellschafters) alle für das Gesamtunternehmen wesentlichen Umstände zu beachten sind. Der Grund hierfür ist die Notwendigkeit der Ermittlung des wirklichen Wertes des Unternehmens. Dies hat zur Folge, daß auch der jeweils etwa vorhandene ideelle Wert, also der Wert, welchen das Geschäft über den Gesamtwert der sonstigen Einzelaktiven, unter Abzug der Passiven, hinaus hat, zu berücksichtigen ist. Es ist feststehende kaufmännische Praxis, und widerspricht weder dem HGB. noch den Regeln ordnungsmäßiger, kaufmännischer Buchführung, daß in den geschilderten Fällen ein derartiger Posten bilanziert wird, oder, bei Wahl der anderen Bilanzierungsmethode, wenn in solchen Bilanzen die übrigen Aktiven über den ihnen unter normalen Umständen zukommenden Wert hinaus aktiviert werden.

2. Teil. Die Bewertung der Passiva.

§ 40.

I. Kreditoren.
II. Die Kapitalposten und die Reserven.
1. Das Geschäftskapital (Grund- und Stammkapital u. a.).
2. Die Reserven; Arten und wirtschaftliche Bedeutung. (Gesetzliche, freiwillige, offene, stille und unechte Reserven.)

I. Kreditoren.

Unter Kreditoren versteht man im allgemeinen nur die kurzfristigen Schulden. Neben ihnen sind in der Bilanz die langfristigen Schulden (Obligationen, Hypothekenschulden usw.) von Bedeutung. Bei den Schulden bedarf es fast immer der Prüfung, ob es sich um wirkliche Schulden oder um Rückstellungen (echte Reserven) handelt. Ist dies der Fall, so sind sie dem bilanzmäßigen Reingewinn hinzuzufügen, insofern sie in dem der Veranlagung zugrunde liegenden Wirtschaftsjahr gebildet worden sind oder eine Erhöhung erfahren haben.

II. Die Kapitalposten und die Reserven.

1. Geschäftskapital (Grund- und Stammkapital u. a).

Den Personalunternehmungen gegenüber sind die Erwerbsgesellschaften dadurch im Vorteil, daß ihr bilanzmäßig ausgewiesener Geschäftsertrag das in Bilanz und Buchhaltung ausgewiesene Geschäftskapital nicht berühren darf. Bei den Personalunternehmungen wird der Geschäftserfolg dem Geschäftskapital bei Beginn des Unternehmens, also dem Kapital zu Beginn der Geschäftsperiode zugeschlagen. Durch einen Gewinn wird daher das Kapital erhöht, durch einen Verlust dagegen vermindert. Anders bei den Kapitalgesellschaften (Erwerbsgesellschaften). Hier bleibt nach den handelsrechtlichen Vorschriften buchmäßig das Kapital konstant. Ein nicht verteilter Geschäftsertrag wird auf das neue Wirtschaftsjahr vorgetragen; im neuen Geschäftsjahre wird er alsdann auf der Verlust- und Gewinnrechnung weiter verrechnet. Ein Gewinnvortrag erhöht daher bei den Erwerbsgesellschaften den Gewinn des folgenden Geschäftsjahres, während ein Verlust den Geschäftsgewinn vermindert. Wird bei der Ausgabe von Aktien oder Geschäftsanteilen ein Agio erzielt, so gehört dieses nicht zu dem steuerbaren Einkommen. Denn das Agio ist weder Ertrag noch Bilanzgewinn, sondern zusätzliches Gesellschaftskapital, gewissermaßen gesellschaftliche Einlage (siehe Einzelheiten in dem früheren Abschnitt über Agiogewinne). Nach der zwingenden Gesetzesvorschrift des § 262, Nr. 2 HGB. ist das

Agio in den gesetzlichen Reservefonds einzustellen. Von Bedeutung kann das Agio für die Emissionskosten werden. Reicht nämlich das Agio zur Deckung der Emissionskosten nicht aus, oder ist überhaupt kein Agio erzielt worden, so sind die Emissionskosten über Unkosten zu buchen. Ein etwa vorhandenes Disago ist aus der Umstellungsreserve zu decken und ist daher auf den steuerpflichtigen Geschäftsgewinn ohne Einfluß. Dies läuft letzten Endes darauf hinaus, daß praktisch eine Unterpariemission bis zu 20 v. H. möglich ist.

2. Die Reserven. Arten und wirtschaftliche Bedeutung. (Gesetzliche, freiwillige, offene, stille und unechte Reserven.)

Die Reserven sind ein Bestandteil des Reinvermögens. Sie sind zusätzliche Kapitalbeträge, welche über den durch Gesellschaftsvertrag (§ 182 HGB.) festgelegten Betrag des Grundkapitals hinausgehen. Die so gebildete Vermögensvermehrung ist aktienrechtlich nicht gebunden. Ihre wirtschaftliche und aktienrechtliche Deckung ist die gleiche, wie diejenige des Grundkapitals. Sie besteht in den Aktiven und stellt denjenigen Betrag der Aktiven dar, welcher nach Abzug von Schulden. Grundkapital und des zu verteilenden Reingewinnes (also nicht des bilanzmäßig ausgewiesenen) verbleibt. Die Reserven sind hiernach begrifflich besondere Rücklagen an Kapital zum Zwecke der Bestreitung bevorstehender besonderer Ausgaben, mögen diese satzungsgemäß vorgesehen oder unvorhergesehen sein. Der Hauptanwendungsfall ist die Deckung von Verlusten. Wenn man die Reserven betriebswirtschaftlich richtig auffaßt, so sind sie ebenso wie sonstige Rücklagen Passivantizipationen. Daher sind z. B. bloße Wertberichtigungs- oder Korrektivposten wegen Überbewertung von Aktiven und sonstige passive Bewertungsposten keine Reserven. Neben den gesetzlichen und offenen Reserven sind die stillen Reserven besonders dadurch in letzter Zeit bedeutsam geworden, als die Frage der Zulässigkeit ihrer Bildung sowohl im Schrifttum wie in der Rechtsprechung des Reichsgerichts und des RFH. Gegenstand eingehender Prüfung war. Dabei ist die Entwicklung keineswegs gleichmäßig verlaufen. Einmal hat die von der Vorkriegszeit völlig abweichende unvorhergesehene Entwicklung der wirtschaftlichen Verhältnisse der Nachkriegszeit der aktienrechtlichen Rechtsprechung des RG. Anlaß zu einer wiederholten eingehenden Nachprüfung seiner früheren Grundsätze in bezug auf die Zulässigkeit der Bildung stiller Reserven gegeben. Sodann sah sich im Steuerwesen der Gesetzgeber und damit auch der RFH. in seiner Rechtsprechung in die Lage versetzt, eindeutig zu dem Problem Stellung zu nehmen, ob vom steuerrechtlichen Standpunkte aus gegen die Bildung stiller Reserven Bedenken zu erheben sind oder nicht. Soweit das Steuerrecht in Frage kommt, ist die Entwicklung geradlinig verlaufen. Nach den §§ 13, 15 und 16 des Pr. EStG. ist nicht nur der ausgewiesene, sondern auch der versteckte Gewinn steuerpflichtig. Demgemäß wird die Steuer nicht nach dem bilanzmäßigen Geschäftsgewinn, sondern nach dem wirtschaftlichen Geschäftsertrage vorgenommen. Im Einklang hiermit bestimmt der Art. 19 der Preuß. Ausführungsanweisung vom 25. 7. 1906, daß die von dem Steuerpflichtigen bei seiner Buchführung angenommenen Bewertungsgrundsätze für die Berechnung des steuerpflichtigen Einkommens nur insofern maßgebend sind, als nicht die ungebührliche Höhe der Abschreibungen im einzelnen Falle das nach allgemeinem Gebrauch übliche oder durch die besonderen tatsächlichen Verhältnisse gerechtfertigte Maß offenbar übersteigt, oder sogar die Absicht einer künstlichen Herabdrückung des wirklichen Reingewinnes erkennen läßt. An diese eindeutige Rechtslage hat das OVG. lediglich angeknüpft, ohne neue Rechtsgrundsätze aufzustellen. Nach den Entscheidungen des OVG. i. St. vom 2. 7. 1902, Bd. 10, S. 294ff., sowie in Bd. 10, S. 300, 304, Bd. 7, S. 315; Bd. 13, S. 251; Bd. 15, S. 267; Bd. 16, S. 206 u. a. unterliegen Abschreibungen regelmäßig dann der Besteuerung, wenn sie begrifflich und betriebswirtschaftlich versteckte Reserven darstellen. Zweck der Abschreibung ist ausschließlich der, den nach dem HGB. in die Bilanz einzustellenden (wirklichen) Wert gegenüber einer früheren, damals begründeten Höherbewertung durch Absetzung des Differenzbetrages von dem höheren Wert auszudrücken. Wird durch eine Abschreibung der in die Bilanz eingesetzte Wert eines Aktivums unter den nach dem HGB. anzusetzenden Wert herabgesetzt, so ist sie in Wirklichkeit nicht mehr eine Abschreibung, sondern ein Reservefonds, welcher unter der Form einer Abschreibung versteckt gebildet ist. Vom aktienrechtlichen Standpunkt aus ist daher auch eine derartige Abschreibung als Reserve zu behandeln. An diesen Rechtszustand knüpft in der gleichen Richtung das EStG. von 1920 an. Auch nach § 15, Ziff. 1 dieses Gesetzes sind übermäßige Abschreibungen zwecks Bildung stiller Reserven durch Unterbewertung von Aktiven unzulässig.

Denn sie stellen Aufwendungen zur Vermehrung des Vermögens und je nach ihrem Zwecke zu Geschäftserweiterungen, zu Kapitalanlagen, zur Schuldentilgung oder zu Ersatzbeschaffungen, für die bereits Werbungskosten abgesetzt sind, dar. Es kommt deshalb wegen der Einkommensteuer nicht auf die Frage an, ob sie auch den Vorschriften des HGB. widersprechen. Steuerrechtlich unzulässig sind nach § 15, Ziff. 1 EStG. auch Nachholungen in früheren Jahren unterlassener Abschreibungen, während sie handelsrechtlich sogar geboten sind, da in der Inventur und Bilanz der wirkliche Wert, bzw. der für die Einkommensteuer nach § 33a sich ergebende Wert am Schlusse des Geschäftsjahres zum Ausdruck kommen muß. ...

Es kann daher nicht wundernehmen, daß auch das Einkommensteuer- und Körperschaftsteuerrecht von 1925 sich gegenüber der Schaffung stiller Reserven durch zu niedrige Bewertung der Aktiven (übermäßige Abschreibungen) und durch zu hohe Bewertung der Passiven ablehnend verhalten hat. Dieser Grundsatz ist zwar weder in dem EStG. noch in dem KStG. ausdrücklich ausgesprochen. Er ist aber aus § 13, S. 2 EStG. zu entnehmen, wonach bei Ermittlung des steuerpflichtigen Gewinnes die Vorschriften des EStG. über die Entnahmen aus dem eigenen Betrieb, über die abzugsfähigen Ausgaben und über die Bewertung zu beachten sind. Ob hiernach die Bildung stiller Reserven durch übermäßige Abschreibungen überhaupt Aussicht auf Anerkennung seitens der Steuerbehörden jemals hat, ist mehr als zweifelhaft. Bei dem gegenwärtigen Rechtszustande ist in jedem Falle die Vornahme übermäßiger Abschreibungen bedenklich und größte Vorsicht geboten. Denn es ist die Tatsache nicht aus der Welt zu schaffen, daß bei übermäßiger Abschreibung weder der Betrag der Aktiven noch derjenige des Reinvermögens richtig angegeben ist, ein Umstand, der sich insbesondere bei etwaigen Rentabilitätsberechnungen auswirkt. Infolgedessen ist von jeher die Stellungnahme der Wissenschaftler, auch derjenigen der Betriebswirtschaftslehre nicht einheitlich zugunsten solcher übermäßiger Abschreibungen gewesen. So werden sie z. B. von Passow unzweideutig abgelehnt (vgl. Passow, Bilanzen, Bd. 1, S. 195ff. und S. 241f.)[1]). Im Gegensatz zu Rehm[2]), welcher die Unterbewertung wirtschaftlich für äußerst segensreich und als einen Grundsatz solider Geschäftsführung ansieht, erklärt Passow, daß er „in dieses vorbehaltlose prinzipielle Lob der Unterbewertung nicht einzustimmen vermöge". Er begründet seine Auffassung mit dem betriebswirtschaftlich richtigen und meines Erachtens nicht ohne weiteres zu widerlegenden Grundsatz, daß man bei absichtlich unrichtiger Darstellung der Vermögensverhältnisse und des Geschäftserfolges beispielsweise bezüglich der Selbstkostenberechnung industrieller Produkte zu ganz unrichtigen Ergebnissen gelange, wenn man derartige übermäßige Abschreibungen ohne weiteres in die Kalkulation einstelle.

Auch die Rechtsprechung der RG. zur Frage der Zulässigkeit der Bildung stiller Reserven durch absichtliche Unterbewertung von Aktiven ist nicht einheitlich, zumal wenn man die Judikatur der Vorkriegszeit mit der neuesten Rechtsprechung vergleicht. Zwei von-

---

[1]) Vgl. auch Simon, S. 325.

[2]) Vgl. Rehm, S. 351ff.

einander völlig verschiedene, prinzipielle Anschauungen ringen miteinander um die Vorherrschaft. Auf der einen Seite ist es die formaljuristische Betrachtungsweise, welche sich gegen die Zulassung einer Unterbewertung entschieden ausspricht. Auf der anderen Seite sind es wirtschaftliche Gedankengänge, wie sie besonders infolge der eigen gearteten wirtschaftlichen Verhältnisse der Nachkriegszeit entstanden sind, welche einer starken Unterbewertung der Aktiven bzw. Überbewertung der Passiven und damit der Schaffung umfangreicher stiller Reserven das Wort reden. Zum besseren Verständnis sei der Rechtszustand kurz wiedergegeben. Abgesehen von dem besonderen Fall der aktienrechtlichen Anfechtungsklage des § 271, Abs. 3, S. 2 HGB. wegen gesetzes- oder statutenwidriger übermäßiger Abschreibungen oder Rücklagen und unbeschadet der den Grundsatz der Bilanzwahrheit statuierenden Vorschrift des § 40 HGB. enthält das Handelsrecht keine ausdrücklichen Bestimmungen über Minderbewertung. Denn die Bewertungsvorschriften des § 261 HGB. sind bekanntlich Höchstbewertungsvorschriften. Dagegen kann die Satzung, also der Gesellschaftsvertrag, Minderbewertungen vorsehen. Ist dieser Fall gegeben, dann liegt in der statutarisch festgelegten Minderbewertung ein vertraglicher und somit rechtswirksamer Verzicht der Aktionäre auf die gesetzliche Mindestbewertung. Vielfach enthalten jedoch die Statuten der Aktiengesellschaften keine Vorschriften über Minderbewertungen. Hat die Generalversammlung, wie praktisch in den meisten Fällen, das Recht, über die Verteilung des Reingewinnes nach freiem Ermessen zu befinden, so kann sie auch Minderbewertungen, Abschreibungen und damit die Bildung stiller Reserven nach Belieben beschließen. Damit spitzt sich das Problem zu der Frage zu, ob die Bildung echter Reserven in der Form stiller Reserven zulässig ist. Eine gewisse Klärung der Rechtslage ist durch die Vorschrift des § 271, Abs. 3, S. 2 geschaffen. Sie gewährt das Recht der Anfechtung von Generalversammlungsbeschlüssen wegen übermäßiger Abschreibungen und Rücklagen, also auch wegen der Bildung stiller Reserven bei Vorhandensein eines bestimmten Mindestbesitzes von Aktien (5 v. H. des Grundkapitals.) Voraussetzung für den durch Klage geltend zu machenden Anfechtungsanspruch ist, daß die Bildung der stillen Reserven gesetz- oder satzungswidrig erfolgt ist. An diese durch § 271 a. a. O. geschaffene Rechtslage hat die Vorkriegsrechtsprechung des RG. in fortlaufender Entwicklung sich angeschlossen. Wenn der § 271 von gesetz- oder statutenwidriger Abschreibung spricht, so kann nur der § 40 HGB. gemeint sein, welcher die Bewertung zu dem wirklichen Wert vorschreibt. Unterbewertungen sind daher dann nicht statthaft, wenn das Gesellschaftsstatut keine die Bewertung nach § 40 HGB. abändernde Bestimmung enthält. Daraus folgt aber, daß Unterbewertungen dann zulässig sind, wenn nach dem Statut Abschreibungen oder Rücklagen über das gesetzliche Maß hinaus vorgesehen sind. Wenn man im Hinblick auf diese Rechtslage die Bilanzen der A.-G. nach Maßgabe ihrer Statuten einer auch nur oberflächlichen Prüfung unterzieht, so ist festzustellen, daß bei einer großen Anzahl von ihnen erhebliche stille Reserven vorhanden sind, ohne daß die Satzungen hierfür eine Rechtsgrundlage geben. Das RG. hat sich denn auch nicht gescheut, hieraus die Folgerungen zu ziehen. Gemeint ist hier nur die Rechtsprechung aus der Vorkriegszeit. In den Urteilen in Bd. 34, S. 33; Bd. 43, S. 123 und Bd. 80, S. 330, ferner RGZ. Bd. 72, S. 33; Bd. 99, S. 213/214; Bd. 105, S. 40, 45 hält das RG. eine willkürliche, also nach § 271 anfechtungsfähige Unterbewertung für gegeben, wenn die Generalversammlung sich nicht darauf beschränkt hat, die Aktiven abzuschätzen und ihren Wert gemäß dem Schätzungsergebnis in die Bilanz einzustellen, sondern wenn sie außerdem zwecks Bildung einer stillen Reserve die Aktiven absichtlich unter diesem Wert in die Bilanz einstellt. Das RG. ist sogar noch einen Schritt weiter gegangen und hat den Standpunkt vertreten, daß eine derartige Unterbewertung selbst dadurch nicht gesetzlich zulässig wird, daß sie in der Absicht der Stärkung des Unternehmens vorgenommen ist. (Vgl. im Sinne dieser Ausführungen auch Rosendorff, Die stillen Reserven der Aktiengesellschaften, 2. Aufl. 1917, S. 28ff., S. 37ff., S. 52ff.)

In der Nachkriegszeit ist das RG. von den vorstehenden Rechtsgrundsätzen erheblich abgewichen, eine Entwicklung, die nach Lage der Sache vorauszusehen war. Der ungleichmäßige Verlauf der wirtschaftlichen Verhältnisse während des Krieges und späterhin in der Inflationszeit (Nachkriegszeit) hat es notwendig mit sich gebracht, daß der wirtschaftliche, besonders von Rathenau in seiner Schrift „Vom Aktienwesen" vertretene Standpunkt den bisherigen formaljuristischen stark verdrängte. Die innere Erstarkung der Gesellschaften wurde in den Vordergrund gestellt gegenüber dem Individualrecht der Aktionäre auf Ausschüttung möglichst hoher Dividenden. Diese Bewegung hat dann noch durch die gesetzgeberische Aktion über die Aufstellung der Goldmarkeröffnungsbilanz anläßlich der Umstellung der Betriebe eine weitere Stoßkraft erhalten. Es leuchtet ein, daß sich dieser Bewegung auch die Judikatur des RG. nicht zu entziehen vermochte, und zwar dies um so weniger, als gegen den betriebswirtschaftlichen Standpunkt der Notwendigkeit des Wiederaufbaus, also der inneren Erstarkung der Unternehmungen ernsthafte Argumente nicht vorzubringen waren. Trotzdem muß gesagt werden, daß auch durch die neueste Rechtsprechung des RG., so insbesondere durch die beiden die Aktiengesellschaft Gebr. Goedhardt betreffenden Urteile vom 17. 12. 1926 II 103/26 und II 104/26 (RGZ. Bd. 115, S. 332ff. und S. 345ff.) eine völlige Klärung der ebenso schwierigen wie wichtigen Frage, ob und in welchem Umfange eine bewußt vorgenommene Unterbewertung von Aktiven zwecks Schaffung stiller Reserven zulässig ist, nicht eingetreten ist. Die Schwierigkeit des Problems liegt in der Feststellung, wann eine solche Unterbewertung willkürlich vorgenommen ist, also nicht nach pflichtmäßigem Ermessen. Die beiden genannten Urteile bringen infolgedessen auch nur eine Teillösung. Im Gegensatz zu seiner früheren Rechtsprechung, insbesondere aus der Vorkriegszeit, ist das RG. in diesen Entscheidungen, sowie daran anschließend in den beiden Erkenntnissen vom 11. 1. 1927 II 178/26 (RGZ., Bd. 115, S. 379ff.) und vom 11. 2. 1927 II 94/26 (RGZ., Bd. 116, S. 119ff.) dazu übergegangen, dem Verlangen der Wirtschaft nach restloser Freigabe der Unterbewertung von Aktiven weitgehend entgegenzukommen. In den Fällen, welche den zitierten Urteilen zugrunde lagen, enthielt das Statut die auch bei anderen Gesellschaften häufig vorkommende Vorschrift, daß ein bestimmter Prozentsatz des erzielten Reingewinnes verteilungspflichtige Dividende sei, daß aber über diesen Prozentsatz hinaus der Generalversammlung das Recht freier Verfügung über den noch verbleibenden Reingewinn zustehe. Hieraus hat das RG. gefolgert, daß mit dieser Verfügungsbefugnis die Generalversammlung überhaupt das Recht habe, in beliebigem Ausmaß Unterbewertungen vorzunehmen und damit stille Reserven zu bilden. In dem Urteil vom 11. 2. 1927 (RGZ. Bd. 116, S. 119ff.) geht das RG. über den durch die Entscheidungen vom 17. 12. 1926 und 11. 1. 1927 gezogenen Rahmen noch hinaus. Es vertritt hier die Anschauung, daß der Willkür bei der Bildung stiller Reserven nicht jede bewußte Unterbewertung gleichgestellt werden kann. Eine solche Gleichstellung würde im Grunde die Verneinung der Zulässigkeit stiller Reserven überhaupt bedeuten. Solche Reserven sind in Handel und Verkehr allgemein üblich, und sie entsprechen den Anschauungen und Gepflogenheiten des ordentlichen Kaufmanns und berechtigten wirtschaftlichen Bedürfnissen. Wenn daher die Satzung einer Gesellschaft bestimmt, daß die Aufstellung der Bilanz nach kaufmännischen Grundsätzen erfolgen solle, so ist dabei zweifellos auch an stille Reserven gedacht. Aus diesen Erwägungen heraus gelangt das RG. zur Bejahung der Zulässigkeit der Eine-RM.-Anlagekonten, weil diese geeignet sind, die Kreditfähigkeit und Kreditwürdigkeit eines Unternehmens wesentlich zu heben. Ebenso bejaht es die Zulässigkeit stiller Reserven bei der Goldmarkeröffnungsbilanz, wenn eine vollständige Inventarisierung und Bilanzierung vorliege, und wenn ferner stille Reserven nach gewissenhafter und sorgfältiger Abwägung aller Verhältnisse notwendig sind, um das Unternehmen für die nächste Zukunft lebens- und widerstandsfähig zu erhalten, also unter Ausschaltung der Gründe der Festigung der Dividende. Ob und in welchem Umfang unter diesem Gesichtspunkt stille Reserven erforderlich und sachlich gerechtfertigt sind, hängt nach Ansicht des RG. von den Umständen des einzelnen Falles ab. An dieser Rechtsprechung des RG. hat Nußbaum in einem Vortrag vor der Vereinigung für Aktienrecht am 7. 10. 1927 und in den von ihm in der JW. 1927, Heft 51, S. 2986ff. veröffentlichten Randbemerkungen eingehende Kritik geübt, welche keineswegs in allen Teilen zustimmend ist. Nußbaum geht von dem Urteil des RG. vom 4. 1. 1924 II 320/23 (D.J.Z. 1924, S. 317ff.) aus, und weist zunächst darauf hin, daß das RG. in dieser Entscheidung die bei vielen Gesellschaften, so auch bei der Satzung der beklagten Gesellschaft vorkommende Vorschrift, daß die Aktionäre aus dem Reingewinn einen gewissen Prozentsatz zu erhalten hätten, daß aber die Verteilung einer weiteren Dividende nur mangels anderweiter Beschlüsse der Generalversammlung stattfinden solle, als eine Ermächtigung für die Generalversammlung ansieht, stille Reserven durch Unterbewertung zu bilden. Hierbei geht das RG. davon aus, daß willkürliche Unterbewertungen an sich grundsätzlich unzulässig, und daß bloße Zweckmäßigkeitserwägungen die Annahme der Willkürlichkeit der Bildung stiller Reserven auszuschließen nicht geeignet seien. Die Bilanz ist also regelmäßig nur nach rein bilanztechnischen, auf Wertermittlung gerichteten Gesichtspunkten aufzustellen. In seiner Kritik macht Nußbaum nun mit Recht darauf aufmerksam, daß mit diesem Standpunkt des RG. der von der Wirtschaft und von dem handelsrechtlichen Schrifttum vertretene sich nicht deckt. (Vgl. Staub-Pinner, Kommentar, Anm. 6 zu § 261 HGB., Bd. 2, S. 391ff.). Wenn nämlich das Statut der Generalversammlung die Verteilung des Reingewinns überläßt, und die Gesellschaft hierdurch vor einer Verteilung des Reingewinnes schützt, so kann nach der Ansicht von Nußbaum die Gesellschaft durch Bildung offener Reserven so viel Kapital anhäufen, als nach dem Majoritätswillen der Generalversammlung zur Stärkung des Unternehmens für die Zukunft erforderlich ist. Wenn hieraus Nußbaum die Folgerung zieht, daß die Ansicht, es müsse die Einsetzung der richtigen Werte zu einer für die Gesellschaft schädlichen Gewinnausschüttung führen, unzutreffend ist, so ist dem beizupflichten. In Zusammenhang mit diesem Teil der Kritik vermißt Nußbaum ferner eine Prüfung der wichtigen Frage, ob die Schaffung stiller Reserven durch Unterbewertung nicht auch noch den weiteren

Erfolg habe, daß sie den Aktionären die Grundlage für die Bewertung ihres Anteils, sowie für eine zutreffende Beurteilung der effektiven Geschäftserträgnisse während des abgelaufenen Geschäftsjahres, wie auch für die Zukunft entziehe. In jedem Falle aber verlangt Nußbaum, daß die Generalversammlung die Bildung der stillen Reserven bewußt gewollt habe, und fordert damit die Rückkehr des RG. zu der von ihm in dem Urteil vom 4. 1. 1924 II 320/23 geäußerten Ansicht. Auch bezüglich des bewußten Willens der Generalversammlung hinsichtlich der Schaffung stiller Reserven läßt das Urteil vom 17. 12. 1926 103/26 II, wie Nußbaum zutreffend bemerkt, eine entsprechende Feststellung vermissen. Zuzugeben ist, daß die rechtliche Behandlung der stillen Reserven vom handelsrechtlichen Standpunkt aus nach wie vor der Klärung bedarf und die mit diesen Fragen sich beschäftigende Rechtsprechung noch nicht als abgeschlossen anzusehen ist.

3. Auflösung und Realisierung stiller Reserven.

Die Frage der Zulässigkeit der Wiederauflösung stiller Reserven durch Aktivierung der in Frage kommenden Gegenstände ist von jeher für den Kaufmann mit Rücksicht auf die steuerrechtliche Rechtsprechung, nach der eine Abschreibung auf abgeschriebene Konten für unstatthaft angesehen wurde, von großer Bedeutung gewesen. Wenn die handelsrechtlichen Bewertungsvorschriften beachtet werden, ist gegen die Wiederauflösung der stillen Reserven in der geschilderten Weise nichts einzuwenden. Im Höchstfalle kann sonach nur bis zum Anschaffungswert gegangen werden; hierbei ist außerdem noch die entsprechende Abnutzung in Ansatz zu bringen. (Vgl. Urteil vom 6. 7. 1920 I A 93/20, RFH., Bd. 3, S. 166.) Welches sind nun die steuerrechtlichen Folgen einer solchen Wiederaktivierung? Sie werden durch die Tatsache der Besteuerung oder Nichtbesteuerung der stillen Reserven von vornherein bedingt. An sich ist, wie wir bereits gesehen hatten, die Bildung stiller Reserven auf die Ermittlung des steuerpflichtigen Einkommens ohne Einfluß. Führt die Handelsbilanz die stille Reserve weiter, so liegt eine besteuerte stille Reserve vor. Es kann dann naturgemäß die in Übereinstimmung mit der handelsrechtlichen Rechtslage erfolgte Wiederaktivierung keine steuer rechtlichen Auswirkungen haben. Anders ist der Sachverhalt zu beurteilen, wenn die Steuerbehörde zu der Bildung stiller Reserven bereits Stellung genommen hat. Sind sie von ihr nicht beanstandet worden, so haben wir es mit einer nichtbesteuerten stillen Reserve zu tun und es kann bei späterer Reaktivierung für das in Frage kommende Jahr eine steuerrechtliche Wirkung nicht herbeigeführt werden.

Eine Realisierung stiller Reserven, z. B. durch Verkauf der unterbewerteten Gegenstände vermehrt durch den dem Betriebsvermögen zufließenden Gegenwert die Aktiven und damit den steuerpflichtigen Bilanzgewinn. Auch in diesem Falle ist die Vermehrung des bilanzmäßigen Reinvermögens jedoch nur für den Fall steuerrechtlich relevant, daß die vom HGB. erlassenen Bewertungsbestinmungen nicht beachtet worden sind. (Nach ihnen ist die Einsetzung der Werte zum Anschaffungswert abzüglich Abnutzung vorgeschrieben.) Die Folge hiervon ist, daß nur der Unterschied zwischen Verkaufserlös und Anschaffungspreis unter Absetzung einer angemessenen Abnutzungsquote steuerpflichtig ist.

§ 41. Die Spezialreserven und außerordentlichen Reserven. Die Umstellungsreserve.

1. Die Spezialreserven (Prozeßkostenreserve, Agioreserve, Grunderwerbsteuerreserve, Pensions-, Wohlfahrts- und Unterstützungsfonds.)

Mit der Anführung der genannten Kategorien von Spezialreserven ist eine abschließende Aufzählung nicht beabsichtigt; sie sind nur die hauptsächlichsten praktischen Erscheinungsformen. Die wichtigsten unter ihnen sind die Prozeßreserve, die sozialrechtlichen Reserven und die Grunderwerbsteuerreserven. Wenn bei der Einleitung von Prozessen Verluste durch Tragung von Prozeßkosten oder durch Unterliegen in der Hauptsache einem Unternehmen drohen, so ist die Legung einer Prozeßreserve kaufmännisch geboten und steuerrechtlich zulässig. Hierüber hat sich erst in letzter Zeit der RFH. durch Urteil vom 12. 8. 1927 I A 289/27 (Dt. StZ., Jahrg. XVI, 1927, Heft 12, S. 1088). zweifelsfrei ausgesprochen. Bei der Rückstellung für drohende Verluste in Prozessen wird hiernach für die Bezahlung der Anwaltskosten Vorsorge getroffen. In den Entscheidungen IA 204/20 vom 22. 4. 1921 und VIA 225 vom 1. 4. 1925 handelt es sich bei der sogenannten Prozeßreserve, so führt der RFH. aus, um ein echtes Bewertungskonto, und zwar um die Bewertung von Schulden, die dem Grade und der Höhe nach durch Prozesse gegen die Steuerpflichtigen klargestellt werden sollten. Prozeßkosten sind reine Betriebsausgaben. Für den Zeitpunkt ihrer Abzugsfähigkeit sind die Grundsätze maßgebend, wie sie vom RFH. in der Entscheidung in Bd. 17, S. 243, dargelegt sind. (Vgl. auch RFH., Bd. 19, S. 201.) Danach können Kosten für die eigentliche Prozeßführung vor der Anstrengung des Prozesses nicht abgezogen werden, weil sie noch nicht erwachsen sind. Darum haben Rückstellungen für die Kosten noch nicht angestrengter Prozesse den Charakter echter steuerpflichtiger Reserven.

Über die Agioreserve ist bereits bei Erörterung der Agiogewinne (§ 15) gesprochen worden. Über die sozialrechtlichen Spezialreserven (Pensions-, Unterstützungs- und Wohlfahrtsfonds) liegt ein Urteil des RFH. vom 18. 2. 1921 — I A 229/20 — (Bd. 5, S. 96) vor. Den Beamten und Arbeitern von Kapitalgesellschaftern wird vielfach durch Statut ein einklagbarer Pensionsanspruch zugesichert. Es wird dann ein Passivposten in der Bilanz gebildet und mit entsprechenden Beträgen dotiert. Die Höhe der Dotierung erfolgt nach versicherungstechnischen Grundsätzen und versicherungsrechtlichen Bestimmungen. Die Dotierung selbst wird in der Steuerpraxis wie im Schrifttum im allgemeinen als steuerfrei angesehen und entsprechend behandelt. Diesem Standpunkt ist beizupflichten. Denn bei solchen Fonds handelt es sich überhaupt nicht mehr um Reserven im technischen Sinne des Worts, sondern lediglich um reine Schuldposten. Anders der RFH. Er hat in der angeführten Entscheidung einen gegenteiligen Standpunkt eingenommen. Steuerrechtlich bevorzugt sind die Unterstützungs- usw. Fonds durch § 17, Abs. 1, Nr. 7 EStG. und § 14, Nr. 2 KStG. Hiernach sind Zuwendungen an solche Kassen steuerfrei, sofern ihre dauernde Verwendung für die satzungsmäßigen Zwecke der Fonds gesichert ist. Ob die Zuführung von Geldbeträgen an diese Fonds den satzungsmäßigen charitativen Zwecken entspricht, unterliegt der Prüfung des einzelnen Falles. Es wird sich regelmäßig empfehlen, für die Pensions-, Wohlfahrts- usw. Kassen ein besonderes Konto einzurichten. Außerdem wird man verlangen müssen, daß die Verfügung über die Bestände der Kasse ausschließlich der Verwaltung derselben zusteht. Eine Reihe von namhaften Gesellschaften ist daher dazu übergegangen, die Pensionskassen durch ein besonderes Statut inbezug auf Verwaltung und Verwendung zu verselbständigen und damit von der übrigen Buchführung zu trennen.

Die Grunderwerbsteuerreserve hat ihren Rechtsboden in dem Grunderwerbsteuergesetz vom 12. 9. 1919 (RGBl. S. 1617) in der Fassung der Novelle vom 11. 3. 1927 (RGBl. I, S. 72ff.). Nach § 10 des Grunderwerbsteuergesetzes in Verbindung mit den §§ 17 und 28, Abs. 2, wird von denjenigen inländischen Grundstücken, welche im Eigentum der im Gesetz besonders genannten Personenvereinigungen stehen, nach Ablauf von 20 Jahren seit Eintritt des Erwerbes oder bei dem letztmaligen Eintritt der Steuerpflicht eine Steuer in Höhe von 2% des gemeinen Wertes erhoben. Zum ersten Male tritt diese Steuerpflicht mit dem 1. Januar 1929, oder an demjenigen späteren Tage ein, an welchem ein zehnjähriger Zeitraum seit dem Erwerbe abläuft.

Demgemäß wird die Grunderwerbsteuer erstmalig nur in Höhe von 1% erhoben. (§ 28, Abs. 2, S. 1 und 2 a. a. O.) Buchmäßig ist so zu prozedieren, daß im Jahre 1929 oder im letzten Jahre des zehnjährigen Zeitraums der Restbetrag der Grunderwerbsteuer über Gewinn- und Verlustkonto zu verbuchen ist. Interessant sind die steuerlichen Rechtswirkungen der Grunderwerbsteuer bei der Veranlagung der Betriebe zur Vermögensteuer. Durch Urteil vom 30. 6. 1925 I A 66/25 (RFH., Bd. 17, S. 38) hat der RFH. entschieden, daß eine Rücklage zur Bestreitung der frühestens am 1. Januar 1929 fälligen Grunderwerbsteuer der toten Hand im Sinne der §§ 10 und 28 des Grunderwerbsteuergesetzes eine echte Rücklage ist. Sie darf daher bei der Ermittlung des der Vermögensteuer 1924 unterliegenden Reinvermögens als abzugsfähiges Passivum nicht angesehen werden.

2. Die außerordentlichen Reserven (Garantiereserven, Garantieverpflichtungen, Ersatzbeschaffungsrücklagen und Erneuerungsfonds.

In manchen Gewerbezweigen wird nach kaufmännischem Handelsbrauch bei Lieferung von Gegenständen gegenüber den Abnehmern für eine bestimmte Zeitdauer eine Garantieverpflichtung übernommen. Sie hat zum Inhalt die rechtsverbindliche Zusage bestimmter Leistungen oder auch der Beseitigung etwa auftretender Sachmängel innerhalb eines bestimmten Zeitraums, wobei meistens die Beseitigung derartiger Mängel oder die Vornahme notwendiger Reparaturen kostenlos zu bewirken ist. Garantieverpflichtungen dieser Art sind z. B. im Automobilhandel, in der Uhrenindustrie, der Waggonindustrie, usw. anzutreffen. Begreiflicherweise wird die Übernahme einer solchen Lieferungsgarantie das Unternehmen oft finanziell stark belasten. Als Sicherung hiergegen dient die Garantiereserve. Die kalkulatorischen Unterlagen und buchmäßigen Transaktionen sind im Einzelfall verschieden. Zweckmäßig wird der Kaufmann bei der Kalkulation des Verkaufspreises eine besondere Risikoprämie in Ansatz bringen. Will man dies nicht, so sind die mit der Übernahme einer Garantieverpflichtung verbundenen Kosten laufende Betriebskosten (allgemeine Geschäftsunkosten), deren Deckung betriebswirtschaftlich durch Anwendung eines allgemeinen Zuschlages auf die Fabrikationsunkosten unbedenklich ist. Bedingung ist nur, daß dieser Zuschlag mit den tatsächlichen Aufwendungen innerhalb des verflossenen Geschäftsjahres ziffern- und buchmäßig im Einklang steht. Bisweilen verzichten die Betriebe auch auf die Bildung von Rücklagen für solche Garantieverpflichtungen, zumal dann, wenn die damit verbundenen

Ausfälle mit einer gewissen Regelmäßigkeit eintreten. Mag dieses Geschäftsgebaren rein buchmäßig einfach, weil mit keinem besonderen Zeitaufwand verbunden, sein, vom betriebswirtschaftlichen und kalkulatorischen Standpunkte aus ist es als inkorrekt abzulehnen. Eine einfache Überlegung lehrt, daß die durch Vornahme von Reparaturen, Beschaffung von Ersatzteilen usw. entstehenden Kosten den Geschäftserfolg des Lieferjahres mindern. Es bleibt daher nur übrig, Rücklagen zu bilden, wenn man in der Bilanz den Geschäftsgewinn nicht nur kaufmännisch, sondern auch betriebswirtschaftlich genau wiedergeben will. Die Garantiereserven haben auf diese Weise den Charakter einer Antizipation. Steuerpflichtig werden die Garantiereserven in demjenigen Zeitpunkt, in welchem sie die üblicherweise entstehenden oder die in einem Einzelfall aus besonderen Gründen erwachsenden Kosten übersteigen. Buchmäßig wird in allen diesen Fällen nicht immer richtig verfahren. Es ist die Beobachtung gemacht worden, daß die aus der Realisierung von Garantieverpflichtungen erwachsenden Kosten über Fabrikationsunkostenkonto gebucht wurcen. Dieses Verfahren ist mindestens unkorrekt. Die Verbuchung darf nur zu Lasten der Rücklagen für Garantieverpflichtungen erfolgen. Bei schwierigeren oder umfangreicheren Reparaturen und Ersatzbeschaffungen ist es angebracht, bezüglich der einzelnen Arbeit eine selbständige Selbstkostenberechnung vorzunehmen. In der Buchhaltung ist dann weiter in der Weise zu verfahren, daß der Endbetrag der Selbstkostenberechnung nicht über Warenkonto geht, sondern über das Garantieverpflichtungskonto.

Die Ersatzbeschaffungsrücklagen und die Erneuerungsfonds weisen verwandte Züge auf. Im Gegensatz zu dem EStG. von 1925, welches über Ersatzbeschaffungsrücklagen keine Sonderbestimmungen enthält, hat das alte EStG. von 1920 eine spezielle Regelung getroffen. Infolge der Geldentwertung und zur Ausgleichung ihrer unerwünschten Rückwirkungen in steuerlicher Hinsicht hat die Novelle zum EStG. aus dem Jahre 1921 die zeitweilige Zulässigkeit und Steuerfreiheit von Ersatzbeschaffungsrücklagen angeordnet. Der gesetzgeberische und wirtschaftliche Grundgedanke der hier in Frage kommenden Vorschrift des § 59a EStG. entsprang der Erwägung, daß bei dem damaligen niedrigen Geldwert die gewöhnlichen Abschreibungen bis zur Grenze der Anschaffungs- oder Herstellungskosten zur Ausgleichung eines Verlustes nicht ausreichten, wenn erstere noch aus einer Zeit höheren Geldwertes stammten. Bei der gegenwärtigen Stabilisierung der Reichswährung und der ganzen wirtschaftlichen Verhältnisse sind diese aus besonderem Anlaß geschaffenen Ersatzbeschaffungsrücklagen nicht mehr erforderlich. Näheres hierüber siehe in dem Abschnitt über

Instandsetzungs- und Instandhaltungskosten, sowie Absetzungen für Abnutzung und Substanzverringerungen.

Die Erneuerungsfonds werden nach den in der Praxis gemachten Erfahrungen nicht immer gleichmäßig behandelt, und zwar weder von den Steuerbehörden, noch von den Betrieben. Vielleicht liegt der Grund hierfür an der Bezeichnung, welche nicht ganz dem Wesen der Sache entspricht. Man muß sich von vornherein darüder klar sein, daß zwar im allgemeinen Erneuerungsfonds echte Reserven sein können; sie sind es aber keineswegs immer und müssen es auch nicht begrifflich immer sein. Oft sind sie vielmehr, genau gesehen, unechte Reserven. Dies ergibt sich daraus, daß die Abschreibungen auf einen Gegenstand des Anlagekapitals nicht unmittelbar von dem Wert dieses Vermögensgegenstandes auf dem in Frage kommenden Konto abgesetzt, sondern daß sie auf einem besonderen Korrektivposten gesammelt werden, nämlich dem Erneuerungsfonds. Diese Art der Bewertung wird in der kaufmännischen Praxis wohl auch als indirekte bezeichnet. Neben unleugbaren Nachteilen hat diese Bilanzierungsmethode den Vorzug, daß der ursprüngliche Anschaffungspreis buchmäßig unverändert erscheint, während auf dem Erneuerungskonto der Betrag der bisher vorgenommenen Abschreibungen aufgemacht wird. Der Betrag des Erneuerungsfonds ist somit für das in Frage kommende Aktivum, welches mit dem Anschaffungswert in der Bilanz erscheint, ein gewöhnlicher Korrektivposten (vgl. § 261 HGB.).

Die Erneuerungsfonds können aber auch echte Reserven darstellen. Dies ist dann der Fall, wenn die auf dem Erneuerungskonto buchmäßig erscheinenden Abschreibungen die nach den Umständen angemessene Abschreibungsquote überschreiten. Wenn man den Begriff des Erneuerungsfonds wörtlich interpretiert, so muß man der Ansicht sein, daß er eine unechte Reserve ist. Wenn der Kaufmann eine Anlage in seinem Betrieb, z. B. eine Lichtanlage oder sonstige maschinelle Anlagen, erneuert, so muß die Anlage, deren Erneuerung vorgenommen wird, unter gewöhnlichen Verhältnissen innenbetrieblich verbraucht sein. Dieser Verbrauch infolge der innenbetrieblichen Produktion findet aber in den Abschreibungen seine regelmäßige natürliche Deckung. Hier treten nun die Schwierigkeiten und Unstimmigkeiten ein. Es wird nämlich nicht immer scharf erkannt, daß bei korrekter Kalkulation und bei der auf diese Weise betriebswirtschaftlich einwandfrei erfolgten Erreichung der kalkulierten Verkaufspreise sich das Anlagekapital prozentualiter durch die Abschreibungsbeträge in liquide Mittel verwandelt. Theoretisch hat dies zur Folge, daß die gewissermaßen als Bankguthaben angesammelten Abschreibungsbeträge wieder zu einem Teil des Anlagevermögens werden. Infolgedessen ist der

Kaufmann an sich gar nicht in die Notwendigkeit versetzt, aus dem Reingewinn seines Unternehmens Reserven durch Bereitstellung von geldlichen Mitteln für die Erneuerung seiner betrieblichen Anlagen zu bilden. Die Schaffung derartiger Reserven wäre unter normalen Verhältnissen doch nur dann erforderlich, wenn Abschreibungen überhaupt nicht oder in zu geringem Umfange vorgenommen werden. Infolgedessen wird die Bezeichnung Erneuerungsfonds nicht immer alle Fälle treffen, insbesondere diejenigen nicht, bei denen nicht eine Erneuerung im technischen Sinne des Wortes, sondern nur eine Erweiterung und Verbesserung der bestehenden Anlagen erfolgte.

3. Die Umstellungsreserve.

Die Umstellungsreserve hat ihren Rechtsgrund in § 5, Abs. 1 der Verordnung über Goldbilanzen vom 28. 12. 1923 (RGBl. I, S. 1253) und im § 12, Abs. 1 der zu ihr ergangenen zweiten Durchführungsverordnung vom 28. 3. 1924 (RGBl. I, S. 385). Nach § 5, Abs. 1 a. a. O. ist bei Aktiengesellschaften, Kommanditgesellschaften auf Aktien oder Gesellschaften mit beschränkter Haftung, wenn das bei der Aufstellung der Eröffnungsbilanz nach Abzug der Schulden sich ergebende Vermögen den Betrag des Grundkapitals oder Stammkapitals übersteigt, (Eigenkapital) entweder der Überschuß als Reserve einzustellen, oder der Betrag des Eigenkapitals entsprechend heraufzusetzen. Nach § 12, Abs. 1 der 2. Durchführungsverordnung darf, außer in den Fällen der §§ 5, Abs. 1, 35, Abs. 1, Satz 3 und 36, Abs. 2, S. 2 der Goldbilanzverordnung unbeschadet der Anfechtung nach den allgemeinen handelsrechtlichen Bestimmungen ein Reservefonds gebildet werden. Der Reservefonds (Umstellungsreserve) darf den Betrag des Eigenkapitals nicht übersteigen, es sei denn, daß es sich ausschließlich um Reserven handelt, die auf Grund der angegebenen Vorschriften der Goldbilanzverordnung gebildet werden. Bei der Bemessung des Betrags des Eigenkapitals wird ein etwa bestehendes Kapitalentwertungskonto in Abzug gebracht. Nach § 12, Abs. 2 a. a. O. gilt die Umstellungsreserve, soweit sie nicht sozialen Zwecken gewidmet ist, bei Aktiengesellschaften und Kommanditgesellschaften a. A. als Reservefonds im Sinne des § 262 des Handelsgesetzbuches. Die Umstellungsreserve darf, soweit sie nicht sozialen Zwecken gewidmet ist, außer zur Deckung eines aus der Bilanz sich ergebenden Verlustes, nur zur Deckung von Einlagen auf neue Aktien, jedoch nicht über ein Fünftel des Nennwerts der neuen Aktien hinaus verwendet werden. (§ 12, Abs. 3, S. 1 a.a.O.) Hieraus folgt, daß die Verbuchung eines Disagios bei der Emission von Aktien über Verlustkonto unstatthaft ist. Die Umstellungsreserve ist eine offene Reserve. Für ihre Höhe gelten folgende Beschränkungen:

1. Sie darf nicht höher als der Betrag des Eigenkapitals sein. Bei der Bemessung dieses Betrages wird ein Kapitalentwertungskonto in Abzug gebracht. Ausstehende Einzahlungen dürfen nicht abgezogen werden. Die Umstellungsreserven sind hiernach mit dem wirklich gedeckten Kapitalbetrag in Vergleich zu bringen.

2. Weitere Beschränkungen ergeben sich daraus, daß das Kapitalentwertungskonto nicht höher als $^{9}/_{10}$ des Betrages des Eigenkapitals sein darf.

Für die Anfechtung dieser Reserven gelten die allgemeinen handelsrechtlichen Bestimmungen, also in erster Linie die Vorschrift des § 271 HGB., außerdem aber auch die allgemeinen handelsrechtlichen Rechtsgrundsätze über die Anfechtung von Rücklagen. Auch für die Umstellungsreserve gilt hiernach der Satz, daß nur eine willkürliche und soliden kaufmännischen Gepflogenheiten offensichtlich nicht entsprechende Bildung von Reserven anfechtungsfähig ist. Die Anfechtung kann daher nur seitens einer Minderheit von Aktionären erfolgen, welche 5 v. H. des Eigenkapitals vertreten.

Über die Ausschüttung einer Umstellungsreserve ist seitens des RFH. ein Urteil ergangen, welches in St. u. W., Jahrg. 1927 unter Nr. 455 veröffentlicht ist. In diesem Falle hatte eine Gesellschaft mit beschränkter Haftung bei der Umstellung ihres Betriebsvermögens auf Goldmark eine Reserve gebildet. Hinsichtlich der Besteuerung bestimmt § 19, Abs. 1, Satz 1 der Goldbilanzverordnung, daß die infolge der Aufstellung der Eröffnungsbilanz, insbesondere infolge der Umstellung sich ergebenden, lediglich zahlenmäßigen Veränderungen in dem Vermögen der umstellenden Betriebe gegenüber den für die Besteuerung maßgebenden Werten für die Einkommensteuer, Körperschaftsteuer und Vermögensteuer der vorangegangenen Steuerjahre keine Steuerpflicht begründen. Die Gesellschaft schüttete darauf im Jahre 1925 diese Umstellungsreserve aus. Der RFH. hat in der angeführten Entscheidung erklärt, daß die Mindestbesteuerung nach § 10, Abs. 2a KStG. darauf nicht Anwendung finden dürfe. Er hat sich hierbei auf die von ihm in dem Urteil vom 29. 4. 1927 I A 402/26 in Bd. 21, S. 128 aufgestellten Grundsätze berufen. Hiernach soll von der Mindeststeuer auf ausgeschüttete Gewinne während der ersten drei Geschäftsjahre seit der Umstellung Abstand genommen werden, weil die Annahme gerechtfertigt ist, daß eine Versteuerung der Gewinne bereits stillschweigend erfolgt ist. Der RFH. ist weiter der Ansicht, daß dieser Grundsatz auch auf die steuerfreien Zugänge anzuwenden ist, indem er hierbei davon ausgeht, daß auch die Umstellungsreserve der Goldbilanzverordnung einen solchen steuerfreien Zugang darstellt.

§ 42. Das Delkrederekonto. (Rückstellungen für zweifelhafte Forderungen.)

1. Allgemeines und Rechtsprechung.

Das Delkrederekonto ist dem Erneuerungsfonds nahe verwandt. Es ist normalerweise gleichfalls nur ein Korrektivposten für ein Aktivum, nämlich für die buchmäßigen Bestände an Debitoren. Nach § 40 HGB. sind die Forderungen in die Bilanzen mit dem Werte einzustellen, mit welchem sie voraussichtlich in dem Zeitpunkt ihrer Regulierung eingehen werden. Buchmäßig können diese Forderungen nach zwei verschiedenen Methoden behandelt werden. Entweder werden die zweifelhaften oder zweifelhaft gewordenen Forderungen sogleich auf ein Conto dubioso übertragen. Von diesem Konto werden dann die Beträge unmittelbar abgeschrieben. Die zweite Methode ist diejenige, bei welcher der Kaufmann die Forderungen in ihrer ursprünglichen Höhe stehen läßt und dafür zum Ausgleich die notwendigen Abschreibungen auf einem besonders hierfür eingerichteten Delkrederekonto vornimmt. Vornehmlich bei dem Delkrederekonto ist, abgesehen von dem Grundsatz der Bilanzklarheit, die Schaffung übersichtlicher Verhältnisse geboten. In der kaufmännischen Praxis wird man daher diejenige Gruppe von Forderungen von Anfang an besonders behandeln, bei denen Ausfälle gewiß sind. Der Hauptanwendungsfall ist die durch Eröffnung des Konkursverfahrens einwandsfrei festgestellte Zahlungsunfähigkeit von Kunden. Die Tatsache ihrer Zahlungsunfähigkeit steht endgültig fest, nur die Konkursquote ist noch ungewiß. Abgesehen von diesen Fällen wird es regelmäßig eine weitere Kategorie von Forderungen geben, bei denen Ausfälle infolge der allgemeinen wirtschaftlichen Verhältnisse wahrscheinlich sind. Die Höhe des Ausfalles im einzelnen wird indessen am Bilanzstichtage ebensowenig genau feststehen, wie die Kunden anzugeben sein werden, bei denen tatsächlich die mutmaßlichen Ausfälle eintreten werden. Infolgedessen bleibt nichts anderes übrig, als den Abschreibungsbetrag hinsichtlich dieser zweifelhaften Forderungen einem Delkrederekonto gutzuschreiben. Andere Wege sind, nach den bisherigen Erfahrungen, nicht oder wenigstens nicht immer zielsicher. Würde man von vornherein die Debitoren unmittelbar im Werte reduzieren, so würde das Debitorenkonto im Gegensatz zu dem korrespondierenden Warenkonto keinen einheitlichen Bestand aufweisen. Erst das Kontokorrentbuch als Gegenbuch würde das Debitorenkonto bei den zahlreichen Konten für die einzelnen Kunden spezifizieren. Aber auch eine andere Methode, bei der von dem Gesamtbetrag der Außenstände eine Abschreibung vorgenommen würde, zeitigt undurchsichtige Verhältnisse. Denn tatsächlich ist dem Kaufmann im Zeitpunkt der Vornahme der Abschreibung noch gar nicht bekannt, bei welchen seiner Abnehmer ihm überhaupt Verluste erwachsen werden. Aus diesen Gründen ist der beste Weg derjenige, bei welchem ein besonderes Delkrederekonto gebildet wird. Die Auffüllung des Delkrederefonds erfolgt nach kaufmännischem Brauch in der Weise, daß man ihm einen Prozentsatz der Außenstände zugrunde legt, welchen man nach bisherigen Erfahrungen an Verlusten in den früheren Geschäftsjahren erlitten hat. Das Delkrederekonto weist in den einzelnen Jahren keineswegs immer den gleichen Bestand auf. Eine Höherdotierung ist dann üblich, und ohne weiteres zulässig, wenn aus besonderen Gründen Ausfälle größeren Umfanges voraussichtlich zu erwarten sind. Diese Ausfälle sind dann zu Lasten des Delkrederekonto abzubuchen. Überschreiten die tatsächlichen Verluste die Rückstellungen, so müssen sie zu Lasten des betreffenden Geschäftsjahres verbucht werden. Werden Beträge des Delkrederekontos nicht verbraucht, so sind sie Teile des Bilanzgewinnes und sind an sich auch dem Geschäftsgewinn des darauffolgenden Geschäftsjahrs hinzuzurechnen. Die Praxis jedoch verfährt keineswegs immer in der angegebenen Weise, sondern sie fügt dem Delkrederefonds zu Lasten des Gewinn- und Verlustkontos des folgenden Geschäftsjahres nur einen solchen Betrag hinzu, der erforderlich ist, um das Delkrederekonto auf die dem wirklichen Debitorenbestande entsprechende Höhe des Wertberichtigungspostens zu bringen. Begrifflich ist das Delkrederekonto ebenso zu behandeln wie die Garantiereserve. Verluste, die auf Außenstände entstehen, sind dem Geschäftsertrag desjenigen Geschäftsjahrs zu belasten, in welchem die Forderungen vertraglich entstanden sind. Aus diesem Grunde sind auch die mutmaßlichen Verluste gegen den Ertrag dieses Geschäftsjahres im Wege der Dotierung der unechten Reserve aufzurechnen.

Im Sinne dieser Gedankengänge hat auch der RFH. in konstanter Rechtsprechung zur steuerlichen Behandlung des Delkrederefonds Stellung genommen. In Frage kommen die Entscheidungen vom 12. 11. 1920 I A 191/20 in Bd. 4, S. 136, vom 4. 10. 1921 I A 88/21 (Bd. 7, S. 130) und aus der neueren Judikatur vom 23. 3. 1927 IA 298/26 (RFH. Bd. 21, S. 53ff., vgl. auch St. u. W., VI. Jahrg., Heft 7/8, S. 359). In dem Urteil Bd. 4, S. 136 stellt der RFH. folgenden Leitsatz auf:

Ein als Delkrederekonto bezeichnetes Konto, das zwar im vorangegangenen Geschäftsjahr noch der Wertberichtigung diente, im neuen Geschäftsjahr, in das es übernommen wird, aber nicht mehr zu diesem Zwecke erforderlich ist, nimmt die Natur einer echten Reserve an und ist dem Bilanzgewinne hinzuzurechnen. War das Konto schon im vorangegangenen Geschäftsjahr in Wirklichkeit nicht ein Bewertungskonto, sondern eine echte Reserve, dann wird es im Falle der Übernahme auf das neue Geschäftsjahr nicht erneut steuerpflichtig.

Grundlegend ist die weitere Entscheidung in Bd. 7, S. 131. Hier stellt der RFH. folgende Grundsätze auf:

Wenn ein Unternehmen infolge ausgiebiger Kreditgewährung eine große Anzahl ausstehender Forderungen verschiedener Art, darunter in immerhin höherem Betrage auch ungedeckte besitzt, so kann es, zumal bei der seit den letzten Jahren herrschenden Unsicherheit aller wirtschaftlichen Verhältnisse, und zwar auch ohne daß ihm schon bis zum Bilanzstichtage bestimmte Einzelheiten über Gefährdung oder Ausfälle bekannt geworden sein müßten, durchweg damit rechnen, daß nach dem vermutlichen Laufe der Dinge unter den Forderungen sich auch solche befinden, die schon am Bilanzstichtage mit dem wenn auch für das Unternehmen noch nicht zutage getretenen Mangel der Gewißheit ihres Einganges behaftet sind, also als zweifelhafte oder einem gewissen Verlust unterworfen zu gelten haben. In einem Falle dieser Art entspricht es regelmäßig dem gesetzlich zu beachtenden ordnungsmäßigen kaufmännischen Gebrauch, schon zur Zeit des Bilanzstichtages den wirklichen Gesamtwert der Forderungen niedriger als zum Nennbetrage einzuschätzen und daher bei Einstellung des vollen Nennbetrages der Forderungen auf der Aktivseite der Bilanz ihm zum Ausgleich des mutmaßlichen Minderwertes ein Bewertungskonto, Delkrederekonto, gegenüberzustellen, das alsdann nicht als steuerpflichtige Rückstellung anzusprechen ist. Ob die Forderung am Bilanzstichtag als minderwertig im Vergleiche zum Nennbetrage zu betrachten ist, ist vom subjektiven Standpunkt des ordentlichen, die Gesamtverhältnisse verständig erwägenden, vorsichtigen Kaufmannes aus zu beurteilen, so daß nicht von ausschlaggebender Bedeutung die objektive Tatsache sein kann, daß noch bis ziemlich lange Zeit nach dem Bilanzstichtage Verluste bei dem Beschwerdeführer nicht in die Erscheinung getreten sind.

Auch zu dem neuen Einkommensteuerrecht von 1925 vertritt der RFH. die gleichen Grundsätze. In den Entscheidungen vom 23. 3. 1927 I A 298/26 (RFH. Bd. 21, S. 53ff.) und vom 12. 8. 1927 VI A 407/27 (RFH. Bd. 22, S. 27) wird die Zulässigkeit eines Delkrederekontos nach dem EStG. von 1925 ausgesprochen. In dem der ersteren Entscheidung zugrunde liegenden Falle hatte eine Firma diejenigen Forderungen in ihrer Bilanz vollständig abgesetzt, bei denen durch Eröffnung des Konkurses über das Vermögen der Schuldner oder durch fruchtlose Pfändungen die Uneinbringlichkeit der Forderungen bereits zweifelsfrei feststand. Außerdem hatte die Firma noch Steuerfreiheit für ein von ihr eingerichtetes Delkrederekonto in Anbetracht des Umstandes für sich beansprucht, daß die zweifelhaften Forderungen nur mit ihrem wahrscheinlichen Werte eingesetzt zu werden brauchten. Der RFH. hat in der angeführten Entscheidung dieses Verfahren der sogenannten kombinierten Abschreibung mit nachstehender Begründung gebilligt:

Die Beschwerdeführerin hatte mit ausreichender Deutlichkeit zu erkennen gegeben, daß sie das Delkrederekonto nicht als Reserve, aus der der möglicherweise später eintretende Verlust gedeckt werden sollte, ansehen wollte, sondern als Bewertungskonto gegenüber dem zu hoch angesetzten Schuldnerkonto auf der Aktivseite der Bilanz. Sie begründete das damit, daß sie bei der Bewertung ihrer Forderungen zwar diejenigen Forderungen abgesetzt habe, deren Uneinbringlichkeit am Bilanzstichtage sich bereits durch erfolglose Pfändungen oder durch Konkurs zweifelsfrei herausgestellt hatte, daß sie aber die übrigen unter den Außenständen und laufenden Wechseln befindlichen zweifelhaften Forderungen mit ihrem vollen Werte angesetzt habe, nicht, wie es dem § 40, Abs. 3 HGB. entsprochen haben würde, nur nach ihrem wahrscheinlichen Werte. Über diese Ausführungen ist das Finanzgericht hinweggegangen. Wenn es ausführt, daß nach den gesetzlichen Bestimmungen (§ 143 RAO.) nur tatsächlich uneintreibbare Forderungen außer Ansatz bleiben dürfen, so beachtet es nicht, daß nach der hier maßgebenden Vorschrift des § 13 EStG. 1925 der nach den Grundsätzen ordnungsmäßiger Buchführung ermittelte Gewinn der Besteuerung zugrunde zu legen ist. Danach kann dahingestellt bleiben, ob nicht auch schon nach § 143, Abs. 1 RAO. zweifelhafte Forderungen nur mit ihrem Schätzungswert einzusetzen sind; denn jedenfalls ist hieran für die Besteuerung des gewerblichen Gewinns auf Grund § 13 EStG. 1925 festzuhalten. ...

An dieser Rechtsprechung hat der RFH. auch in der Folgezeit festgehalten. In dem oben zitierten Urteil vom 12. 8. 1927 VIA 407/27 stellt der RFH. fest, daß der Gesamtminderwert von Außenständen gegenüber ihrem Nennwert durch Einsetzung eines Delkrederekontos berücksichtigt werden kann. Ja er geht sogar noch einen Schritt weiter. In unmittelbarem Anschluß an die hiermit zusammenhängenden Ausführungen wird dargelegt, daß sogar die Einsetzung eines Passivpostens für zunächst lediglich schätzbare Verpflichtungen in der Bilanz zulässig ist. An der einschlägigen Stelle heißt es wörtlich: „In derselben Weise (nämlich durch Einrückung eines Delkrederekontos in die Bilanz) sind die Inanspruchnahmen aus Bürgschaften und Wechselindossamenten insgesamt zu schätzen."

Das Delkrederekonto hat aber auch noch eine strafrechtliche Seite, die von den Steuerpflichtigen nicht immer in dem wünschenswerten Maße gewürdigt wird. Die Geschäftswelt übersieht bisweilen, daß das durch die Judikatur des RFH. sanktionierte subjektive Ermessen bei der Führung des Delkrederekontos seine Grenzen hat, und daß deren Verletzung strafrechtliche Konsequenzen haben kann. Mit den hiermit zusammenhängenden Fragen hat das RG. sich wiederholt zu beschäftigen Gelegenheit gehabt. Bedeutsam für die hier angeschnittene Frage ist das Urteil des RG. vom 15. 5. 1924 II 194/24 (RGSt. Bd. 58, S. 181). In überzeugenden Ausführungen legt das RG. die Grenzen zwischen subjektiver Bewertung und strafrechtlich relevanter Steuerhinterziehung dar. In Übereinstimmung mit der Judikatur des RFH. hält das RG. an den für die Bewertung der Forderungen und die Einrichtung eines Delkrederekontos maßgebenden handelsrechtlichen Grundsätzen fest. Auf der anderen Seite läßt es jedoch keinen Zweifel darüber aufkommen, daß eine strafbare Steuerhinterziehung vorliegt, wenn der Steuerpflichtige in einem Delkrederekonto den Posten „uneinbringliche Forderungen" wissentlich und absichtlich falsch zwecks Verwertung gegenüber der Steuerbehörde eingesetzt hat. In dem der Entscheidung des RG. vorliegenden Falle konnte bewußte und absichtlich unrichtige Bewertung der Außenstände dem Steuerpflichtigen nachgewiesen werden. Er hatte bestimmte Forderungen als uneinbringlich abgeschrieben, obwohl die in Frage kommenden Außenstände bereits im Laufe des ersten Monats nach dem Bilanzstichtage und noch vor Aufstellung der Bilanz und Abgabe der Steuererklärung nachweislich eingegangen waren. Ein Kaufmann wird jedenfalls gut tun, wenn er bei Abschreibungen vorsichtig verfährt und wahllose Abschreibungen, deren objektive Unrichtigkeit ihm bewußt ist, vermeidet.

2. Richtlinien des Landesfinanzamtes und der Handelskammer Bremen betreffend die Führung eines Delkrederekontos für zweifelhafte Forderungen.

Die Geschäftswelt hat in den durch die Rechtsprechung des RFH. und des RG. hinsichtlich des Delkrederekontos festgelegten Leitsätzen einen gewissen Anhaltspunkt bei der Bewertung der Außenstände; In der Praxis wird gleichwohl aus begreiflichen Gründen nicht immer einheitlich verfahren. Dies verbietet sich schon von selbst mit Rücksicht auf die Verschiedenartigkeit der Verhältnisse in den einzelnen Veranlagungsbezirken. Bekannt sind neuerdings die vom Landesfinanzamt Bremen im Einvernehmen mit der Handelskammer Bremen herausgegebenen Richtlinien über die Abschreibungen für zweifelhafte Debitoren. In den wichtigsten Stellen seien sie daher wegen ihrer Bedeutung nachstehend wiedergegeben:

1. Prüft eine Firma ihre Debitoren einzeln auf ihre Zahlungsfähigkeit nach und bucht dann die sich bei der Prüfung als zweifelhaft ergebenden Forderungen unmittelbar auf Debitorenkonto über Gewinn- und Verlustkonto ab, so kommt eine Besteuerung dieser Forderungen, da sie auf der Aktivseite gar nicht erscheinen, überhaupt nicht in Frage.

Werden die offenbar zweifelhaften Forderungen vom Debitorenkonto abgeschrieben, gleichzeitig aber aus allgemeinen, z. B. durch die Wirtschaftslage geboten erscheinenden Gründen, also ohne besondere Unterlagen, auf der Passivseite ein Delkrederekonto eingestellt, so würde dieses Delkrederekonto dem Gewinn hinzugeschlagen, also steuerpflichtig sein. Die Steuerfreiheit könnte nur, wenn und soweit die Berechtigung des Delkrederekontos besonders nachgewiesen wird, erreicht werden.

2. Wenn die Nachprüfung der einzelnen Forderungen auf ihre Sicherheit aus irgendwelchen Gründen, z. B. mit Rücksicht auf einen ausgedehnten Kundenkreis untunlich oder nicht durchführbar sein sollte, so bleibt es jeder Firma unbenommen, durch Einsetzen eines Delkrederekontos auf der Passivseite eine generelle Abschreibung vorzunehmen. Welcher Prozentsatz von den gesamten Außenständen in diesem Falle abgesetzt werden kann, läßt sich nur von Fall zu Fall entscheiden. Auf Grund der Vorkriegserfahrungen wird es aber nicht zu beanstanden sein, wenn in der heutigen Zeit bis 5% der Gesamtforderungen als steuerfreies Delkrederekonto eingesetzt werden.

3. Firmen, welche in ihre Bilanz ein Delkrederekonto einstellen, wird zur Vermeidung von Nachfragen empfohlen, auf der für das Finanzamt bestimmten Bilanz unaufgefordert wenigstens zu vermerken, daß unmittelbare Abschreibungen für zweifelhafte Forderungen nicht stattgefunden haben. Noch zweckmäßiger wäre es aber, wenn auf der Aktivseite ein Unterkonto „dubio" eingerichtet und diesem auf der Passivseite ein Delkrederekonto gegenübergestellt würde. Als zweifelhaft abgeschriebene Forderungen, die nachträglich eingehen, müssen an Gewinn und Verlust verbucht werden. Um den etwa von einem Finanzamt geforderten Nachweis zweifelhafter Forderungen zu erbringen, genügt es, wenn erfolglos gebliebene Mahnschreiben, Wechselproteste und dergleichen vorgelegt werden.

3. Absetzungen vom Nennbetrag bei der Bewertung von Außenständen.

Zu der Frage, wann und in welchem Umfange Absetzungen vom Nennbetrage bei der Bewertung von außenstehenden Forderungen in der Bilanz zulässig sind, hat der RFH., abgesehen von dem bereits angeführten Urteil (Bd. 21, S. 53) in mehreren Entscheidungen Stellung genommen. Von Bedeutung sind die nachstehenden:

1. In dem Urteil vom 4. 11. 1927 (St. u. W. 1927, Nr. 964) läßt sich der RFH. über den Abzug eines Pauschale für Retouren, Preisdifferenzen, Skonti u. a. aus. Ein summarischer Abzug von 4 v. H. wird für derartige Differenzen selbst bei solchen Außenständen zugelassen, die sonst sicher sind. Außerdem werden diese Abzüge neben einem Delkrederekonto für statthaft erklärt. Der RFH. ist der Ansicht, daß eine ziffernmäßig genaue Angabe des gemeinen Wertes der Außenstände genügt. Die buch- und bilanzmäßige Form, in welcher diese Angaben erfolgen, ist ohne Bedeutung.

2. In dem Urteil vom 30. 11. 1927 (St. u. W. Jahrg. 1928, Nr. 9) wird von dem RFH. erklärt, daß eine bei ihrem tatsächlichen Eingange umsatzsteuerpflichtige Forderung um den Betrag der ent-

stehenden Umsatzsteuerschuld weniger wert ist, als eine gleich sichere, bei der eine solche Steuerschuld nicht in Frage kommt. Infolgedessen so führt der RFH. weiter aus, ist in diesen Fä len ein Abzug der Umsatzsteuer bei den Außenständen zulässig. Selbstverständlich müssen derartige Abzüge gleichmäßig, sowohl in der Jahreseröffnungsbilanz wie in der Schlußbilanz vorgenommen werden.

3. Hinsichtlich der steuerlichen Behandlung der Dubiosen nimmt der RFH. folgenden Standpunkt ein. Eine Abschreibung auf zweifelhafte Forderungen ist statthaft, wenn es sich um böswillige Schuldner handelt, weil die gerichtliche Einziehung solcher Forderungen mit erheblichen Kosten und Schwierigkeiten verbunden ist. Außerdem kann einem Kaufmann die Beschreitung des Prozeßweges nicht immer zugemutet werden. Wann und in welchem Umfange ausstehende Forderungen als uneinbringlich (§ 40, Abs. 3 HBG.) oder minderwertig anzusehen sind, hängt von den Umständen des einzelnen Falles ab und ist sonach ausschließlich Tatfrage. Die Ausstellung von Wechseln ist für die Frage, ob eine Forderung als vollwertig, also als sicher anzusehen ist, ohne Einfluß. (Vgl. St. u. W. Jahrg. 1927, Nr. 307.) In dem zweiten Erkenntnis hatte das Finanzgericht als Vorinstanz die Ansicht vertreten, es seien durch die Wechselunterschriften die Forderungen derart sicher geworden, daß sie äußerstenfalls ein in kurzer Zeit realisierbares Rückgriffsrecht des Gläubigers auf anderweite Werte des Vermögens des säumigen Schuldners gewährten. Dieser Anschauung hat der RFH. sich nicht angeschlossen. Die Ausstellung eines Wechsels gewährt lediglich die Möglichkeit schnellerer und wirksamerer Beitreibung der Forderung, ohne daß jedoch hierdurch rechtswirksame Vorzugsrechte dem Gläubiger eingeräumt würden. Erschwerend kommt noch hinzu, daß die Ausstellung von Wechseln in einem Geschäftsbetriebe dann, wenn ein Verkauf von Waren gegen Wechsel bei ihm im allgemeinen nicht üblich ist, sogar ein Beweis für die mangelnde Kreditwürdigkeit des Kunden ist. Die Ausstellung von Wechseln erfolgt in diesen Fällen nur deshalb, weil der Kaufmann die betreffenden Abnehmer nicht oder doch nicht in vollem Umfange als kreditwürdig ansieht. Dies ist besonders dann anzunehmen, wenn er die Wechsel sich erst für den Fall geben läßt, daß die ihm gegen seinen Kunden zustehenden Buchforderungen bei Fälligkeit nicht prompt reguliert werden. Das Conto dubioso ist auch neben dem Delkrederekonto allgemein zulässig. In dem dem RFH. zur Entscheidung vorliegenden Falle hatte der Buchprüfer von den als zweifelhaft bezeichneten Forderungen alle diejenigen dem Gewinne zugerechnet, die im folgenden Jahre eingegangen waren. Der RFH. hat diesen Standpunkt als unrichtig verworfen. (St. u. W. Jahrg. 1927, Nr. 567.)

§ 43. Die schwebenden Geschäfte und Prozesse. (Schwebende Verbindlichkeiten, schwebende Reportgeschäfte u. a.)

Enge Verflechtungen zwischen Steuerrecht und Handelsrecht in den mannigfachsten Erscheinungsformen zeigen sich vornehmlich nicht nur bei der Bewertung der Forderungen und dem Delkrederekonto, sondern namentlich auch bei der Behandlung der sogenannten schwebenden Geschäfte und schwebenden Prozesse, sowie bei den im folgenden Unterabschnitt des näheren darzulegenden Abschreibungen. Ich erörtere an dieser Stelle zunächst die schwebenden Rechtsgeschäfte und Rechtsstreitigkeiten und ihre Rückwirkungen auf die steuerrechtlich berichtigte Handelsbilanz. Wie ich schon in dem Abschnitt Buchführung und Recht darzulegen versuchte, geht die kaufmännische Buchführung von dem bilanzrechtlichen Grundsatz aus, daß die gegenseitigen, bei Kauf- und Lieferungsverträgen entstehenden Forderungen und Verbindlichkeiten regelmäßig nur dann und insoweit in die Bilanz aufgenommen werden, wenn der eine Vertragsteil den Vertrag bereits erfüllt hat. (Vgl. in Übereinstimmung hiermit RFH. vom 18. 6. 1924 in St. u. W., Jahrg. 1924, S. 1229.) Hinzu kommt, daß Rechtsanspruch und die Verlautbarung eines Geschäftes durch die Buchhaltung sich keineswegs immer gegenseitig decken. Ebensowenig sind aber auch Rechtspflicht und Buchschuld einander gleich. Dies liegt daran, daß nach dem ganzen Charakter und der Zweckbestimmung der Buchhaltung im allgemeinen nur tatsächliche Ein- und Ausgänge gebucht werden. (Vgl. hierzu RGZ. Bd. 56, S. 18 und Bd. 80, S. 333.) Natürlich werden immer die Umstände des einzelnen Falles maßgebend sein. Die vernünftige, alle Gesichtspunkte sorgfältig abwägende, kaufmännische Erwägung hat zu prüfen, ob eine Buchung geboten ist. Solange der Kaufmann den Gegenwert seiner Lieferung oder Leistung (Zahlung) noch nicht erhalten und seinerseits noch nicht geleistet hat, ist er berechtigt, das fragliche Geschäft nicht zu bilanzieren. Hier greift der vom Steuerrecht anerkannte Gesichtspunkt durch, der auch die buchmäßige Behandlung der schwebenden Lieferungsverträge beherrscht, daß in diesem Falle der Wert seiner Rechte und Verbindlichkeiten aus dem noch laufenden Geschäfte sich wegen der noch bestehenden Ungewißheit des wirtschaftlichen Erfolges für ihn aufhebt. Hieraus folgt, daß die Weglassung beider Beträge aus der Bilanz den effektiven Vermögensstand nicht berührt. Solange von keinem der beiden Kontrahenten in Erfüllung des Lieferungsvertrages eine Leistung erfolgt ist, gibt sein Abschluß zu einer Eintragung in die Geschäftsbücher des Kaufmanns keinen Anlaß. Eine konsequente Durchführung dieses Grundsatzes hat die Wirkung, daß Rückstellungen für Geschäftsverluste, welche erst im nächsten Jahre erwartet werden, echte Reserven sind, die den Gewinn des laufenden Jahres nicht mindern.

Dies ist die tatsächliche und die Rechtslage, wie sie sich durch die handelsrechtliche Rechtsprechung und den kaufmännischen Handelsbrauch im Laufe einer langen Entwicklung gebildet hat. Es ist erfreulich, daß die Ergebnisse der steuerrechtlichen Rechtsprechung hiermit im Einklang stehen. Auch vom steuerrechtlichen Standpunkt aus eignen sich zur Eintragung in die kaufmännischen Bücher nur tatsächlich gewährte oder wirklich empfangene Leistungen. Für künftige oder aufschiebend bedingte Leistungen ist daher auch nach Auffassung der Steuerbehörde in den Büchern des Gewerbetreibenden kein Raum. Künftige oder aufschiebend bedingte Forderungen und Schulden sind nicht buchungs- und daher auch nicht bilanzfähig. Mit diesen Ausführungen ist der Versuch gemacht, die in gleichmäßiger Richtung sich bisher entwickelnde Rechtsprechung des RFH. aufzuzeigen. Es handelt sich um die Urteile in Bd. 3, S. 22; Bd. 8, S. 22; Bd. 17, S. 333 ferner Bd. 18, S. 11 und Bd. 22, S. 27 Entscheidung vom 12. 8. 1927 VI A 407/27 und vom 24. 6. 1926 VI A 212/26 in St. u. W., Jahrg. 1925, Nr. 499. Die wichtigste Entscheidung ist diejenige vom 4. 11. 1925 VI A 491/25 in Bd. 17, S. 332ff. Es wird hier ausgeführt: Es handelt sich um die Frage, ob ein Kaufmann nach den Grundsätzen ordnungsmäßiger Buchführung berechtigt ist, Verluste aus am Bilanzstichtage schwebenden Geschäften bei der Bilanzaufstellung zu berücksichtigen und unter welchen Voraussetzungen angenommen werden kann, daß sich aus einem schwebenden Geschäft ein bereits am Bilanzstichtage erkennbarer und daher das Bilanzergebnis beeinflussender Verlust ergibt. Zunächst steht jedenfalls handelrechtlich der Grundsatz fest, daß alle aus gegenseitigen Verträgen entstehenden Forderungen und Verpflichtungen regelmäßig erst dann in der Bilanz berücksichtigt werden, wenn von einer Seite bereits geleistet ist. (Vgl. Lion, Bilanzsteuerreht, S. 166 und die dort in Anm. 246 angeführte Literatur.) Dieses Verfahren erklärt sich daraus, daß der Kaufmann, der beim Abschluß eines gegenseitigen Vertrags einen wirtschaftlichen Nutzen für sich erhofft, regelmäßig davon ausgeht, daß seine Ansprüche den übernommenen Verpflichtungen mindestens als gleichwertig gegenüberstehen und Anspruch und Verpflichtung sich daher gegenseitig aufheben. Nun kann sich aber im Einzelfall, und zwar insbesondere dann, wenn zwischen Vertragsabschluß und Ausführung eine längere Zeit liegt, das Wertverhältnis zwischen Leistung und Gegenleistung verschieben. Geht die Wertverschiebung in der Richtung, daß die Forderung die Verpflichtung übersteigt, so bleibt die Bilanz nach dem Grundsatz, daß nicht realisierte Konjunkturgewinne in die Bilanz nicht aufzunehmen sind, von der Verschiebung unberührt. Umgekehrt kann es einem sorgfältigen Kaufmann nicht verwehrt werden, und erscheint sogar gemäß § 40 HGB. geboten, in den Fällen, in denen am Bilanzstichtage die Verpflichtung aus dem schwebenden Geschäfte die Forderung übersteigt, diese bereits eingetretene Vermögensminderung in der Bilanz zum Ausdruck zu bringen. (Vgl. RFH. Bd. 3, S. 22; Lion a. a. O., S. 170.) Die vorstehenden Grundsätze des zu dem alten Einkommensteuerrecht ergangenen Urteils sind auch auf das neue Einkommensteuerrecht anwendbar. Denn nach § 19 Abs. 1 EStG. ist der Bewertung für den Schluß des Steuerabschnitts der gemeine Wert zugrunde zu legen. Bei Ansprüchen auf Lieferung von Waren deckt sich aber unter gewöhnlichen Verhältnissen der gemeine Wert mit dem Wert der Ware. Der steuerpflichtige Kaufmann, welcher die Ware käuflich erwirbt, ist handelsrechtlich nicht nur berechtigt, sondern auch nach dem Einkommensteuerrecht verpflichtet, bei schwebenden Rechtsgeschäften inzwischen eingetretene Wertverminderungen der Ware buchmäßig auszudrücken. Ihm steht zwar ohnehin nach § 19, Abs. 2 EStG. das Recht der Wahl zwischen gemeinem Wert und Anschaffungspreis zu. Aber dieses Wahlrecht gilt nach der nunmehr herrschenden Ansicht dann nicht, wenn die handelsrechtlichen Bewertungsgrundsätze ein solches Wahlrecht nicht gewähren. Bei dieser Sachlage kann lediglich zweifelhaft sein, ob unter gemeinem Wert der Ware der Einkaufs- oder Verkaufspreis zu verstehen ist. Man wird der Ansicht sein können, daß der Einkaufspreis zugrunde zu legen ist. Deshalb ist bei Ansprüchen auf Lieferung von Waren gemeiner Wert nicht der von dem Käufer bei der Weiterveräußerung dieser Waren zu erzielende, sondern der von ihm für den Einkauf der Waren anzuwendende Betrag. An diese Gedankengänge knüpft das vorerwähnte Urteil des RFH. (Bd. 17, S. 332) an, indem es ausführt, daß ein Verlust schon dann vorliegt, wenn der Käufer die Ware am Bilanzstichtage für einen den Kaufpreis nicht erreichenden Betrag sich beschaffen könnte. Es kann somit der andere Vertragskontrahent nicht den Einwand erheben, daß bei dem Verkauf des erst noch zu liefernden Gegenstandes der Einkaufspreis mit Sicherheit erreicht werden würde.

Schwebende Geschäfte, bei denen Forderungen und Schulden gleichwertig sind, z. B. Verpflichtungen und Rechte aus Mietsverträgen, aus Wechseln mit Regreßanspruch gegen solvente Vormänner u. a. sind buchmäßig nicht erkenntlich zu machen. Ist dagegen nach der mit der Sorgfalt eines ordentlichen Kaufmanns vorzunehmenden Prüfung bei derartigen Geschäften anzunehmen, daß aus ihnen Verluste entstehen, so sind diese mit ihrem zu schätzenden Betrage als

Passiva zu buchen. (Vgl. Staub-Pinner, Kommentar zum HGB. 12. und 13. Aufl., Bd. 2, S. 399, Anm. 17 zu § 261 HGB., RFH. Bd. 3, S. 22; Bd. 17, S. 243 und Staub, Anm. 8 zu § 40 HGB. Bd. 1, S. 277). Übrigens kann auch der Verkäufer die bei schwebenden Lieferungsgeschäften entstehenden Verluste steuerlich berücksichtigen. (Urteil vom 24. 6. 1926 VI A 212/26 in St. u. W., Jahrg. 1926, S. 651.) Auch hier greift der vom RFH. bereits in einer früheren Entscheidung vom 4. 11. 1925 steuerlich anerkannte Grundsatz der nichtrealisierten Werte ein. Ähnliche Gedankengänge finden wir bei der Behandlung schwebender Verbindlichkeiten, soweit es sich um Mietsverträge handelt, bei der Berücksichtigung verlustbringender schwebender Geschäfte und bei der Behandlung schwebender Reportgeschäfte. In dem Urteil vom 24. 9. 1924 VIe A 159/24 (St. u. W., Jahrg. 24, S. 1605) wird der Satz aufgestellt, daß die übrigens auch Ausnahmen zulassende Regel der Nichtberücksichtigung schwebender Geschäfte nur insoweit gilt, als die noch nicht erfüllten Ansprüche im Verhältnis von Leistung und Gegenleistung stehen; z. B. bei Mietsverträgen der Anspruch des Mieters auf Belassung der Mietssache vom Bilanzstichtag bis zum Ende des Mietsverhältnisses und der Anspruch des Vermieters auf Zahlung des Mietzinses für diese Zeit. Dagegen ist die Verpflichtung des Mieters zur Wiederherstellung des guten Zustands von ihm gemieteter Maschinen und zu ihrer Rückbeförderung keine Gegenleistung für ihre Belassung seit dem Bilanzstichtag. Sie rechtfertigt deshalb insoweit die Einstellung eines Passivums, als ihre Höhe von der weiteren Benutzung der Maschinen unabhängig ist. Die Verpflichtung ist in diesem Falle nach den Kosten zu bewerten, die ihre Erfüllung am Bilanzstichtage erfordert haben würde.

Zur Frage der steuerlichen Berücksichtigung verlustbringender schwebender Geschäfte hat sich der RFH. unter dem 17. 10. 1924 I A 88/24 (St. u. W. 1924, S. 1618ff. und Strutz, Handbuch des Reichssteuerrechts, 3. Aufl., S. 547) ausgelassen. Hat hiernach ein Unternehmer Verträge über eine erst im folgenden Bilanzjahr an ihn zu bewirkende Lieferung von Rohstoffen abgeschlossen, und ist der hierfür vereinbarte Preis höher als der Marktpreis am Bilanzstichtage, so berechtigt dies nicht, den Unterschied als Verlust in Abzug zu bringen. Das Urteil vom 7. 5. 1920 I A 302/19 (Bd. 3, S. 22) betrifft nur den Fall, daß der Steuerpflichtige selbst zu Lieferungen verpflichtet ist, die nach den am Bilanzstichtage zu überblickenden Gestehungskosten Verlust bringen müssen.

Schwebende Reportgeschäfte.

Besonders interessant ist der Standpunkt des RFH. zur steuerlichen Behandlung schwebender Reportgeschäfte. Ein Reportgeschäft ist gegeben, wenn bei Abschluß eines Kaufvertrages über demnächst zu liefernde vertretbare Gegenstände gleichzeitig der Rückkauf derselben Menge zur Lieferung auf einen späteren Zeitpunkt vereinbart wird. In dem Urteil vom 18. 11. 1925 (Bd. 18, S. 11) stellt der RFH. zutreffend fest, daß bei einem Reportgeschäft für den Käufer zwei rechtlich und steuerlich selbständig zu behandelnde Verträge vorliegen, nämlich ein Kauf und ein Verkauf. Ist am Bilanzstichtage lediglich das Kaufgeschäft abgewickelt, so hat der Käufer bei Aufstellung der Bilanz dieses Geschäft nach den allgemeinen für die ordnungsmäßige Buchführung geltenden Grundsätzen zu berücksichtigen, und daher die am Bilanzstichtage noch vorhandenen Gegenstände mit ihrem Anschaffungspreise bzw. dem niedrigeren gemeinen Werte in die Inventur und Bilanz aufzunehmen, während ihm das am Stichtag von keiner Seite erfüllte Verkaufsgeschäft nach den kaufmännischen Grundsätzen über die Behandlung schwebender Geschäfte regelmäßig keinen Anlaß zur Vornahme einer Buchung geben und daher die Bilanz nicht beeinflussen wird.

Schwebende Prozesse.

Analog ist die Stellungnahme des RFH. zu der Frage der Berücksichtigung drohender Verluste aus schwebenden Prozessen. Es handelt sich hier um die Entscheidungen vom 28. 1. 1925 VIe A 256/24 (St. u. W., Jahrg. 4, S. 842) und vom 1. 4. 1925 VI A 2/25 (St. u. W., Jahrg. 4, S. 843.) Der RFH. ist hier zu folgenden Ergebnissen gelangt. Es entspricht den Grundsätzen einer ordnungsmäßigen Buchführung des vorsichtig wirtschaftenden Kaufmanns, daß auch am Stichtag noch nicht entstandene oder rechtlich zweifelhafte Verbindlichkeiten mit ihrem mutmaßlichen Betrag unter die Passiven aufgenommen und insbesondere auch drohende Verluste aus schwebenden Prozessen durch Einstellung eines entsprechenden Passivpostens in die Bilanz berücksichtigt werden. Allerdings verliert nicht jede vom kaufmännischen Standpunkt aus gebotene Rückstellung schon deswegen, weil ihre Bildung den Gewohnheiten des vorsichtigen Kaufmannes entspricht, den Charakter einer steuerpflichtigen Reserve. Aber der grundlegende Gedanke, daß eine Schuld zu den Betriebskosten des Geschäftsjahres gehört, mit dem sie durch ihre Grundlagen wirtschaftlich zusammenhängt, kann doch immerhin für die Zulässigkeit der Berücksichtigung der am Stichtag bereits erkennbar drohenden Verluste verwertet werden. Dies ist die ständige Rechtsprechung. (Ganz ähnlich RFH. in dem oben an erster Stelle zitierten Urteil vom 28. 1. 1925 (St. u. W., Jahrg. IV, S. 842.)

3. Unterabschnitt.

Die Abschreibungen und die Absetzungen für Abnutzung und Substanzverringerungen im Steuerrecht und Handelsrecht.

§ 44. Die Abschreibungen.

1. Allgemeine Richtlinien.

Der Gegensatz zwischen der Bilanz- und Dividendenpolitik der Handelsgesellschaften und den steuerfiskalischen Interessen der Reichsfinanzverwaltung tritt bei den Abschreibungen besonders deutlich hervor. Abschreibungsmethoden, wie überhaupt die ganze Handhabung der Abschreibungen, sind der untrügliche Beweis für die Stellung, welche ein Unternehmen nicht nur gegenüber seinen Gläubigern, Aktionären und sonstigen Interessenten, sondern vor allem auch gegenüber den Steuerbehörden einnimmt. Wie die Abschreibungen das Kernstück der Gewinnermittlung und der Bewertung sind, so sind sie vielleicht gerade aus diesem Grunde von jeher der Gegenstand weitgehender Differenzen zwischen Steuerbehörden und steuerpflichtigen Betrieben gewesen. Diese Schwierigkeiten sind auch durch die Gesetzgebung von 1925 nicht behoben. Im Gegenteil. Die Unstimmigkeiten scheinen sich nach den bisherigen Beobachtungen noch vermehrt zu haben. Vielleicht ist dies mit der Grund gewesen, daß durch Schaffung des Abs. 10 des § 162 RAO. der Buch- und Betriebsprüfungsdienst seitens der Reichsfinanzverwaltung in die wirtschaftliche Praxis eingeführt wurde, der bereits aus anderem Anlaß Gegenstand der Erörterung in diesem Buche gewesen ist. Die Rechtsprechung des RFH. zu den Abschreibungen und nach dem Einkommensteuergesetz von 1925 auch zu den Absetzungen für Abnutzung und für Substanzverringerungen hat zur formalen Grundlage nicht nur die durch § 4 RAO. bei der Beurteilung von Steuerangelegenheiten gebotene wirtschaftliche Betrachtungsweise. Es ist vielmehr in jeder Hinsicht anzuerkennen, daß der RFH. bemüht ist, auch in materieller Hinsicht bei der Feststellung des steuerlichrelevanten Sachverhalts den begründeten wirtschaftlichen Interessen der Steuerpflichtigen bis an die Grenze des Zulässigen entgegenzukommen. Vielleicht bietet sich auch in Zukunft nach dieser Richtung ein Weg zur Überwindung der bei der steuerlichen Behandlung der Abschreibungen ständig zutage tretenden Schwierigkeiten und Differenzen.

Voraussetzung für die Erreichung dieses Zieles ist, daß die Beteiligten sich über Wesen und wirtschaftliche Zweckbestimmung der Abschreibungen klar werden, um wenigstens auf diese Weise eine gemeinsame Plattform für weitere Zusammenarbeit zu schaffen. Die Abschreibung des Kaufmanns ist ein Akt wirtschaftlicher Verfügung hinsichtlich des für Geschäftszwecke gebundenen Vermögens. Die Abschreibung bezweckt, den niemals konstanten, sondern immer variablen Gebrauchs- oder Nutzungswert einer Sache in Übereinstimmung mit ihrem Buchwert zu bringen. Nun ist aber die Abnahme der Gebrauchsfähigkeit je nach der Dauer des Gebrauches eines Betriebsgegenstandes nachweislich progressiv. Nach streng betriebswirtschaftlichen Grundsätzen müßten die Abschreibungsquoten der Progression der Abnahme der Gebrauchsfähigkeit folgen. Die kaufmännische Praxis indessen wendet dieses Abschreibungsverfahren nicht an. Der Grund hierfür ist nicht ohne weiteres ersichtlich. Vielleicht liegt er darin, daß selbst bei Anwendung progressiver Abschreibungen die an sich erwünschte Übereinstimmung zwischen Gebrauchswert und Buchwert doch nicht zu erreichen, und weil ziffernmäßig die Minderung des Gebrauchswertes gleichwohl nicht auszudrücken ist. Man ist daher allgemein zur Anwendung gleichmäßiger Jahresquoten übergegangen, eine Anschauung, die auch durch das HGB. (vgl. § 261, Ziff. 3 HGB.) gebilligt worden ist. Hieraus folgt, daß im regulären Rahmen des Geschäftsbetriebes eines Unternehmens nicht die Bewertung oder eine jedes Jahr zu erneuernde Bewertung, sondern vielmehr die Abschreibungen den Preis bestimmen, zu dem ein Gegenstand des Anlagevermögens in die Bilanz einzustellen ist. Von dieser Art der Preisbestimmung hängt die Objektivität des Bilanzwertes der Anlagen ab.

Eine Ausnahme von diesem regulären Status bilden die aus besonderem Anlaß erstellten Bilanzen, so z. B. die Liquidationsbilanzen, Sanierungsbilanzen, Auseinandersetzungsbilanzen, Verkaufsbilanzen u. a. Hier erfolgt nach feststehender Handelspraxis die Bewertung im allgemeinen nach dem Verkaufswert.

2. Abschreibungsmethoden.

In bezug auf die Abschreibungsmethoden besteht zwar in der Betriebswirtschaftslehre Übereinstimmung dahin, daß die Abschreibungen niemals von dem verbleibenden Inventarwert (Endsaldo), sondern stets von dem Anschaffungs- oder Herstellungspreis zu berechnen sind. Diese Anschauung hat sich aber in der Praxis keineswegs allgemein durchgesetzt, insbesondere nicht gegenüber der Steuerbehörde. Die Abschreibung zu einem sich gleichbleibenden Prozentsatz vom Buchwert (Saldo) hat zweifellos den großen Vorzug der einfachen praktischen Handhabung für sich. Außerdem hat sie ihre Berechtigung in der für alle Beteiligten in gleicher Weise geltenden Erwägung, daß eine Verfeinerung in der Abschreibung dann gewöhnlich geringen Erfolg verspricht, wenn sie nur für ein Geschäftsjahr oder wenige Geschäftsjahre sich auswirkt. Sie erfüllt ihren Zweck nur dann, wenn bei an sich ge-

gebener Stabilität der wirtschaftlichen Verhältnisse die Unterschiede der einzelnen Geschäftsjahre im Laufe der Zeit mehr oder weniger sich kompensieren. Werden die Abschreibungen vom Buchwert vorgenommen, so hat dies zur Wirkung, daß die Abschreibungen von Jahr zu Jahr geringer werden. Diese Abschreibungsmethode mag im Interesse der Aktionäre liegen, also vom Standpunkt der Dividendenpolitik gerechtfertigt sein. Zur inneren Erstarkung des Unternehmens tragen zu niedrige Abschreibungen nicht bei. Das Gegenteil ist der Fall. Die Anlagen amortisieren sich viel langsamer, als wenn die Abschreibungen vom Anschaffungs- oder Herstellungswert vorgenommen würden. Hier die richtige Entscheidung zu treffen, wird oft außerordentlich schwierig sein. Die Entscheidung der Frage, welches Abschreibungsverfahren im Einzelfalle geboten ist, hängt immer von der persönlichen Einstellung des Bilanzkritikers ab. Wiederum vom rein betriebswirtschaftlichen Gesichtspunkt aus betrachtet, wird eine vorsorgliche, alle wirtschaftlichen Momente für und wider sorgfältig erwägende Geschäftsführung darauf bedacht sein müssen, nicht nur zweckentsprechend, sondern auch objektiv richtig oder wenigstens annähernd richtig abzuschreiben. Dies Ziel kann am ehesten erreicht werden, wenn das Unternehmen Höhe und Zahl der jährlichen Abschreibungsquoten auf der Grundlage der Gebrauchsdauer der zu bewertenden Anlage bestimmt, und wenn außerdem die Abschreibungssätze stets vom Anschaffungs- oder Herstellungswert berechnet werden. Es bedarf keiner weiteren Erörterung, daß nur bei einer alljährlichen Abschreibung von dem Anschaffungswert (ursprünglichen Wert) nach Ablauf der Gebrauchsdauer die Amortisation des Buchwertes einer Anlage herbeigeführt wird. Auch die Steuertheoretiker haben sich diesen betriebswirtschaftlichen Erwägungen nicht verschlossen. Auch sie sind ganz überwiegend der Ansicht, daß grundsätzlich die Berechnung der Abschreibungen vom Anschaffungswert das theoretisch einzig korrekte Verfahren ist. Wenn demgegenüber die kaufmännische Praxis fast allgemein in letzter Zeit zu den Abschreibungen vom Buchwert übergegangen ist, so liegt das daran, daß bei der erstgenannten Methode für jeden einzelnen abzuschreibenden Posten auf den Anschaffungspreis zurückgegriffen werden muß. Dies gestaltet sicherlich den ohnehin komplizierten Buchführungsapparat eines größeren Unternehmens noch schwieriger. Die Einrichtung einer besonderen Buchhaltung für die Abschreibungen wird in den meisten Fällen, z. B. dann, wenn das Unternehmen größeren Umfanges ist, nicht zu vermeiden sein. Bei umfangreichen Beständen an Maschinen, maschinellen Anlagen, Fuhrpark, Gerätschaften, Werkzeugen usw., sowie bei Warenlägern mit oft wechselnden Beständen ist aus den Bestandkonten der Anschaffungspreis der am Stichtage greifbaren Gegenstände nicht ersichtlich. Selbst wenn man die Arbeit nicht scheut, die mit der Einrichtung eines besonderen Abschreibungskontos für jeden einzelnen Gegenstand verbunden ist, treten weitere Schwierigkeiten in dem Augenblick sofort ein, wenn aus irgendeinem Anlaß außerordentliche Abschreibungen am Platze sind, oder ein Wechsel bei den einzelnen Abschreibungssätzen notwendig ist. Schwierigkeiten dieser Art werden bei der Abschreibung vom Anschaffungswert niemals zu vermeiden sein. Nur die Abschreibungen vom Buchwert können Abhilfe schaffen. Daß die Abschreibung vom Buchwert stets eine Fehlerquelle notwendig mit sich bringt, wird zugegeben. Ich weise auf das von Passow in seinem Werk über die Bilanzen der privaten und öffentlichen Unternehmungen (2. Aufl. 1921, Bd. 1, S. 179) angeführte Beispiel hin, welches diese Nachteile deutlich illustriert. Passow hebt zwei Nachteile hervor, die bei näherer Prüfung in der Tat nicht wegzuleugnen sind. Der eine Nachteil besteht darin, daß bei der Abschreibung vom Buchwert der Gegenstand während der Gebrauchsdauer nicht annähernd abgeschrieben wird. Ein Gegenstand, der M. 10000 bei zehnjähriger Gebrauchsdauer gekostet hat und nach Ablauf dieser 10 Jahre keinerlei Wert mehr besitzt, steht bei Zugrundelegung des Buchwertes noch in dem Zeitpunkt seiner völligen Wertlosigkeit mit M. 3486.80 in der Bilanz. Selbst nach 20 Jahren, also weitere volle 10 Jahre nach Außerdienststellung infolge völliger Wertlosigkeit, würde der Gegenstand noch mit ca. 12% seines Anschaffungswertes, also noch mit etwa M. 1200.— bis M. 1220.— zu Buche stehen. Den zweiten Mangel der Abschreibung vom Buchwert erblickt Passow darin, daß die einzelnen Jahre hinsichtlich des abzuschreibenden Gegenstandes mit ganz verschiedenen Abschreibungsbeträgen belastet sind. Im ersten Jahre sind M. 1000.— abgeschrieben worden. Auf das 10. (also letzte) Gebrauchsjahr entfällt somit nur noch wenig mehr als ein Drittel der angegebenen Summe. Trotzdem ist die kaufmännische Praxis bei der Abschreibung vom Buchwert verblieben, indem sie die hiermit verbundenen Mängel bewußt in den Kauf genommen hat.

Wie verhalten sich nun Steuerbehörde, Schrifttum und Rechtsprechung hierzu? Ihre Stellungnahme ist nicht einheitlich. Becker[1]) verneint beispielsweise überhaupt die Zulässigkeit der Abschreibungen vom Buchwert nach dem neuen EStG. Einen vermittelnden Standpunkt nimmt Kennerknecht in seinem Kommentar zum Körperschaftsteuergesetz ein (S. 208). Er ist der Ansicht, daß bei der Abschreibung vom Buchwert eine erhebliche Erhöhung der Abschreibungsquote nicht in Frage kommen kann und steuerrechtlich unzulässig ist.

[1]) Vgl. St. u. W., Jahrg. 1926, S. 689.

Er schlägt daher als Ausgleich ein Abschreibungsverfahren vor, bei dessen Anwendung der Abschreibungsprozentsatz alljährlich prozentualiter im Verhältnis zu dem allmählich sinkenden Buchwert gesteigert werden soll. Darüber, ob diese von Kennerknecht befürwortete Abschreibungsmethode praktisch wirklich Vereinfachungen mit sich bringt und die kaufmännische Abschreibungstechnik im einzelnen erleichtert, kann man meines Erachtens verschiedener Auffassung sein. Ich befürchte, daß auch bei Anwendung des Kennerknechtschen Abschreibungsverfahrens die Einrichtung besonderer Abschreibungskonten nicht zu umgehen sein wird. Dies ist ein Übelstand, der doch gerade durch den Ausgleichsvorschlag von Kennerknecht vermieden werden sollte. Die Rechtsprechung des RFH. zu diesem Fragenkomplex ist noch in der Entwicklung, und soviel ich habe feststellen können, nicht sonderlich durchsichtig. In dem Urteil vom 29. 7. 1927 I A 264/27 (RFH. Bd. 21, S. 316) vertritt der RFH. die Ansicht, daß die Abschreibungen gleichmäßig zu verteilen, also für Neuanschaffungen innerhalb eines Jahres nur pro rata temporis vorzunehmen sind. Aus dieser Feststellung ist in der Praxis hie und da die Folgerung gezogen worden, es habe der RFH. mit seiner Feststellung zum Ausdruck bringen wollen, daß nach dem neuen EStG., also nach § 16, Abs. 2 und 3 und § 19, Abs. 1 und 2 in Verbindung mit § 13 KStG. nur noch Abschreibungen vom Anschaffungswert statthaft sind. Ich glaube nicht, daß aus der genannten Entscheidung diese Auffassung des RFH. zu entnehmen ist (vgl. auch RFH. Bd. 11, S. 242).

3. Abschreibungssätze.

Auch bei der Anwendung der Abschreibungssätze macht sich eine gewisse Unsicherheit und Ungleichmäßigkeit bemerkbar. Diese Unstimmigkeiten sind zum Teil darauf zurückzuführen, daß die Statuten der Gesellschaften bisweilen bestimmte Abschreibungssätze vorsehen. Hier hat sich die steuerliche Rechtsprechung schon frühzeitig auf den Standpunkt gestellt, daß die Bestimmung fester Abschreibungssätze durch einen Gesellschaftsvertrag, Statut oder dergleichen für die Finanzverwaltung nicht unbedingt bindend ist (vgl. z. B. OVG. i. St. Bd. 7, S. 139). Im Gegensatz hierzu stellt der RFH. in dem Urteil vom 21. 5. 1920 I A 318/19 (RFH. Bd. 3, S. 76ff., S. 81) den Satz auf, daß bei Bemessung der Abschreibungssätze von bestimmten, durch die Erfahrung begründeten Prozentsätzen ausgegangen werden darf. Aus dieser Undurchsichtigkeit der Rechtslage hinsichtlich der Höhe der Abschreibungssätze hat neuerdings die Reichsfinanzverwaltung in der Weise die Folgerungen gezogen, daß sie im Interesse der beunruhigten Wirtschaft, andererseits aber auch zur Gewährleistung eines möglichst reibungslosen Verlaufes des Veranlagungsgeschäfts Abschreibungssätze festgelegt und veröffentlicht hat. Diese Abschreibungsquoten sind jedoch nur Rahmensätze, weil bei der Verschiedenheit der innenbetrieblichen Verhältnisse der einzelnen Unternehmungen sich festbegrenzte Quoten für bestimmte Gruppen von Gegenständen von vornherein nicht festlegen lassen. Mit Einführung dieser Rahmensätze wird die Möglichkeit geschaffen, die Verhältnisse des einzelnen Betriebes zu berücksichtigen. So hat das Landesfinanzamt Berlin für die ersten Veranlagungen nach dem Einkommen- und Körperschaftsteuergesetz nachstehende Quoten zugelassen:

1. Fabrikgebäude	2—4	v. H.
2. Maschinen		
a) Betriebsmaschinen	5	„
b) Sepzialmaschinen, insbesondere automatisch arbeitende	10—15	„
3. Werkzeuge	$33^1/_3$—50	„
4. Kraftwagen		
a) Personenwagen	10—15	„
b) Kraftdroschken	15—20	„
c) Lastkraftwagen	15—20	„
5. Sonstiges Inventar		
a) Geschäftseinrichtungen (Bureaumöbel, Ladeneinrichtungen)	3—5	„
b) Schreibmaschinen	15—20	„
c) Wagen (Kastenwagen)	10—15	„
d) Pferde	15—20	„
6. Kähne		
a) eiserne	4	„
b) hölzerne	6	„
7. Schleppdampfer	3—4	„

Diese Sätze sind jedoch, was besonders hervorzuheben ist, nach der ganzen Natur ihrer Entstehung nur provisorisch. Sie gelten vorläufig nur so lange, bis die endgültigen Ergebnisse der gemäß § 162, Abs. 10 RAO. vorgenommenen Buch- und Betriebsprüfung vorliegen. In dieser Hinsicht haben einzelne Betriebsprüfungen bereits zu der steueramtlichen Anerkennung folgender Sätze geführt.

	Tagbetrieb	Tag- und Nachtbetrieb
1. Bauten:		
Fabrikgebäude aller Art, massiv	1—4	1—5
do. Fachwerkbauten	1½—6	2—8
do. Holzschuppen	4—6	4—6
Waren- und Kaufhäuser	1—2	
Wohnhäuser	½—2	

	Tagbetrieb	Tag- und Nachtbetrieb
2. Kraftanlagen:		
Dampfkessel mit Rohrleitungen, Überhitzer, Vorwärmer, Wasserreinigung usw.	4—10	7½—12
Dampfmaschinen	4—10	5—12½
Gasmaschinen, Dieselmotoren	8—12	12—15
Vorgelege	5—10	7—12
Heizanlagen	4—10	6—10
Elektrische Beleuchtung		8—12
Sammelbatterien		10—15
3. Werkzeuge für alle Betriebe	10—100	10—100
4. Transportvorrichtungen:		
Feldbahnanlagen, einschließlich Lokomotiven	4—20	
Eisenbahnen im Privatbetriebe	3—10	
Krane, Hebezeuge, Aufzüge, Seilbahnen, Bekohlungsanlagen	5—10	10—15

4. Form der Abschreibungen.

Bezüglich der Form der Abschreibungen ist folgendes zu bemerken. Entscheidendes Moment ist die gleichmäßige Verteilung der für die Beschaffung von betrieblichen Anlagen angewandten Mittel auf die gesamte für den bestimmten Verwendungszweck eines Betriebes berechnete, voraussichtliche Lebensdauer jeder Anlage. Der Anschaffungswert eines zum Betriebsvermögen gehörenden Gegenstandes wird in gleich hohen Beträgen, also durch regelmäßige Abschreibungen, reduziert. Bisweilen wählt der Kaufmann in der Praxis auch eine andere Form. Er sammelt die zur Abschreibung dienenden Beträge auf der Passivseite der Bilanz und bildet auf diese Weise einen Korrektivposten. (Erneuerungsfondskonto, Wertminderungskonto, Bewertungskonto u. dgl.) Buchtechnisch vollzieht sich die Darstellung des Minderwertes eines Gegenstandes infolge von Abnutzung oder Substanzverringerungen in der Weise, daß auf der Aktivseite der Bilanz die Abschreibung vor dem Strich vorgenommen und unter die Aktiven nur der aus der Beschreibung sich ergebende Betrag eingestellt wird. Daneben kann man, wie bereits angegeben, auf der Passivseite ein Wertberichtigungskonto einstellen. Derartige Abschreibungen auf der Passivseite werden nach § 261, Ziff. 3 HGB. Erneuerungsfonds genannt. Diese Bezeichnung ist jedoch in doppelter Hinsicht irreführend. Einmal ist der Erneuerungsfonds ebensowenig wie der Reservefonds ein Fonds im eigentlichen Sinn des Worts, d. h. eine selbständige Vermögensmasse, sondern ein Konto. Außerdem handelt es sich bei der Bildung eines Erneuerungskontos bzw. bei der in dieser Weise vorgenommenen Abschreibung gar nicht um eine Aufspeicherung geldlicher Beträge behufs Erneuerung eines entwerteten Gegenstands.

Weder in kaufmännischer Hinsicht, noch vom steuerrechtlichen Standpunkte aus bestehen bei den geschilderten Abschreibungsformen Unterschiede. In dem Urteil des RFH. vom 13. 1. 1920 I A 232/19 RFH. Bd. 2, S. 135ff., S. 139 wird sogar eine Kombination beider Abschreibungsformen für unbedenklich erklärt. Welcher Abschreibungsform ein Unternehmen den Vorzug geben wird, ist letzten Endes nur Angelegenheit der Buchführungs- und Bilanztechnik. Entscheidend ist immer, ob tatsächlich die durch die Abnutzung eines Gegenstandes eingetretene Entwertung zum Ausdruck kommt. Es wird daher in der Regel auch die Abschreibung nur an den einzelnen Gegenständen vorgenommen. Der RFH. hat jedoch in der zuletzt angeführten Entscheidung auch Abschreibungen auf das Gesamtunternehmen als zulässig bezeichnet. Ob dieser Rechtsstandpunkt auch unter dem jetzigen Einkommensteuerrecht aufrechtzuerhalten ist, wird in dem folgenden Unterabschnitt über Gesamtabschreibungen noch kurz dargelegt.

§ 45. Die einzelnen Abschreibungen.

1. Abschreibungen auf immaterielle Werte.

Handelsrechtlich gelten für Patente grundsätzlich dieselben Bewertungsgrundsätze wie für alle sonstigen Aktiven. Es hat also die Bewertung zum Anschaffungs- oder Herstellungspreis, bzw. zum gemeinen Wert zu erfolgen. Ihre Dauer und damit ihr wirtschaftlicher Wert (Verkaufswert) ist infolge ihrer natürlichen Eigenschaft und der hieraus entspringenden rechtlichen Regelung zeitlich beschränkt. Dies gilt auch für die sonstigen immateriellen Rechte, wie gewerbliche Urheberrechte, Warenzeichenrechte, Verlagsrechte u. a. Ihre Entwertung ist je nach dem Zeitablauf fortschreitend. Sie unterliegen daher gleichfalls den Grundsätzen der technischen Abschreibungen wegen Abnutzung gemäß § 16, Abs. 3. Rechtsverhältnisse anderer Art, die den immateriellen Rechten zwar nicht gleichgeartet, aber nahe verwandt sind, sind analog zu behandeln. Es ist hierbei an Beteiligungen von längerer Dauer, Konzessionen, Privilegien (z. B. Apotheker- und Abdeckereiprivilegien) und dergleichen zu denken. Die Rechtslage ist klar. Denn nach § 16, Abs. 3 EStG. sind Absetzungen für Abnutzung für gewerbliche, literarische und künstlerische Urheberrechte ausdrücklich zugelassen.

Bezüglich der Patente ist die Stellungnahme der Steuerbehörden bis heute ungleichmäßig. Es wird anerkannt, daß Patente innerhalb ihrer Lebensdauer abzuschreiben, und daß diese Abschreibungen steuerfrei sind. Nach dem Urteil des RFH. vom 9. 6. 1921 I A 71/21 (RFH. Bd. 6, S. 219) sind Patente dann in demjenigen Jahr, in welchem sie wertlos werden, mit ihrem gesamten Wert abzuschreiben, wenn sie vor Ablauf der gesetzlichen Schutzfrist von 15 Jahren durch anderweite Erfindungen überholt und somit wertlos werden.

2. Abschreibungen auf den Geschäftswert. (Goodwill u. a.)

Unter Geschäftswert ist derjenige immaterielle, also nicht greifbare Wert eines Geschäftes zu verstehen, welcher bei einem Verkauf des Geschäftes von dem Erwerber über den eigentlichen Kaufpreis hinaus zu vergüten ist. Er besteht in der Kundschaft, dem Organisationsnetz, dem Renommee der Firma usw. (Vgl. in anderem Zusammenhange die Ausführungen im § 39 unter II.) Der Geschäftswert ist nicht mit den immateriellen Werten zu verwechseln. Während diese nach den vorangegangenen Ausführungen selbständige Werte darstellen, ist der Geschäftswert nach seiner ganzen Natur immer ein untrennbarer Annex des betreffenden Unternehmens. Es kommt daher auch immer nur seine Verwertung zusammen mit dem Betriebe in Betracht. (Vgl. § 23 HGB. und OVG. i. St. Bd. 11, S. 422; Bd. 12, S. 318 und S. 321, sowie Bd. 13, S. 160.) Das OVG. hat hiernach die Frage, ob Abschreibungen auf den Geschäftswert zulässig sind, wiederholt geprüft und unter dem Gesichtspunkt der Wertminderung bejaht. Ebenso hat der RFH. in dem Urteil vom 3. 12. 1920 I A 219/20 (RFH. Bd. 4, S. 201 ff., S. 203) sich für die Zulässigkeit der Abschreibungen sowohl auf immaterielle Werte wie auf den Geschäftswert ausgesprochen. Eine Änderung in dieser Rechtslage ist durch die §§ 19 und 20 EStG. zu verzeichnen. Eine Absetzung auf den Geschäftswert (Firmenwert, Goodwill usw.) etwa mit der Begründung, daß die durch den früheren Inhaber des Geschäftes (Verkäufer) erworbenen oder übernommenen geschäftlichen Beziehungen sich in der Folgezeit verflüchtigt haben, ist nicht mehr zulässig. Ein Ausgleich ist nur in der Weise möglich, daß gemäß §§ 19 und 20 eine Wertminderungsabschreibung vorgenommen wird. Bedingung hierfür ist jedoch in jedem Falle, daß das Geschäft in seinem Geschäftswert, wie Kundenkreis usw. zurückgegangen ist.

3. Abschreibungen auf 1-M.-Konten.

Auf den ersten Blick könnte es scheinen, als wenn das Problem der sogenannten Eine-Mark-Konten infolge ihrer lediglich temporären Bedeutung für die Goldmarkeröffnungsbilanzen heute nur noch akademisches Interesse hat. Dem ist jedoch in Wirklichkeit nicht so. Auch heute noch, und zwar nicht nur bei der Einkommensteuereröffnungsbilanz der §§ 105 ff. EStG. kann die Frage, ob und in welchem Umfange Abschreibungen auf 1-M.-Konten zulässig sind, praktisch werden. Das RG. hat sich mit diesen Fragen wiederholt beschäftigt, so in den Urteilen vom 17.12.1926 II 103/26 u. II 104/26 (RGZ. Bd. 115, S. 332ff., 345ff.), sowie vom 11. 1. 1927 (RGZ. Bd. 115, S. 379ff.) und vom 11. 2. 1927 II 94/26 (RGZ. Bd. 116, S. 119ff.). Ob auch im Steuerwesen 1-M.-Konten statthaft sind, bedarf besonderer Prüfung, wobei betriebswirtschaftliche Gedankengänge heranzuziehen sind. Nach ihrem praktischen Zustandekommen unterscheidet der Betriebswirt zwei Gruppen von 1-M.-Konten. Einmal solche, bei denen auf einen Vermögensgegenstand aus einem bestimmten Grunde übermäßige Abschreibungen vorgenommen werden. Es wird also in einem Wirtschaftsjahr eine höhere Abschreibung vorgenommen, als dem tatsächlichen Wertschwund durch technische Benutzung oder infolge Veränderung der Konjunktur entspricht. Bei der zweiten Kategorie der Abschreibungen auf 1-M.-Konten wird der Wert eines Vermögensgegenstandes mittels normaler Abschreibungen auf 1 M.— heruntergesetzt, ohne daß jedoch durch diese normalen Abschreibungen die wirkliche Lebensdauer des in Frage kommenden Gegenstandes ausgedrückt worden ist. Der RFH. hat sich diesen Abschreibungen gegenüber ablehnend verhalten, so in den Entscheidungen vom 16. 9. 1919, 23. 4. und 6. 7. 1920, sowie vom 11. 1. 1921. (Vgl. RFH. Bd. 3, S. 6; Bd. 3, S. 166 und Bd. 4, S. 165.) Daß der RFH. diesen Standpunkt ständig vertreten würde, war vorauszusehen. Denn bei beiden oben angeführten Gruppen von Abschreibungen auf 1-M.-Konten liegt mindestens theoretisch ein unzulässiges Abschreibungsverfahren vor. Sind 1-M.-Konten aus normaler Abschreibung entstanden, ist also die Lebensdauer des betreffenden Gegenstandes eine längere, so enthalten die normalen Abschreibungen in Wirklichkeit mindestens teilweise übermäßige Abschreibungen. Soweit die durchschnittlichen normalen Abschreibungen über die wirklich notwendig gewesenen Abschreibungen hinausgehen, stellt der Betrag außerordentliche Abschreibungen dar. Man kann auch so deduzieren: Die Abschreibungen bezwecken die Verlautbarung der Wertverminderung eines Gegenstandes infolge von natürlicher Abnutzung oder Substanzverringerungen. Daraus folgt, daß eine Abschreibung dann aufhören muß, wenn der Gegenstand einen Wert von 0 M. erreicht hat. Schon hiermit ist erwiesen, daß Abschreibungen auf 1-M.-Konten unstatthaft sind. Grundsätzlich haben Abschreibungen mit der Erneuerung der Gegenstände nichts zu tun. Die durch Abschreibung freigewordenen Beträge werden nirgends angesammelt. Dies geschieht selbst dann nicht, wenn im Verfolg der Vorschrift des § 261, Ziff. 3 HGB. die Abschreibung nicht auf der Aktivseite, sondern auf der Passivseite durch Einsetzen eines Erneuerungsfonds bewirkt wird. Die Auffassung des RFH. ist aus dem Urteil vom 11. 1. 1921 (Bd. 4, S. 165) ersichtlich. In dem hier entschiedenen Falle hatte eine Aktiengesellschaft auf der Passivseite der Bilanz zum Baukonto eines im Kriege gekaperten Tankdampfers den Betrag von M. 1200000.— mit der Begründung eingestellt, daß der für die Beschaffung eines Ersatzdampfers zur Verfügung stehende Betrag von ca. M. 600000.— nicht ausreiche und daher einer Ergänzung bedürfe. Der RFH. hat dieses Verfahren beanstandet. In Übereinstimmung hiermit steht das Urteil in Bd. 3, S. 4ff. vom 23. 4. 1920. Bei Anlagen und Einrichtungen, so wird in dieser Entscheidung ausgeführt, die bereits bis auf 1 M. abgeschrieben sind, bleibt für die Einsetzung eines Passivkontos mit der Bedeutung einer Abschreibung kein Raum. Eine solche Abschreibung wäre nur möglich, wenn der behauptete höhere Wert der Anlagen und Einrichtungen auch in die Bilanz eingesetzt und der Steuerveranlagung zugrunde gelegt wäre. Wird bei einem 1-M.-Konto eine weitere Abschreibung durch Bildung eines Erneuerungsfonds gemacht, so liegen hier regelmäßig Rücklagen für erst künftig erfolgende Ausgaben vor. Eine rechtliche Verpflichtung zu ihrer Vornahme am Bilanzstichtage besteht einem anderen gegenüber nicht. Solche Rücklagen sind daher stets steuerpflichtig. (RFH. Bd. 2, S. 104, Bd. 3, S. 26 und Bd. 4, S. 169.) In den Entscheidungen vom 23. 4. 1920 I A 264/19 (Bd. 3, S. 6) und vom 6. 7. 1920 I A 93/20 (Bd. 3, S. 66), hat der RFH. in logischer Weiterentwicklung der angeführten Grundsätze die Notwendigkeit einer Bilanzberichtiggung ausgesprochen, falls in den unzulässigerweise vorgenommenen Abschreibungen auf 1-M.-Konten stille Reserven verborgen sind. Wird die Abschreibung bis auf 1 M. von einer Gesellschaft über die wirkliche Entwertung hinaus vollzogen, so enthält die Abschreibung eine stille Reserve. Aus Anlaß dieses Sachverhaltes war es zweifelhaft geworden, ob ein Unternehmen zur Berichtigung der Bilanz zwecks nachträglicher Vornahme der Abschreibung berechtigt ist. Diese Frage ist vom RFH. in dem Urteil vom 23. 4. 1920 bejaht worden. Er hat jedoch hieran die Bedingung geknüpft, daß die Gesellschaft zur Beibringung der nötigen Unterlagen imstande sein müsse. Einen ganz ähnlichen Standpunkt hat der RFH. in dem Urteil vom 6. 7. 1920 eingenommen. Er hat zwar auch in diesem Falle die Berücksichtigung von Verlusten an stillen Reserven im Wege der Bilanzberichtigung zugelassen, indessen hieran die Voraussetzung geknüpft, daß vor der Bilanzberichtigung die stillen Reserven aufgedeckt werden müßten. Ihre Berücksichtigung ist, so wird in dem Urteil ausgeführt, ausgeschlossen, soweit die Behauptung, daß stille Reserven vorhanden sind, darauf gestützt wird, daß nach § 261, Ziff. 1 und 2 HGB. eine Unterbewertung von Aktiven habe stattfinden müssen. Ob Abschreibungen auf 1-M.-Konten auch nach dem jetzigen Einkommensteuerrecht noch statthaft sind, läßt sich von vornherein nicht mit einem unbedingten Ja oder Nein beantworten. Es wird immer auf das im einzelnen Falle angewendete Abschreibungsverfahren ankommen. In der Praxis sind solche Fälle sehr wohl denkbar. Bisweilen werden Betriebsgegenstände, z. B. Maschinen, Gerätschaften usw. in kurzer Zeit auf 1 M. abgeschrieben. Wird nun der Nachweis erbracht, daß die Abschreibungen mit einem niedrigeren Satz als üblich vorgenommmen worden sind, und daß insofern in dem 1-M.-Posten eine stille Reserve enthalten ist, so ist hier eine weitere Abschreibung zulässig. Allerdings darf hier nicht übersehen werden, daß die notwendige Aufdeckung der stillen Reserve eine nachträgliche Erhöhung der früher bereits erfolgten Steuerveranlagung zur Folge haben kann. Es empfiehlt sich daher, bei diesen Abschreibungen mit größter Sorgfalt vorzugehen,

4. Abschreibungen auf das Unternehmen als Ganzes. (Gesamtabschreibungen.)

Die Abschreibungen wegen Wertverminderungen setzen begrifflich einen einzelnen bestimmten Gegenstand oder mindestens Gruppen von Gegenständen voraus, an welchen die Abschreibungen vorzunehmen sind (Sammel- und Kollektivabschreibungen). Abgesehen hiervon sind jedoch vom kaufmännischen und betriebswirtschaftlichen Standpunkt aus auch Abschreibungen auf ein Unternehmen als Ganzes, also Gesamtabschreibungen, denkbar und erforderlich. Ein Unternehmen kann in seiner Gesamtheit eine Werteinbuße erleiden. Die Rückwirkung dieser Wertminderung auf die einzelnen in die Handelsbilanz eingestellten Gegenstände des Betriebsvermögens kann jedoch nach dem heutigen Einkommen- und Körperschaftsteuerrecht nur insoweit als Berichtigungsgrund für die Bewertung dieser Gegenstände in Betracht kommen, als ihre Bewertung gemäß § 19 EStG. nach dem gemeinen Werte erfolgt ist. Soweit dagegen die Einzelbewertung nach § 19, Abs. 2 mit dem Anschaffungs- oder Herstellungspreis abzüglich der nach § 16, Abs. 2—4 zulässigen Absetzungen vorgenommen ist, kommt eine Gesamtentwertung des Unternehmens bei ihm als ein zu berücksichtigendes Bewertungsmoment grundsätzlich nicht mehr in Frage. Ist aber dem so, dann bleibt für eine Gesamtabschreibung in dem angeführten Sinne überhaupt kein Raum. Es ist damit vielmehr nur klargestellt, daß bei der Feststellung des gemeinen Wertes einzelner, aber nicht aller dem Betriebe gewidmeten Gegenstände die gesamte wirtschaftliche Lage des Betriebes zu berücksichtigen ist. Dies ergibt sich ohne weiteres aus § 138 RAO. und ist außerdem für die Gegenstände des Anlagevermögens im § 19, Abs. 1, S. 2 EStG.

noch besonders hervorgehoben. Es ist hier ausdrücklich von einzelnen, dem Betriebe gewidmeten Gegenständen und von im einzelnen erzielbaren Preisen die Rede.

Gegenüber diesem Rechtszustand hat die Rechtsprechung vor Inkrafttreten des geltenden Einkommensteuergesetzes Gesamtabschreibungen im allgemeinen zugelassen. (Vgl. RFH. Bd. 2, S. 135; Bd. 3, S. 4 und 27; Bd. 4, S. 160ff., 167ff. und 201; ferner Bd. 3, S. 166 und Bd. 2, S. 56ff. und 86ff., sowie Bd. 5, S. 342.) Der RFH. hat hier in konsequenter Rechtsprechung die Zulässigkeit von Abschreibungen auf den Gesamtwert des Unternehmens bejaht und ausdrücklich ausgesprochen, daß neben den Abschreibungen auf einzelne Aktivposten auch solche Wertberichtigungsposten statthaft sind, welche der Wertminderung des Gesamtunternehmens Rechnung tragen. Eine solche, an sich durchaus zulässige Abschreibung kann auch im Wege der Einsetzung eines Gegenpostens unter die Passiven erfolgen. Die Bezeichnung einer solchen Buchung durch den Steuerpflichtigen als Rückstellung ist unschädlich. Denn nicht die Bezeichnung einer Buchung ist entscheidend, sondern ausschließlich ihre tatsächliche Bedeutung. (So RFH. vom 8. 8. 1919 Bd. 1, S. 186 und Urteil vom 21. 3. 1923 III A 495/22 Bd. 13, S. 79ff., 83.) Für die Vornahme von Abschreibungen auf das Gesamtvermögen genügt es, wenn das Vermögen im ganzen richtig festgestellt ist. (Bd. 3, S. 27.) Die Abschreibungen brauchen somit nicht immer an den einzelnen Aktiven vorgenommen zu werden. (Vgl. OVG. i. St. Bd. 5, S. 117 und Bd. 6, S. 34ff.; ferner RFH. Bd. 2, S. 135, 139/40.) Mit diesen Grundsätzen hat der RFH. nur die Einschränkung verknüpft, daß Abschreibungen auf das Gesamtunternehmen durch Einstellung von Wertberichtigungsposten in die Bilanz dann unzulässig sind, wenn eine Spezialabschreibung auf einzelne Bilanzaktiva buchmäßig nicht mehr möglich sein würde. (So RFH. Bd. 3, S. 166ff. und Bd. 4, S. 201ff.) Gewissermaßen einen Übergang zu dem durch das neue Einkommensteuerrecht geschaffenen Rechtszustande bildet die unter dem 15. 10. 1924 VIe A 174j24 zu den §§ 33 und 33a des EStG. von 1920 ergangene Entscheidung (RFH. Bd. 15, S. 5ff.). Hier gelangt der RFH. zu der Feststellung, daß eine Abschreibung auf das Gesamtunternehmen in dem Sinne, daß der Gesamtwert des Unternhmeens als einer wirtschaftlichen Einheit durch ein Wertberichtigungskonto auf das richtige Maß zurückgeführt wird, bei der Einkommensteuer jedenfalls nicht in Betracht kommen könne. Dagegen steht aber auch für die Einkommensteuer nichts dem Verfahren entgegen, die Richtigstellung der Bilanzwerte durch ein gemeinsames Wertberichtigungskonto herbeizuführen. Der RFH. hat damit gleichzeitig zum Ausdruck gebracht, daß er die von ihm ursprünglich nur für die Kriegsabgabegesetze aufgestellten Leitsätze auch auf die Einkommen- und Körperschaftsteuer angewendet wissen wolle.

Für Gesamtabschreibungen, die bereits nach dem früheren Rechtszustande nur durchführbar waren, wenn die Gesamtsumme der auf der Aktivseite der Bilanz ausgewiesenen Werte den Wert des Unternehmens überstieg, ist, wie bereits bemerkt, durch das gegenwärtig geltende Einkommensteuerrecht keine Grundlage mehr gegeben. Vielmehr herrscht nach den positiven gesetzlichen Bestimmungen, abgesehen von den Kollektivabschreibungen, der Grundsatz der Einzelbewertung vor.

5. Sammel- und Kollektivabschreibungen.

Die steuerrechtlich vorgesehene Einzelbewertung gemäß § 19 EStG. (§ 13 KStG.) schließt nicht aus, daß nötigenfalls gleichartige Gegenstände gruppenweise zusammengefaßt und in gleicher Weise bewertet werden. In der Praxis kommt dies am meisten bei Gebäudekomplexen, Maschinen, maschinellen Anlagen usw. größerer industrieller Betriebe vor. Bedingung für die Anwendung dieses Abschreibungsmodus ist, daß die Übersichtlichkeit der Kontenführung gewahrt bleibt. Die Erfahrungen haben gelehrt, daß namentlich bei größeren Konzernwerken derartige Kollektiv- oder Sammelabschreibungen unentbehrlich sind. Auch die Steuerbehörden werden dieses Verfahren nicht beanstanden, wenn die bei den einzelnen Bilanzposten eingestellten Werte ohne zeitraubende Feststellungen erkennbar sind. Die Betriebe werden daher gut tun, wenn sie auch bei der Durchführung von gruppenweisen Abschreibungen den Grundsatz der Bilanzkontinuität nicht außer acht lassen.

6. Durchschnitts-, außerordentliche und übermäßige Abschreibungen.

Durchschnittsabschreibungen sind Absetzungen, welche den Erfahrungen der kaufmännischen Praxis, also den kaufmännisch üblichen Schätzungen entsprechen. Praktisch wird ihre Angleichung an die durch die Reichsfinanzverwaltung veröffentlichten Rahmensätze, von besonderen Ausnahmen abgesehen, möglich sein, zumal in der Hauptsache die Ergebnisse der steuerbehördlichen Buch- und Betriebsprüfung noch ausstehen. Es ist daher nicht zu billigen, wenn einzelne Finanzämter neuerdings zur Aufstellung eigener Richtlinien über Bemessung der Nutzungsdauer unter Zugrundelegung technischer Grundsätze übergegangen sind. Sollte sich dieses Verfahren auf Verlangen einzelner Finanzämter allgemein einbürgern, so wäre die Vornahme außerordentlich spezifizierter Einzelberechnungen die notwendige Folge. Dieses von einigen Finanzämtern angestrebte Verfahren ist aber nicht nur praktisch undurchführbar, sondern auch der wirklichen Sach- und Rechtslage nicht entsprechend. Denn der ganze Sinn und die Zweckbestimmung des Abschreibungsverfahrens geht doch dahin, die in jahrelanger Praxis von den soliden Kreisen der Wirtschaft aufgestellten Abschreibungsmethoden und Abschreibungsquoten auch wirklich im Einzelfall anzuwenden. Man wird daher verlangen müssen, daß nicht die technische Nutzungsdauer eines abzuschreibenden Gegenstandes, sondern diejenige Nutzungsdauer der Abschreibung zugrunde gelegt wird, wie sie durch die im soliden Handelsverkehr üblichen und anerkannten Schätzungen ermittelt wird.

Außerordentliche und übermäßige Abschreibungen.

Bisweilen sehen sich die Betriebe veranlaßt, neben ordentlichen Abschreibungen außerordentliche, besondere Abschreibungen durchzuführen, die vielfach beträchtlichen Umfang annehmen. Buchtechnisch wird verschieden verfahren. Solche außerordentlichen Abschreibungen werden hie und da neben den ordentlichen bilanzmäßig besonders zum Ausdruck gebracht. Manchmal begnügt man sich auch mit einer entsprechenden Erhöhung der gewöhnlichen Abschreibungsposten. Die Gründe für die Durchführung derartiger außerordentlicher Abschreibungen sind verschieden. Es kommt vor, daß ein Unternehmen den Standpunkt vertritt, daß einzelne Anlagen (nicht alle!) höchstens mit einem Betrage zu bewerten sind, welcher bei einem evtl. Verkauf mit Sicherheit zu erwarten ist. Eine Durchführung dieser Transaktion ist oft nur durch besonders hohe Bemessung der Abschreibungen möglich. Oder aber eine Gesellschaft hat beschlossen, bestimmte, an sich für eine lange Gebrauchsdauer vorgesehene Anlagen aus irgendwelchen Gründen der Umorganisation, der Rationalisierung usw., abzustoßen, niederzureißen und dgl. mehr. Eine derartige veränderte Konstellation findet in einmaligen außerordentlichen Abschreibungen ihren buchmäßigen Ausdruck.

Abgesehen von diesen Fällen wird zu außerordentlichen Abschreibungen auch geschritten, wenn die Wiederanschaffungskosten höher als die Aufwendungen für eine Ersatzanlage sind, oder auch dann, wenn der Ertragswert eines Betriebes hinter seinem Bilanzwerte zurückbleibt. Ob und in welchem Umfange außerordentliche Abschreibungen dieser Art auf Anerkennung seitens der Steuerbehörde zu rechnen haben, kann nur nach Prüfung des Einzelfalles gesagt werden. Die Rechtsprechung zu dem alten Einkommensteuerrecht hat im allgemeinen den Grundsatz aufgestellt, daß außerordentliche Abschreibungen als stille Reserven zu betrachten und dem Geschäftsgewinne zuzurechnen sind. (So RFH. Bd. 4, S. 56ff. und 86ff.; ferner Bd. 2, S. 135.)[1]).

Hinsichtlich der übermäßigen Abschreibungen ist auf das zu verweisen, was bezüglich der Zulässigkeit der Bildung stiller Reserven oben gesagt ist.

7. Abschreibungen bei schwebenden Lieferungsgeschäften.

Die Frage, ob bei schwebenden Lieferungsgeschäften Abschreibungen zulässig sind und in welcher Höhe, ist umstritten. Die Rechtsprechung hat sich bezüglich der Bilanzierung auf den Standpunkt gestellt, daß schwebende, also noch nicht erfüllte Lieferungsverträge ausnahmsweise bilanziert werden können, wenn die aus ihnen erwachsende Verpflichtung die Gegenforderung übertrifft (RFH. Bd. 3, S. 22). Zu der Frage der Zulässigkeit von Abschreibungen bei nichterfüllten Lieferungsverträgen hat der RFH. sich in dem Urteil vom 4. 11. 1925 (RFH. Bd. 17, S. 332ff.) geäußert. Hier war zu entscheiden, ob es statthaft ist, bei Lieferungsverträgen, deren Erfüllung erst einige Monate nach Abschluß zu erfolgen hatte, eine bereits bis zum Bilanzstichtag eingetretene Kaufpreissenkung durch eine Abschreibung auf die Forderung auszugleichen. Der RFH. hält in seinem zu den §§ 33 und 33a des alten EStG. erlassenen, aber auch für das jetzige Recht anwendbaren Urteil an dem Leitsatz fest, daß regelmäßig die aus gegenseitigen Verträgen entstehenden Forderungen und Verbindlichkeiten erst dann bilanzierungsfähig werden, wenn von einer Seite aus bereits geleistet ist. Unter Umständen kann jedoch auch schon früher ein Wertansatz in der Bilanz gerechtfertigt sein. Verschiebt sich der Wert eines Gegenstandes in der Weise, daß die Forderung aus dem Vertragsschluß eine Werterhöhung erfährt, so bleibt diese nach dem Grundsatz der Nichtbilanzierung nichtrealisierter Gewinne unberücksichtigt. Vermindert sich dagegen der Wert der Forderung gegenüber dem Zeitpunkt des Abschlusses des Geschäftes, sinkt demnach der Kaufpreis der zu liefernden Ware gegenüber dem vereinbarten Preise, so ist eine Abschreibung auf die Forderung im allgemeinen vertretbar, wenn die Preissenkung tatsächlich bereits am Bilanzstichtage eingetreten ist, wenn also zu diesem Zeitpunkt nicht bloß die Möglichkeit einer Preissenkung gegeben ist.

8. Bewertungsabschreibungen.

Dem Steuerrecht sind, ebenso wie dem Handelsrecht, Bewertungsabschreibungen bekannt. Es sind dies die Abschreibungen auf For-

[1]) Nach § 16, Abs. 3, S. 3 EStG. sind Absetzungen für außergewöhnliche Abnutzung in einem Steuerabschnitt zulässig, bedürfen aber eines besonderen Nachweises.

derungen, deren Rechtsgrundlage § 40, Abs. 3 HGB. ist, wonach zweifelhafte Forderungen nach ihrem wahrscheinlichen Wert anzusetzen, uneinbringliche Forderungen dagegen abzuschreiben sind. Nach § 13 EStG. ist auch diese handelsrechtliche Bilanzierungsvorschrift für die Einkommensteuer und Körperschaftsteuer maßgebend. Hinsichtlich der Durchführung der Bewertungsabschreibungen sind alle diejenigen Richtlinien und Rechtsgrundsätze anzuwenden, wie sie für das Delkrederekonto vorgeschrieben sind oder sich in der Praxis entwickelt haben. Über die Bemessung der Höhe der Bewertungsabschreibungen gilt ferner alles das, was im § 44, Ziff. 3 über die Höhe der Abschreibungsquoten gesagt worden ist. Es entscheidet im Einzelfall die Schätzung auf der Basis solider kaufmännischer Geschäftsgebarung. Alle anderen Methoden sind fehlsam und erschweren nur den Geschäftsverkehr. Dem einzelnen abschreibenden Betriebsinhaber ist es unverwehrt, bei seinen Schätzungen die von ihm im Verlauf mehrerer Geschäftsjahre gemachten Erfahrungen zu berücksichtigen. (Vgl. RFH. vom 4. 10. 1921 I A 88/21, Bd. 7, S. 130.)

§ 46. Die Absetzungen für Abnutzung und Substanzverringerungen §§ 16, 19 EStG. und 13 KStG.

1. Allgemeines, Begriff und Wesen.

Bei der steuerlichen Behandlung der durch § 16, Abs. 3 und 4 vorgesehenen Absetzungen für Abnutzung und für Substanzverringerungen ist eine gewisse Unsicherheit dadurch in der Praxis eingetreten, daß im Gegensatz zu dem alten Einkommensteuerrecht (PrEStG. von 1891 und REStG. von 1920) das neue Einkommensteuerrecht den Begriff Abschreibungen nicht kennt. Es verwendet in dem § 16, Ab. 3 und 4 lediglich den Begriff Absetzungen für Abnutzung bzw. für Substanzverringerungen. Diese Unsicherheit wird dadurch vermehrt, daß auch der gewöhnliche und der kaufmännische Sprachgebrauch einen Unterschied zwischen Abschreibungen und Absetzungen nicht machen. Dagegen ist dieser Unterschied dem Gesetz nicht fremd. Beide beruhen auf dem Gedanken, daß die Bilanz eines für eine bestimmte Lebensdauer berechneten Unternehmens keine einmalige Erscheinung ist, sondern sich alljährlich wiederholt. Ein Unternehmen muß daher, wenn es den Geschäftsertrag seiner Arbeit ziffernmäßig erfassen will, einen Vermögensvergleich durch Gegenüberstellung des letzten Jahresabschlusses mit dem unmittelbar vorangegangenen vornehmen. Bilanz- und Bewertungskontinuität erleichtern die Vornahme dieses Vergleiches. Denn die zahlenmäßigen Wertansätze der einzelnen Bilanzkosten sind an sich aus dem Vorjahre unverändert in das nächste Jahr hinüber zu nehmen. In der Praxis treten nun Veränderungen durch Abnutzung, bloßen Gebrauch, durch Schwankungen in Konjunktur und Mode usw., gegenüber den vorjährigen Bewertungen ein. Sind diese Wertveränderungen gleichzeitig Wertverminderungen, so gleicht der Kaufmann sie durch Abschreibungen aus. Die Abschreibung bezweckt danach die Wertberichtigung. Ihr hauptsächlichstes Anwendungsgebiet ist der infolge seiner natürlichen Schwankungen fortgesetzt zu berichtigende gemeine Wert des § 19 EStG. (§ 138 RAO.).

Anders hat der Kaufmann beim Anschaffungs- oder Herstellungspreis zu verfahren (§ 19, Abs. 2). Hier handelt es sich um einen festen, einmal gezahlten Betrag. Eine Wertberichtigung durch Abschreibung kommt sonach nicht in Betracht. Hierzu tritt aber folgendes Moment. Der Anschaffungs- oder Herstellungspreis jedes einzelnen Gegenstandes des Betriebsvermögens repräsentiert betriebswirtschaftlich gleichzeitig das in ihm angelegte Geschäftskapital. Dieser Umstand bewirkt, daß mit allmählicher Abnutzung des Gegenstandes auch der sich auf ihn beziehende Kapitalteil gleichfalls allmählich geringer wird. Nach Ablauf einer bestimmten Gebrauchsdauer (Nutzungsdauer gemäß § 16, Abs. 3, S. 2) ist sogar die völlige Erneuerung des infolge Abnutzung wertlos gewordenen Gegenstandes durch Ersatzbeschaffung erforderlich. Hierzu ist wieder neues Kapital notwendig. Das Einkommensteuergesetz berücksichtigt daher diesen Umstand dadurch, daß es für den Fall der Einsetzung des Anschaffungs- oder Herstellungspreises bei denjenigen Gegenständen des Anlagevermögens Absetzungen für Abnutzung zuläßt, die einer solchen Abnutzung ihrer Natur nach tatsächlich unterliegen.

Abschreibungen sind sonach Berichtigungen des gemeinen Wertes und zulässig bei allen mit diesem Wert bilanzierten betrieblichen Gegenständen. Dagegen sind Absetzungen für Abnutzung nur bei Einsetzung des Anschaffungs- oder Herstellungspreises statthaft, und zwar auch nur bei allen denjenigen Gegenständen des Anlagevermögens, welche das EStG. im § 16, Ab. 3, S. 1 ausdrücklich anführt. Es sind dies Maschinen und sonstiges Betriebsinventar, gewerbliche, literarische und künstlerische Urheberrechte, ferner Gebäude, Be- und Entwässerungsanlagen und fischereiwirtschaftliche Anlagen.

Was ist nun unter Abnutzung im Sinne des EStG. zu verstehen? Das Gesetz hat nur die technische Abnutzung im Auge. Dies folgt aus dem Zweck der Absetzungen, wonach diese einen allmählichen Substanzschwund, also die technische Verwendungsfähigkeit eines Anlagegegenstandes kompensieren sollen. Die sogenannte wirtschaftliche Abnutzung ist nicht geeignet, Absetzungen wegen Abnutzung zu rechtfertigen. Hierzu gehört nicht eine allmähliche Verringerung oder ein völliger Verbrauch der Substanz, sondern ein Wertloswerden infolge Schwankungen der Konjunktur, neuer Erfindungen oder dgl. Diese Erfahrungsgrundsätze sind schon dem preuß. Einkommensteuerrecht bekannt gewesen. Das preuß. OVG. hat in ständiger Rechtsprechung den Standpunkt vertreten, daß Entwertungen von Gegenständen durch bloße Preisschwankungen keine (technische) Abnutzung, sondern eine wirtschaftliche Abnutzung darstellen (OVG. i. St. Bd. 2, S. 59; Bd. 14, S. 136; Bd. 16, S. 134). Wirtschaftliche Abnutzungen können infolgedessen auch nach dem jetzigen Einkommensteuerrecht nur durch Vornahme von Bewertungsabschreibungen, also in der Weise ausgeglichen werden, daß gemäß §§ 19 und 20 der gemeine Wert in die Bilanz eingesetzt wird. Hieran ändert nichts die Tatsache, daß der RFH. zu dem früheren Einkommensteuerrecht in dem Urteil vom 19. 10. 1922 III A 371/22 (Bd. 11, S. 238ff., 242) den Begriff der Abnutzung in einem umfassenderen Sinne, nämlich dahin ausgelegt hat, daß hierunter auch die wirtschaftliche Abnutzung fällt.

Aus der neueren Rechtsprechung des RFH. sind die Urteile vom 30. 4. 1926 I A 167/25 (Bd. 19, S. 86) vom 28. 5. 1927 VI A 154/27 und vom 29. 7. 1927 I A 264/27 zu erwähnen (Bd. 21, S. 201 und 316). Das in Bd. 19, S. 86 veröffentlichte Urteil ist zwar zum alten Vermögensteuerrecht, nämlich zu § 32, Abs. 1 der Durchführungsbestimmungen für die Vermögensteuer 1924 vom 8. 3. 1924 (RMinBl. S. 103) ergangen, seine Heranziehung für die neue Einkommensteuer ist jedoch unbedenklich. Der RFH. definiert hier den Begriff Abnutzung folgendermaßen:

Bei der Auslegung ... ist dem Finanzgerichte darin beizutreten, daß hier unter Abnutzung nur der tatsächliche Verschleiß des Gegenstandes zu verstehen ist, der im Laufe der Zeit eintritt und, wenn ihm nicht Einhalt getan wird, allmählich den Gegenstand vernichtet oder unbrauchbar macht. Diese Absetzung für die Abnutzung eines Gebäudes berechnet sich somit nur nach seiner vermutlichen Standdauer, die anzunehmen ist bis zu dem Zeitpunkt, in dem es wegen Baufälligkeit abbruchreif ist. Nicht dagegen ist für diese Vorschrift der Umstand von Bedeutung, daß ein Gebäude die nach seinem baulichen Zustand und seiner Nutzungsart mögliche Standdauer aus anderen Gründen voraussichtlich nicht erreichen wird, etwa deswegen, weil die Gegend, in der es errichtet ist, ihren Charakter geändert hat und nunmehr damit zu rechnen ist, daß das Gebäude vor Erreichung seiner normalen Standdauer abgebrochen werden wird, um einem, der geänderten Bauweise in der Gegend angepaßten Neubau Platz zu machen. ...

Nach § 16, Abs. 2 dürfen Aufwendungen für die Anschaffung oder Herstellung von Gegenständen, deren Verwendung oder Nutzung durch den Steuerpflichtigen sich bestimmungsgemäß auf einen längeren Zeitraum erstreckt, nicht in dem Steuerabschnitt der Anschaffung oder Herstellung voll abgezogen werden. Sie können vielmehr für einen Steuerabschnitt höchstens mit dem Betrag berücksichtigt werden, der sich bei der Verteilung auf die Gesamtdauer der Verwendung oder Nutzung ergibt. Nach dieser Bestimmung ist also der Abzug an sich zulässig. Es wird nur ferner in negativer Hinsicht angeordnet, daß solche Anschaffungs- oder Herstellungskosten nicht sofort in voller Höhe abzugsfähig, sondern daß die Gegenstände zu aktivieren sind, worauf der Abzug im Wege der Absetzung für Abnutzung gemäß § 16, Abs. 2 auf die Jahre der Nutzung verteilt wird. Der RFH. hat daher diese Vorschrift auch dahin ausgelegt, daß an sich zulässige Absetzungen grundsätzlich auf die voraussichtliche Nutzungsdauer gleichmäßig, also pro rata temporis zu verteilen sind (Urteil vom 29. 7. 1927 RFH. Bd. 21, S. 316). Ist ein Gegenstand im Laufe eines Geschäftsjahrs angeschafft und in Benutzung genommen, so kann für dieses Geschäftsjahr regelmäßig nur ein der bisherigen Benutzungszeit entsprechender Teil der Jahresabsetzung zuerkannt werden. Die Absetzungen bemessen sich gemäß § 16, Abs. 3, S. 2 nach der gemeingewöhnlichen Nutzungsdauer des Gegenstandes. (Hierüber siehe die Einzelheiten in Ziff. 3c.)

2. Unterschied von den Abschreibungen.

Bezüglich des Unterschiedes der Absetzungen für Abnutzung von den Abschreibungen ist als Ergebnis der Ausführungen unter Ziff. 1 festzustellen:

1. Abschreibungen sind bei allen Gegenständen des nach den §§ 12 und 13 in den Vermögensvergleich hineinzubeziehenden Betriebsvermögens möglich; Absetzungen dagegen nur bei den im § 16, Abs. 3 und 4 EStG. aufgeführten Gegenständen.
2. Abschreibungen dürfen nur im Falle der Ermittlung des Gewinnes gemäß §§ 12 und 13 vorgenommen werden, Absetzungen für Abnutzung dagegen auch in anderen Fällen, so z. B. bei dem Vorliegen von Einkünften aus Vermietung, Verpachtung oder ähnlichen Rechtsverhältnissen. Bedingung für die Zulassung von solchen Absetzungen ist, daß es sich um Gegenstände der im § 16, Abs. 3 und 4 angegebenen Art handelt.
3. Abschreibungen für Wertminderungen bedingen, daß der gemeine Wert des Gegenstandes am Schlusse des Steuerabschnittes hinter demjenigen Wert zurückbleibt, welcher am Schlusse des vorangegangenen Steuerabschnittes angesetzt wird.

   Nur in Höhe des wirklichen Bilanzbetrages sind Abschreibungen wegen Wertminderung zulässig. Im Gegensatz hierzu wird die Höhe der Absetzungen für Abnutzung oder wegen

Substanzverringerungen von dem Sinken oder Steigen des gemeinen Wertes nach keiner Richtung beeinflußt.

3. Die Absetzungen für Abnutzung.

a) Umfang der absetzungsfähigen Betriebsgegenstände.

Der Umfang der absetzungsfähigen Gegenstände wird durch § 16, Abs. 3 EStG. zweifelsfrei festgelegt. Absetzungen für Abnutzungen sind danach nur zulässig:

a) Für Maschinen und sonstiges Betriebsinventar.
b) Für gewerbliche, literarische und künstlerische Urheberrechte.
c) Für Gebäude.
d) Für Be- und Entwässerungsanlagen und fischereiwirtschaftliche Anlagen.

Absetzungen für Abnutzung sind also bei solchen Teilen des Betriebsvermögens begrifflich unmöglich, deren Nutzung im Verbrauch besteht, also z. B. bei Waren, Vorräten, sowie bei Halb- und Fertigfabrikaten des Betriebes. Infolgedessen sind auch Absetzungen auf ein Warenlager nach obiger Vorschrift unmöglich (Urteil vom 30. 6. 1925 I A 33/25, RFH. Bd. 17, S. 102). Maschinen sind als absetzungsfähig besonders aufgeführt. Hieraus folgt, daß ihre Absetzung selbst dann statthaft ist, wenn sie mit dem Gebäude fest verbunden und auf diese Weise gemäß § 93 BGB. wesentliche Bestandteile des Gebäudes geworden sind. (Vgl. § 94, Abs. 1 und 2 BGB., sowie RGZ. Bd. 62, S. 408; Bd. 63, S. 172; Bd. 67, S. 32 und 35; Bd. 83, S. 69; Bd. 87, S. 46 und Bd. 103, S. 253.) Bei der unter b) angeführten Gruppe der gewerblichen Urheberrechte ist für die Abzugsfähigkeit der Gesichtspunkt entscheidend, daß die für sie nach den Spezialgesetzen vorgesehenen Schutzfristen allmählich ablaufen. Mit völligem Fristablauf erlöschen die Rechte. Ihre Nutzungsdauer gemäß § 16, Abs. 3 bestimmt sich daher auch nach den genannten Spezialgesetzen, Es kommen hier in Betracht:

1. Das Patentgesetz vom 7. 4. 1891 (RGBl. 1891, S. 79—90 nebst Ausführungsverordnung vom 11. 7. 1891, RGBl. S. 349).
2. Das Gesetz betr. den Schutz von Gebrauchsmustern vom 1. 6. 1891 (RGBl. S. 290ff.).
3. Das Gesetz betr. das Urheberrecht an Mustern und Modellen vom 11. 1. 1876 (RGBl. 1876, S. 11ff.).
4. Die Gesetze betr. die literarischen und künstlerischen Urheberrechte vom 11. 6. 1870 (BGBl. S. 339), vom 9. 1. 1876 (RGBl. S. 4), vom 19. 6. 1901 (RGBl. S. 227) und vom 9. 1. 1907 (RGBl. S. 7).

Im Gegensatz zu Gebäuden kommen auf Grundstücke Absetzungen nicht in Frage. Eine Ausnahme hiervon bilden nur diejenigen Grundstücke, die sich in der Nutzung und im Besitz sogenannter Substanzbetriebe befinden (Bergwerke, Steinbruchunternehmungen und dgl.). Ähnlich sind andere Ausnahmefälle zu behandeln, bei denen es sich um besondere Anlagen handelt, die von vornherein nur für einen beschränkten Zeitraum von Nutzen sind und nach dessen Ablauf völlig renoviert werden müssen. So hat daher der RFH. durch Urteil vom 11. 5. 1927 VI A 172/27 (Bd. 21, S. 163) Absetzungen für Abnutzung auch in einem Falle für statthaft erklärt, in welchem ein Pächter für die Anlage von Spargelbeeten Absetzungen für Abnutzung vorgenommen hatte. Ebenso sind Absetzungen zulässig, wenn es sich um die Errichtung von Gebäuden nur zu vorübergehenden wirtschaftlichen Zwecken handelt, z. B. bei Pachtverhältnissen, Nießbrauch u. a. Wenn nach Ablauf des Pachtverhältnisses derartige Baulichkeiten wieder Eigentum des Verpächters werden, ohne daß eine Schadloshaltung des bisherigen Pächters zu erfolgen hat, so kann diese Tatsache zwar durch Abschreibungen wegen Wertverringerung, niemals aber durch Absetzungen kompensiert werden.

b) Die absetzungsberechtigten Personen.

Wer ist nach § 16 berechtigt, Absetzungen für Abnutzung vorzunehmen? Es entscheidet hier, wie überhaupt im Steuerrecht, nicht der zivilrechtliche Eigentumsbegriff der §§ 903ff. BGB., sondern der § 80, Abs. 1, S. 1 RAO., also die durch diese Vorschrift geschaffene Fiktion, wonach derjenige im Sinne der Steuergesetze wie ein Eigentümer behandelt wird, welcher einen Gegenstand als ihm gehörig besitzt. Entscheidend ist also das nach der wirtschaftlichen Betrachtungsweise des § 4 RAO. und nach § 80, Abs. 1 RAO. gegebene steuerrechtliche Eigentum. Diese Vorschrift erweitert nicht nur die bürgerlich-rechtliche Vermutung des § 1006, Abs. 1 BGB., nach welcher zugunsten des Besitzers einer beweglichen Sache vermutet wird, daß er auch deren Eigentümer ist, zugunsten des Steuerfiskus. Nach der gleichen Vorschrift wird vielmehr auch der ungestörte Besitzer einer Sache steuerrechtlich schlechthin wie ein Eigentümer im Sinne des bürgerlichen Rechts (also gemäß §§ 903ff. BGB.) mit allen daraus sich ergebenden Rechtsfolgen behandelt. Über die Aktivlegitimation für die Vornahme von Absetzungen bei Pachtverhältnissen u. a. gilt das oben unter Ziff. 3a Gesagte.

c) Bemessung der Absetzungen für Abnutzung. Die gemeingewöhnliche Nutzungsdauer. Außergewöhnliche Abnutzungen.

Über die Höhe der Absetzungsquoten liegen feste Grundlagen vor. Sie sind teils durch das Gesetz gegeben (§ 16, Abs. 3, S. 2 und 3), teils hat die Rechtsprechung des RFH. Richtlinien durch konstante Rechtsprechung geschaffen (RFH. Bd. 11, S. 242; Bd. 19, S. 86; Bd. 21, S. 316ff.; Urteil vom 29. 7. 1927 I A 264/27 und Entscheidung des RFH. vom 16. 11. 1927 VI A 635/27, veröffentl. im Dtsch. Reichsanzeiger Nr. 18 vom 21. 1. 1928). Danach bemessen sich die bei Ansetzung des Anschaffungs- oder Herstellungspreises zugelassenen Absetzungen für Abnutzung nach der gemeingewöhnlichen Benutzungsdauer des Gegenstandes und sind nach Hundertsätzen zu bemessen (§ 16, Abs. 3 EStG.). Sie können für einen Steuerabschnitt höchstens mit dem Betrage berücksichtigt werden, der sich bei der Verteilung auf die Gesamtdauer der Verwendung oder Nutzung ergibt (§ 16, Abs. 2, S. 2 a. a. O.). Absetzungen für außergewöhnliche Abnutzung in einem Steuerabschnitt sind zulässig, bedürfen jedoch besonderen Nachweises. (Vgl. § 16, Abs. 3, S. 3.) Hieraus ergibt sich, daß die Absetzungen, wenn es auch im Gesetze nicht ausdrücklich gesagt ist, grundsätzlich gleichmäßig auf die voraussichtliche Benutzungsdauer des Gegenstandes zu verteilen sind. Andernfalls hätten die Vorschriften keinen Sinn, daß für den Steuerabschnitt höchstens der sich bei Verteilung auf die gesamte Nutzungsdauer ergebende Betrag berücksichtigt werden darf, und daß Absetzungen für außergewöhnliche Abnutzungen nur zulässig sind, wenn sie besonders nachgewiesen werden. Das Gesetz geht hiernach davon aus, daß in einem Steuerabschnitte grundsätzlich höchstens derjenige Teil des Anschaffungs- oder Herstellungspreises als Absetzung zugelassen ist, der dem Verhältnis der in diesen Steuerabschnitt fallenden Nutzungszeit zur gesamten voraussichtlichen Benutzungsdauer des Gegenstandes entspricht. Daß die Nutzungsdauer nach vollen Jahren oder nach vollen Steuerabschnitten zu berechnen ist, sagt das Gesetz nicht. Ist also ein Gegenstand erst im Laufe eines Steuerabschnitts angeschafft und in Benutzung genommen, so kann für diesen Steuerabschnitt grundsätzlich auch nur ein verhältnismäßiger Bruchteil der auf ein volles Jahr entfallenden Absetzung zugebilligt werden. Für diesen Steuerabschnitt trotz einer kürzeren Benutzungszeit die volle Jahresabsetzung zuzulassen, besteht kein Anlaß, da auch der infolge der Abnutzung eingetretene Wertverzehr entsprechend geringer ist. Nur dann, wenn in einem Steuerabschnitt eine außergewöhnliche Abnutzung nachgewiesen wird, ist eine höhere Absetzung zulässig. . . .

Es ist ein bedeutsamer Fortschritt gegenüber dem früheren Rechtszustande, daß der § 16, Abs. 3, S. 3 hinsichtlich der außergewöhnlichen Abnutzungen volle Klarheit schafft. Wie wir gesehen hatten, bestand diese Klarheit hinsichtlich der außerordentlichen Absetzungen (Abschreibungen) im Steuerwesen keineswegs von Anfang an. Sie haben sich erst allmählich durchsetzen müssen und sind vom Steuerrecht nur zögernd und unter dem Zwange der wirtschaftlichen Verhältnisse anerkannt worden. Ich verweise hierzu auf das, was ich hinsichtlich der außerordentlichen Abschreibungen zum alten Einkommensteuerrecht von 1920 und zum preuß. Einkommensteuerrecht angeführt habe.

Die gemeingewöhnliche Nutzungsdauer als Maßstab für die Absetzungsquoten ist ein erst durch das Einkommensteuergesetz geschaffener Begriff. Er steht im Gegensatz zu dem Rechtsbegriff der außergewöhnlichen Verhältnisse des § 32, Abs. 1 der Vermögensteuerdurchführungsbestimmungen vom 8. 3. 1924 (RMinBl. S. 103), wie sie vom RFH. der Entscheidung vom 30. 4. 1926 I A 167/25 zugrunde gelegt worden sind (RFH. Bd. 19, S. 86ff.). Nach der Entscheidung vom 16. 11. 1927 VI A 635/27 (Deutscher Reichsanzeiger Nr. 18 vom 21. 1. 1928) ist als gemeingewöhnliche Nutzungsdauer diejenige Zeit anzusehen, in der der Steuerpflichtige (und sein Rechtsnachfolger) bei gemeingewöhnlicher Benutzung voraussichtlich den Gegenstand nutzen kann. Diese Zeit stimmt regelmäßig mit der Standdauer überein; sie wird aber verkürzt durch Umstände, die die Nutzung durch den Steuerpflichtigen auf einen gewissen Zeitraum beschränken. (Über den Begriff Standdauer vgl. das oben zitierte Urteil in Bd. 19, S. 86.)

Zum Schluß sei noch hervorgehoben, daß ebenso wie bei den Abschreibungen, so auch bei den Absetzungen sich die Höhe der Quoten praktisch nur schätzen lassen wird. Die Schätzung hat den Erfahrungen eines soliden Kaufmannes und der langjährigen Praxis der Wirtschaft zu entsprechen. Auch hier entscheidet die kaufmännische Schätzung der Lebensdauer der Gegenstände, nicht ihre rein physische Haltbarkeit.

d) Instandhaltungskosten und Instandsetzungskosten.

Schon das OVG. hat in seiner Rechtsprechung zwischen Instandhaltungskosten und Instandsetzungskosten unterschieden. Es hat demnach die laufenden Instandhaltungskosten als abzugsfähig zugelassen, insbesondere bei Gebäuden, dagegen die Instandsetzungskosten nicht. Diese Rechtsentwicklung ist späterhin vom RFH. aufgegeben worden, soweit es sich um die Einkünfte des Vermieters eines Gebäudegrundstückes handelt (Urteil vom 28. 5. 1927 VI A 154/27 RFH. Bd. 21, S. 201ff.). Der RFH. kommt in diesem Erkenntnis zu der Anschauung, daß auch bei größeren Ausbesserungen von Mietshäusern statt desjenigen Aufwandteiles, welcher auf das einzelne Mietjahr entfällt und einen Bestandteil des übrigen laufenden Erhaltungsaufwandes bildet, der Gesamtaufwand im Ausgabejahr abzugsfähig ist. Diese Grundsätze sind insbesondere für die Instandsetzung aller derjenigen Miethäuser anzuwenden, welche infolge der durch den Währungsverfall hervorgerufenen Verhältnisse verwahrlost sind. Der RFH. hat auch in der Folgezeit an diesem Standpunkt festgehalten (Urteil vom 28. 9. 1927, RStBl. 1928, S. 5).

Die durch die vorstehenden Rechtsgrundsätze festgelegten Richtlinien ändern im übrigen nichts an dem Umstande, daß auch unter dem gegenwärtigen Einkommensteuerrecht begrifflich ein Unterschied zwischen Instandhaltungs- und Instandsetzungskosten besteht. Er liegt in folgendem. Instandhaltungskosten sind solche Aufwendungen, welche gemacht werden, um einen die Einkünfte liefernden Gegenstand in demjenigen Zustand zu erhalten, in dem der Gegenstand als Vermögensstück in das Eigentum des Steuerpflichtigen gekommen ist (OVG. i. St. Bd. 4, S. 27). In einem Gewerbebetriebe können beispielsweise Instandhaltungskosten durch Reparaturen von Maschinen, Inventar, Werkzeugen, Gerätschaften und dgl. entstehen (z. B. Reparatur eines Geschäftsautos). Absetzungen für Abnutzung im Sinne von § 16, Abs. 3 gehören nicht zu den Instandhaltungskosten. (Vgl. hierzu aus der älteren Rechtsprechung Urteil vom 18. 1. 1922 I a A 214/21, Bd. 8, S. 126.) Für den Erfolg, also für den Geschäftsertrag = Gewinn im Einkommensteuerrecht, ist daran festzuhalten, daß die Instandsetzungskosten gewinnmindernde Unkosten sind. Sie sind demnach den laufenden Einkünften zu entnehmen.

Instandsetzungskosten sind dagegen solche Aufwendungen, welche einem Einkünfte liefernden Gegenstand die Eigenschaft höherer Ertragsfähigkeit verschaffen sollen, als sie dieser Gegenstand in dem Zeitpunkt hatte, mit welchem er in das Eigentum des Steuerpflichtigen gelangt ist (OVG. i. St. Bd. 5, S. 26). Aufwendungen für Instandhaltungsarbeiten sind sonach stets abzugsfähige Betriebsausgaben, die neben den Absetzungen für Abnutzung abgezogen werden dürfen. Der Grund hierfür liegt darin, daß durch die Absetzungen diejenige Abnutzung einer Sache kompensiert werden soll, die trotz intensiver Vornahme von Instandhaltungsarbeiten nicht zu beseitigen war. Die Instandsetzungskosten, also die zur Erweiterung oder Verbesserung einer Sache gemachten Aufwendungen erhöhen den Anschaffungs- oder Herstellungspreis, welcher den Absetzungen zugrunde zu legen ist. Ich erinnere hierbei an das, was ich oben in dem Abschnitt über Anschaffungs- oder Herstellungspreis, sowie über Verbesserungen und Erweiterungen ausgeführt habe. (Vgl. §§ 34, 35.) Ob im einzelnen Falle Instandhaltungskosten oder Instandsetzungskosten aufgewendet sind, wird oft schwer zu entscheiden sein. Eine Differenzierung wird namentlich bei Renovierungsarbeiten größeren Umfanges Schwierigkeiten bereiten. Im übrigen verweise ich auf die

Entscheidung des RFH. vom 3. 3. 1926 VI A 142/26 in St. u. W. Jahrg. 5, Nr. 223, sowie auf Mirre, Kommentar, Anm. 16ff. zu § 13 KStG.

4. Die Absetzungen für Substanzverringerungen.

Rechtsgrundlage der Absetzungen für Substanzverringerungen ist der § 16, Abs. 4 EStG. Die Vorschrift lautet:

Bei Bergbauunternehmungen, Steinbrüchen und anderen einen Verbrauch der Substanz bedingenden Betrieben sind Absetzungen für Substanzverringerungen zulässig; die Vorschriften des Abs. 3, S. 2 bis 4 (§ 16 EStG.) finden entsprechende Anwendung. Auch bei den Absetzungen für Substanzverringerungen ist nur die technische Abnutzung, nicht daneben die wirtschaftliche Abnutzung zu berücksichtigen. Wie schon der Name besagt, besteht der Unterschied dieser Absetzungen von denjenigen für Abnutzung darin, daß bei den letztgenannten lediglich die allmähliche qualitative Wertminderung, sowie das allmähliche völlige Aufhören der Benutzungsmöglichkeit kompensiert werden soll, während die erstgenannten Absetzungen der quantitativen Verminderung des einem Substanzbetriebe gewidmeten Grundstücks und damit des in diesem Grundstück angelegten Kapitals Rechnung tragen sollen. Unter Substanzbetrieb ist der Bergbau, ein Steinbruchunternehmen und dgl. zu verstehen, bei denen der allmähliche totale Verbrauch der Substanz den Inhalt und die Form des ausgeübten Gewerbes darstellt. Es wird in solchen Fällen nach dem Erlaß des Reichsministers der Finanzen vom 3. 4. 1926, IIIe 1900, für die Berechnung der Absetzungsquote die Formel

$$X = v \times \frac{m}{S}$$

verwendet. Hierbei bedeutet X die für den jeweiligen Steuerabschnitt zulässige Absetzung, v den in der Steuerbilanz für den Beginn des Steuerabschnitts eingestellten Wert und m die Menge des im Steuerabschnitt zutage geförderten Minerals, während S die Substanzmenge nach dem Stande zu Beginn des Steuerabschnitts darstellt. Der angegebene Wert wird in der Regel bei der ersten Veranlagung zur Einkommen- oder Körperschaftsteuer nach § 108, Abs. 2 EStG. dem Vermögensteuerwert für 1925 gleich sein.

Auch hinsichtlich der Absetzungen für Substanzverringerungen entstehen in der Praxis bei Ermittlung des steuerpflichtigen Gewinns ständig große Differenzen. Man hat versucht, diesen Schwierigkeiten dadurch zu begegenen, daß man für diejenigen Substanzbetriebe, die bereits am Stichtag der Einkommensteuereröffnungsbilanz in der Hand des betreffenden Besitzers waren, die Anfangswerte dieser

Bilanz als steuerrechtlich zu akzeptierenden Ausgangspunkt ansah. Hierdurch ist bei einer Reihe von Substanzbetrieben der mißliche Umstand eingetreten, daß ein für die Zukunft maßgebender Ausgangswert für sie festgelegt ist. Außerdem wird trotz Taxen und Gutachten von Bergbau- und sonstigen Sachverständigen die Abschätzung des Umfanges der bereits geförderten und noch zu erwartenden Mengen an Mineralien usw. auf erhebliche Schwierigkeiten stoßen. Endlich ist die Nutzungsdauer im Sinne des § 16 EStG. für einen längeren Zeitraum im allgemeinen auch nicht annähernd zutreffend zu übersehen. Aus diesem Grunde sah sich die Reichsfinanzverwaltung zur Einführung der oben angegebenen Formel in die Steuerpraxis durch den Runderlaß vom 3. 4. 1926 veranlaßt. Dieser Erlaß ist nicht weiter veröffentlicht; er lautet an der hier maßgeblichen Stelle folgendermaßen[1]):

„Nach § 16, Abs. 4 EStG. sollen die für die Absetzungen für Abnutzung vorgesehenen Vorschriften auf die Absetzungen für Substanzverringerung entsprechende Abwendung finden. Die von der Abnutzung grundsätzlich verschiedene Natur der Substanzverringerung bringt es mit sich, daß hier eine gleichmäßige, nach der gemeinüblichen Nutzungsdauer eines Gegenstandes bemessene jährliche Absetzung den tatsächlichen Verhältnissen nicht Rechnung trägt. Die Substanzverringerung hängt vielmehr wesentlich von der jeweiligen Förderungsmenge ab, die in den einzelnen Jahren ganz verschieden sein kann. Es ist daher ein durch den Begriff der Substanzverringerung bedingtes Erfordernis, daß hier für die Bemessung der jährlichen Absetzungen die jeweilige jährliche Förderungsmenge als Rechnungsfaktor eingeschaltet werden muß. Dem geschieht Genüge, wenn man die für den einzelnen Steuerabschnitt zulässige Absetzungsquote nach dem Bruchteile des Anschaffungs- oder Herstellungspreises berechnet, der sich aus dem Verhältnisse der Förderungsmenge in diesem Steuerabschnitt zur ursprünglichen, beim Erwerbe vorhandenen Substanzmenge ergibt. (Vgl. Kuhn, Kommentar zum neuen EStG. S. 240/241, Anm. 4, Abs. 2 zu § 16.) „. . .Hier wäre an sich gleichfalls von dem Neuanschaffungspreise auszugehen, der dem in der Steuereröffnungsbilanz einzustellenden Werte entspricht. Auch hier habe ich aber keine Bedenken dagegen, daß an Stelle des Anschaffungs- oder Herstellungspreises der ursprünglich vorhandenen Substanz der in der Anfangsbilanz eingestellte Wert und

---

[1]) Sammelerlaß an die Landesfinanzämter für die Frühjahrsveranlagung 1926 zur Einkommensteuer und Körperschaftsteuer. (Abschnitt I. Bewertung des Anfangsvermögens bei Einkünften aus Gewerbebetrieb.)

dementsprechend auch an Stelle der ursprünglich vorhandenen Substanzmenge die am Stichtage der Anfangsbilanz vorhandene Substanzmenge der Berechnung der Absetzungsquote zugrunde gelegt werden. Für diese Berechnung kann dann etwa die Formel benutzt werden:

$$X = v \times \frac{m}{S}$$

Der Erlaß erläutert an dieser Stelle die praktische Anwendung der Formel mit den oben bereits gemachten Ausführungen und fährt dann fort:

„Diese Formel wird auch dann anzuwenden sein, wenn die gesamte Substanzmenge, wie dies bei Kali- und Braunkohlenbergwerken in einzelnen Gegenden des Reichs zutrifft, nur schwer oder ungenau geschätzt werden kann. An die Stelle der zu Beginn des Steuerabschnitts vorhandenen Substanzmenge tritt in diesen Fällen die der Ermittlung des Vermögensteuerwertes zugrunde gelegte Substanzmenge, die z. B. bei Anwendung der sogenannten Förderformel der 30fachen Menge der Durchschnittsjahresförderung in den dem Steuerabschnitt unmittelbar vorangegangenen sechs Jahren entspricht."

Sachregister.

(Die Zahlen bedeuten die Seiten).